Runter von der Birkenallee

Dittmar May

Runter von der Birkenallee

Meine Zeit als Häftling und Gefängnisarzt in Cottbus und Rummelsburg

BeBra Verlag

Aufgeschrieben von Stefan Kappner (www.biographie-service.de)

Bibliografische Information der Deutschen Nationalbibliothek
Die Deutsche Nationalbibliothek verzeichnet diese Publikation
in der Deutschen Nationalbibliografie; detaillierte bibliografische
Daten sind im Internet über http://dnb.d-nb.de abrufbar.

Asternplatz 3, 12203 Berlin
post@bebraverlag.de
2., überarbeitete Auflage
Lektorat: Katrin Endres, Berlin
Satz und Umschlag: typegerecht berlin
Schriften: Trade Gothic, Utopia
Druck und Bindung: CPI Clausen & Bosse, Leck
ISBN 978-3-86124-720-3

www.bebraverlag.de

Inhalt

Teil IV: Gefängnisärzte und Patienten

Teil V: Freigekauft

Vorwort

Im Jahr 1983 schloss ein Wärter einen Gefangenen zu mir ins Haftkrankenhaus der »Strafvollzugseinrichtung« Berlin-Rummelsburg. Es war ungefähr halb acht abends, ich hatte bereits einen vollen Arbeitstag hinter mir, morgens die allgemeine Sprechstunde, am Nachmittag die Zahnarztsprechstunde, für Notfälle stand ich ohnehin rund um die Uhr zur Verfügung. Denn ich arbeitete nicht freiwillig als Gefängnisarzt – ich saß selbst hinter Gittern.

Der Mann, der mir gebracht wurde, stöhnte vor Schmerzen. Ich setzte ihn auf den HNO-Stuhl, denn einen richtigen Zahnarztstuhl gab es nur auf der anderen Seite des weitläufigen, vielfach abgesperrten Geländes. Dann zog ich eine Spritze mit Anästhetikum auf, betäubte den Nerv und zog den Zahn, wobei der Wärter mir assistierte. Das war's. Hinterher bemerkte ich, dass der Routinefall für diesen »Offizier des Strafvollzugs« etwas Besonderes gewesen war. Wenn er mich danach irgendwo auf den Fluren antraf, meldete er fröhlich: »Heute Abend habe ich wieder einen, Doc!« Statt Menschen einzusperren und zu beaufsichtigen – eine in allen Ländern und Gesellschaften schlecht angesehene Arbeit –, hatte er einem Arzt zur Hand gehen dürfen!

Der Respekt, dem man Ärzten und Zahnärzten entgegenbringt, die Furcht der Patienten vor Krankheit und Schmerzen, die nur ein Arzt lindern kann, die Hoffnung auf Genesung und alles andere, was mit der Wirkung und Ausstrahlung des Arztberufs zusammenhängt – vieles davon spürte ich auch in meiner Zeit als Gefängnisarzt. Obwohl ich selbst inhaftiert war: ein nach DDR-Recht (oder dem, was sich im Osten als Recht ausgab) verurteilter »Republikflüchtiger«. Ich lernte viele Patienten kennen, eine Fülle von Einzelschicksalen, vom »einfachen« Strafgefangenen, der wegen Eigentums- oder Gewaltdelikten einsaß, bis zum politischen Folteropfer. Als Gefängnisarzt erhielt ich Einblicke in Bereiche der DDR-Gesellschaft, die nach Meinung der Machthaber besser im Verborgenen bleiben sollten.

Dass ich in meinem selbst gewählten Beruf tätig sein konnte, trug dazu bei, die zwei Jahre von meiner Verhaftung bis zum Freikauf durch die Behörden der Bundesrepublik seelisch unbeschadet zu überstehen. Angesichts der Behandlung, der wir »Politischen« ausgesetzt waren, war dies alles andere als eine Selbstverständlichkeit. Zu keinem Zeitpunkt wusste ich, wie lange ich noch festgehalten, ob ich überhaupt in den Westen entlassen werden würde. Andere waren in den SED-Staat zurückgeschickt worden, wo notorischer Ärztemangel herrschte. Was mich noch mehr belastete: Wie erging es meiner Frau, die mit mir verhaftet worden war, und unserem fünfjährigen Sohn Christian, den meine Eltern in ihre Obhut genommen hatten? Wann würde ich meine Familie endlich wiedersehen?

25 Jahre nach dem Mauerfall schlug mir Dr. Karsten Wagner überraschend vor, von meiner »Republikflucht« und den Erfahrungen im DDR-Strafvollzug ausführlich und in Buchform zu berichten. Ich war zunächst skeptisch. Was ich nicht wollte, war eine spektakulär aufbereitete Flucht- oder Leidensgeschichte – da hatten andere mehr »zu bieten«: Das DDR-Grenzregime hatte Hunderte Todesopfer gefordert, Tausende waren von den Grenztruppen oder der Staatssicherheit verhaftet worden, verhört, gefoltert – ganz abgesehen von den Millionen, die sich ebenso wenig wie diese und wie wir im DDR-Sozialismus zu Hause fühlten, sich aber entschieden, zu bleiben, und erst 1989 aufatmen konnten. Ich wollte nicht alleine von mir erzählen, für den es glimpflich ausgegangen war, vor allem dank der westlichen Bemühungen um den Freikauf von Häftlingen.

Andererseits kenne ich das Interesse sehr gut, das viele Betroffene der Aufarbeitung der DDR-Vergangenheit entgegenbringen, gerade in Bezug auf ihre dunkelsten Kapitel. Wer als »Republikflüchtiger« oder politischer Gefangener in Stasi-Untersuchungshaft saß, und womöglich bis heute von traumatischen Erinnerungen geplagt wird, begrüßt jede Äußerung und jede Veröffentlichung, die an die wahren Verhältnisse im Osten erinnert. Umso mehr, als vielen Tätern und Mittätern, welche die Methoden planten und durchführten, unter denen wir zu leiden hatten, nichts lieber wäre, als wenn ein Mantel des Vergessens über ihre Machenschaften gebreitet würde. Und über Stasi-Spitzel, die Opfer des Grenzregimes und die menschenunwürdigen Verhältnisse in den Gefängnissen und Zuchthäusern jenes angeblich so »fürsorglichen« Staates. Ehemalige DDR-Bürger in »ostalgischer« Stimmung machen es ihnen leicht.

Vergessen führt zur Gleichgültigkeit gegenüber den Opfern und gegenüber jenen, die den Wert von Freiheit und Demokratie in Frage stellen. Ich möchte meinen Teil dazu beitragen, diesem Vergessen entgegenzuwirken und die Verhältnisse in der jüngsten deutschen Diktatur ins rechte Licht zu rücken – deshalb folgte ich schließlich Karsten Wagners wohlüberlegtem Vorschlag.

Ich gebe keinen isolierten Gefängnis-Bericht, sondern stelle ihn in den Zusammenhang meiner persönlichen (Flucht-)Geschichte, ohne die meine Sicht der Dinge für den Leser unverständlich bliebe. Was nach 30 und mehr Jahren aus meinem Gedächtnis verschwunden war, insbesondere im Hinblick auf die Chronologie der Ereignisse und gewisse Details im Gefängnisalltag, ergänzte ich, wo nötig, mit Hilfe meiner Stasi-Unterlagen und anderer Lektüre.

Die Leidensgeschichte meiner Frau im berüchtigten Frauengefängnis Hoheneck spare ich bewusst aus.[1] Auch allzu Persönliches und Familiäres bleibt außen vor.

Dr. Karsten Wagner danke ich für sein Engagement und sein großes Interesse an diesem Buch und Dr. Stefan Kappner für die Zusammenfassung und das Ausformulieren der vielen Gespräche, aus denen es entstand.

In besonderem Maße gilt mein Dank unseren »Fluchthelfern«, Christian May und seiner Frau Renate, den Ehepaaren Zeißig und Kersting, meiner Tante Lisa May und allen, die sich von amtlicher oder ehrenamtlicher Seite für unseren Freikauf eingesetzt haben.

Ich danke allen Freunden und Weggefährten, von denen in diesem Buch die Rede ist. Ich hoffe, sie sind zufrieden mit meiner Darstellung der Dinge.

Niemals genug danken kann ich denen, die während unserer Haft am meisten zu leiden hatten. Das gilt für meinen Sohn Christian May, der zwei Kindheitsjahre ohne seine Eltern auskommen musste. Das gilt für meinen Bruder Hans-Jürgen, der sich äußerst engagiert um ihn und ganz besonders auch um meinen kranken Vater kümmerte. Und das gilt auch für unsere Freunde Hans-Jochen und Sabine Jonscher, die das Risiko eingingen, als Mitwisser verurteilt zu werden, und sich in vielen kritischen Situationen bewundernswürdig couragiert und einfallsreich zeigten.

Diese andere Seite der Geschichte, das, was draußen passierte, ließ sich in diesem Buch leider nur ungenügend beleuchten. Für meine Eltern bedeutete es eine große Kraftanstrengung, mit unserem plötzlichen Verschwinden, der Ungewissheit und auch mit den praktischen Fragen zurechtzukommen, die die Betreuung unseres kleinen Jungen aufwarf. Für ihre Fürsorge gegenüber Christian möchte ich meiner Mutter Susanne May aus vollstem Herzen danken. Meine Schwiegereltern, Bewohner der Grenzgemeinde Osterode, mussten außerdem befürchten, als Eltern einer »Republikflüchtigen« aus dem Sperrgebiet ausgewiesen und damit ihrer Heimat und Lebensgrundlage beraubt zu werden.

Meinem inzwischen verstorbenen Vater Helmut May kostete diese Anstrengung die Gesundheit, mein Schwiegervater Rudolph Schade starb bereits während unserer Haft. Auch ihrem Gedenken sei dieses Buch gewidmet.

Und niemals genug danken kann ich, das muss am Ende stehen, meiner lieben Frau Monika May, die ursprünglich nicht in den Westen flüchten wollte, aber es mir zuliebe tat und die bitteren Konsequenzen trug, ohne mir daraus je einen Vorwurf zu machen.

Dr. Dittmar May
Selm-Cappenberg, im August 2018

Nachtrag zur 2. Auflage

In den sechs Jahren seit Erscheinen der Erstauflage erhielt ich zahlreiche persönliche Nachrichten und Briefe, die inzwischen einen ganzen Ordner füllen. Von ehemaligen Weggefährten ebenso wie von Unbekannten, die mehr oder weniger zufällig auf das Buch stießen. Die Reaktionen waren unerwartet positiv. Das Buch wurde als gut lesbar und informativ bezeichnet, Mitgefangene und sogar einer der Wärter bestätigten meine Sicht der Dinge.

Historiker der Gedenkstätte in Berlin-Hohenschönhausen luden mich zu einem Zeitzeugeninterview ein. Zwei Tage lang erzählte ich vor der Kamera. Daraus entstanden fünf DVDs und ein vollständiges Transkript, die nun archiviert für die historische Forschung zur Verfügung stehen. Am zweiten Tag kam ich etwas früher, weil der junge Historiker die Zelle sehen wollte, in der ich den Mörtel zwischen den Glasbausteinen herausgekratzt hatte (wie im Kapitel »Mörtel und Marian« beschrieben). »Ach du je«, sagte der Angestellte, der uns aufschloss, »das ist doch die Abteilung, auf der die Genossen vom Politbüro gesessen haben!« Die einstigen Machthaber hatten sich darüber beschwert, dass sie hinter den Glasbausteinen sitzen mussten, die sie selbst einst angeordnet hatten. Daraufhin wurden sie durch richtige Fenster ersetzt. Eine Weisung des Innenministeriums der letzten DDR-Regierung![2]

Regelmäßig kommen neue Begebenheit und Zusammenhänge ans Licht – nicht bloß historische Kuriositäten wie diese, auch echte Entdeckungen wie Erichs Mielkes »Beurteilungsblätter« sämtlicher Häftlinge, die im Chemnitzer Gefängnis auf ihre Ausreise warteten. Die Mitarbeiter der Gedenkstätte des Lern- und Gedenkortes Kaßberg-Gefängnis unter der wissenschaftlichen Leitung von Dr. Steffi Lehmann haben sie der Öffentlichkeit bekannt gemacht.

Das Interesse an der Aufarbeitung der DDR-Geschichte ist nach wie vor groß, und ebenso die Notwendigkeit, über die tatsächlichen Lebensverhältnisse in jener un-demokratischen deutschen Republik aufzuklären. Dazu möchte ich mit dieser leicht bearbeiteten und ergänzten Neuauflage beitragen.

Teil I: Karriere im Osten?

Ein Buch ist eine Flaschenpost an die Zukunft. Wie kann ich mich denen gegenüber verständlich machen, die womöglich erst nach 1989 auf die Welt gekommen sind? Wie war das Leben in der DDR, vor dem so viele wegliefen, trotz der schweren Strafen für alle, die gefasst wurden? Was machte es für mich persönlich so unannehmbar, dass ich das Risiko einer Flucht auf mich nahm? Wie kann ich erklären, dass es gerade nicht, wie meine Vernehmer annahmen, die materiellen Verlockungen des vermeintlich »goldenen« Westens waren, die mich anzogen? Und dass es nicht allein die Repressalien waren, denen man als Nicht-Genosse ausgesetzt war, oder ein grundsätzlicher Überdruss an der Ideologie und dem Gehabe der SED- und Stasi-Vertreter, mit denen ich zu tun hatte (obwohl dieser Überdruss durchaus eine Rolle spielte)?

Was mich antrieb, war vor allem die Aussicht auf die Zukunft, die mich in der DDR scheinbar unweigerlich erwartet hätte, mich und meine Familie. Die Aussicht auf ein allenfalls bequemes, aber mehr oder weniger fremdbestimmtes Leben. Das Gefühl, keine Wahlmöglichkeiten mehr zu besitzen in einem verknöcherten Staat, der im Griff von Partei und Staatspolizei vollends zu erstarren drohte. Um dieses Lebensgefühl verständlich zu machen, setze ich mit meinem Bericht früh an, lange bevor unsere Flucht konkret wurde.

Den Zeitpunkt verpasst

Meine Lebenseinstellung passte nicht zur DDR. Das war von Anfang an so. Ich war das Kind von Eltern, denen die Staatsideologie fremd war, die sich in ihrer sächsischen Heimat breitgemacht hatte.

Mein Vater Helmut May hatte als frei niedergelassener Zahnarzt zunächst im Erzgebirgsdorf Grünhainichen praktiziert, etwa 50 Kilometer südlich von Mittweida. Dort war ich 1949 zur Welt gekommen, gerade im Gründungsjahr der »Deutschen Demokratischen Republik«. In der Gemeinde Eppendorf, nicht weit entfernt von Grünhainichen, wollten meine Eltern sich später dauerhaft niederlassen. 1952 kamen wir dorthin und lebten in einem für damalige Verhältnisse beinahe herrschaftlichen Anwesen, einem ansehnlichen Wohnhaus mit Pferdestall, Nebengebäude, Garage und Garten, dessen erste Etage wir bewohnten. Im Erdgeschoss waren die Praxen meines Vaters und die eines Kollegen, eines Allgemeinmediziners, untergebracht. Das zahnärztliche Labor befand sich im zweiten Stock. Zusammen mit dem örtlichen Apotheker bildeten mein Vater und der Hausarzt so etwas wie den inoffiziellen medizinischen Stammtisch des Dorfes: Einmal in der Woche trafen sie sich in der Wirtschaft, wobei es ihnen lieber war, unter sich zu bleiben. Vielleicht leistete ihnen noch der eine oder andere Angestellte der örtlichen Schuhfabrik oder der Trikotagenfabrik Gesellschaft, doch von den Genossen der Gemeindevertretung saß niemand am Tisch. Auch zum Bürgermeister hielt man Distanz, der meinen Vater mehrfach erfolglos aufforderte, doch im Rat der Gemeinde mitzuarbeiten. Sich mit den Kommunisten gemeinzumachen – das kam für ihn aber nicht in Frage. Sein Vater, mein Großvater Bruno May, hatte sich gemeinsam mit seiner Frau vom einfachen Arbeiter zum Eigentümer einer kleinen Zigarrenmanufaktur emporgearbeitet. (Es existiert ein Dankesschreiben des Reichspräsidenten Hindenburg, der seine Zigarren wohl gerne geraucht hatte.) Und wenn diese Manufaktur inzwischen auch längst geschlossen war, als Zahnarzt fühlte sich mein Vater nicht repräsentiert von einem Staat, der in erster Linie für Arbeiter und Bauern gemacht zu sein behauptete. Die Ärzteschaft vertrat traditionell freiheitliche Positionen und hegte großes Misstrauen gegenüber der von der SED-Gesundheitspolitik betriebenen Verstaatlichung in Polikliniken und Ambulatorien. Viele niedergelassene Ärzte fürchteten um ihre Praxen. In seinem Aufsatz »Von Deutschland nach Deutschland. Zur ›Republikflucht‹ der Mediziner von 1949–1961« schreibt der Historiker Bernhard Meyer:

»Die divergierenden Auffassungen von SED und einem Großteil der Mediziner über das Angestelltenverhältnis oder die Tätigkeit als Freiberufler mit ausgeprägtem Besitz- und Anspruchsverständnis konnten grundsätzlich in keiner Phase der DDR zufriedenstellend geklärt werden. Daraus resultierte fortwährendes gegenseitiges Mißtrauen und Unsicherheit über die Verlässlichkeit auf beiden Seiten.«[3]

Weil Ärzte nicht leicht zu ersetzen waren, befanden sie sich in einer vergleichsweise starken Position. Obwohl die Partei im Grundsatz an der Verstaatlichung des Gesundheitswesens festhielt, waren die Verantwortlichen oft zu Zugeständnissen bereit. Mancherorts wurden die Ärzte geradezu umworben, zum Beispiel mit der Einrichtung von »Intelligenzclubs«, einer speziellen »Intelligenzrente« für Ärzte, Ingenieure und Techniker oder mittels mehr oder weniger vertraulicher Zusatzvereinbarungen zu den üblichen Arbeitsverträgen – aber nicht in Eppendorf.

Weniger Widerstand als die Ärzteschaft konnten die Bauern leisten, die zu jener Zeit zwangskollektiviert wurden. Links und rechts der Hauptstraße lagen große Gehöfte. Zu einigen ihrer Besitzer pflegten meine Eltern gute Beziehungen. Doch plötzlich gab es viele Bauern nicht mehr, bei denen ich im Auftrag meiner Mutter frische Schlachtwurst, Butter und das große runde Bauernbrot besorgt hatte. Einige gingen in den Westen, von anderen hieß es, sie hätten sich in ihrer Scheune aufgehängt – das halbe Dorf war in Aufruhr. SED-Funktionäre zwangen die Bauern, mit ihrem Eigentum der LPG beizutreten. Manche ließen sich überzeugen, weil man ihnen im neuen, größeren Betrieb gute Posten versprach. Doch letztlich hatten sie keine Wahl. Im Ort herrschte eine verzweifelte Stimmung, die auch mich als Kind bedrückte.

Ich erinnere mich daran, wie mir mein Vater das Grundstück zeigte, das er als Bauland für ein eigenes Haus erwerben wollte. Er hatte es sorgfältig ausgewählt, es lag an einem schönen Hang am Rande Eppendorfs, das von Wald und hügeligem Ackerland umgeben war. Doch der Rat der Gemeinde erteilte ihm keine Baugenehmigung – offensichtlich aus politischen Gründen. Nach einigem Hin und Her entschlossen sich meine Eltern schweren Herzens dazu, das Vorhaben aufzugeben und stattdessen das großzügige Haus zu kaufen, in dem wir bis dahin zur Miete gewohnt hatten. Kaum war die Tinte unter dem Kaufvertrag trocken, schickte uns die Gemeinde die nun nutzlos gewordene Genehmigung des alten Bauantrags. Diese hämische Geste erfüllte ihren

Zweck: Sie ärgerte meinen Vater maßlos. Es war leider nicht die einzige derartige Machtdemonstration, die meine Eltern im schönen Erzgebirge hinzunehmen hatten.

In dieser Zeit, Ende der Fünfzigerjahre, schnappte ich zu Hause Gespräche auf, in denen viel vom Westen die Rede war. Weil es im kleinen Eppendorf keine Erweiterte Oberschule (EOS) gab, kam mein Bruder Hans-Jürgen – sechseinhalb Jahre älter als ich – ab der neunten Klasse in die EOS nach Zschopau, und wohnte im dazugehörigen Internat, etwa 20 Kilometer von uns entfernt. Nur an den Wochenenden kam er nach Hause. 1961 würde er sein Abitur ablegen – und dann wollte er abhauen! Dem Osten den Rücken kehren, so wie unser Cousin Christian May, der Sohn von Vaters Bruder Erich, der erst vor kurzem sein Zahnmedizinstudium beendet hatte und direkt danach mit seiner Frau Renate nach Berlin und über die Grenze gefahren war. Von West-Berlin aus kamen sie ins Ruhrgebiet. Hans-Jürgen wollte früher los und keinen »freiwilligen« Wehrdienst in der NVA leisten, der für eine Zulassung zum Studium unerlässlich war. Eigentlich hätte ich nichts von seinen Plänen erfahren sollen. Doch ich kannte natürlich seine Einstellung und die meiner Eltern – und fragte mich insgeheim, ob nicht noch andere Pläne geschmiedet wurden? Würden wir vielleicht alle gehen? Gab es dafür Anzeichen? Wenn ich fragte, bekam ich keine klaren Antworten. Umso genauer beobachtete ich, was vor sich ging.

Dass wir gegen den sozialistischen Staat eingestellt waren, war selbstverständlich. Die Oppositionshaltung meines Vaters und die Geschehnisse im Zusammenhang mit der Zwangskollektivierung prägten schon früh mein Denken. Als etwa ein Mitschüler wegen schlechter Mathematiknoten Nachhilfeunterricht erhalten sollte, wurde ich hellhörig. Er ging mit mir zur Christenlehre, dem von der evangelischen Gemeinde organisierten Religionsunterricht. Die Mathematik-Nachhilfe sollte nun aber zur gleichen Zeit stattfinden, und ich glaubte nicht an einen Zufall. »Die Pfeife will dich von der Christenlehre abhalten«, sagte ich zu meinem Klassenkameraden in der vierten oder fünften Klasse, »Du kommst aber trotzdem mit. Die Nachhilfe gebe *ich* dir.« So vereinbarten wir es. Und mein Klassenkamerad schaffte sein Mathematik-Pensum. Nicht, dass wir als überzeugte Christen handelten – in der Familie gingen wir zu Weihnachten in die Kirche, sonst kaum einmal. Es ging ums

Prinzip, darum, dem Staat (in Gestalt der SED-Lehrer) die Grenzen aufzuzeigen. Auch wenn das bei einem etwa zehnjährigen Schüler etwas übertrieben klingen mag. Doch Kinder dieses Alters besitzen oft einen erstaunlichen Sinn für Gerechtigkeit und Konsequenz.

Aufmerksam hörte ich zu, wenn sich Hans-Jürgen und meine Eltern unterhielten. Ich wusste, dass sie mir nicht ehrlich sagen würden, wann es losgehen sollte – und achtete auf Zeichen.

Ich wartete vergeblich. Zwar dachte mein Vater daran, irgendwann in den Westen zu gehen, doch schmiedeten meine Eltern keine konkreten Fluchtpläne. Was sie davon abhielt, war in erster Linie – neben der Kraft, die es kosten würde, ihre bereits etablierte Existenz zu verlassen und anderswo von vorne zu beginnen – die Haltung meines Großvaters mütterlicherseits. Albert Heber, der Vater meiner Mutter, war Prokurist in einer großen Chemnitzer Maschinenbaufirma gewesen und nach dem Krieg aufgrund einer Denunziation von den Sowjets abgeurteilt und auf dem Gelände des ehemaligen KZ Sachsenhausen interniert worden. Was er sich während des Krieges womöglich zu Schulden hatte kommen lassen, darüber wurde in der Familie nicht gesprochen. Im sogenannten »Speziallager Sachsenhausen« hielt man ihn fest, und nach der Schließung dieses Lagers zwei weitere Jahre im Torgauer Gefängnis, bis er 1953 endlich, stark gealtert und gesundheitlich angeschlagen, nach Hause, das heißt zu meiner Oma Helene in Rödlitz, zurückkehren durfte. Als ich ihn dort zum ersten Mal sah, nach sieben Jahren Haft, ängstigte ich mich und lief aus dem Zimmer, so furchtbar sah er aus. Ich war erst vier Jahre alt gewesen, und dennoch erinnere ich mich an diese Episode. Eingefallen und bleich hatte er auf dem Sofa gesessen. »Die Russen« waren es, hörte ich, die ihn so zugerichtet hätten. Auch das merkte ich mir. Wenn ich ihn in späteren Jahren nach seinen Erlebnissen fragte, weinte er nur und konnte nicht antworten. Dabei war er keinesfalls zart besaitet.

Obwohl mein Großvater also allen Grund gehabt hätte, die junge DDR möglichst bald zu verlassen, sträubte er sich dagegen. Vermutlich hatte er Angst – wer weiß, was ihm widerfahren und was ihm bei seinen Verhören gesagt worden war. Nicht wenige in seiner Lage reagierten ähnlich und blieben brav im Osten. Auch wurde er schnell wieder Prokurist in einem privaten Bauunternehmen. Jedenfalls war er nicht dazu zu bewegen, den Weg Richtung Westen anzutreten. Und meine Mutter Susanne, das einzige Kind ihrer Eltern, wollte ihn und Oma Helene nicht im Stich lassen. So kam es, dass wir auch im Sommer 1961 noch in Eppendorf wohnten, wo mein Vater sich mit den örtlichen Kommunisten herumschlagen musste.

In diesem Sommer, dem traurigsten Sommer der deutschen Nachkriegsgeschichte, legte mein Bruder Hans-Jürgen also die Abiturprüfungen ab, und fuhr gemeinsam mit einem Freund nach Szeged an der Theis, wo sie zwei ungarische Brieffreundinnen besuchten. Während sie sich dort vom Internatsleben erholten und planten, wie sie über die Berliner Grenze in den Westen ausreisen wollten, berichteten die ungarischen Nachrichten sozialistisch verklausuliert von wichtigen Veränderungen in der DDR. In der Nachbarschaft hörten sie von Stacheldrahtzäunen und großen Aufgeboten der Volkspolizei und Nationalen Volksarmee in der »Hauptstadt der DDR«. Gerüchte hatte es schon länger gegeben, deshalb ahnten mein Bruder und sein Freund sofort, was vor sich ging: West-Berlin wurde abgeriegelt, die Einzäunung des Ostens vervollständigt und bewehrt, die Bevölkerung eingesperrt. Geschockt fuhren Hans-Jürgen und sein Freund zurück nach Hause. Abhauen? Das war jetzt zu gefährlich geworden. Schweren Herzens trugen sie ihre West-Pläne zu Grabe. Auf eine sofortige Flucht (mit dem ungarischen Urlaubsgepäck direkt nach Westdeutschland, ohne sich von unseren Eltern verabschieden zu können), war Hans-Jürgen nicht vorbereitet gewesen.

Der Bau der Berliner Mauer und die Einrichtung der martialischen Grenzanlagen zum Westen war der wichtigste historische Einschnitt für unsere Familie und für ganz Ostdeutschland seit Kriegsende. Die »Abstimmung mit den Füßen« hatte Dimensionen erreicht, welche die Stabilität des offensichtlich unattraktiveren Landesteils und damit die Macht des Ulbricht-Regimes gefährdete, vor allem die Abwanderungen von Fachleuten, von Ingenieuren – und von Ärzten.

»Von 1958 bis 1961 war der Aderlass für das Gesundheitswesen der DDR und die Bevölkerung am größten. Eingeleitet wurde diese Phase durch das Passgesetz vom September 1957, mit dem die Mediziner ihre letzten Hoffnungen auf eine baldige Wiedervereinigung endgültig ad acta legten.«[4]

Ärzte wurden aber dringend gebraucht, wenn man die Gesundheitsversorgung der Bevölkerung und damit indirekt auch ihre Zufriedenheit verbessern wollte – und das Ansehen des Staates, der sich als sozial, egalitär und fürsorglich darstellte. Was war der Sozialismus wert, wenn er den versprochenen Fortschritt nicht einmal in seine Krankenzimmer bringen konnte? Kaum verwunderlich, dass SED-Gesundheitspolitiker und Ärzte, die sich mit den Zielen des staatlichen Gesundheitswesens identifizierten, sogar eine Unterstützungserklärung unterschrieben, die am 20. August im *Neuen Deutschland* erschien.[5] Darin wird der Mauerbau geradezu als Akt der Fürsorge gegenüber denen dargestellt, die bleiben möchten, und die eben Ärzte brauchten, ein paternalistischer »Schutzwall« gegen den Zusammenbruch der medizinischen Versorgung. Eine solche Art von Idealismus (wenn es sich nicht bloß um Opportunismus handelte), die aus Fürsorge den Wert der individuellen Freiheit hintanstellt, passt eben sehr gut zu einer Diktatur.

Ich selbst war an diesem Sonntag, dem 13. August 1961, elf Jahre alt. Ich hatte alleine in unserem Kinderzimmer geschlafen – Hans-Jürgen war ja in Ungarn –, und lag noch im Bett, als mein Vater hereinkam und erzählte, was geschehen war. Konsterniert blickte er aus dem Fenster. Der Neuanfang im Westen war für ihn stets nur eine Frage des richtigen Zeitpunkts gewesen. Nun war dieser Zeitpunkt verpasst, das begriff ich sofort, traurig und enttäuscht.

Spielräume

Um zumindest der Willkür der Eppendorfer SED-Genossen zu entgehen, beschlossen meine Eltern 1962, nach zehn Jahren, von dort nach Mittweida zu ziehen, das nördlich von Chemnitz liegt (Chemnitz war 1953 in »Karl-Marx-Stadt« umgetauft worden, doch ein Großteil der Bevölkerung blieb wie wir bei der alten Bezeichnung). Zunächst hatte mein Vater damit geliebäugelt, eine Chefarztstelle in einer Betriebs-Poliklinik in Wittenberg-Piesteritz anzunehmen, wo ein großes Chemiekombinat angesiedelt war. Doch er zog die freie Tätigkeit in Mittweida vor.

Anfang der Sechzigerjahre beherbergte die Kleinstadt Mittweida ungefähr 20.000 Einwohner[6] – mir als Zwölfjährigem kam sie riesig vor, wie auch die Fichteschule, ein stattlicher Backsteinbau aus Kaisers Zeiten, randvoll mit Kindern, die teilweise durchaus raubeiniger auftraten, als ich es vom Land gewohnt war. Ich bemühte mich jedenfalls, rasch meinen als »provinziell« angesehenen Erzgebirgsdialekt abzulegen.

Wir zogen in die Lutherstraße 3 am Rande der Innenstadt, das zweite in einer geschlossenen Reihe dreistöckiger Gründerzeitgebäude mit Erkern und Zwerchgiebeln. Die Verantwortlichen der Stadt Mittweida waren mit der Aussicht zufrieden, dass sich ein neuer Zahnarzt ansiedelte, und stellten meinem Vater dort eine Praxis und eine Wohnung zur Verfügung. Weil das große Eppendorfer Haus für ihn zuletzt jedoch eine Belastung dargestellt hatte – wir verkauften es –, schlug er von sich aus vor, nur die Wohnung zu nehmen und zwei Zimmer darin zu Praxisräumen umzugestalten, einem Wartezimmer und einem Sprechzimmer. Das Labor für die zahntechnischen Arbeiten wollte er sich in einem Dachzimmer einrichten. »Wenn es Ihnen zu eng wird«, hieß es, »können Sie die Praxis auch später noch auslagern.«

Es wurde zu eng, und viel zu unruhig. Während der Sprechzeiten liefen die Patienten über den Korridor zum Warte- oder Sprechzimmer und zurück, wobei der Praxiskorridor nur durch einen schweren Vorhang von unserem getrennt war. So hatten wir von morgens um acht Uhr bis abends um sechs Patienten in der Wohnung. Das Wartezimmer war immer vollbesetzt, ständig war Lärm. So kam es, dass mein Vater seine Entscheidung bitter bereute. Denn »später«, wie man ihm versprochen hatte, konnte die Stadtverwaltung ihm »leider« keine zusätzlichen Räume mehr anbieten: »Wir bedauern das sehr, aber Sie kennen die Situation.« Man hatte ja nun einen Zahnarzt mehr in Mittweida.

Am Ende der achten Klasse hatte ich Anlass, mich zu freuen: Ich war auf der Erweiterten Oberschule (EOS) »Erich Weinert«[7] (vormals Adolf-Hitler-Schule, unter dem Putz ließ sich noch der alte Schriftzug erkennen) zugelassen worden, obwohl ich nicht zu den Arbeiterkindern gehörte, die die Sozialistische Einheitspartei bevorzugte. Auf dem Weg in die »klassenlose Gesellschaft« waren wir ja in »Klassen« eingeteilt, deren Begründung sich gelegentlich auch für die Vertreter des Staates als kniffig erwies. Ich erinnere mich daran, wie ich einige Jahre später, während meiner Armeezeit, in einer »roten Stunde« den Politoffizier fragte, zu welcher Gruppe seine Kinder zählen würden: »Sie sind ja Offizier, also weder Arbeiter noch Bauer. Was ist also Ihr Sohn oder Ihre Tochter?« Der Schulungsleiter stutzte, in den Reihen wurde gefeixt. Diese Frage schien ihm noch nicht untergekommen zu sein. Nach einer kurzen Bedenkzeit verkündete er: »Offiziere gehören zur Arbeiterklasse!«

Bei meiner Zulassung zur EOS spielte meine Klassenzugehörigkeit nun aber keine Rolle. Vielleicht lag es daran, dass die Stadt gut überschaubar war, man kannte sich und achtete auf eine Chancenverteilung, die man den Bürgern vermitteln konnte. »Wenn wir den gehen lassen, weil er der Sohn eines Fabrikarbeiters ist, dann sollten wir den jungen May auch gehen lassen. Der hat den gleichen Notendurchschnitt« – so stelle ich mir die Überlegungen eines der wohlwollenden Entscheidungsträger vor, von denen es in Mittweida anscheinend etliche gegeben hatte. Die Atmosphäre in Stadt und Schule erscheint mir jedenfalls im Rückblick als verhältnismäßig liberal und pragmatisch. Vielleicht lag es auch an der traditionsreichen Ingenieurschule, von alters her »Technikum« genannt, die eine gewisse Bildungsfreundlichkeit der Bürgerschaft mit sich brachte – oder es war schlicht Zufall, dass die Spielräume in unserer Gegend Sachsens größer waren als anderswo im Osten.

Ich hatte es also besser als mein Bruder, der ins Internat gemusst hatte. Ich konnte zu Fuß in weniger als zehn Minuten von der Lutherstraße über die Lessingstraße und an der Parkanlage »Am Schwanenteich« entlang zur EOS gehen, deren Gebäude ebenfalls aus der Gründerzeit stammte und mit seinem Portal und Treppenhaus ganz den Vorstellungen von einem deutschen Gymnasium entsprach – auch wenn von Sekundanern und Primanern keine Rede mehr war. Die unteren Klassen hatten dem neuen sozialistischen Schulmodell weichen müssen. Lediglich aus acht Klassen bestand die Weinert-EOS, zwei in jedem der vier Jahrgänge. Einschließlich unseres Rektors wurden wir von zwölf Lehrern unterrichtet, so dass sich binnen Kurzem alle kannten.

Hans-Jürgen hatte auch deshalb Pech, weil gerade während seines zweijährigen »freiwilligen« NVA-Dienstes die Wehrpflicht eingeführt wurde. Zunächst schien das zwar einen Vorteil zu bringen, denn man entließ ihn bereits nach 15 Monaten zum Studium – die Universität in Leipzig verwehrte ihm jedoch die Immatrikulation: »Sie sind erst für ein späteres Semester vorgesehen«, hieß es, »wenn Sie hier studieren wol-

Die Erweiterte Oberschule »Erich Weinert« in Mittweida, eigene Aufnahme 1967.

len, erwarten wir, dass Sie in der Zwischenzeit noch einen Facharbeiterbrief erwerben.«

»Welchen denn?«

»In einer naturwissenschaftlichen Richtung.«

War es Zufall, dass die Bedingungen gerade dann verschärft wurden, als die jungen Leute dem Arbeiter- und Bauernstaat nur noch schwer entkommen konnten? Die Forderung der Uni nach einem Facharbeiterbrief war jedenfalls reine Schikane, deren Grund vermutlich im falschen Timing lag, vielleicht aber auch darin, dass er kein »Arbeiter- und Bauernkind« war. Fachlich war die Ausbildung jedenfalls wertlos für ihn.

Hans-Jürgen rang sich dazu durch, in Leuna Chemiefacharbeiter zu werden – zwar schrecklich wegen der Arbeitsbedingungen und des Schmutzes am vielgehassten Chemiestandort, doch immerhin verdiente er dort gutes Geld. Zwei Jahre lang lebte er in Leuna. Erst danach, vom Jahr 1966 an, durfte er in Leipzig studieren.

Als ich sechs Jahre nach Hans-Jürgen auf die EOS kam, war die berufliche Ausbildung in die Oberschulzeit verlegt worden. Das bedeutete, dass ich mich unter einer Reihe von Ausbildungsberufen, den die hiesigen Betriebe anboten, einen mehr oder weniger passenden aussuchen konnte. Zunächst hatte ich vor, Papiermacher zu werden. Diese Ausbildung galt als eine Voraussetzung für das Fotografiestudium, von dem ich träumte, und in Mittweida gab es sogar eine Papierfabrik. Doch weil ich mit diesem Wunsch alleine war, kam keine Berufsschulklasse zustande. Populärer waren die Maurer, Werkzeugmacher, Elektriker, Rinderzüchter und so weiter. Ich entschied mich schließlich für Maschinenbau. Zusammen mit meinen Mitschülern verbrachte ich alle vierzehn Tage montags in der Berufsschule, dienstags und mittwochs (und in den Ferien ganze Wochen) in der Werkstatt des VEB Roscher & Eichler, einem Hersteller für Fräsmaschinen, die vor allem ins westliche Ausland geliefert wurden. So ging es vier Jahre lang, während meiner gesamten EOS-Zeit. Spaß machte mir das genauso wenig wie meinen Schulkameraden – der fragwürdigen Pädagogik der Berufsschullehrer ausgesetzt zu sein und sich früh um sechs Uhr in die schmutzige Werkstatt zu schleppen, das war wirklich kein Vergnügen.

Zum ersten Mal am Park entlang zur EOS ging ich Anfang September 1964. Die meisten meiner Mitschüler kannte ich noch nicht. Wir wurden nach Berufsgruppen zusammengestellt, so dass unsere Klasse aus sechs Mädchen und 24 Jungs bestand, in der Parallelklasse war es umgekehrt. Erst auf unserem zweiten Klassenausflug, den wir zusammen mit der »Mädchenklasse« des Jahrgangs unternahmen, lernten wir uns besser kennen. Beim reichlich lustlosen Dahinwandern durchs Erzgebirge fand sich eine Gruppe von Jungs, ich mittendrin, der jede Menge Blödsinn einfiel. Wir intonierten unflätige Lieder und wichen, als uns der Lehrer der Parallelklasse die Fäkalsprache verbot, auf die Vokabel »Dung« aus, die sich in spielerischer Lautverschiebung zu »Dong« wandelte. Und schon bald gehörte ich zu einem festen und verschworenen Freundeskreis, der sich dann 1965, drei Jahre vorm Abitur, als »Dong-Club« mit damals sechs Mitgliedern in quasi-offizieller Form konstituierte.

Dieser »Club« besteht bis heute – über 50 Jahre nach seiner Gründung! Wir treffen uns regelmäßig und wundern uns noch immer, welche Freiheiten wir uns auf der EOS herausnahmen – und dass die meisten unserer Schelmenstücke ungestraft blieben.

Einer von uns, Wolfgang Reimer, Spitzname »Reimus«, war der Sohn des Generaldirektors des VEB Bau- und Montagekombinats Süd, das in Chemnitz (offiziell »Karl-Marx-Stadt«) angesiedelt war. Als Generaldirektor wurde er abends in seiner eindrucksvollen russischen Wolga-Limousine nach Hause chauffiert. Hardys Vater arbeitete als Dozent im Technikum, der nächste war ein normaler Arbeiter, einer – der Vater von Joachim, den wir »Ami« nannten – war Bauer bei der LPG. Auch er hatte die Zwangskollektivierung erlebt und war entsprechend gegen die Kommunisten eingestellt. Die Elternhäuser waren bunt durcheinander gemischt, die meisten eher wohlhabend, aber ohne politischen Einfluss. Doch wir schienen eine Art Schutzengel zu besitzen, wohl eine besonders tatkräftige Mittweida-Ausgabe der in meinem Geburtsort Grünhainichen von Wendt & Kühn gefertigten Erzgebirgsengel.

Reimus lebte mit seiner Familie in einem hübschen Einfamilienhäuschen. Als ich einmal mit ihm durch den Wald streifte, entdeckten wir einen jungen Bussard, der aus dem Nest gefallen war und nun hilflos und flugunfähig am Boden lag. Wir nahmen ihn mit, brachten ihn im Kaninchenstall der Familie unter und päppelten ihn auf. Um etwas zum Fressen für ihn zu haben, schoss Reimus jeden Tag einige Spatzen mit seinem Luftgewehr. Als ihn sein Nachbar anzeigte – wegen der Gewehrschüsse, nicht aus Mitleid mit den Spatzen –, kam ein Polizeibeamter zu ihm nach Hause und beschlagnahmte das Gewehr. Das sah Reimus nicht ein! Mit dem Bussard unterm Arm lief er zum Marktplatz, wo es eine Dienststelle gab, zeigte das Tier einem Polizisten und erklärte ihm, dass der kleine Bussard ohne Spatzen eingehen würde, Mäuse könne er nicht fangen und wüsste nicht, wie er ihn sonst ernähren solle – woraufhin man ihm das Gewehr zu seiner eigenen Überraschung wiedergab. Fortan durfte er ganz offiziell nach Spatzen schießen.

Den Vogel, der sich allmählich erholte, tauften wir auf den Namen »Kennedy« – zu Ehren des wenige Monate zuvor ermordeten amerikanischen Präsidenten. Schließlich hüpfte Kennedy herum und schlug mit den Flügeln, bis er kleinere und später größere Strecken in der Luft zurücklegen konnte. Bevor er endgültig fortfliegen sollte, saß er gerne auf einem Baum auf dem Nachbargrundstück, von wo aus wir ihn riefen: »Kennedy! Kennedy!« hörte man laut in den Gärten. Eine »Provokation«, die gut und gerne zu einem Verhör hätte führen können – seit der Kuba-Krise wurde der charismatische amerikanische Präsident von den Kommunisten gehasst. Aber nach seinem ersten Misserfolg sah der Nachbar wohl von einer erneuten Anzeige ab. (Einen Denkzettel bekam er trotzdem: Vorm nächsten Weihnachtsfest fällte Reimus seine Tanne im Vorgarten.)

In meiner Oberschulzeit besaß ich eine Spiegelreflexkamera der Marke Praktica – eine der besten, die im Osten gebaut wurde – und eine eigene Laborausrüstung, mit der ich Fotografien entwickeln konnte. Bei Klassenfahrten und Schulveranstaltungen machte ich Aufnahmen und verkaufte die Fotos an Klassenkameraden. Von dem, was ich für die Bilder bekam, konnte ich meine Ausrüstung vervollständigen und mir nach und nach ein kleines Fotostudio einrichten, das auch für Porträtaufnahmen taugte. Mit einer Plattenkamera fertigte ich Doppelaufnahmen an, *en profil* und *en face* auf einer Platte – Kunststücke, die mich von einer Fotografenausbildung träumen ließen oder noch besser: von einem Studium für Kameraleute. Darum wäre mir auch eine Papiermacherlehre lieb gewesen.

Ich besaß auch eine Repro-Einrichtung, mit der ich Bilder aus Zeitschriften oder von Autogrammkarten abfotografieren und vervielfältigen konnte. Ausgesprochen beliebte Motive waren die Beatles oder die Rolling Stones aus der *Bravo*. Für diese Fotos lagen mir sogar Bestellungen vor. Meine Zwischenabnehmer bezahlten mir ungefähr 30 Pfennige pro Bild, das sie vielleicht für 50 Pfennig weiterverkauften. Ein nach Schülermaßstab ungemein einträgliches Geschäft. Damit einher ging natürlich das Risiko, erwischt zu werden. Denn nicht allein, dass es sich bei der *Bravo* um eine verbotene westdeutsche Zeitschrift handelte, die illegal besorgt werden musste (hier wurde der Lebensstil des »Klassenfeindes« propagiert!), auch die Idole, die ich reproduzierte, galten als Repräsentanten einer »antisozialistischen Geisteshaltung«. Auf dem XI. Plenum des Zentralkomitees der SED im Dezember 1965 – kurz vor meinem 15. Geburtstag – hatte sich der Erste Sekretär des ZK der SED Walter Ulbricht, nun schon seit 1950 der mächtigste Mann der DDR, zu diesem berühmten Satz verstiegen: »Ist es denn wirklich so, dass wir jeden Dreck, der vom Westen kommt, nu kopieren müssen? Ich denke, Genossen, mit der Monotonie des Je-Je-Je, und wie das alles heißt, ja, sollte man doch Schluss machen.«

Um diese »Kulturpolitik« kümmerten wir uns jedoch reichlich wenig – höchstens steigerte sie die Attraktivität der westdeutschen Medien. Mit meinem Tonband nahm ich Musik der Hitparade des bayrischen Rundfunks auf, schloss eine Lautsprecherbox an und ließ sie bei Schulpartys laufen. Wir mieteten auch selbst kleinere Säle in Mittweida und Umgebung an, um Freunde einzuladen, »unsere« Musik zu spielen, zu feiern und zu tanzen. Gerade für unsere Mitschülerinnen waren diese Abende interessant. Offiziell waren nicht mehr als 40 Prozent Westmusik erlaubt, das meiste sollte ostdeutsch-hausgemacht sein. Doch daran hielt sich keiner.

Natürlich gab es auch Aktivisten der Freien Deutschen Jugend, die sich vor den Karren der SED-Zensur spannen ließen. Sie verbreiteten Slogans wie »Die Sonne geht im Osten auf, im Westen geht sie unter. Wir bauen für den Frieden auf, drum West-Antennen runter« und demontierten daraufhin tatsächlich die Fernsehantennen, die man »Ochsenköpfe« nannte, weil der bayrische Rundfunk einen Sendemast auf dem Ochsenkopf im Fichtelgebirge aufgestellt hatte, um das ARD-Programm auch in unsere Region auszustrahlen. In ihrer Länge und Ausrichtung waren die Ochsenköpfe leicht auszumachen. Als Kind hatte ich eine solche Aktion erlebt, auch die empörte Reaktion meiner Eltern, und früh Abneigungen gegen diese Art der Bevormundung entwickelt. Solange ich im Osten lebte, legte ich stets Wert auf einen guten West-Empfang, und war damit keine Ausnahme: Die Mehrheit der Bevölkerung richtete sich – aller Agitation zum Trotz – weniger nach der vermeintlich korrekten Weltanschauung als nach dem spürbaren Qualitätsunterschied zwischen den Programmen – und war den politischen Parolen der Einheitspartei tagsüber ohnehin zur Genüge ausgesetzt, so dass man sie abends nicht noch freiwillig einschaltete.

Unsere Antennen waren nach Westen gerichtet. Im Westen schien ein Leben gelebt zu werden, das der von Parteiseite bevorzugten Anpassung und Gleichmacherei einiges an Attraktivität voraushatte. Wenn ich die frisch entwickelten Bravo-Bilder nachts zum Wässern in der Badewanne schwimmen ließ, fühlte ich mich diesem Leben näher als den Politparolen, die in regelmäßigen Abständen auf uns einprasselten.

Einmal im Monat lief der Beat-Club im Fernsehen. Diesen Samstagnachmittag hielten wir uns frei. Mit unserem bisschen EOS-Englisch versuchten wir, die Texte zu übersetzen, und interessierten uns für alles, was wir über die Bands in Erfahrung bringen konnten.

»Mensch, in Bremen geht so was.«

»Oder in Hamburg, im Star-Club, wo die Beatles aufgetreten sind.«

»Oder stellt euch vor: London! So weit weg ist das ja gar nicht. Einmal übern Ärmelkanal, schon ist man da.«

»Ja, das sagst du so.«

»Einmal gucken wir uns das an, oder?«

»Früher waren wir ein paar Mal in Westberlin«, erzählte ich, »immer im Sommer, wenn wir an die Ostsee gefahren sind.«

»Und, was haste da gesehen?«

»Na, den Zoo und den Ku'damm. Filme. Wenn ich ins Kino durfte, musste ich die Preise mal vier nehmen. Und natürlich die Geschäfte. Vater kaufte Ersatzteile für seinen Opel P4, die gab es nur dort. Einmal war uns der Reifen auf der Fahrt kaputt gegangen. Der Zöllner in der S-Bahn fragte, ob wir irgendetwas zu verzollen hätten. Vater sagte nein, aber ich war noch klein und sagte: Du hast den Autoreifen unter der Bank vergessen. Da hat selbst der Zöllner gelacht.«

»Na, und heute dürfen wir noch nicht mal mehr dorthin, von Hamburg und London ganz zu schweigen.«

»Aber ich sag euch: Ich will die Welt sehen! Und damit meine ich nicht bloß Prag oder Budapest.«

Da waren wir uns einig.

Mein Zimmer zu Hause war recht groß und besaß einen Erker, von dem aus man die gesamte Lutherstraße überblicken konnte. Ein oder zwei Mal in der Woche konnte ich verfolgen, wie meine Freunde angefahren kamen und zuerst ihre Mofas, später die Motorräder abstellten. Dann kamen sie die Treppe hoch, am voll besetzen Wartezimmer vorbei, und nach einer Weile ging es wieder los, auf die Motorräder und ab, so dass viele Patienten und die halbe Nachbarschaft wussten: Jetzt ist der May wieder mit seinen Kumpels unterwegs.

Die Eltern von Clubmitglied »Pfeiffer« lebten in ländlicher Idylle und bewirteten uns stets aufs Beste. Man hatte uns aufwachsen sehen, freute sich mit über unser Miteinander, auch meine Eltern und die Eltern der anderen Dong-Club-Mitglieder, von denen wir nicht selten hörten, wie fabelhaft es doch sei, dass wir so eng zusammenhielten: »Mensch, ist das schön, so eine Freundschaft«, sagten sie, was uns natürlich bestärkte – aber, je älter wir wurden und je gewagter unsere Aktionen, auch etwas bedenklich stimmte. Genossen wir nicht zu viel Aufmerksamkeit, fragten wir uns? Das könne doch den Stasi-Leuten nicht gefallen, unser Club. Zumal es offensichtlich war, dass wir FDJ-Veranstaltungen mieden, wo wir konnten. Nur die Familien von Reimus und Hardy hängten zum 1. Mai Fahnen aus dem Fenster. Wir selbst nahmen nur im äußersten Notfall an der Mai-Demonstration teil. Sollte das den allgegenwärtigen Spitzeln verborgen bleiben?

»Das war der Eindruck von ›ihnen‹: Sie haben sehr viel Macht, sind heimlich und unberechenbar, das Freundliche muss nicht freundlich sein, es kann ein Zuschnappen geben mit ernstesten Folgen, [...] Tief reichte diese Angst, es war eine Prägung, eine Impfung. Und das umgeben von einer Mauer, einem ›militärischen Sperrgebiet‹ mit Minen und Hunden«.[8]

So beschreibt Jürgen Fuchs das Grundgefühl von Aufwachsenden gegenüber der Stasi. Wir hatten uns so sehr daran gewöhnt, dass es kaum mehr auffiel. Und glücklicherweise war unser Übermut meist größer als die Angst.

Um die Schule kümmerten wir uns im Dong-Club nur so viel wie nötig. Wir fuhren nach Chemnitz, abends zum Tanzen in die Umgebung, oder genossen die Zeit in einer der Studenten-Kneipen der Stadt, deren Klavier zum Singen einlud. Wir tranken Bier aus Stiefeln, Hardy setzte sich ans Instrument und wir sangen das alte Studentenlied »Gaudeamus igitur« – und zu vorgerückter Stunde auch das Deutschlandlied, was streng verboten war. Am nächsten Tag hieß es: Antreten beim Direktor! Der zeigte sich bereits über alles informiert, schüttelte sorgenvoll den Kopf und ermahnte uns. Auf das lateinische Studentenlied waren wir übrigens gekommen, weil Reimus, Hardy und ich, zusammen mit einer Freundin, auf unseren Motorrädern zu einer Oberschule ins zehn Kilometer entfernte Frankenberg fuhren, einen Nachmittag pro Woche, um Latein zu lernen. Die alten Sprachen fehlten im Fächerkanon unserer EOS, und wir wollten uns auf zukünftige Studien vorbereiten.

Eine Weile später, unbeaufsichtigt im Musikraum, sangen wir statt des Deutschlandliedes »Wir wollen unseren alten Kaiser Wilhelm wiederhaben« zur Melodie des »Fehrbelliner Reitermarschs«, und die ganze

Klasse stimmte ein. Schon wieder vergaßen wir, das Fenster zu schließen ...

Wir wollten provozieren und protestieren gegen eine staatliche Erziehung, deren oft leicht durchschaubare sozialistische Propaganda sie in unseren Augen komplett disqualifizierte. Solche »Delikte« hatten andernorts in unserem Staat schon zu Schulverweisen geführt (später sollte das Deutschlandlied Hardy den Studienplatz kosten) – doch unsere Lehrer ließen uns gewähren. Auch bei der Aufmachung, in der wir in die Schule kamen, drückten sie ein Auge zu. Die langen Haare und bunten Flower-Power-Hemden, die wir uns von unseren Omas nähen ließen, verbuchten sie wohlwollend als jugendliche Flausen. Nur Jeans, die »Nietenhosen« genannt wurden, waren in der Schule verboten.

Wir waren übrigens fest davon überzeugt, dass diese Mode, die wir aus dem Fernsehen und den wenigen geschmuggelten Zeitschriften kannten, im Westen allgemein verbreitet sei. Erst als ich mich viele Jahre später, jetzt in Nordrhein-Westfalen, mit Gleichaltrigen unterhielt, die im Westen aufgewachsen waren, erfuhr ich, dass dort keineswegs alle in »Flower Power« zur Schule durften, sei es, dass das Lehrerkollegium oder das jeweilige Elternhaus der Mode Grenzen setzte. Die Kleidung und die Musik, die wir mit unseren »Ochsenköpfen« empfangen hatten, waren auch in der Bundesrepublik nicht unumstritten gewesen.

Im Rückblick erscheint mir das Verhalten unserer Lehrer recht tolerant, obwohl wir doch eher locker mit den schulischen Anforderungen umgingen. Wir hatten schlichtweg das Gefühl, mehr mit dem Leben anfangen zu können als die meisten unserer Mitschüler. Vielleicht war es gerade diese Schlitzohrigkeit oder der Unterhaltungswert unserer Umtriebe, die uns die nötigen Sympathien in der Lehrerschaft erhielten und uns die eine oder andere gefährliche Klippe umschiffen ließen. Glücklicherweise ahnte niemand im kleinen Lehrerkollegium, dass wir gelegentlich auch übers Ziel hinausschossen. Reimus, der Rinderzüchter lernte, befand sich im Clinch mit seinem Ausbilder, den sie »Pflaume« nannten. Also schlichen wir uns heimlich auf seinen Bauernhof und stahlen ein Huhn oder eine Ente aus seinem Stall, um sie überm offenen Feuer zu braten. Auch eine Schmelzhütte in der Nähe war nicht sicher vor uns. Weil wir die staatliche Buntmetallsammelei für Unsinn hielten, bei der zum Teil recht schöne und wertvolle Zinnbecher,

Messingmörser, Leuchter oder alte Kupferpfannen der sozialistischen Wirtschaftspolitik zum Opfer fielen, stiegen wir in die Schmelzhütte ein und »retteten« einige Antiquitäten. Mit solchen Aktionen hätten wir uns natürlich auch im Westen strafbar gemacht – wir sahen sie als mehr oder weniger legitimen Protest und erprobten unseren Mut – trotz der unterschwelligen Befürchtung, als stadtbekannter Freundeskreis unter Stasi-Beobachtung zu stehen. (Dass sich dieser Verdacht nicht allein auf jugendliche Selbstüberschätzung stützte, sondern durchaus seine Berechtigung hatte, sollten wir einige Jahre später eindrücklich erleben.)

Zunächst schadete jedoch keine dieser renitenten Aktionen unserem Fortkommen. 1968 legten wir das Abitur ab. Zusammen mit dem Reifezeugnis erhielten wir auch unsere Facharbeiterbriefe, und wer in die Oberschule nach Frankenberg gefahren war, auch das kleine Latinum. Allesamt wurden wir zum Studium zugelassen.

Meinen Traum, Kameramann zu werden, beerdigte ich still und leise am Ende meiner Oberstufenzeit. Es hieß, man müsse sich linientreu verhalten, um einen der wenigen Studienplätze zu ergattern. Na und dann, sagte ich mir, würde ich wohl langweilige Dokumentarfilme über die angebliche Übererfüllung des Fünfjahresplans im Baukombinat Süd drehen müssen. Also entschied ich mich schließlich doch für die Zahnmedizin.

Ebenso übrigens wie Ami, dessen Notendurchschnitt für eine reguläre Zulassung zwar nicht ausreichte. Darum fuhr er auf eigene Initiative nach Greifswald zu Professor Albrecht Schönberger, dem dortigen Lehrstuhlinhaber für Zahnmedizin, Mund- und Kieferheilkunde, Direktor der Zahnklinik und bekannt dafür, dass er sich das Recht vorbehielt, einen Teil der Bewerber selbst auszusuchen. Ami absolvierte eine Eignungsprüfung und wurde angenommen – auch so etwas gab es im Osten.

Wie im Straflager

Zuerst mussten wir aber noch die Armeezeit überstehen. Ami und ich sprachen uns ab, um gemeinsam eingezogen zu werden, und gaben bei der Musterung identische Auskünfte. Mein Bruder hatte uns entsprechend instruiert. Zum Beispiel sollten wir beide Rückenbeschwerden zu Protokoll geben, damit wir keiner Panzereinheit zugewiesen würden. Der Plan ging auf. Unsere Einberufungsbescheide lauteten tatsächlich auf denselben Ort, dieselbe Einheit und dieselbe Waffengattung. Man hatte uns, so viel erfuhren wir, der Artillerie zugeteilt.

Die Zeit der langen Haare war jetzt vorbei. Wir ließen unsere Köpfe militärisch kahl scheren, dann fuhren wir nach Berlin und am darauffolgenden Morgen weiter nach Pasewalk, wo wir mit Armeelastwagen am Bahnhof abgeholt wurden. »Das darf nicht wahr sein«, dachten wir, als die Fahrt nicht enden wollte und wir immer tiefer in die vorpommerschen Wälder transportiert wurden. Ungläubig fragen wir uns, was uns in dieser mecklenburgischen Abgeschiedenheit wohl blühte. »Wir müssen zusammenbleiben, damit wir aufs gleiche Zimmer kommen.« Auch das gelang uns – nur dass das »Zimmer« ein 120-Mann-Schlafsaal war, in dem wir für die nächsten Wochen einkaserniert wurden. Aus unseren behüteten Elternhäusern geholt, 18-jährige frischgebackene Abiturienten, trauten wir kaum unseren Sinnen. Was auf dem Truppenübungsplatz Stallberg auf uns zukam, war purer Drill. Selbst wenn wir vor dieser Behandlung etwas vom »fürsorglichen« sozialistischen Staat gehalten hätten, spätestens auf diesem Kasernenhof wären wir vom Glauben abgefallen.

Nach vier Wochen Wut und Verzweiflung fragte einer unserer Vorgesetzten, wer Kraftfahrer werden möchte. Ich ließ mich sofort in die Liste eintragen, froh über jede Abwechslung, und gab die Informationen, die ich bekam, auch an Ami weiter, der nichts von dem Aufruf mitbekommen hatte. Gemeinsam meldeten wir uns anderntags auf dem Exerzierplatz – dass Ami nicht auf der Liste vom Vortag stand, wurde trotz aller Disziplin schlicht übersehen. Nun waren wir immerhin für einige Wochen sinnvoll beschäftigt und weg von den Schlammlöchern der Grundausbildung.

Die Kaserne, in der wir geschleift wurden, gehörte zur 5. Raketenbrigade der NVA, deren militärische Mission und Ausrüstung heute auf Wikipedia nachzulesen sind.[9] Die Einheit bediente mobile, auf Panzerfahrzeuge montierte Abschussrampen für Boden-Boden-Raketen – als Teil der nuklearen Abschreckung des Warschauer Paktes. Denn die bei der NATO »Scud« genannten Raketen konnten Atomsprengköpfe tragen, deren Montage wir regelmäßig übten. Ami wurde »Kabel-Affe« und verlegte elektrische Leitungen zwischen den Gefechtsständen, ich wurde zum Fahrer der Meteorologen ernannt, die vor jedem Übungsstart einen Ballon zur Wettermessung steigen ließen.

Um echte Starts durchzuführen, fuhr die Einheit für vier Wochen auf das sowjetische Militärgelände nach Kapustin Jar – ein äußerst beschwerlicher »Einsatz«, für den wir eine volle Woche mit dem Zug unterwegs waren. Wie unsere Vorgesetzten diese Aufgabe sahen, lässt sich dadurch ermessen, dass vor dem Transport Schnapsrationen an die Soldaten ausgegeben wurden – zuvor (und auch danach) war Alkohol in der Kaserne verboten. Als wir mitten in der Nacht, in Brest-Litowsk an der Grenze zur Sowjetunion, unsere LKWs umluden, weil sich die Spurbreite der Gleise änderte, musste man mich aus der tiefen Ohnmacht reißen, in der ich meinen Rausch ausschlief.

Dann fuhren wir tagelang weiter, 3.000 Kilometer ungefähr, mit Stopps an einigen riesigen Bahnhöfen, wo wir uns die Beine vertreten konnten, bis wir von einem durchdringenden Signalton wieder zurück zum Zug und auf unsere harten Schlafpritschen gerufen wurden. Endlich kamen wir auf der Raketenbasis an der Grenze zu Kasachstan an, in einer Halbwüste, in der tagsüber große Hitze herrschte. Nachts, wenn wir Wache schieben mussten, wurde es bitterkalt. 14 Tage verbrachten wir dort – ich bestaunte den Start einer sowjetischen Weltraumrakete. Und auch der Abschuss »unserer« etwa fünf Meter großen Flugkörper, die mehr als 300 Kilometer weit in die kasachische Steppe gelenkt wurden, war ein ehrfurchteinflößendes und nicht ganz ungefährliches Schauspiel.

Unsere Vorgesetzten warnten uns außerdem vor Sandvipern und Skorpionen, deren Stiche und Bisse tödlich sein könnten. Vor allen Dingen nachts sollten wir uns in Acht nehmen. Die Meteorologen arbeiteten und übernachteten auf dem Aufbau des SIL-Lastwagens, der mit der entsprechenden Technik ausgerüstet war, ich als Fahrer schlief im Führerhaus, dessen kaum abgedichteter Boden mir plötzlich unheimlich wurde. Auf Wache und vorm Einschlafen war mir mehr als mulmig zumute, nach all diesen Geschichten von giftigen Tieren und Erzählungen von beim Start umkippenden Raketen, die Verheerungen unter den Soldaten angerichtet hätten. Ich war heilfroh, als sich unser Zug endlich wieder in Richtung Heimat in Bewegung setzte.

Bei unserer Ankunft auf dem »Raketenbahnhof« im vorpommerschen Wald mussten wir antreten und wurden zum Schweigen verdonnert über etwas, was wir jetzt erst erfuhren: Auf einem der anderen Züge des Transports war es tatsächlich zu Todesfällen gekommen. Zwei sowjetische Soldaten, die dieselbe Strecke nahmen, hatten während eines Zwischenstopps den Anschluss an ihre Truppe verpasst. Es wurde viel Wodka getrunken, das allgegenwärtige »Schmiermittel« auf diesen Einsätzen, und der Zug fuhr ohne sie weiter, während sie in der Kneipe des polnischen Bahnhofs saßen. Als sie merkten, in welche Lage sie sich gebracht hatten, und an die drastischen Strafen dachten, die ihnen drohten, sprangen sie verzweifelt auf den durchfahrenden NVA-Transport. Einer landete im Offizierswaggon und wurde sogleich entwaffnet, der zweite kletterte in den Küchenwagen. Die Köche amüsierten sich über den ungewöhnlichen Gast. Vielleicht hatte er den Wodka bei sich, oder im Küchenwagen fand sich genug davon, jedenfalls trank der Sowjetmensch weiter und bot irgendwann einem der Köche Geld für ein hübsches Messer an, dass er bei ihm entdeckte. Die NVA-Soldaten lachten, wie er in seiner Situation, volltrunken, noch Geschäfte machen wolle, lachten ihn aus, dachte er wohl, denn plötzlich wurde er wütend, entsicherte seine Kalaschnikoff und verschoss das ganze Magazin. Zwei der Köche starben, weitere wurden schwer verletzt.

Der gefährliche Einsatz in Kasachstan war nicht einmal das Schlimmste in jenen langen Monaten »bei der Fahne«, auch nicht die Zwölfbettzimmer im Keller, als die riesigen, ursprünglich von der Roten Armee eingerichteten Schlafsäle umgebaut und aufgeteilt wurden. Nicht das minderwertige Essen, das uns Verteidigern des Vaterlandes serviert wurde, die fremde Umgebung oder die Reibereien und Schlägereien zwischen uns Sachsen und Thüringern und den hiesigen Mecklenburgern: Das Schlimmste war, dass wir nur alle zwölf Wochen Urlaub bekamen. Ein ganzes Vierteljahr dauerte es, bis wir für läppische zwei Tage – von Freitag bis Montag – aus der verhassten Kaserne und nach der langen Fahrt endlich nach Hause kamen, um uns ein wenig von der Armeebettenatmosphäre zu erholen. Nur einmal im Jahr durften wir der Kaserne für fünf Tage den Rücken kehren. Begründet wurde die strenge Regelung mit der ständigen Alarmbereitschaft, unter der die Raketenbrigade stehe.

Einmal, als es endlich so weit war und wir kurz vorm Kontrolldurchlasspunkt Richtung Bushaltestelle gingen, brüllte uns der Schirrmeister, Major Puff (er war geradezu der Idealtypus eines preußischen Majors), hinterher: »Still gestanden! Wo wollen Sie hin? Ihre Haare sind zu lang! Urlaub gestrichen!« Da war uns hundserbärmlich zumute. In der Nacht scherten wir uns aus Protest die Köpfe kahl und erschienen morgens mit Glatzen zum Essen. Das zog sofort die nächste Urlaubssperre nach sich: »Bis sich ein Scheitel kämmen lässt!« Das dauerte lange.

Schließlich waren wir so verzweifelt, dass Ami und ich uns wegen akuter Mandelentzündungen ins Lazarett nach Prenzlau überweisen ließen. Der HNO-Arzt dort hieß zufälligerweise auch Mai, aber mit einem »i«. Er sah uns ins Gesicht und sagte: »Gut, dann nehme ich Ihnen die Mandeln heraus.« Ein bisschen angegriffen waren sie wohl tatsächlich. »Tonsillektomie. Anschließend gibt es zehn Tage Erholungsurlaub« – darauf hatten wir spekuliert. Für zehn Tage opferten wir unsere Mandeln gern.

Ein Dreivierteljahr später meldeten wir uns erneut beim HNO-Arzt. Eine krumme Nasenscheidewand hat schließlich fast jeder. Also wiesen wir darauf hin, dass wir unter der Gasmaske nur wenig Luft bekämen, woraufhin Dr. Mai uns OP-Termine nannte, an denen er wohl ganz gerne seine Kunst erproben wollte, Nasenscheidenwände zu richten. Auf Nachfrage war er sogar so gnädig, unsere Operationen auf einen einzigen Tag zu legen und uns ein gemeinsames Zimmer zuzuweisen. Das Lazarett war überbelegt, so kamen wir ins Offizierszimmer. Dort lagen wir nun also mit riesigen Verbänden um die angeschwollenen Nasen und wurden von einer hübschen blonden Krankenschwester umsorgt. Ami konnte es nicht lassen, ihr Avancen zu machen. Bei der nächsten Visite schimpfte Dr. Mai: »Lassen Sie bitte die Schwester in Ruhe. Sonst streiche ich Ihnen den Genesungsurlaub!«

Doch Ami war unverbesserlich. Für seine nächste freche Bemerkung bekamen wir tatsächlich zwei Tage gestrichen. Jetzt waren es nur noch acht Tage. Dass wir immer noch fanden, die medizinisch nutzlose Operation habe sich gelohnt, verdeutlicht wohl ganz gut, wie wir uns in den mecklenburgischen Wäldern fühlten. Wie im Straflager.

Jahre später erkannte ich jenen Dr. Mai wieder, als ich zufällig Nachtdienst hatte und er einen dringenden Notfall ins Klinikum Cottbus brachte: Nachblutung nach einer Kiefernhöhlenoperation. Er schilderte mir den Fall, ohne dass er mich erkannte, und ich beeilte mich, zu operieren und die Blutung zu stillen, während er draußen vor dem OP um seinen Patienten bangte. Nachher unterhielten wir uns. Ich erfuhr, dass er inzwischen im Cottbusser Lazarett arbeitete.

»Wir kennen uns«, sagte ich, »Sie haben mich zwei Mal operiert. Was ist denn aus der blonden Krankenschwester geworden?«

»Die habe ich geheiratet.«

Im April 1970 wurden Ami und ich endlich entlassen. Im Juli oder August erhielt ich eine Mitteilung der Universität Leipzig, dass die Beurteilung der NVA noch nicht eingetroffen sei. Ich rief also in der Einheit an und bat um ein entsprechendes Schriftstück. Es wurde von meinem Gruppenführer verfasst, einem Unteroffizier, zu dem ich nicht gerade ein freundschaftliches Verhältnis unterhielt. Zwar war ich, als einziger Abiturient, ungefragt zum FDJ-Sekretär meiner Gruppe ernannt worden – vielleicht hatte man kalkuliert, so meinen Widerspruchsgeist besänftigen zu können. Doch davon hatte ich keine Notiz genommen. Das einzige sichtbare Zeichen meines »Amtes« war der Schlüssel zum Kulturraum gewesen, den ich aufgeschlossen hatte, wenn samstags im Fernsehen Fußball lief. Darüber hinaus nutzten wir die wenigen Spielräume, die wir besaßen, kletterten gelegentlich über die Mauer der Kaserne, schmuggelten Bier ein und so weiter – Aktionen, die der Unteroffizier mir nun schriftlich anlastete. Ich sei der »Rädelsführer« gewesen. Zuletzt hätte ich sogar die Annahme einer FDJ-Medaille verweigert – was den Tatsachen entsprach: Ich fühle mich ihrer nicht würdig, hatte ich zu Protokoll gegeben. Auch das hatte der Unteroffizier in meiner Beurteilung notiert, mit dem Effekt, dass mich die Universität Leipzig postwendend vom Studium auslud.

Mein Vater kochte vor Wut. »Was ist denn bei Ihnen los? Mein Sohn war doch schon längst zugelassen?«, erkundigte er sich bei Professor Birnbaum am Telefon, dem Leiter der Propädeutik, den er von etlichen Kongressen kannte. Er erreichte, dass ich mich vor dem zuständigen Hochschulprofessor rechtfertigen durfte. Zu dem vereinbarten Termin fuhr er mich nach Leipzig und wartete im Auto.

Da saß ich nun dem durchaus renommierten Anatomie-Professor Bertolini gegenüber, den die Universitätshierarchie mit disziplinarischen Kompetenzen ausgestattet hatte, als Leiter für Erziehung und Ausbildung. Er las mir die Beurteilung dieses Unteroffiziers vor, der die Schule wohl nach der achten Klasse verlassen hatte. Ich konnte diese Farce nicht ernst nehmen, auch weil der Professor sichtlich zu alt war, um in der NVA gedient zu haben, doch andererseits noch zu jung, um als Soldat im Krieg gewesen zu sein. Er wusste also gar nicht, wovon er redete.

»Sie müssen die Beurteilung ins richtige Verhältnis setzen. Jeder Soldat hat sich einmal unerlaubt von der Kaserne entfernt«, versuchte ich es, aber dieser Hochschulvertreter hatte zu Recht den Ruf eines knallharten sozialistischen Zuchtmeisters. Plötzlich fielen mir wieder meine alten Pläne ein, Fotograf zu werden, später vielleicht Kameramann. Wenn es hiermit nichts wird, überlegte ich, gehe ich eben doch in diese Richtung.

»Sagen Sie einmal: Ihr Vater ist also privater Zahnarzt?«, fing er jetzt an.

Ich bejahte.

»Hat er viel zu tun, in seiner Praxis?«

»Ja, schon.«

»Also hatte er wenig Zeit, sich um Ihre Erziehung zu kümmern?«

Ich dachte an meine Fotoausrüstung und holte Luft: »Herr Professor, Sie mögen ein großer Wissenschaftler sein, aber als Mensch kann ich Sie nicht akzeptieren.«

»Raus!«, schrie er.

Ich setzte mich ins Auto, in dem mein Vater wartete, und sagte: »Es ist vorbei. Er hat behauptet, du hättest mich schlecht erzogen.«

Mein Vater stieg aus. Als er kurze Zeit später wutentbrannt und außer Atem im Zimmer des Leiters für Erziehung und Ausbildung eintraf, ließ der sich verleugnen. Er bekam nur Professor Birnbaum zu fassen, dem er schilderte, was vorgefallen war. Dass hier über seine Erziehung geurteilt werde, verbitte er sich!

Einige Wochen lang ließ man uns im Unklaren. Halbherzig bastelte ich an neuen Zukunftsplänen. Doch vierzehn Tage nach Beginn des Wintersemesters steckte erneut ein Brief aus Leipzig in unserem Briefkasten: Ich war doch noch zugelassen worden.

Grenzen

Mit dem Zahnmedizinstudium folgte ich einer Familientradition, die mit Onkel Erich ihren Anfang genommen hatte. Erich May war einer von sechs Geschwistern meines Vaters und etwa zehn Jahre älter als dieser. Schon vor dem Krieg hatte er sich in der Kleinstadt Hainichen als Zahnarzt niedergelassen, nicht weit von Mittweida und von den anderen Schauplätzen meiner Kindheit und Jugend entfernt. Dort hatte auch die kleine Zigarrenmanufaktur meines Großvaters Bruno May gestanden. Als dieser bereits 1928 starb, mit 49 Jahren, nahm Onkel Erich meinen 14-jährigen Vater zu sich und kümmerte sich um eine Ausbildung als Dentist für ihn – das war ein nichtakademischer Bildungsweg, der noch in den 40er-Jahren parallel zur universitären Zahnmedizin möglich war. Dentisten durften Patienten behandeln, Schadstellen verfüllen oder Zähne ziehen, waren jedoch nicht approbiert und hatten keinen Zugang zu Arzneimitteln. Für meinen Vater brachte die Ausbildung den Vorteil, dass er während des Zweiten Weltkriegs nicht als gewöhnlicher Soldat, sondern als eine Art Feldscher (Wundarzt) eingesetzt wurde. Als Hitler den Befehl zum Überfall Polens gab, war er 25 Jahre alt und wurde sogleich eingezogen.

Meine Mutter lernte er während des Krieges kennen. Ende 1940 arbeitete er zwischenzeitlich als Vertretung eines Chemnitzer Zahnarztes und nahm Kontakt zu einer chirurgischen Praxis auf, um eine Patientin anzumelden. Zuerst ergab sich kein Termin, beim zweiten, jetzt erfolgreichen Versuch machte er die Bekanntschaft der Sprechstundenhilfe Susanne Heber. Sie verabredeten sich – und übers Jahr waren sie verlobt. Weil er zurück an die Front beordert wurde und vorerst keinen längeren Urlaub bekam, mussten sie aber noch anderthalb Jahre warten, bis sie schließlich im Juli 1942 in Chemnitz heiraten konnten. Im Mai 1943 kam mein Bruder Hans-Jürgen zur Welt.

Nach dem Krieg, als in der sowjetisch besetzten Zone die Dentistenausbildung abgeschafft wurde, bekam Vater die Möglichkeit, in einer verkürzten universitären Fortbildung eine Approbation als Zahnarzt zu erwerben.

Auch Erichs Söhne Christian und Hans-Lutz wurden Zahnärzte. Christian, der ältere der beiden, der direkt nach dem Studium in den

Westen gegangen war, eröffnete 1963 eine Praxis in Lünen in Westfalen. 1967 verhalf er seinem Bruder zur Flucht über Ungarn nach Jugoslawien. Dafür färbte sich Hans-Lutz die Haare schwarz. Er und seine Frau Gudrun, ebenfalls Zahnärztin, erhielten Pässe von jugoslawischen Staatsbürgern, die von Christian nach Ungarn geschickt worden waren. Die Pässe wurden anschließend zurück geschmuggelt, damit die Jugoslawen zurückreisen konnten. In Jugoslawien angekommen, lud Christian Gudrun und Hans-Lutz in den Kofferraum seines Wagens und brachte sie in den Westen. Um die Flucht zu organisieren und mit den Schleusern zu sprechen, war er zuvor mehrfach vor Ort gewesen. Alles klappte wie am Schnürchen. Die Neuankömmlinge siedelten sich in Werne an.

Mein Bruder und ich begründeten noch eine weitere »Familientradition«: Als ich 1970 nach Leipzig kam, war Hans-Jürgen gerade mit seinem Studium fertig geworden und trat in einer Poliklinik in Zerbst (Sachsen-Anhalt) eine Stelle an. Sein Zimmer in Paunsdorf benötigte er nun nicht mehr. Dort hatte er in Untermiete bei Frau Fuchs gelebt, einer Witwe, die in dem Leipziger Stadtteil eine kleine Doppelhaushälfte besaß. Ich wurde sein Nachmieter. Die Studentenbude unterm Dach – das Bad teilte ich mit unserer Vermieterin – gefiel mir sehr viel besser als die üblichen Mehrbettzimmer in den Studentenwohnheimen. Von Doppelstockbetten hatte ich nach meiner Armeezeit wahrhaftig genug.

Ohne ihren früh verstorbenen Mann war es für Frau Fuchs schwer gewesen, über die Runden zu kommen, so dass ihr der kleine Zusatzverdienst sehr zupasskam. In den Jahren unseres Studiums wurde sie meinem Bruder und mir wie eine zweite Mutter – und übermittelte Nachrichten, als ich im Gefängnis saß.

Über meine Studienzeit muss hier, wo es nicht um Fachliches geht, wenig berichtet werden. Ich genoss sie – die Lehrveranstaltungen ebenso wie die Annehmlichkeiten des Studentenlebens – und blickte zugleich mit gebührendem Respekt auf die jeweils nächste Prüfung. Über das medizinische Niveau meiner Ausbildung konnte ich mich keinesfalls beklagen.

Auch im materiellen Sinne ging es mir gut: Dank meines Großvaters besaß ich bereits im fünften Semester ein eigenes Auto, einen IFA F9, Baujahr 1956, aus dem VEB Automobilwerk Eisenach. Bloß wenn ich in den Semesterferien mit Kommilitonen unterwegs war, wie früher mit dem Motorrad durch die Tschechoslowakei bis Ungarn, nun weiter nach Rumänien bis Bulgarien fuhr und die Straßenschilder betrachtete, ärgerte ich mich maßlos. Nach Budapest fuhr man noch nicht über die Autobahn, sondern von Brünn (Brno) südlich nach Pressburg (Bratislava), wo sich vor der Stadt die breite Europastraße gabelte. Auf den Fahrbahnen standen mit weißer Farbe die Namen der möglichen Ziele groß aufgemalt – rechts »WIEN«, links »BUDAPEST«. Wir aus dem Osten hatten keine Chance, nach rechts abzubiegen. Wir hatten keine Wahl. Schon als ich als Schüler zum ersten Mal nach Ungarn gefahren war, hatte mich das gestört. »Wer hat das Recht, mir die andere Spur zu verbieten?«, dachte ich deprimiert, während ich meinen F9 Richtung Budapest lenkte, »Warum müssen wir uns bloß alle nach diesen paar Verbrechern im Politbüro richten?«

Auch Jugoslawien mit seiner langen schönen Adriaküste galt als westliches Ausland, so dass uns das Mittelmeer verschlossen blieb und wir nach Südosten gelenkt wurden, bis zur Küste des Schwarzen Meeres. Für sich genommen kein schlechtes Urlaubsziel – nur wünschte ich mir, es selbst aussuchen zu dürfen.

Im Studium hatte ich jedoch hauptsächlich andere Ziele. Prüfungen und Praktika standen an, und auch sonst gab es in Leipzig viel Neues zu entdecken, etwa zur Zeit der Buchmesse, wenn wir Studenten keine Bleibe in der Stadt hatten, weil unsere Unterkünfte für Messegäste benötigt wurden. Auch Frau Fuchs nahm gern die Gelegenheit wahr, ihre Zimmer an Westgäste zu vermieten. Dennoch fuhr ich mit Freunden vom Dong-Club zum Messehaus am Markt und ergatterte auf krummen Wegen die eine oder andere Publikation aus der Abteilung Westverlage. Vor allem waren wir an Fachbüchern interessiert, doch auch »Mr. Hitchcock, wie haben Sie das gemacht?« von Francois Truffaut »klaute« ich, stillschweigend geduldet, am Stand des Hanser-Verlags – und lernte dort sogar Verlagsangestellte kennen, mit denen wir uns abends verabredeten und die mich an den Folgetagen als Aushilfe engagierten.

Als mich während meiner Studienzeit eine Bekannte fragte, ob ich nicht auch fortwolle in den Westen, und mir eine Möglichkeit zur Flucht anbot – sofort! schon morgen! –, lehnte ich ab. Vielleicht zweifelte ich an der Gelegenheit, die mir so plötzlich gegeben wurde, doch selbst, als die

Bekannte am nächsten Tag verschwunden war und mir damit gleichsam den Beweis für die Ernsthaftigkeit ihres Angebots geliefert hatte, bereute ich nicht, es ausgeschlagen zu haben. Mein Studium hatte erste Priorität.

Zu Beginn meines letzten Leipziger Jahres lernte ich Monika Schade kennen, die sich ebenfalls für Zahnmedizin eingeschrieben hatte. Wir Studenten behandelten uns gegenseitig und sie fiel mir auf, als sie bei einer Kommilitonin aus meinem Semester im Nachbarstuhl saß. Um mir möglichst keinen Korb einzuhandeln, wollte ich mich an einem Freitag um 12 Uhr in die Schlange vor der »Leipzig-Information« stellen, um Karten für das Kabarett »Die Pfeffermühle« zu ergattern. Eine oder zwei Stunden Anstehzeit musste man einplanen – doch ich hatte das Glück, dass eine Bekannte aus Monikas Semester schon in der Reihe stand. »Wie viele Karten holst du denn?«, fragte ich sie. Mehr als vier bekam man nicht. »Zwei.« Sie konnte mir also noch zwei mitbringen und ich ersparte mir das Anstehen.

Mit den Pfeffermühlen-Karten war ich zuversichtlich. Wenn sie trotzdem »Nein« sagen würde, überlegte ich, wäre das Unternehmen ohnehin zum Scheitern verurteilt. Ich sprach Monika auf dem Uni-Korridor an, wo wir Studenten uns umzogen, lud sie ein – und sie schien sich zu freuen.

Fortan gab es noch mehr als meine Eltern und das Studium, das mich im Osten hielt. Monika stammte aus dem Harz und kannte das Grenzregime der Stasi besser als ich, denn seit August 1961 lag ihr Heimatdorf Osterode im Sperrgebiet. Damit sie ihre Eltern besuchen durfte, musste sie regelmäßig nach Halberstadt, die nächste Kreisstadt, fahren, um sich einen Passierschein mit aktuellem Datum zu besorgen. Bei der »Ein- und Ausreise« wurde er abgestempelt. So ging das, seit sie mit 14 Jahren ins Internat nach Wernigerode gekommen war, um Abitur zu machen.

Einen Passierschein brauchte ich auch, als ich sie mit dem Auto zum ersten Mal begleitete, um mich ihren Eltern vorzustellen. Wir fuhren über die hügelige Landschaft, eine gewöhnliche Landstraße an Feldern und Wiesen entlang, bis in einer langgezogenen Kurve Temposchilder auftauchten – 80, 60, 30 – und plötzlich eine Polizeisperre. Zehn Kilometer vor der Grenze wurden hier Kontrollen durchgeführt. Keiner wusste, wann dort Polizei stand und wann nicht. Nicht wenige, die ins

Sperrgebiet wollten, wurden bereits bei diesen Vorkontrollen verhaftet. In Halberstadt befand sich der letzte größere Umsteigebahnhof vor der Grenze – wenn dort junge Leute mit Rucksack ausstiegen und sich querfeldein dem Sperrgebiet näherten, wurden sie häufig schon auf dieser Höhe abgefangen.

Fanden die Grenzer etwas im Gepäck, was sie verdächtig machte, landeten sie dort, wo ich später einige dieser Fälle kennenlernen sollte: im Gefängnis. Manche, die auf diese Weise wegen »versuchter Republikflucht« zu einem Jahr verurteilt wurden, zeichneten sich durch Ahnungslosigkeit aus, andere ließen es darauf ankommen und nahmen die verhältnismäßig geringe Gefängnisstrafe in Kauf.

Hinter der Vorkontrolle ging es weiter bis zum Dorf Osterode, wo ein offizielles Schild das Sperrgebiet anzeigte – hier war der Schlagbaum und daneben ein Häuschen mit zwei Grenzern, die den Passierschein und gelegentlich auch den Kofferraum kontrollierten. Dann durften wir weiterfahren und uns beim Dorfpolizisten anmelden. Gelegentlich war der Schlagbaum auch geöffnet, bei Schichtwechsel oder aus anderen Gründen (das würde ich später ausnutzen).

Wenn man von Osterode aus auf einen Hügel spazierte, konnte man die Grenzanlagen überblicken. Ich wollte sie mir gerne etwas genauer ansehen und beobachtete Wachhunde, deren Leinen beweglich an Stahlseilen befestigt waren, so dass sie auf einem schmalen Streifen hin und her laufen konnten, bevor ich im Schutz einer Hecke meine Kamera auspackte und das System der Hindernisse mit dem Teleobjektiv fotografierte. Der nächste Wachturm stand etwas entfernt, zuletzt war der eigentliche Grenzzaun zu sehen, ein doppelter Stacheldrahtzaun, dessen Zwischenraum vermint war.

Mich interessierten vor allem die Stolperdrähte, von denen ich bereits gehört hatte, Installationen, die bei Berührung Alarm auslösten. Im Westfernsehen war über Selbstschussanlagen berichtet worden. Bei späteren Besuchen stellte ich fest, dass die Vorrichtungen regelmäßig verändert und die Stolperdrähte neu gezogen wurden, schließlich wurde ein weiterer Zaun errichtet, noch vor dem Sperrgraben, der den Durchbruch mittels PKWs oder Lastwagen verhinderte.

Die Demarkationslinie zwischen den beiden deutschen Staaten, beinahe 1.400 Kilometer lang, wurde im Laufe der Jahre ständig ausgebaut.

Von allen Wegen in den Westen, das war klar, war dieser der gefährlichste.

Während ich hinter der Hecke kauerte, der mich von der Grenze und den Grenzpolizisten abschirmte, und konzentriert mit meinem Teleobjektiv arbeitete, trat plötzlich der Dorfpolizist von hinten an mich heran. Vermutlich war er mir bei meinem »Spaziergang« auf den Hügel gefolgt.

»Fotografieren ist hier verboten. Das wissen Sie doch, oder?«

Glücklicherweise waren Monikas Eltern mit dem Polizisten bekannt. Er wusste auch bereits, wer ich war. Wir hatten uns ja angemeldet.

Später erfuhr ich, dass Schades ihm einmal über einen finanziellen Engpass hinweggeholfen hatten. Wohl auch darum blieb es bei einer Ermahnung: »Tun Sie das nie wieder! Das kann schwerwiegende Konsequenzen haben!«

Später entwickelte ich ein gutes Verhältnis zu S., den wir »Dorfsherif« nannten. Dann duzten wir uns sogar.

Monikas Vater Rudolph war selbstständiger Bäckermeister. Mit 13 Jahren musste er in die Lehre gehen und sehr früh die Dorf-Bäckerei von seinem Vater übernehmen. Sein Arbeitstag begann morgens um drei Uhr in der Backstube und war nach acht Stunden noch keineswegs beendet. Mehr als einen Lehrling oder Gesellen hatte er nie. Seine Frau Irmgard bediente die Einwohner von Osterode im Laden, die häufig erstaunlich große Mengen Brot einkauften – es war ein offenes Geheimnis, dass die staatlich festgelegten Preise (52 Pfennig für ein Kilogramm Roggenmischbrot, 5 Pfennig für ein Brötchen) zu niedrig angesetzt waren, jedenfalls im Vergleich zu den Futtermitteln. Darum fütterten die Kunden ihre Schweine nicht selten mit frischem Brot und Brötchen. Das ärgerte Rudolph einerseits – warum gab er sich dafür solche Mühe? –, andererseits verschaffte es ihm den nötigen Umsatz, so dass sich die harte Arbeit immerhin lohnte und die Familie im Dorf als wohlhabend galt – Auto, Kühlschrank und Fernsehgerät hatten sie sich vor den anderen leisten können.

Obwohl sie einiges am SED-System zu kritisieren hatten, hatten sich die Schades entschieden, zurückzukehren, als sie am 13. August 1961 – dem Tag, als die Sektorengrenzen endgültig abgeriegelt wurden – zufällig bei Verwandten im Westen zu Besuch gewesen waren. Ihre drei Kinder, Manfred, Monika und Roswitha hatten sie zwar bei sich gehabt.

Passierschein III 0976932

zum vorübergehenden Aufenthalt in der Sperrzone

Herr / ~~Frau~~ / ~~Fräulein~~ May (Name)

Dittmar (Vorname)

ist berechtigt, sich aus ~~dienstlichen~~ / **privaten** Gründen in der Zeit vom 20.03.82 bis 20.06.82

in Veltheim/Osterode -.- (Ort und Kreis)

Kreis Halberstadt **aufzuhalten.**

Der Passierschein ist **nur gültig** in Verbindung mit dem Personalausweis Nr. VI 1097714

Mitgeführtes Kraftfahrzeug (pol. Kennz.) ZCG 2-22

Hinweise auf der Rückseite beachten!

Halberstadt, den 25. Feb. 1982

(Unterschrift)

PM 108 (87/11) Ag 106/78/79/80

Passierschein III zum vorübergehenden Aufenthalt in der Sperrzone.

Manfred war zweieinhalb Jahre älter, Roswitha ein Jahr jünger als die damals achtjährige Monika. Doch die Großmutter mütterlicherseits sollte nicht allein in Osterode zurückbleiben – ihr Mann war gerade gestorben.

Außerdem wagte Rudolph Schade es an jenem 13. August nicht, das Geschäft aufzugeben, um sich im Westen eine neue berufliche Existenz aufzubauen. Und das, obwohl der prekäre Status als selbstständiger Handwerker im SED-Staat viele Nachteile mit sich brachte – neben dem Vorteil der Unabhängigkeit und dass man vom Zwang sozialistischer Jubelfeiern weitgehend befreit war.

Er hing sehr an seiner Heimat. In Osterode besaß er drei Gartengrundstücke, die er in seiner knappen Freizeit pflegte. Er las auch viel und beschäftigte sich intensiv mit Ahnenforschung. Trotz vielfältiger Interessen und Begabungen hatte er nie die Möglichkeit gehabt, die höhere Schule zu besuchen oder zu studieren.

Für Monika war es als Tochter eines »Privatunternehmers« schwierig gewesen, zum Zahnmedizinstudium zugelassen zu werden, ungeachtet ihres sagenhaften Abiturdurchschnitts von »1,0«. Ihr Vater wandte sich an den Direktor ihrer EOS in Wernigerode, und dieser setzte sich an der Universität Leipzig erfolgreich für seine begabte Schülerin ein.

Obwohl Monika demnach reichlich Gründe hatte, sich über die realsozialistischen Gegebenheiten zu ärgern: Meine Wut darauf, nicht einmal nach »rechts« abbiegen zu können, nach Jugoslawien, nach Wien oder generell dorthin, wohin es mich auf Reisen oder auch beruflich zog – diese Wut teilte sie nicht.

Mit dem Berufsbild eines praktizierenden Zahnarztes war ich durch meinen Vater bestens vertraut. Während ich in Leipzig studierte, hatte mein Bruder seine ungeliebte Stelle in der Poliklinik verlassen und war in Cottbus zur Facharztausbildung für Mund-Kiefer-Gesichtschirurgie angenommen worden – ein Berufsziel, das auch mir attraktiver erschien als der Alltag in einer staatlichen Zahnarztpraxis. Also nahm ich über Hans-Jürgen Kontakt mit seiner Klinik auf, die zwar keiner Universität angehörte, doch einen hervorragenden Ruf innehatte. Ihr Gründer und Leiter, Professor Klaus Pape, galt als eine internationale Kapazität auf seinem Gebiet, war auch parteiintern mit besten Kontakten ausgestattet und entwickelte die Cottbusser Klinik über die Jahre zu einer der besten Adressen dieses medizinischen Faches in der DDR. Zwischen dem vierten und fünften Studienjahr absolvierte ich dort mein Sommerpraktikum und erhielt zum ersten Mal Einblick in die große klinische Kiefer-Gesichts-Chirurgie. »Groß« will heißen: Hier wurden anspruchsvolle Operationen durchgeführt. Cottbus war beispielsweise Zentrum für die operative Behandlung von Kindern, die mit einer Lippen-Kiefer-Gaumen-Segel-Spalte auf die Welt kamen, sogenannte »Spaltkinder«, außerdem Tumorzentrum für die Region im Dreieck zwischen Dresden, Berlin und Leipzig. Hier wurde eine Großzahl lebensrettender Operationen im Kiefer- und Gesichtsbereich durchgeführt. Hinzu kamen die traumatologischen Fälle, unfallbedingte Brüche und Verletzungen am Gesichtsschädel. Am Ende meines Sommerpraktikums bat ich Professor Pape begeistert darum, meinem Bruder in der Facharztausbildung nachfolgen zu dürfen, und er sagte zu.

Um als approbierter Zahnarzt, der ich bald sein würde, Kiefer-Gesichtschirurg zu werden, benötigte man zusätzlich zur Facharztausbildung auch ein allgemeines Medizinstudium.[10] Studienplätze wurden im Osten als Privileg angesehen. Die Partei wertete die volkswirtschaftlichen Investitionen der Ausbildung sehr hoch gegenüber dem Ertrag, das galt umso mehr für ein Doppelstudium. Darum sahen es viele Entscheidungsträger lieber, wenn SED-Genossen in den Genuss solcher begehrter Ausbildungen gekommen wären, oder »Russlandstudenten«, die als besonders linientreu galten. Auf der anderen Seite zeigten sich die akademischen Mediziner meistens daran interessiert, ihre Forschungen mit talentierten und fähigen Nachwuchskräften voranzutreiben, die politische Anpassungsfähigkeit konnte für sie nicht das einzige Kriterium sein.

Womit ich nach Professor Papes Zusage nicht mehr gerechnet hatte, war die rigorose Absolventen-Lenkung, die in den DDR-Universitäten betrieben wurde. Als ich nämlich zu Beginn des neunten Semesters an der Zahnklinik in Leipzig bei der zuständigen Oberärztin vorsprach, um sie von meinem Entschluss zu informieren, entgegnete sie: »Das ist leider nicht möglich. Unsere Studenten sind nur für die Bezirke Halle, Leipzig oder Karl-Marx-Stadt vorgesehen. Das wissen Sie doch. Wenn Sie in diesen Bezirken eine Ausbildungsstelle zum Kiefer-Gesichtschirurgen finden, dann vielleicht.«

Mit dieser Auskunft gab ich mich natürlich nicht zufrieden. Ich hatte Papes Zusage und vertrat meinen Standpunkt entsprechend offensiv. Das nächste Gespräch fand daraufhin in Chemnitz statt, beim hiesigen Bezirksarzt, der prompt verkündete: »Ich habe etwas für Sie in Zwickau. Dort gibt es eine Kiefer-Gesichts-Chirurgie, die Sie nehmen würde.« Damit hatte ich jedoch schon gerechnet. Ich kannte den Chef der Kieferchirurgie in Zwickau und hatte mich informiert. »Ich kann in Zwickau nicht die gesamte Facharztausbildung absolvieren«, erwiderte ich. »Ich müsste zusätzlich nach Jena«, und erklärte ihm, welche organisatorischen und fachlichen Nachteile mich in Zwickau erwarten würden. Mein Fazit: »In Cottbus habe ich alles. Warum sollte ich also diese Stelle nicht antreten?« Dem Herrn Bezirksarzt waren das zu viele Argumente. Als Amtsträger und SED-Funktionär war er keinen Widerstand gewohnt, erst recht nicht von einem einfachen Studenten. Das wollte er nicht dulden. Er brüllte los und warf mich hinaus.

Zurück in Leipzig hieß es: »Wenn Sie bei Ihrer Weigerung bleiben, werden Sie nicht zum Staatsexamen zugelassen. Sie werden nicht approbiert!«

Das konnte ich nicht glauben. Gerade der volkswirtschaftliche Wert eines Zahnmedizinstudiums, der uns so oft als Verpflichtung ins Stammbuch geschrieben wurde, sprach dagegen, dass ich so abgestraft würde. Warum sollten mir die universitären Gremien jetzt, nach vier Jahren solidem Studium, gleichsam ein Berufsverbot erteilten, nur weil ich den Bezirk wechseln wollte?

Professor Pape, der sich bei zentraler Stelle für mich einsetzte, gab mir eine abschlägige Nachricht – er könne nichts für mich tun –, und auch der Kontakt meines Vaters zu einem Kollegen im Ministerium für Gesundheitswesen änderte nichts. Drei oder vier Monate vergingen, in denen ich meinen gewöhnlichen Studienverpflichtungen nachging, und mich doch auf seltsame Weise isoliert fühlte. Mehrere Male wurde ich von besagter Oberärztin zu Gesprächen zitiert, in denen ich von meiner »Forderung« abrücken sollte. Doch ich war mir meiner Sache sicher, stand zu meiner Wahl und sollte Recht behalten. Am Ende des Nervenkriegs hieß es: »Wir haben uns noch einmal beraten. Sie können nach Cottbus!« Und ich verließ jubelnd das Dienstzimmer.

Als ich nach Cottbus kam, war es September im Jahr 1975. Anfang der Siebzigerjahre hatte Erich Honecker das Ruder als »Erster Sekretär des Zentralkomitees der SED« übernommen, nachdem Ulbrichts Politik die Unterstützung der sowjetischen Nomenklatur verloren hatte. Der neue starke Mann setzte sich dafür ein, das »materielle und kulturelle Lebensniveau« zu erhöhen, forcierte den Wohnungsbau und die Produktion von Waren, und hoffte damit, die Zufriedenheit und indirekt wohl auch die Leistungsbereitschaft der DDR-Bürger zu steigern, die der sozialistischen Zukunftsversprechen allmählich müde wurden. Zunächst sah es sogar nach einer Liberalisierung im Kulturbereich aus, der Widerstand gegen »westliche Einflüsse« (Rockmusik, Westfernsehen) verlor einiges von seiner Verbissenheit – doch nur vorübergehend und aus Kalkül, wie sich zeigen sollte. Honecker, der mit Günter Mittag (Sekretär für Wirtschaftsfragen) und Erich Mielke (Minister für Staatssicherheit) alles im Griff haben wollte, erwies sich bald als ebenso autoritär, wie Ulbricht es gewesen war. 1975 jedoch hoffte ich wie viele andere noch darauf, dass sich die Lage ein wenig bessern, das Leben im Osten bunter und vielfältiger werden würde. Vielleicht erklärte dies teilweise auch die gute Atmosphäre, die ich im Klinikum vorfand. Das Verhältnis zu den Kollegen war freundschaftlich, ich erlebte sie als Gleichgesinnte, zu denen ich offen sprechen konnte. Von Anfang an fühlte ich mich wohl. Der Kampf mit der Absolventen-Lenkung hatte sich gelohnt, nicht allein aus fachlichen Gründen.

Als Sachse war mir die Niederlausitz fremd gewesen, die Ausflugsgegend Spreewald kannte ich zwar, doch ohne einen beruflichen Grund hätte es mich niemals dorthin gezogen. Nun machte ich einige Vorteile der Region aus. Die Landschaft im Nordwesten der Stadt mit ihren Kieferwäldern und Seen gefiel mir, und die Nähe zu Berlin. Zudem wurde der Braunkohlestandort, was die Verteilung der Güter anging, privilegiert, so dass mehr in den Läden zu finden war als in Mittweida oder Leipzig. Und die Stadt mit ihren knapp 100.000 Einwohnern war überschaubar. Ich fand mich schnell zurecht und wurde bald als jemand erkannt, der zum Krankenhaus gehörte und zu dem sich gute Beziehungen auf lange Sicht womöglich auszahlen könnten.

Was ich vor mir hatte, war eine fünfjährige Facharztausbildung, die mich nach zwei Jahren auch wieder an die Universität Leipzig zurückführen würde, wo ich den allgemeinmedizinischen Teil der Ausbildung mit insgesamt 15 Staatsexamina durchlaufen sollte. Zahnmediziner absolvierten in der DDR, anders als es heute in der Bundesrepublik der Fall ist, den ersten Teil ihres Studiums bis zum Physikum gemeinsam mit den Humanmedizinern. Deshalb mussten wir nur den zweiten Teil nachholen, um zu den medizinischen Staatsexamina zugelassen zu werden.

Wegen seiner Chemie-Ausbildung in Leuna und beinahe drei Jahren als Zahnarzt in Zerbst hatte Hans-Jürgen vier Jahre länger benötigt, so dass er dieses Zweitstudium gerade begann und wieder bei unserer Frau Fuchs einzog, als ich nach Cottbus kam. Gutes Timing, so gesehen. Das Amt für Gesundheitswesen beim Rat des Kreises in Cottbus wies mir zwei schmale Zimmer in einem Altenheim zu, das hauptsächlich verdienten Genossen vorbehalten war – in drei Neubaublocks, davor ein kleiner Park. Die Zimmer befanden sich im obersten Stockwerk, gegenüber und neben dem Maschinenraum für den Fahrstuhlmotor, die Toiletten und Duschen eine Etage tiefer, wo sie auch von den Altenheimbewohnern genutzt wurden.

Beim Blick aus dem Fenster wurde mir schnell klar, dass es von Cottbus flach bis Berlin ging. Ich präparierte also einen Besenstiel mit Aluminiumstäben, wie ich es schon mehrfach geübt hatte, und steckte ihn in den Fahnenhalter, der für die kommunistischen Feiertage am 1. Mai und 7. Oktober, dem Tag der Republik, an keinem Fenster eines öffentlichen Gebäudes fehlen durfte. Siehe da: Die ARD ließ sich wunderbar empfangen. Als eine ältere Dame, die ich unten kennengelernt hatte, die halbe Treppe nach oben stieg, um mich zu besuchten, erwischte sie mich dabei, wie ich mir gerade die Tagesschau ansah.

»Was haben Sie denn hier?«

»Nun ja …«

»Wie kriegen Sie das denn rein? Wir haben unten nur Ostfernsehen.«

»Euch Altgenossen möchte man wohl nichts anderes mehr zumuten.«

Die Aussicht war zu verlockend, als dass meine Bekannte die Neuigkeit für sich behalten konnte. Nicht allein, dass sie mein Geheimnis preisgab, sie startete sogar eine Unterschriftenaktion dafür, dass alle Bewohner in den Genuss von Westfernsehen kamen. Erfolgreich!

In dieser »liberalen« Phase wurden sogar in den großen Neubauhäusern Gemeinschaftsantennen eingebaut, mit denen ARD und ZDF empfangen werden konnte, so dass nicht jeder seinen eigenen Besenstiel aus dem Fenster halten musste. Es schien eine Weile so, als wolle die Obrigkeit die sinnlosen Plänkeleien mit dem Volk aufgeben. Doch sicher sein konnte man sich zu keiner Zeit. Wie ich seit Eppendorf und den Schwierigkeiten meiner Eltern wusste, hingen die Gegebenheiten, im Guten wie im Schlechten, wesentlich von den Persönlichkeiten ab, die vor Ort ihre kleine Macht ausübten.

Am gleichen Tag, an dem ich als Assistenzarzt in Cottbus anfing, trat Dr. Klaus Honigmann seinen Dienst als Oberarzt an. Er kam aus Thallwitz bei Leipzig, der berühmten Klinik für Lippen-Kiefer-Gaumen-Segel-Spalten, die von Prof. Wolfgang Rosenthal mitten im Zweiten Weltkrieg gegründet und später der Leipziger Universitätsklinik angegliedert worden war. Prof. Wolfgang Bethmann, Direktor der Klinik für Mund-, Kiefer- und Gesichtschirurgie der Universität, war gleichzeitig Leiter in Thallwitz.

Stationsarzt in Cottbus war Günter Buder, ein Zahnarzt, der sich in der MKG-Chirurgie nicht ganz zu Hause fühlte. Darum lernte ich mein »Handwerk« vor allem von Klaus Honigmann. Er war von Anfang an mein Mentor und wir waren uns schnell sympathisch. Zu Beginn unserer Tätigkeit wohnte seine Frau, wie meine, noch in Leipzig, und er war in einer orthopädischen Klinik untergebracht, in der zufällig ein Zimmer frei war. So kam es, dass wir auch in der Freizeit einiges miteinander unternahmen und uns anfreundeten – trotzdem siezten wir uns weiterhin. Unter den Ärzten der Klinik war das »Du« nicht üblich, selbst wenn sie auf der gleichen Hierarchie-Stufe standen.

Monika war in ihrem letzten Studienjahr. Mir zuliebe hatte sie eine Stelle aufgegeben, die ihr in Quedlinburg zugesichert worden war. Ich vereinbarte mit Professor Pape, dass sie nach ihrem Studienabschluss stattdessen in einer Staatspraxis in Kolkwitz anfangen könne, nur wenige Kilometer westlich von Cottbus. Auch die Wohnungsfrage ließ sich klären: Die Praxis lag im ersten Stock des Rathauses, eines stattlich-breiten Gebäudes mit Rundbogen über dem Eingangsportal, Wetterhahn und einer Rathausuhr am Zwerchgiebel. Im Erdgeschoss befanden sich die Räumlichkeiten des Rats der Gemeinde und im ersten Stock, der Praxis gegenüber auf der linken Seite des Rathauses, die zugehörige Arzt-Wohnung, die bald frei würde. Monikas zukünftiger Praxiskollege baute sich ein Eigenheim und war im Begriff, auszuziehen.

Bereits im ersten Winter bat mich der Bürgermeister von Kolkwitz zu sich, um die Formalitäten zu klären. Doch als er meine Papiere sah, stellte er sich quer: »Sie sind ja noch nicht einmal verheiratet! Die Wohnung steht Ihnen überhaupt nicht zu!«

Üblicherweise wurden Wohnungen tatsächlich nur an verheiratete Paare vergeben – darum wurde in der DDR oft sehr früh geheiratet. Doch in unserem Fall sah ich eine Chance: »Die Wohnung ist doch an die Praxis gekoppelt, in die meine zukünftige Frau einsteigt.«

»Und noch dazu keine Kinder!«

Sie war wirklich gut, die Wohnung, im Vergleich zu den beiden schmalen Zimmern unterm Altenheimdach und auch im Verhältnis zu den Plattenbauwohnungen der meisten Kollegen. Ich blieb hartnäckig: »Wenn Sie einen Schwangerschaftsnachweis benötigen, den kann ich Ihnen besorgen, meinetwegen über Zwillinge!«

Als ich meinem Chef diese Episode erzählte, hörte er gut zu. Welche Kanäle in die verantwortlichen Stellen er nutzte, um unseren Anspruch anzumelden, blieb mir zwar verborgen, doch seine Einsatzbereitschaft war zu spüren. Die Wohnung bekamen wir also. Ich bezog sie noch bevor Monika nach Cottbus kam. Dem Bürgermeister passte das nicht. Wir hatten in ihm einen Feind gewonnen, der, wie sich später herausstellen sollte, einige Möglichkeiten besaß, uns zu schikanieren.

Monika beendete planmäßig ihr Studium, wir zogen zusammen und am 21. August 1976 heirateten wir im berühmten Rathaus zu Wernigerode, womit wir nachträglich doch immerhin eine der behördlichen Bedingungen zur Vergabe der Rathaus-Wohnung erfüllten. Die kirchliche Heirat fand am gleichen Tag in Osterode statt. Damit meine Freunde vom Dong-Club mitfeiern konnten, mussten sie mit ihren Frauen ins Sperrgebiet »einreisen«, was eigentlich nur Verwandten vorbehalten war. Also gaben meine Schwiegereltern sie als Neffen und Nichten aus – Dorfsheriff S. wurde eingeweiht. Es wurde ein turbulenter Polterabend, wie er wohl nur im »realen Sozialismus« möglich war. Als S. gerade in zivil mit einer Handkarre vorbeikam, brausten die Freunde mit Hupen und Trara durch die Dorfstraße und hoch Richtung Grenze. Einer von ihnen war EDV-Spezialist und hatte haufenweise Lochstreifen mitgebracht, die er dabei im ganzen Dorf ausrollte. Der Sheriff brüllte ihnen hinterher, rannte mit seiner Karre nach Hause und dachte wohl: Das ist die Konterrevolution. Doch die Freunde kehrten wieder um. Sie hatten sich bloß verfahren.

Um die Hochzeitsgäste unterzubringen, hatten wir ein altes Haus meiner Schwiegereltern provisorisch hergerichtet. Es lag am Rand des Dorfes. Dazu gehörte ein schönes Gartengrundstück, wo wir sitzen und feiern konnten. Die Dong-Club-Mitglieder »besichtigten« aber zuerst die Bäckerei, verbreiteten Chaos und rollten überall ihre Lochstreifen aus – so hatte meine Schwiegermutter sich das nicht vorgestellt. »Ihr dürft nicht noch einmal aus dem Dorf Richtung Grenze fahren«, schärften wir ihnen ein, »Wenn sie euch kontrollieren, merken die doch, dass ihr weder Neffen noch Cousinen seid!«

Am späten Nachmittag, es war schönes Wetter, stellten wir ein Bierfass in den Garten, und dorthin kamen nun alle, auch viele aus der Dorfbevölkerung. Recht schnell ging das Bier zur Neige. Ich setzte mich in meinen F9, fuhr durch den Ort zur Kneipe, und wuchtete gerade ein zweites Fass in den Kofferraum, als plötzlich der Dorfpolizist hinter mir stand: »Dittmar, ich muss mal was mit dir besprechen.«

Hoffentlich geht es nicht um Alkohol am Steuer, dachte ich.

»Was is'n?«

»Du, dein rechtes Rücklicht geht nicht.«

Ich atmete auf. »Du kommst doch dann auch runter?«

»Mal sehen ob das geht, dienstlich«, druckste er herum.

Seine Frau aber saß schon bei uns, und als es dunkel wurde, kam er natürlich auch. Seine Uniformjacke hängte er über einen Stuhl, legte die Mütze zur Seite – und meine Kumpels brauchten nicht lange, um beides zu »organisieren«.

Zu fortgeschrittener Zeit startete aus unserem Garten überraschend eine Silvesterrakete in die laue Augustnacht. Die Grenzer an den Wachtürmen, die uns die ganze Zeit über beobachtet hatten, benötigten nicht lange. Mit ihrem offenen Trabant Kübel fuhren sie den Hang hinunter und hielten vorm Haus. Ein Offizier stieg aus und erkundigte sich nach dem Rechten. Unser Dorfpolizist wollte nach vorne, aber zuerst mussten wir ihm noch seine Jacke besorgen.

»Die Mütze kriegt er nicht mehr«, sagte Uli – ich hatte einige Mühe, ihm vom Gegenteil zu überzeugen.

Während unser Sheriff sich anschickte, Meldung zu machen, beobachtete ich, wie einige den Grenzschutz-Trabi in den Straßengraben hoben ....

Glücklicherweise war der Offizier keiner von der ganz harten Sorte. Er ließ es bei einer Ermahnung bewenden und schmunzelte vielleicht sogar ein wenig. Später stellte sich heraus, dass es die Frau des Dorfsheriffs gewesen war, die die Rakete zu Hause gefunden und gezündet hatte.

Am nächsten Tag ging es ins Rathaus nach Wernigerode und zurück in die kleine Ortskirche. Seit fünfundzwanzig Jahren war es die erste Trauung, die dort vollzogen wurde. Aus langjähriger Gewohnheit begann der Pfarrer seine Predigt mit den Worten: »Liebe Trauergemeinde« – wir nahmen es als gutes Omen für unsere bis heute glückliche Ehe.

Wir richteten uns in Cottbus ein, freuten uns auf die gemeinsame Zukunft, auf Kinder – und wenngleich ich stets darauf bedacht war, Westfernsehen in erträglicher Qualität zu empfangen, dachte ich vorerst nicht mehr daran, selbst in den Westen zu gehen. Ich widmete mich intensiv meiner Arbeit im Krankenhaus. Über die Möglichkeiten einer Flucht machten wir uns in diesen Jahren keinerlei Gedanken.

Auf der Birkenallee

An der Klinik für Mund-Kiefer-Gesichtschirurgie des Bezirkskrankenhauses Cottbus, offizielle Weiterbildungsklinik der *Akademie für Ärztliche Fortbildung der DDR*, fand ich beinahe ideale Bedingungen vor. Chefarzt Professor Pape hatte die Ausbildung so aufgestellt, dass wir als Chirurgen sehr viel eigenständig arbeiteten. Er erweiterte unser Fachgebiet auf Bereiche, die üblicherweise zur HNO gerechnet wurden, und setzte durch, dass wir zum Beispiel auch für Tumoroperationen im Halsbereich zuständig waren.

Der Arbeitskreis für Osteosynthese, an dem ich unser Haus vertrat, traf sich reihum in allen einschlägigen Kliniken der DDR, und so mancher Kollege wünschte sich, bei uns zu arbeiten – vor allem wegen des größeren Arbeitsspektrums. Wir operierten sehr viel. Der gute Ruf unseres Chefs führte auch dazu, dass wir Zugang zu allen einschlägigen Medikamenten besaßen, auch den modernsten Zytostatika aus dem Westen, die trotz des notorischen Devisenmangels erworben wurden. Wir erhielten sogar ein modernes Beatmungsgerät aus den USA, denn einige Tumorpatienten mussten über einen Luftröhrenschnitt beatmet werden. Für große Anschaffungen und Sondergenehmigungen nutzte Professor Pape seine Beziehungen, die bis ins Gesundheitsministerium reichten.

Westliche Fachbücher konnten wir uns besorgen. Häufig ließen wir sie uns von Westbekannten oder Verwandten schicken, statt auf die akademisch-offiziellen Kanäle zu vertrauen. Die Fachzeitschriften waren nicht für den Verkauf zugelassen, wir bekamen sie höchstens über offizielle Verteiler in einer Rundlaufmappe. An internationale, englischsprachige Literatur waren wir wegen unseres eher dürftigen Englischunterrichts kaum gewöhnt. Wir griffen vor allem auf Westdeutsches zurück. Das heißt jedoch nicht, dass wir fachlich zurücklagen. Auch eine Masse an aktueller Literatur macht noch keinen guten Arzt. Pape, der als »Reisekader« in der Lage war, jederzeit auch ins westliche Ausland zu reisen, um sich ärztlich fortzubilden und an Kongressen teilzunehmen, konnte international offenbar mitreden. Schließlich wären auch nicht so viele DDR-Mediziner in den Westen gegangen, wenn sie hätten befürchten müssen, dort fachlich auf verlorenem Posten zu stehen. Allein aus unserer Klinik, das wussten wir, hatten in den Jahren zuvor mindestens fünf Kollegen die Seite gewechselt – der Großteil davon mit einer Zwischenstation im Gefängnis.

Im Krankenhaus gab es, wie in jedem DDR-Betrieb, eine Kaderabteilung, die als Personalabteilung zugleich der politischen Kontrolle diente. In die Kaderakte wurde mehr eingetragen als bloß Fachliches, und der Kaderleiter war in der Regel ein getreuer SED-Genosse. Das Ministerium für Staatssicherheit (MfS) unterhielt ein eigenes Büro im Krankenhaus, und jedermann war bekannt, dass die Chefärzte dem MfS regelmäßig zu berichten hatten. Er ließ sich »von den Mannen Mielkes beraten«, wie Pape selbst – nach der Wende und im verdienten Ruhestand – in seinem autobiografischen Buch mit dem Titel »Gullivers neue Reisen« formulierte. Wie der Titel verrät, geht es in dem Buch in erster Linie um Erlebnisse, die sich im Ausland abgespielt hatten, in der befreundeten SU, in Syrien, ab 1979 auch in den USA und in den Kliniken und Vortragssälen von ganz Europa.[11]

Wir profitierten von seinen Reisen, wenn es uns auch manchmal störte, dass er recht wenig von dem preisgab, was er in fachlicher Hinsicht jeweils erfahren hatte. Doch brachte er zum Beispiel Einweg-Klingen mit, die eingespannt und nach Gebrauch weggeworfen wurden. Die gab es in der DDR nicht. Bei uns wurden sämtliche Skalpelle noch geschärft und wiederverwendet. Oder er zeigte uns eine Präparationstechnik, die er sich in Amerika angesehen hatte. Solche Neuerungen faszinierten uns, während wir zugleich feststellten, dass Pape sich in »seiner Klinik« offenbar recht wohl fühlte und nach seinen Ausflügen in die große Welt der Medizin gern zu uns zurückkehrte. Höchstens schimpfte er auf den »Dreckstall«, womit er jedoch nichts weiter als den buchstäblichen Dreck meinte, den die Leute an ihren Schuhen von draußen mitbrachten, wenn sie durch die Abteilungen gingen. Im Winterhalbjahr klebte überall Braunkohleruß auf den Linoleumböden.

Freilich, wie es oft bei Chefs vorkommt, besaß Professor Pape auch keine ganz einfache Persönlichkeit. Wenn eine große Tumoroperation anstand, fingen wir früh um sieben Uhr an und operierten nicht selten zwölf Stunden hintereinander. In solchen Situationen unterhielt man sich über Gott, die Welt und das Westfernsehprogramm vom vorigen Abend, und morgens war unser Chef regelmäßig davon überzeugt, dass wir die blödesten Assistenten seien, die es überhaupt gebe, zu dumm, um einen Haken zu halten. Doch je mehr Blut er an der OP-Schürze hatte, desto besser wurde seine Laune, bis wir abends, wenn die Operationen abgeschlossen waren, zu den nettesten und cleversten Jungs gehörten, die er kannte. Zu Frau Dressler, seiner Sekretärin, sagte er dann: »Machen Sie mal alles fertig!«, und wir marschierten zu dritt oder zu viert in sein Dienstzimmer, wo auf dem Couchtisch schon ein Aschenbecher, eine Flasche Weinbrand und die Cognac-Schwenker bereitstanden. Die Flasche wurde geleert. Wenn wir sagten: »Herr Professor, wir müssen noch nach Hause, mit dem Auto« (in der DDR galt absolutes Alkoholverbot im Straßenverkehr: 0,0 Promille), erwiderte er: »Das regle ich, Jungs!«. Es kam nie dazu, doch ich zweifle nicht, dass er uns den Führerschein hätte zurückbringen können, so viel Macht besaß er wohl in Cottbus. Was umgekehrt natürlich auch bedeutete, dass wir noch stärker von seinem Wohlwollen abhängig waren, als es Assistenzärzte ihren Chefs gegenüber ohnehin sind. Als Chefarzt mit Beziehungen in die Politik und Zugriff auf die Kaderakte jedes Einzelnen erfuhr er mehr von uns, als es das westliche Arbeitsrecht erlaubt hätte. Die Ausbildungsstelle zu wechseln, wenn ich etwa unzufrieden gewesen wäre oder mich mit Pape zerstritten hätte, das wäre niemals in Frage gekommen. »Jungs, wenn ihr denkt, ihr könntet woanders anfangen, dann irrt ihr euch!«, ließ der Chef gelegentlich verlauten. Dass das keine leere Drohung war, bekam ein Kollege zu spüren, der nach Neuruppin wechseln wollte.

Bevor ich unter der Woche wieder mein Zimmer bei Frau Fuchs bezog und meinen Bruder damit zum zweiten Mal ablöste – er ging wiederum zurück nach Cottbus – wurde unser Sohn Christian geboren, am 10. Juni 1977. Es waren schöne und heitere Jahre für unsere kleine Familie, harmonisch und anregend, weitgehend unbelastet von schwierigen Entscheidungen. Wenn wir uns Sorgen über die Zukunft machten, holte uns Christian immer wieder zurück in die Gegenwart.

Währenddessen zeichnete sich ab, dass Hoffnungen auf eine politische Öffnung vergeblich gewesen waren. Im November 1976 war der Liedermacher Wolf Biermann nach einem Konzert in Köln aus der DDR ausgesperrt worden. Die Reisegenehmigung hatte man ihm erteilt, um den unbequemen Dissidenten loszuwerden, die Livesendung im Radio nahm man als willkommenen Anlass für die Ausbürgerung. Daraufhin wurde das Konzert auch vom Westfernsehen ausgestrahlt, und erstmals konnten wir erleben, wie Biermann auftrat, dessen Lieder im Osten beinahe von Anfang an verboten gewesen waren – dreieinhalb Stunden Hochspannung, und für die Genossen eine einzige Provokation. Auf den Protest vieler bekannter Künstler gegen die Ausbürgerung reagierten Honecker & Co. mit weiteren Repressalien, Verhaftungen, Zwangsausweisungen. Mit Biermanns politischen Zielen, einem wie auch immer reformierten »besseren« Kommunismus, konnte ich zwar wenig anfangen. Wie viele in meinem Umfeld bewunderte ich seinen Mut und den Mut vieler anderer Regimegegner, doch hätte ich es besser verstanden, wenn er dem »Experiment« eines kommunistischen Staates ganz abgeschworen hätte, was er später ja auch tat. Das Lavieren zwischen den Gesellschaftsmodellen von Ost und West war mir suspekt. Zu Hause und im Dong-Club hatten wir stets auf der Seite des Westens gestanden. Dass es tatsächlich vergebliche Liebesmüh war, den Stasi-Staat samt vergreistem Politbüro reformieren zu wollen, zeigt sich, wenn man sich Folgendes vergegenwärtigt: Die Anzahl der hauptamtlichen Mitarbeiter beim Ministerium für Staatssicherheit war seit den Fünfzigerjahren stetig angestiegen, ungeachtet des Wechsels von Ulbricht zu Honecker. 1976 waren es etwa 62.000, 1985 über 90.000.[12] Im Verhältnis zur Einwohnerzahl war die Stasi damit »der größte geheimpolizeiliche und geheimdienstliche Apparat der Weltgeschichte«:[13] Auf jeweils 180 DDR-Bürger kam ein hauptamtlicher Mitarbeiter! Die Zahl der »Inoffiziellen Mitarbeiter« erreichte in den Jahren 1975 bis 1977 ein Allzeithoch von etwas über 200.000 Personen.[14] Das Kürzel »IM« wurde erst nach der Freigabe der Stasi-Akten zum Allgemeingut. Wir kannten es noch nicht – im Großen und Ganzen war uns jedoch klar, womit wir es zu tun hatten. Ein derart verkommenes System lässt sich nur im Ganzen abschaffen.

Vorerst war ich zufrieden. Nicht nur mit meinem Oberarzt Klaus Honigmann und den anderen Kiefer-Gesichts-Chirurgen, auch mit den Kollegen aus der allgemeinen zahnmedizinischen (»stomatologischen«) Abteilung der angeschlossenen Poliklinik freundete ich mich schnell an. Natürlich vermutete man, dass der eine oder andere von der Stasi angeworben sein könnte – dennoch unterhielten wir uns in der Regel ohne große Rücksichten. Einem eingeschworenen Kreis vertraute ich derart, dass ich auch im Krankenhaus eine Fernsehantenne installierte.

Während meines Nachtdienstes legte ich die Kabel vom Dachstuhl ins darunterliegende Dienstzimmer. Wenn man einen Bananenstecker in die richtige Buchse steckte, kam nun auch dort Westfernsehen.

Im Laufe der Zeit jedoch wurde mein Sicherheitsgefühl erschüttert. Ein Oberarzt aus der Prothetik trug mir vertraulich zu, dass ich mich nicht zu weit aus dem Fenster lehnen solle: »Seien Sie vorsichtig! Oder Sie werden nicht zum Doppelstudium zugelassen!«

Woher hatte er seine Informationen? Stellte er lediglich Vermutungen an? Wusste er mehr als ich, weil er selbst als Spitzel tätig war? Spielte er ein doppeltes Spiel? Ich konnte nur spekulieren.

Auf die Rückkehr nach Leipzig freute ich mich. Ganz Student würde ich als Familienvater zwar nicht mehr werden, an den Wochenenden waren Dienste in Cottbus angesetzt, die Semesterferien würde ich zum Großteil mit Praktika in den verschiedenen medizinischen Kliniken zubringen – dennoch waren es schöne Aussichten, bald wieder in Hörsälen und im stilvollen Lesesaal der Deutschen Bücherei Platz nehmen zu dürfen, wo ich an meiner Doktorarbeit schreiben würde. Für die noch ausstehenden 15 Staatsexamensprüfungen waren zwei Jahre vorgesehen – bei vollen Bezügen. Diese Chance wollte ich keinesfalls verspielen, auch wenn die Vorsicht, die ich wohl walten lassen musste, das wohltuende Gefühl von Kollegialität und Vertrauen Stück für Stück schwinden ließ.

Von zwei charakteristischen Vorfällen dieser Zeit will ich noch berichten. Einmal stellte ich mein Auto früh morgens im Dunkeln am Cottbusser Bahnhof ab, um mit dem Zug nach Leipzig zu fahren. Als ich anderntags zurückkehrte, steckte ein Strafzettel an der Windschutzscheibe und ich sah, wie ein Transportpolizist gerade weglief.

»Waren Sie das?«, rief ich ihm nach.

»Ja. Sie stehen im Parkverbot.«

»Wieso das denn?«

Der Mann zeigte auf die Straße unter dem Wagen. Mit Mühe war ein aufgemaltes, stark verwittertes Verbotszeichen zu erkennen.

»Wissen Sie was? Nehmen Sie sich erstmal einen Eimer Farbe und ziehen das nach. Dann können wir weiterreden.«

Wenige Tage später rief mich mein Chef zu sich ins Büro und tobte pflichtschuldig: »Was bilden Sie sich ein?«

Auf seinem Schreibtisch lag ein Brief des Leiters der Cottbusser Transportpolizei, zwei oder drei Seiten lang. Insgeheim amüsierte er sich vielleicht, doch mir gegenüber blieb er todernst. Ich hätte die Schutzmacht Transportpolizei beleidigt. Von oben herab. Ob ich mir nicht bewusst sei, welche Privilegien ich genieße, was ich diesem Staat zu verdanken habe? Die Episode endete mit einem Verweis in meiner Kaderakte, meinem einzigen.

Der zweite Vorfall steht in einem eigenartigen Gegensatz zu dieser Strenge und spricht Bände über die Heuchelei im »Arbeiter- und Bauernstaat«. Für eine Weihnachtsfeier der Klinik wollte ich besseres Bier besorgen, als es in Cottbus normalerweise gab. Ich fragte meinen Chef, ob er wüsste, wie ich das anstellen könne. Ohne zu zögern bat er mich in sein Büro, bestellte seine Sekretärin dazu und ließ sie auf einen Rezeptblock sinngemäß Folgendes schreiben: »Dem Überbringer dieses Rezepts sind zwei Kästen Bier nach Wahl auszuhändigen. Professor Dr. Dr. Klaus Pape, Chefarzt, Klinik für Mund-Kiefer-Gesichtschirurgie des Bezirkskrankenhauses Cottbus.«

Ich war verblüfft. »Wo soll ich das überbringen?«

»Herr May, das bleibt jetzt unter uns. Gegenüber vom Rat des Bezirkes befindet sich ein Tor. Dort klingeln sie, fahren mit dem Auto rein und zeigen das Rezept vor.«

Neugierig folgte ich seinen Anweisungen. Durch den Torbogen fuhr ich auf einen Innenhof. Als der Angestellte einen Blick auf das Rezept geworfen hatte, öffnete er die Tür zu einem Lager, das bis unter das Dach mit Bierkästen gefüllt war.

»Welche wollen Sie denn?«

Es gab alles, was das Herz begehrte: Pilsener Urquell, Radeberger, Wernesgrüner und mehr. Zwei Kästen lud mir der Mann in den Kofferraum, dann fuhr ich wieder vom Hof, ziemlich verstört von dem Einblick, den ich auf diese Weise erhalten hatte: Das waren die Geheimvorräte der SED-Bonzen, die öffentlich so gerne Wasser predigten!

1979 bestand ich meine letzten medizinischen Staatsexamina und kehrte als Stationsarzt ans Cottbusser Klinikum zurück. Spätestens zu dieser Zeit war zu bemerken, dass der Einfluss der Partei auf unsere Arbeit allmählich zunahm. Die Freiräume schwanden. Ich meine nicht die kleinen Nickligkeiten und Sticheleien der Genossen, die ich kaum ernst nehmen konnte. Zum Beispiel sollte mein Team mit circa zwölf Krankenschwestern zum »Kollektiv der sozialistischen Arbeit« ernannt werden. Doch das ginge nicht, teilte man mir mit, weil ich nicht wie die Schwestern der *Gesellschaft für Deutsch-Sowjetische Freundschaft* beigetreten sei: »Das können Sie jetzt nachholen«, hieß es.

»Ach wissen Sie, ich war als Tourist in Leningrad unterwegs und habe mich bei der Gelegenheit einmal erkundigt. Niemand kannte diese Gesellschaft. Warum soll ich also beitreten, wenn die Leute darauf selbst keinen Wert legen?« Die Schwestern redeten auf mich ein, weil ihnen ohne die Ernennung 100 Mark Prämie entgangen wären. Doch ich blieb stur. Als einfacher Stationsarzt konnte ich mir solche Ausflüchte noch erlauben. Die Ehrung des Kollektivs wurde am Ende trotzdem vorgenommen: lächerlich!

Was mir mehr zu denken gab, war die Verschärfung der Kaderpolitik, gegen die sich Professor Pape nicht zur Wehr setzen konnte oder wollte: Wer jetzt noch zur Ausbildung zu uns kam, war in der Regel Parteigenosse. Der »Rotanteil« in der Abteilung stieg merklich. »Überzeugte« Kollegen (zumindest nach außen hin), mit denen es sich nicht lohnte, zu diskutieren. Ich musste aufpassen, dass niemand das Geheimnis entdeckte, wie man im Dienstzimmer zu einem interessanten Fernsehprogramm kam. In den OP-Pausen unterhielten wir uns nicht mehr über die Tagesschau oder die Hallervorden-Witze vom Vorabend, das Misstrauen breitete sich immer weiter aus.

In Thallwitz hatte nicht Prof. Josef Koch die Chefarztstelle bekommen, der als letzter Schüler Wolfgang Rosenthals und renommierter Spalt-Chirurg dafür prädestiniert gewesen war, sondern ein SED-Genosse. Koch, mit seinen herausragenden Fähigkeiten, wurde trotz mutiger Gegenwehr infolge von Intrigen, die ihre Kreise bis ins Ministerium für Gesundheitswesen zog, gekündigt.[15] Kurz darauf ging Prof. Koch in den Westen. Froh, ihn loszuwerden, hatte man ihm ein »Konfliktverschleierungsvisum« (so Koch[16]) ausgestellt.

Ein schwerer Schlag war es für mich, als die strenge OP-Schwester Else, die tadellose Arbeit ablieferte und sich große Verdienste erworben hatte, eines Tages gegen eine junge parteitreue Kollegin ausgetauscht wurde, obwohl diese keinerlei Erfahrung in der Kiefer-Gesichtschirurgie mitbrachte. Sollte das nun so weitergehen, fragte ich mich? Würde die politische Gesinnung bald wichtiger werden als die fachliche Qualifikation? Würde ich überhaupt noch die Möglichkeit erhalten, beruflich weiterzukommen, ohne mich korrumpieren zu lassen? Je mehr solche Fragen ich mir stellte, desto mehr wurde die Flucht in den Westen wieder zu einer ernsthaften Option.

Die Stimmung an der Kieferklinik trübte sich immer weiter ein, auch wenn ich mit dem rein Fachlichen nach wie vor sehr zufrieden sein konnte. Und zu Hause in Kolkwitz war es ähnlich: Mit der Wohnung im Rathaus waren wir als kleine dreiköpfige Familie besser bedient als die meisten, doch der Bürgermeister, der sie uns nur widerwillig vermietet hatte, versuchte alles, um uns seine Gemeinde madig zu machen.

Zum Beispiel provozierte er uns, indem er ausgerechnet mich als freiwilligen Wahlhelfer vorschlug (das waren diejenigen, die notierten, wer die Wahlkabine benutzte, und potentielle Nichtwähler zu Hause abholten). Wieder so ein Amt, das ich mit bewusst fadenscheinigen Argumenten ablehnen musste. Ich konnte ja nicht direkt zum Ausdruck bringen, was ich von dieser gängigen Praxis hielt – das wäre wohl in meiner Kaderakte gelandet.

Als ich mich nach einer der vier Garagen erkundigte, die auf dem Rathaus-Grundstück gebaut werden sollten, zog mich der Bürgermeister zu »freiwilligen« Subbotnik-Stunden am Wochenende heran. Wenn ich eine gewisse Stundenzahl mitarbeitete, diese oder jene Hilfsdienste verrichtete, dürfte ich auch eine Garage mieten. Auf der Versammlung klang das so: »Wenn Sie 'ne Garage ham wolln, könnse ja hinten mit mauern gehen.«

Dass sich ein Bürgermeister so gegenüber einem Arzt äußerte, fiel aus dem Rahmen. Im Allgemeinen wurden Angehörige der »Intelligenz« von der Politik mit größerem Respekt behandelt, um ihnen den Sozialismus nicht noch mehr abspenstig zu machen. Gut, ich half also mit, schippte Kies und schob Karren – doch als es nach Monaten um die Verteilung der fertigen Garagen ging, hatte der Bürgermeister seine Zusage vergessen!

Verärgert nahm ich einen zweiten Anlauf. Ja, ich dürfe hinter dem Haus eine Fertiggarage aus Blech aufstellen, erlaubte er mir jetzt »großmütig«. Ich ließ ein Betonfundament gießen, kaufte die Teile und setzte sie zusammen. Und als die schöne Garage fertig war, versperrte man mir die Einfahrt mit einem riesigen Haufen Sand. Dreimal durfte ich raten, wer das veranlasst hatte!

Die Brache neben der Garage, einen verwilderten Garten, machte ich wieder urbar, vor allem damit Christian im Freien spielen konnte, fürs Planschbecken und eine Sandkiste neben dem kleinen Gemüsebeet. Natürlich hatte ich auch dafür brav die Genehmigung des hauptamtlichen Quälgeistes eingeholt – was ihn nicht daran hinderte, die 50 Quadratmeter im nächsten Jahr umpflügen zu lassen.

Die Liste an Gemeinheiten, der wir ausgesetzt waren, ließe sich hier noch um einiges verlängern, doch ich lasse es gut sein. Der ermüdende Kleinkrieg mit dem Amtsträger verleidete uns die schöne Wohnung, und ich war nicht der Charakter, der eine solche Schikane auf Dauer demütig erduldet oder gar als höhere Weisheit der sozialistischen Partei (getreu der Losung »die Partei, die hat immer recht«) anerkannt hätte.

Eine mögliche Lösung für unser Bürgermeister-Problem wäre es gewesen, den Bau eines Eigenheims in Angriff zu nehmen (denn auf eine bessere Mietwohnung war nicht zu hoffen). In Kolkwitz selbst fühlten wir uns wohl und überlegten nicht selten, wenn wir abends oder am Wochenende mit dem Kinderwagen unterwegs waren, ob sich dieses oder jenes Grundstück eignen würde. Die Arbeit an einem eigenen Haus und der notwendige Organisationsaufwand, den eine solche Initiative mit sich brachte, hätte uns mehr noch als der Beruf an die Niederlausitz gebunden. Wollten wir das?

Klaus Honigmann förderte mich und leitete mich an, diesen oder jenen beruflichen Schwerpunkt zu setzen. Ich lernte von ihm sehr viel über die Therapie von Lippen-Kiefer-Gaumen-Segel-Fehlbildungen und wiederherstellende Chirurgie.

»Im Winter müssen wir Veröffentlichungen schreiben und im Sommer lassen wir es uns gut gehen«, sagte Honigmann. Wir planten, ein Wochenendhaus am Schwielochsee zu bauen und hatten uns gemeinsam für ein Grundstück angemeldet (das er später auch bekam). Monika und Honigmanns Frau befreundeten sich, beide hatten wir nun ein Kind und unternahmen auch als Familien einiges gemeinsam.

Dieser Freundschaft traute nicht jeder in meinem Umfeld. Denn Honigmann war der SED beigetreten. »Was willst du mit dem?«, fragte mich mein Bruder, »Der ist doch links. Wer weiß, was er wem erzählt.«

»Nein, das hat nichts zu sagen«, antwortete ich, »Ich bin sicher, dass man ihm absolut vertrauen kann.«

Als SED-Mitglied erfuhr Klaus Honigmann Interna aus Parteiversammlungen an der Klinik, die er gelegentlich an mich weitergab. Dass er für die Stasi arbeitete, schloss ich kategorisch aus (und sollte Recht behalten). Trotzdem erzählte ich ihm nichts von den Überlegungen, die ich unter dem Eindruck der Entwicklung nun immer häufiger anstellte.

Während Monika sich mit großem Verantwortungsbewusstsein auf ihre Praxis konzentrierte und an ihre Eltern dachte, die wir regelmäßig in ihrer alten Bäckerei besuchten, begann ich unwillkürlich über die Perspektiven nachzugrübeln, die sich uns boten. War mein zukünftiger Werdegang an der Cottbusser Klinik nicht bereits vorprogrammiert, dachte ich? Was nicht wenige im Nachhinein als Plus der DDR-Gesellschaft verbuchten, die Sicherheit des Arbeitsplatzes und der Stellung im Leben, gerade das beunruhigte mich. Besaß ich überhaupt noch Wahlmöglichkeiten? Solange Professor Pape Chef der Cottbusser Kieferklinik blieb (er blieb es schließlich noch über die Wende hinaus, bis ins Jahr 1993), würde mein beruflicher Werdegang mit seinem verbunden bleiben. Gegen seinen Willen würde ich in der gesamten DDR nur sehr schwer eine angemessene Arbeitsstelle finden, dessen war ich mir sicher. Bislang, überlegte ich, war er mir wohlgesonnen, an der Ausbildung hatte ich nichts zu bemängeln. Doch würde das immer so bleiben? Mein Bruder Hans-Jürgen, der Undiplomatischere von uns beiden, hatte schon einige kritische Situationen mit unserem Chef erlebt.

Mehr noch als um diese Abhängigkeit sorgte ich mich um die Abhängigkeit von der Staatspartei, deren Einfluss sich auszuweiten schien. Wohin würde diese Entwicklung in den kommenden Jahren führen? Chefarzt wurde man nur noch als treuer Genosse (wie der Fall Koch zeigte). Und wenn ich als Oberarzt in Cottbus ausharrte: Würde ich nicht irgendwann aus politischen Gründen von meinem Posten entfernt werden? Eine Aufforderung, ein nicht unterschriebenes Antragsformular, dieses und jenes Gespräch im Stasi-Zimmer: So etwas konnte schnell gehen.

Das beklemmende Gefühl, dass überall Spitzel saßen, jedes unüberlegte Wort und jede Regelverletzung, sei sie noch so klein, protokolliert und weitergetragen werden könnte, begleitete unser Leben. Eher überschätzten wir die Allwissenheit von Mielkes Handlangern, als dass wir uns leichtfertig für unbeobachtet hielten. Im September 1979 erreichte diese Beklommenheit einen Höhepunkt, als meine Freunde im Dong-Club, Reimus und Hardy, zur gleichen Zeit an ihren jeweiligen Arbeitsplätzen abgeholt und vernommen wurden, »zur Klärung eines Sachverhalts«, wie die bekannte Stasi-Formel lautete. Reimus arbeitete inzwischen als Anästhesist in Karl-Marx-Stadt. Hardy hatte ursprünglich auch Zahnmedizin studieren wollen – doch weil er während seiner Armeezeit beim Wachregiment in Berlin wieder das Deutschlandlied gespielt hatte, war er für eine Weile inhaftiert worden und das Studium war passé. Hardys Vater – ein bekannter Dozent am Technikum Mittweida, der auch international veröffentlichte und ein entsprechendes Renommee besaß – gelang es schließlich, den Sohn samt ungünstiger Akten zu sich zu nehmen. Also studierte Hardy in Mittweida und ging anschließend ans Patentamt in »Karl-Marx-Stadt«. Dort wurde er an jenem Tag zeitgleich mit Reimus von der Stasi abgeholt. Stundenlang wurden die beiden festgehalten und verhört, weil ihnen die Staatssicherheit den Besitz verbotener Literatur zur Last legte und nebenbei alles erfahren wollte, was die Gesinnung und die angeblichen Vergehen des Dong-Clubs betraf. Als meine Freunde am Ende des Tages mit »schwerem Verweis« entlassen wurden, war Reimus davon überzeugt, dass Hardy es gewesen sei, der ihn und uns verraten habe – wer sonst hätte den Spitzeln von jenem Buch und einigen anderen Details berichten können? Zudem glaubte Reimus, in den vorgelegten »Fakten« Hardys charakteristische Darstellungsweise und seine Wortwahl wiederzuerkennen. Auf eine Weise, die wir erst fünfzehn Jahre später rekonstruieren konnten, war es der Stasi gelungen, einen Keil in unsere Freundschaft zu treiben. Für mich und die anderen »Clubmitglieder« war das deprimierend, auch von mir wurde Hardy nun gemieden, obwohl letztendlich klar war, dass die wahren Schuldigen woanders saßen.

Auf der einen Seite diese Beklommenheit und der wachsende Widerwille gegen unsere Hälfte des geteilten Landes, auf der anderen das Gefühl von Heimat, die Familie und auch gewisse Vorzüge, die Ärzte in der DDR genossen – vor allem auf inoffiziellen Wegen. Beispielsweise bot mir meine Autowerkstatt einen vergleichsweise hervorragenden Service. Während andere vor großen Problemen standen, wenn sie Ersatzteile benötigten, bekam ich auf Anhieb einen Anlasser für meinen F9 oder Wartburg. »Wir haben die Lichtmaschine gleich mit repariert, Herr Doktor!«, sagte der Meister. Und wenn andere vorm privaten Fleischerladen Schlange standen, legte ich Freitagfrüh einen Zettel auf den Tresen und holte nachmittags am Hinterausgang mein Filet ab, meine Wurst und gelegentlich auch noch einen Kasten Radeberger Pils. Denn der Fleischer, dem ich nach einem Unfall die Nase gerichtet hatte, besaß Beziehungen. Überhaupt bildeten diese Handwerker und Geschäftsleute, die mit »Naturalien« handeln konnten, eine besondere »Klasse« im Osten. Hier wie an vielen anderen Stellen der »Beziehungswirtschaft« ging es darum, sich gut zu stellen. Ständig begab man sich in Abhängigkeiten. Ohne Westgeld fand sich kaum noch ein Maurer, der samstags geholfen hätte. Für uns Ärzte ergaben sich so viele »Einkaufsmöglichkeiten«, dass wir Schwierigkeiten bekommen konnten, alle Rechnungen zu bedienen. Unsere Gehälter waren keineswegs so hoch, wie es die meisten vermuteten.

In den Jahren 1979 und 1980 waren auf allen Feldern von Gesellschaft und Wirtschaft Verschlechterungen zu beobachten – und das in einem Staat, dessen politische Führer ständig von der Fortschrittlichkeit des Sozialismus sprachen. Honeckers anfänglicher Versuch, den Lebensstandard seiner DDR-Bürger zu erhöhen, war offensichtlich gescheitert, kurzsichtige Maßnahmen hatten das wirtschaftliche Fundament weiter untergraben. Die Fünfjahrespläne waren zu bloßen Phantasieprodukten geworden, begleitet von grotesken Erfolgsmeldungen. Sollte ich dieses Schlamassel auch meinem Kind zumuten? Ich selbst wäre als Kind doch gerne in den Westen gegangen, und mein Vater verpasste den Zeitpunkt. Dann kam die Mauer. Sollte ich nicht endlich die Konsequenzen ziehen, damit Christian nicht auch hier groß werden musste?

Eine Weile dachte ich darüber nach, die Praxis meines Vaters zu übernehmen, mich trotz meiner Qualifikation als MKG-Chirurg mit einer einfachen zahnärztlichen Praxis niederzulassen, um möglichst weit von allen Parteigenossen und MfS-Büros entfernt zu leben. Doch wie lange würden private Niederlassungen überhaupt noch geduldet werden? Monika arbeitete ja bereits in einer der Staatspraxen, die von der Gesundheitspolitik der SED favorisiert und gefördert wurden.

Wer in der DDR zur Schule ging, musste sich irgendwann (und nicht selten mehrmals) gewisse sowjetische Filme ansehen, in denen es um die Zeit der großen sozialistischen Oktoberrevolution ging oder um die Heldentaten der Partisanen im Zweiten Weltkrieg. Einer davon, »Der stille Don«, nach dem Roman des Nobelpreisträgers Michail Scholochow, besteht aus drei Teilen mit einer unbarmherzigen Gesamtdauer von fünf Stunden und vierzig Minuten, die mir als Schüler zum Inbegriff von Langeweile wurden. Im Lexikon des internationalen Films[17] steht dazu: »Der mit gewaltigem Aufwand in Szene gesetzte Sechsstundenfilm überzeugt am meisten in den vorzüglich gestalteten dialoglosen[18] Außenaufnahmen.« Was ich auf der Leinwand sah, waren vor allem eine Menge Birken. Russen scheinen Birken zu lieben. Und so erklärte ich später meinem Vernehmer im Untersuchungsgefängnis in Berlin-Hohenschönhausen, wie sich mir unser »abwechslungsreiches« Leben in der DDR darstellte: »Wie eine russische Birkenallee. Rechts und links nichts als Birken, in einer schnurgeraden Linie bis zum Horizont. Ohne Abzweigung. Bei der zehnten Birke bekomme ich eine Wohnung, bei der 15ten darf ich mir einen Trabi abholen, bei der 20ten werde ich Oberarzt oder bekomme einen Orden als verdienter Arzt des Volkes, bei der 25ten bekommen wir einen Farbfernseher. Falls wir uns ordentlich verhalten und am 1. Mai brav mitmarschieren. Dann verläuft unser Leben, wie die Partei es sich vorstellt. Wie diejenigen es sich vorstellen, die in der Partei etwas zu sagen haben. Auf einer endlos langen und kerzengeraden Birkenallee. Doch niemand fragt sich, ob ich auf dieser Allee überhaupt unterwegs sein will. Niemand fragt, ob mir Birken überhaupt gefallen.«

Von heute aus gesehen scheint eine solche Vorstellung als Fluchtmotivation vielleicht nicht auszureichen, aber – es handelte sich eben nicht um einige wenige Jahre bis 1989, sondern um mein einziges Leben, das in der Perspektivlosigkeit der sich allmählich rotfärbenden Klinik zu versanden drohte, und zwar bis ins Rentenalter. Niemand, weder im Osten noch im Westen, glaubte Anfang der Achtzigerjahre daran, dass die Mauer in unmittelbarer Zukunft fallen würde. Es gab nur zwei Möglichkeiten: bleiben oder gehen.

Teil II: Fluchtpläne

Westkontakt

In meiner Geschichte spielen die Freunde Hans-Jochen »Jojo« und Sabine Jonscher eine wichtige Rolle. Ich kannte Jojo vom Studium und seit einiger Zeit trafen wir uns häufiger, unsere Freundschaft wurde enger, auch weil Monika und Sabine sich ebenso gut verstanden wie wir. Christian spielte gerne mit ihren Söhnen Sascha und Guido. Guido war in Christians Alter, Sascha drei Jahre älter. Weil Jonschers in Quedlinburg im Harz wohnten, nutzten wir vor allem die Urlaubszeit, um gemeinsam etwas zu unternehmen.

An Silvester 1979/80 und noch einmal im März 1980 wollten wir mit den Jonschers zum Skifahren nach Oberwiesenthal, direkt an der Grenze zur Tschechoslowakei. Der dortige Fichtelberg war der schneesicherste Berg der DDR – doch bei uns konnte man keine richtigen Abfahrtsskier kaufen. Man musste sie entweder aus Polen oder der Tschechoslowakei einschmuggeln. Es sei denn – fiel mir eines Abends ein – ich könnte meine Westkontakte nutzen.

Spontan meldete ich beim Fernamt ein Telefonat nach Lünen an, um mit meinem Cousin Christian May zu sprechen. Der war einigermaßen überrascht, als ich mich meldete. Wir hatten uns ein halbes Jahr zuvor kurz gesehen, ich glaube, er war zu einem Klassentreffen unterwegs gewesen und hatte für eine Stunde bei meinen Eltern angehalten.

»Ich frage einmal ganz direkt. Ihr fahrt doch auch Ski. Habt Ihr vielleicht ein paar alte Abfahrtsskier für mich?«

Eine halbe Stunde nachdem ich den Hörer aufgelegt hatte, klingelte es bei uns: »Renate lässt fragen, ob deine Frau nicht auch ein Paar möchte? Gut, dann schicken wir euch beiden welche.«

Wir freuten uns über das stattliche Paket, das bald darauf im Kolkwitzer Postamt eintraf. Mit Christians gebrauchten *Rossignol*-Skiern und nagelneuen *Atomic* für Monika. Der Postbeamte lugte ehrfürchtig durch die Folie. Wie ein Sechser im Lotto!

Unser Silvester-Urlaub rückte heran. Tagsüber fuhren wir Ski und waren dank der West-Skier sehr komfortabel auf den Oberwiesenthaler Pisten unterwegs. Abends tauschten Jojo und ich uns über alles aus, was uns wichtig war. Er berichtete von der Poliklinik, in der er arbeitete, und vom Schicksal seiner jüngeren Schwester, die im Westen lebte und ihn und ihre Eltern nicht besuchen durfte. Der Vater ihres Freundes war wegen Spionage und »antisozialistischer Hetze« verurteilt worden. Als sich abzeichnete, dass sein Sohn ausreisen durfte, heirateten die beiden rasch, woraufhin Jojos Schwester ebenfalls die Genehmigung erhielt, die DDR zu verlassen. Gelegentlich trafen sich die beiden in Prag.

Ich erzählte von der Stimmung an meinem Arbeitsplatz – und schließlich sprachen wir immer häufiger davon, in den Westen zu gehen. Ich ging so weit, ihm einen konkreten Vorschlag zu machen: »Wie wäre es, wenn wir Visa für Ungarn beantragen und so tun würden, als wollten wir unseren Sommerurlaub dort verbringen? Wir sagen Sabine und Monika aber nichts davon, sprechen nur von einem Männerausflug, und fahren irgendwann heimlich zu zweit nach Budapest. Dort schleichen wir uns in die deutsche Botschaft und verlangen, in die Bundesrepublik gebracht zu werden. Sabine, Monika und die Kinder kommen später über die Familienzusammenführung.«

Ich kalkulierte: Je weniger unsere Frauen wüssten, desto einfacher wäre es für sie, die Stasi-Verhöre zu überstehen, die ihnen unweigerlich drohten.

Jojo hatte Einwände: Was, wenn die Botschaft uns rauswerfen würde? Wenn die Stasi die Familienzusammenführung verweigerte? Wir besprachen das Pro und Contra ausführlich, doch Jojo konnte sich zuletzt nicht zu meinem Plan durchringen. Seine Ängste waren stärker als die Hoffnung, das Kapitel DDR auf diese Weise endlich hinter sich lassen zu können.

»Nein, Dittmar, das mache ich nicht mit.«

Später änderte er seine Meinung – doch bis dahin sollte noch einiges passieren.

Vorerst hatte ich keine bessere Idee, doch mein Wille wuchs, es auf die eine oder andere Art zu versuchen. Vielleicht mit Hilfe meines Cousins? Dass er die Flucht seines Bruders Hans-Lutz organisiert hatte, hatte ich natürlich nicht vergessen.

Ende Mai 1980 besuchten uns Christian und Renate von Berlin aus (Christian nahm dort an einer Tagung teil) in Kolkwitz, sodass wir Zeit hatten, uns etwas besser kennenzulernen. Sie hatten ein Tagesvisum beantragt und mussten sich in Cottbus anmelden, obwohl sie nicht übernachteten. An diesem Tag kam auch mein Bruder mit seiner Frau Elke auf einen Kaffee vorbei. Christian gab sich gesprächig und weltoffen. Mit seinen schwarzen Haaren, der schmalen modischen Krawatte und dem Anzug erinnerte er uns ein wenig an Alain Delon, den lässigen französischen Schauspieler.

In West-Sendungen wie dem »ZDF-Magazin« mit Gerhard Löwenthal, das ich nur bei dienstlichen Notfällen verpasste, wurde das Grenzregime der DDR als eine Menschenrechtsverletzung angeprangert, der sich mutige Helfer entgegenstellten. Löwenthal berichtete regelmäßig kritisch von den Verhältnissen in der DDR, interviewte SED-Opfer und stellte in der Rubrik »Hilferufe von drüben« Einzelfälle vor. Sogar Beschwerden über DDR-Behörden wurden veröffentlicht, die aus Briefen an seine Redaktion stammten.

Andere westliche Fernsehsendungen konzentrierten sich eher auf die negativen Auswüchse der Fluchthilfe: ihre Kommerzialisierung, der Einsatz weitgehend ahnungsloser Helfer, deren Verhaftung in einem kalkulierten Zahlenverhältnis billigend in Kauf genommen wurde.

Wer sich informierte, wusste von beiden Seiten der Medaille – von den Gefahren ebenso wie von den Erfolgen. Im Deutschlandfunk, der zu Hause von früh bis abends lief, hörten wir Berichte über geglückte Fluchtversuche, die in den DDR-Medien totgeschwiegen wurden. Dort war nur dann die Rede von »ungesetzlichen Grenzübertritten«, wenn Mitglieder einer »kriminellen Menschenhändlerbande« (so lautete der Propagandabegriff für Fluchthilfeorganisationen) gefasst und zu drakonischen Gefängnisstrafen verurteilt worden waren. Sechs oder gar zwölf Jahre waren nicht selten.

Wessen Flucht scheiterte, der musste die Strafen jedoch nicht unbedingt vollständig verbüßen, welche die politisch instrumentalisierten Strafgerichte verhängten. Das war eine Ermutigung. Als Christian uns im Mai besuchte, war die Rede auf einen Studienfreund von ihm gekommen, der in Cottbus als Kieferorthopäde gearbeitet und schon vor meiner Zeit wegen versuchter »Republikflucht« verhaftet worden war. Dieser Studienfreund hieß Gerhard Zeißig. Christian hatte ihn in der Bundesrepublik wiedergetroffen und dadurch von seinem Freikauf erfahren. Seit den Sechzigerjahren ließ das MfS Häftlinge gegen Waren-Lieferungen frei, die über das innerdeutsche Ministerium und das Diakonische Werk der evangelischen Kirche abgewickelt wurden. Dabei spielte der Berliner Anwalt Wolfgang Vogel eine Schlüsselrolle. Vogel war in beiden Teilen Berlins als Anwalt zugelassen, fungierte als verdeckter Mitarbeiter des MfS und wurde zugleich pauschal von der Bundesrepublik für seine Vermittlungstätigkeit vergütet.[19] Die langjährige Praxis des Häftlingsfreikaufs und des Austauschs von Gefangenen war auch im Osten bekannt, auch wenn wir nicht wussten, wie sie organisiert war, und deren Ausmaß nur schwer einschätzen konnten.

Christian war im Westen mehr als zufrieden, er bereute nichts. Und Hans-Lutz war der lebende Beweis dafür, dass eine erfolgreiche Flucht möglich war. Fünfzehn Jahre früher war sie jedenfalls gelungen.

Die Sicherung der deutsch-deutschen Grenze, die eine Flucht auf eigene Faust zu einer lebensgefährlichen Unternehmung machte, kannte ich aus eigener Anschauung. Als nicht viel geringer schätzte ich das Risiko ein, dass es bedeutete, über die ungarische Grenze nach Jugoslawien oder Österreich zu fliehen oder einen noch längeren Fluchtweg in Kauf zu nehmen. Der »eiserne Vorhang« war inzwischen überall gut gesichert, überall waren Schießbefehle in Kraft. Was blieb, war der Weg der Botschaftsbesetzung plus Familienzusammenführung – oder sachkundige und vertrauenswürdige Fluchthelfer, die sich nur vom Westen aus finden und bezahlen ließen.[20] Wie Hans-Lutz' Flucht über die ungarisch-jugoslawische Grenze organisiert worden war, hatte uns seine Mutter, meine Tante Lisa May, geschildert. Als ihr Mann, Onkel Erich, an Krebs erkrankte, ließ er sich im Westen behandeln, überlebte die Operation aber leider nicht. Nach seinem Tod wurde Tante Lisas Ausreiseantrag stattgegeben. Sie hinterließ ein großes Haus im Osten und lebte seitdem bei Hans-Lutz in Werne. Doch sie besuchte uns regelmäßig.

Wenn ich mich Fluchthelfern anvertrauen wollte, wenn *wir* es wollten, dachte ich, dann wäre es das Vernünftigste, die Hilfe meines Cousins in Anspruch zu nehmen. Er hatte bewiesen, dass er es konnte.

Mit Monika sprach ich nicht viel über diese Überlegungen. Wie ihre Eltern entschieden hatten, zurückzukommen, als 1961 die Mauer gebaut worden war, war sie auch eher heimatverbunden, auch sehr familienverbunden und weniger als ich daran interessiert, welche Möglichkeiten und Freiheiten sich hinter den Grenzen finden mochten, in die wir eingeschlossen waren.

Es war absehbar, dass mein Schwiegervater den Belastungen seines harten Arbeitsalltags eines Tages nicht mehr standhalten würde. Monika wollte ihre Heimat nicht verlassen, doch befürchtete sie umgekehrt, mich nicht länger in der DDR halten zu können – nur deshalb war sie im Zweifel bereit, mitzukommen. Sie spürte, dass ich dabei war, eine Entscheidung herbeizuführen. Aber sie griff nicht ein. Bei einem seiner nächsten Anrufe erzählte Christian, dass er im Oktober 1980 zu einem Seminargruppentreffen nach Leipzig kommen würde. Zufälligerweise war ich am selben Wochenende dort zu einer Tagung angemeldet – das passte wunderbar. Monika und unser Sohn Christian begleiteten mich. Am Abend verließ ich das Parkhotel, in dem wir übernachteten, und lief ins berühmte Ring-Café am Leipziger Roßplatz, nicht weit entfernt von Moritzbastei und Gewandhaus, in dem das Seminargruppentreffen stattfand.

»Ich werde ihn fragen«, hatte ich zuvor zu Monika gesagt. Sie schwieg. Vielleicht dachte sie sich, dass doch nichts passieren würde. Dass Christian einfach abwinken würde, weil sich die Verhältnisse inzwischen geändert hätten.

Einige von Christians ehemaligen Kollegen kannte ich. Ich plauderte ein wenig mit ihnen, dann setzten Christian und ich uns an die Bar, um das entscheidende Gespräch zu führen. Das Ring-Café gehört zu dem großen Gebäudekomplex der Ringbebauung, der in den Fünfzigerjahren im russischen Prachtstil errichtet wurde. Hier hatten wir als Studenten gefeiert, wenn wir von den Staatsexamensprüfungen kamen – eine der wenigen Gaststätten, bei denen man im Freien, auf der Terrasse sitzen und mit Eiswürfeln gekühltes Radeberger Bier trinken konnte.

Den Holzintarsien und Marmorsäulen des Ring-Cafés schenkte ich an diesem Abend keine große Beachtung.

»Hier wird es immer schlimmer«, sagte ich sinngemäß, und kam auf die Kollegen zu sprechen, die in jüngster Zeit das Weite gesucht hatten. Ausreiseanträge galten in der Ärzteschaft als chancenlos. Je mehr Ärzte gingen, desto dringender wurden wir benötigt. Und sobald jemand einen Ausreiseantrag stellen würde, hätte er die Spitzel am Hals. Christian kannte die Situation. Ich musste ihm nicht viel erklären.

»Kannst du mir helfen? Kennst du einen sicheren Weg? Für Monika, Christian und mich.«

»Bestimmt. Irgendeinen Weg gibt es immer.«

»Nicht über die deutsch-deutsche Grenze, besser übers Ausland.«

»Ich mache mir mal Gedanken.«

»Auch nicht in irgendeinen Kofferraum oder so, das ist mir zu dritt zu gefährlich.«

»Gut, ich werde mich darum kümmern. Ich sage dir aber nicht, was ich unternehme. Das ist sicherer.«

»Okay, danke.«

»Am Telefon besprechen wir nichts. Lass uns ein paar Code-Wörter verabreden.«

Es war spät, als wir uns auf Wiedersehen sagten und ich übers gediegene Treppenhaus nach unten und durch die Herbstnacht zurück ins Parkhotel lief.

Ich fühlte mich, als wäre ich schon auf der Flucht, als sei ich schon ein gesuchter Verbrecher. Und ganz falsch war das nicht: Allein die »Kontaktaufnahme« mit einem möglichen Fluchthelfer – »Staatsfeindliche Verbindungen« nach §100 des Strafgesetzbuchs der DDR – konnte bereits mit einem bis zu fünf Jahren Gefängnis bestraft werden. Auch §213 – »Ungesetzlicher Grenzübertritt« – konnte bemüht werden, denn laut Absatz (3) galt: »Der Versuch ist strafbar.«

Am nächsten Tag ging ich mit Monika und Christian in den Leipziger Zoo. Der Herbsttag war bedeckt und kühl, kein gutes Wetter, um Tiere zu beobachten. Doch Christian störte sich nicht daran, er war beschäftigt und wir konnten uns in Ruhe unterhalten – wer wusste, ob die Hotelzimmer nicht abgehört wurden? Während unser Dreijähriger also die Kapuzineraffen und die Raubtiere hinter Gittern bewunderte, berichtete ich Monika: »Seit gestern Abend läuft die Zeit. Christian organisiert etwas, damit wir rauskommen.« Sie erschrak und hoffte wohl noch immer, dass mein Cousin nichts erreichen würde.

In der Folge schwiegen wir nicht nur am Telefon zu der Sache, sondern generell in geschlossenen Räumen, auch zu Hause. Schließlich wohnten wir im Rathaus. Wie weit der Arm der Stasi reichte und welche technischen Möglichkeiten sie besaßen, war ständig Gegenstand von Spekulationen. Besser zu vorsichtig sein als zu leichtsinnig, dachten wir. Dass sich Monika große Sorgen machte, war für mich auch ohne Worte zu spüren.

Wir mussten vermeiden, andere in die Sache hineinzuziehen oder verdächtig zu machen, darum hielten wir uns auch im Freundeskreis stärker zurück, als wir es allein unseretwegen getan hätten. Nur die Jonschers zogen wir ins Vertrauen: »Mein Cousin aus Lünen ist dabei, etwas zu organisieren«, erzählte ich. »Es ist besser, wir sagen euch nichts Genaueres.«

Wenn unser Vorhaben gelänge, so vereinbarten wir, würden wir Jojo und Sabine auf dem gleichen Weg rausholen.

Christian wurde tätig, wie er es versprochen hatte. Zuerst versuchte er, wieder Kontakt zu dem jugoslawischen Fluchthelfer aufzunehmen, der Hans-Lutz und Gudrun unterstützt hatte. Ich wünschte mir, ebenfalls die Auslandsroute zu nehmen. Doch der Bruder des Jugoslawen, die Kontaktperson, war tödlich mit dem Auto verunglückt – die alte Verbindung funktionierte nicht mehr. Deshalb wandte sich Christian an seinen Studienfreund Gerhard Zeißig, der auch nach seinem Freikauf auf dem Laufenden geblieben war – ein energischer Gegner des SED-Regimes. Er konnte Christian an einen Westberliner Fluchthelfer vermitteln. Viele der hierarchisch strukturierten Fluchthilfe-Organisationen waren dem MfS bekannt oder bereits unterwandert, Köpfe der Szene wie Kai Mierendorff oder Wolfgang Welsch schon häufiger Gegenstand westlicher Berichterstattung geworden – in der Rolle von Helden wie in der von Bösewichten.[21] Doch dieser Mann schien fernab der bekannten Pfade zu agieren.

In diesen Wochen und Monaten, vom Treffen mit Christian im Ring-Café bis zum April, beherrschte uns ein seltsames Lebensgefühl. Wir waren hochsensibel und registrierten jede Veränderung in unserem Umfeld sehr genau. Alles war bedeutsam, jedes Wort konnte ein Hinweis sein.

Vor Weihnachten rief Christian wieder bei uns an. Er erzählte mir weder etwas von Dr. Zeißig noch von dem Berliner Kontakt – nur, dass er fündig geworden sei. Mittels unserer Code-Wörter ließ sich nicht mehr als diese reine Fortschrittsmeldung übermitteln. Für Samstag, den 24. Januar, verabredeten wir uns zu dritt in Ostberlin, denn jetzt musste Monika es aus erster Hand erfahren.

An diesem Wochenende kamen Jonschers nach Kolkwitz und passten während unseres Berlin-Abstechers auf unseren Sohn auf.

Cousin Christian nutzte den Grenzübergang am S-Bahnhof Friedrichstraße, darum trafen wir uns mittags »Unter den Linden«, was zugleich hieß: unter den Augen der Stasi, deren Vertreter den Boulevard ununterbrochen auf und ab patrouillierten. Der Druck, unter dem wir standen, die Angst, beobachtet zu werden, schärfte unsere Sinne. Wir bemerkten, dass uns derselbe mit jungen Männern besetzte Wartburg passierte, der eben schon vorbeigefahren war. Unser Puls beschleunigte sich.

Als wir Christian vor dem Café »Lindencorso« gefunden hatten, fuhren wir ein paar Stationen mit der S-Bahn und spazierten zu dritt durch den Treptower Park. Christian erklärte uns, was er erreicht hatte: Er hatte einen Berliner Fluchthelfer in dessen Wohnung getroffen und einen sehr guten Eindruck von ihm gewonnen. Der Mann wirkte glaubhaft und seriös, sagte Christian. Er arbeite mit der »Diplomatentour«, die als die sicherste aller Fluchtmöglichkeiten galt (zu Recht, wie uns heute die historische Forschung bescheinigt):[22] Die Fahrzeuge von ausländischen Diplomaten oder von alliierten Soldaten mit Fahrbefehl verwendeten besondere Fahrspuren an den Grenzübergängen und wurden nicht durchsucht.

Aufgewühlt und nervös gingen Monika und ich neben Christian am monumentalen sowjetischen Ehrenmal vorbei, zugleich Soldatenfriedhof und Symbol der Sowjetmacht, und erfuhren auch von der finanziellen Seite unserer Flucht: 90.000 Westmark sollte sie kosten, 30.000 pro Person. Für die »Diplomaten« musste es schließlich einen Anreiz geben und auch die Gesamtorganisation kostete Geld. Christian und Hans-Lutz teilten sich die Anzahlung, die Gesamtsumme könnten wir per Bankkredit finanzieren, wenn alles über die Bühne gegangen sei. 90.000 Mark West, das war für uns nichts als eine abstrakte Größe. »Als Arzt bekommst du leicht Kredit«, sagte Christian. »Das wird kein Problem für euch.«

Das Geld beschäftigte uns letztlich auch wenig. Wir sorgten uns vor allem, ob Christian auch an den Richtigen geraten sei. Doch hier wie da blieb uns nichts übrig, als seiner Einschätzung zu vertrauen. Jede genauere Begründung hätte uns Informationen geliefert, die wir nicht haben sollten. Je weniger wir wussten, desto besser, denn desto weniger könnten wir im Ernstfall der Stasi verraten. Im Ernstfall einer Verhaftung.

In irgendeinem Lokal aßen wir eine Kleinigkeit, hielten uns jedoch streng an die Abmachung, nur im Freien Klartext zu reden. Es war ein schwieriger und anstrengender Tag, und wir beide waren froh, dass wir unseren kleinen Sohn nicht mit nach Berlin gebracht hatten.

Schließlich war alles gesagt und wir verabschiedeten uns unter den Linden von Christian. Jetzt rollte der Stein den Hügel hinab. Unaufhaltsam. Auf seine Bahn hatten wir kaum noch Einfluss.

Christian überwies die Hälfte der Summe als Anzahlung an den Westberliner Fluchthelfer. Jetzt hieß es nur noch warten – und unsere Familie, die Bekannten und Kollegen möglichst wenig von der Unruhe merken zu lassen, die wir spürten. Der Druck, der in diesen Wochen und Monaten auf uns lastete, veränderte auch das Verhältnis zwischen Monika und mir. Die Anspannung führte zu Spannungen. Ich war die treibende Kraft gewesen, Monika litt Ängste, und obwohl wir uns im Grundsatz einig waren, uns einander sicher fühlten, führte die übersteigerte Sensibilität auch zu Gereiztheiten und Verstimmungen. Zu allem Überfluss stand im Frühjahr 1981 auch Monikas Fachzahnarztprüfung an, auf die sie sich wochenlang vorbereiten und darum konzentriert bleiben musste, was sie zusätzliche Nerven kostete.

Jeder für sich malte sich aus, was im Falle einer Verhaftung passieren würde. Wie hoch das Strafmaß wäre, wie schnell wir möglicherweise freigekauft werden würden, was mit Christian geschehen würde und wer, von der Stasi mit ihren Sippenhaftmethoden drangsaliert, unter unserem »Verbrechen« zu leiden hätte. So viele »würde« und »hätte«! Das Gefühl, überall unter Beobachtung zu stehen und diese anhaltenden Gedankenspiele machten uns dünnhäutig.

Dass die Angehörigen von »Republikflüchtigen« mit Besuchen der Stasi zu rechnen hatten, war bekannt – sie wurden am Arbeitsplatz drangsaliert oder im schlimmsten Fall verhaftet und vor Gericht gestellt. Im Strafgesetzbuch der DDR fehlte zwar das Wort »Mitwisserschaft« – doch nach § 225 war die Unterlassung einer Anzeige unter Strafe gestellt, falls jemand vom »Vorhaben, der Vorbereitung oder der Ausführung«

von Verbrechen weiß, zu denen ausdrücklich auch der »ungesetzliche Grenzübertritt in schweren Fällen« gezählt wurde. Wenn das MfS sich Aufschlüsse über Fluchthilfeorganisationen versprach oder Dissidenten mundtot machen wollte, konnte sie diesen Paragraphen leicht zum Vorwand nehmen. Darum mussten wir dafür sorgen, dass keiner – oder so wenige wie möglich – von unseren Plänen erfuhr und in den Verdacht geraten könnte, uns geholfen zu haben. Das galt für unsere Eltern und Geschwister ebenso wie für Freunde.

Die einzigen Menschen, mit denen wir in dieser Zeit offen redeten, waren die Jonschers, mit denen wir im März wieder nach Oberwiesenthal fuhren. Ich bat sie darum, fünf kleine Pakete an sich zu nehmen – ein Kaffeeservice, Glasgeschirr, Erinnerungsstücke, Dias und Schmalfilme, die ich sorgfältig eingepackt und mit Heftpflaster verklebt hatte. Alles übrige Fotomaterial und viele persönliche Dinge hatte ich inzwischen verbrannt, weil sie nicht in Stasi-Hände geraten sollten. Ein großer Fehler, wie sich leider herausstellte.

Jojo sagte, er wüsste schon ein Versteck, und wir luden die Päckchen von einem Kofferraum in den anderen. Außerdem gab ich ihm Bargeld mit, für das wir nach der Flucht keine Verwendung mehr haben würden.

Im März – Christian konnte nun jederzeit anrufen, um den Startschuss zu geben – besuchten wir noch einmal meine Eltern in Mittweida. Zu später Stunde, als wir allein waren, rutschte mir gegenüber meinem Vater eine Frage heraus: »Was würdest du eigentlich von mir halten, wenn wir abhauen?« Das Wort »abhauen« sagte alles.

»Unmöglich. Quatsch.«

»Nur mal angenommen. Kommt ja schon vor, bei den Kollegen, da muss ich manchmal dran denken.«

»Ich würde jedenfalls nichts anderes von dir denken als jetzt. Du bist mein Sohn und fertig.«

Er nahm die Frage wohl nicht ganz ernst.

Nicht lange darauf kam ein Anruf und ich traf mich zum zweiten Mal mit Christian in Berlin, am 28. März 1981, diesmal alleine. Wieder verabredeten wir uns an der Ecke Unter den Linden/Friedrichstraße und gingen spazieren. Christian beschrieb mir im Detail, wie unsere Flucht ablaufen solle, und dass er sich mit einer Frau getroffen habe, die auf demselben Weg erfolgreich in den Westen gekommen sei. US-Soldaten hätten sie auf der Transitautobahn aufgenommen und bis Hannover gebracht. Das Gespräch mit dieser Frau habe seine letzten Zweifel über den Fluchthelfer ausgeräumt, erzählte er. Danach habe er die Anzahlung überwiesen. Viel mehr erfuhr ich von Christian nicht über diese Frau. Weder wo sie wohnte, noch wo er sie getroffen hatte, oder sonstige Details, die mich und jeden, der mich gründlich genug befragt hätte, auf ihre Spur hätten führen können. Der Fluchthelfer hatte ihn gründlich instruiert.

Als ich mich ins Auto setzte und nach Hause fuhr, war ich in seltsamer Stimmung: eine merkwürdige Mischung aus Sorgen und Vorfreude. Ich kannte jetzt Ort, Zeit und Ablauf der Aktion.

Ausgeschlagene Chancen

Der Zeitpunkt war Samstag, der 11. April 1981 um zwölf Uhr mittags, der Ort ein Parkplatz auf der Transitstrecke Berlin-Helmstedt. Von unseren Fahrten zu den Schwiegereltern nach Osterode kannte ich die Strecke gut: Vom Berliner Ring aus ging es Richtung Magdeburg. Wenn wir freitags nach Dienst losfuhren, trafen wir in Potsdam auf die Westberliner und Westdeutschen, die nach Hause oder in den Urlaub unterwegs waren. Auch das war mir ein Ärgernis gewesen: Dass wir keine andere Wahl hatten, als in Magdeburg abzufahren. Das sollte sich jetzt ändern!

Die Parkplätze vom Berliner Ring bis Magdeburg kannte ich auswendig. Ich hatte immer vermutet, dass alle lückenlos ausgespäht und überwacht waren. Doch ich zählte auf die Erfahrung des Fluchthelfers und den Diplomatenstatus. Einige Male stieg ich nachts ins Auto und fuhr in Richtung Berlin. Mit unserem Skoda dauerte es eine Stunde bis zum Berliner Ring. Ich prägte mir die genauen Zeitabstände ein und passte zugleich auf, ob mir jemand folgte. Nie fiel mir etwas auf. Es hieß, Nerven zu bewahren.

Auf das Datum der Flucht hatten wir keinen Einfluss gehabt – sonst hätten wir noch einige Zeit abgewartet, bis nach Monikas Fachzahnarztprüfung, die sie nun um ganze drei Tage verpassen würde. Einige einsame Tage behielt ich das Datum für mich, erst am Freitagabend sagte ich es ihr. Ein schlimmer Moment. Zitternd legte sie ihre Bücher,

Skripte und Notizen beiseite. Zu allem Überfluss sollte sie sich einige Wochen lang umsonst gequält, umsonst exzerpiert und memoriert haben. Doch am Dienstag, wenn in Spremberg die Prüfungskommission zusammentreten würde, wären wir schon im Westen, so hofften wir. Oder – nein, die andere Möglichkeit sprachen wir nicht aus. So oder so würde es ein anderes Leben werden.

Die wenigen Dinge, die wir mitnehmen konnten, lagen schon bereit: Unsere Zeugnisse und wichtige Unterlagen, eine Tasche mit Kleidern, Toilettenartikeln und Wertsachen. In der Nacht schliefen wir kaum, wir warteten, sahen wieder und wieder zur Uhr, kontrollierten nochmals die Tasche. Christian atmete ruhig und streckte seinen Gipsfuß unter der Decke hervor. Kurz zuvor hatte er sich eine Mittelfußfraktur zugezogen.

Endlich standen wir auf, frühstückten so viel wir konnten und brachten die Sachen zum Auto. Es war ein furchtbares Gefühl, die Wohnung zu verlassen, die uns über die Jahre ans Herz gewachsen war, die wir nach unseren Vorstellungen eingerichtet hatten – unsere erste gemeinsame Wohnung, in der wir gute Jahre verbracht hatten.

»Wir machen einen Ausflug«, sagten wir zu Christian.

»Wohin?«

»Überraschung.«

Zur berechneten Zeit fuhren wir los. Endlich. Ich am Steuer, Monika neben mir, Christian auf dem Rücksitz. Auf der Transitstrecke über die deutsch-deutsche Grenze: Genau das, ging mir durch den Kopf, was ich nicht gewollt hatte. Meine Zweifel, ob die Stasi nicht schon alles unter Kontrolle hatte, hinter jedem Busch und an jeder Raststätte ein Spitzel saß, Kameras installiert waren, hatten sich nie ganz beruhigt. Doch Christian war sich sicher gewesen, dass es in einem Diplomatenfahrzeug ginge. Denn selbst wenn die Stasi einen Verdacht hätte, könnte sie ein solches nicht einfach kontrollieren. Und ich sah ein, dass eine Fluchthelfer-Organisation mehr von der Grenzsicherung der Stasi und mehr über die Transitstrecke wissen musste als ich.

»Nicht im Kofferraum«, hatte ich Christian gebeten.

»Nein, das ist eine andere Art von Auto«, hatte er erwidert – und ich hatte mir einen amerikanischen Kleinbus der US-Armee vorgestellt, wie ich sie schon einige Male auf der Autobahn gesehen hatte. Mit getönten Scheiben ringsum oder Gardinen an den Fenstern.

Ich mit Christian im Sommer 1981 vor unserem Skoda, dem »Fluchtauto«.

Berliner Ring, Abfahrt Magdeburg – nur noch ein kleiner Hügel, dann würde der Parkplatz kommen. Jetzt war er schon zu sehen. Aber dort, rechts, stand auch ein Lada auf der Standspur, ungefähr 500 Meter vor der verabredeten Stelle. Wir fuhren vorbei. Jemand machte sich am Armaturenbrett zu schaffen – doch die Szene wirkte gestellt. Ich war mir sofort sicher: Das war ein Beobachtungsposten. Dennoch fuhr ich ab. Irgendwie musste es trotzdem gehen, sagte ich mir zunächst. Ich setzte auf das Diplomatenfahrzeug.

Der Parkplatz war beinahe leer, ein gewohntes Bild. Zwei oder drei Autos standen dort – und eine große Ford Limousine mit amerikanischem Kennzeichen. Kein Kleinbus! Wie passten wir in eine Limousine? Das ginge nur im Kofferraum.

Etwa zehn Meter hinter dem Ford hielt ich an – und glaubte schon nicht mehr an den Erfolg unserer Flucht. Auf einer Bank saß ein junger Mann und tat so, als wollte er sich ein wenig ausruhen. Er hatte eine Dose Coca Cola in der Hand, war in zivil, aber offensichtlich Soldat. Er kam mir wenig seriös vor, alles andere als vertrauenserweckend. Da rollte der große Wagen schon rückwärts auf uns zu, sein Kofferraum schob sich uns entgegen und die rechte Hintertür ging auf, wie es vereinbart war. Wenn die Tür nicht aufginge und sie weiterführen, hatte mir Christian erklärt, sollte das bedeuten: Der Parkplatz ist überwacht, wir probieren es auf dem nächsten. Dann sollten wir hinterherfahren. Doch die Tür stand jetzt offen, obwohl der Parkplatz überwacht war. Obwohl wir an diesem Lada vorbeigefahren waren. Außerdem überraschte mich der Kofferraum, der nicht vereinbart war, im Gegenteil, ebenso wenig wie diese auffällige Art der Amerikaner, die sich so sicher zu sein schienen, dass die Luft rein war.

Ich stieg aus dem Auto, lief nach vorne, nicht zu schnell, und als ich an der offenen Tür vorbeikam, sagte ich: »No«. Ich beugte mich nicht herunter, sah dem Fahrer nicht ins Gesicht. Der Cola-Trinker stand auf und setzte sich in den Ford, der sofort anfuhr – und gerade als er den Parkplatz verließ, rannte jemand aus dem Gebüsch. Ich nahm wahr, dass er eine Fotokamera in der Hand hielt. Gleichzeitig fuhr der Lada heran, den ich auf dem Standstreifen gesehen hatte, der Kameramann stieg ein, und die Stasi nahm die Verfolgung auf.

Was tun? Würde jetzt noch einer aus dem Gebüsch treten und uns festnehmen? Wurden wir gefilmt? Jedenfalls fühlte ich mich so. Wie in einer Filmszene. In gespielter Ruhe lief ich im Bogen zurück, holte Christian mit seinem Gipsfuß aus dem Auto, und wir taten so, als müsse er pinkeln. Monika blieb sitzen, starr vor Schreck. Dann drückten Christian und ich uns noch eine Weile herum. Ich wollte abwarten, was geschehen würde. Doch nichts geschah.

»Die lassen uns doch nur stehen, weil sie uns jederzeit kriegen können. Zuerst kommen die Amis dran«, so überlegten wir. Nur wenn sie in der Eile vergessen hätten, unser Nummernschild aufzuschreiben, oder wenn sie uns gar nicht mit den Amis in Verbindung gebracht hätten – aber war das denn wahrscheinlich?

Wir hatten versucht, die Wahrscheinlichkeit zu kalkulieren, dass alles glatt und nach unseren Wünschen abliefe. 80 Prozent vielleicht, dachten wir, sonst wären wir nicht angetreten. Wir hatten auch überlegt, dass irgendeine Panne passieren könnte und niemand uns abholen würde. Und wir hatten auch über den Fall gesprochen, dass wir erwischt und eingesperrt würden. Dann wollten wir den Freikauf-Anwalt Wolfgang Vogel beauftragen. Christian hatte uns immer wieder versichert: »Falls etwas schiefgeht, habe ich Kontakt zu jemandem, der Vogel gut kennt. Man wird sich sehr gut um euch kümmern.«

Die Situation, die nun eingetreten war, hatten wir allerdings nicht bedacht: Dass wir und unsere Fluchthelfer pünktlich an Ort und Stelle sein würden, wir trotzdem abbrechen mussten, und das alles von der Stasi beobachtet wurde – damit hatten wir überhaupt nicht gerechnet.

Uns blieb nichts weiter übrig, als nach Hause zu fahren – schließlich würden wir uns nur verdächtiger machen, wenn wir ohne Grund zu lange auf dem Parkplatz blieben. Für den Heimweg suchten wir uns kleine Nebenstraßen aus.

Aber gab es nicht doch noch eine andere Möglichkeit? Sollten wir nicht besser nach Ost-Berlin fahren, direkt zum Büro von Rechtsanwalt Vogel? Allerdings war es Samstag. Wir hätten also bis Montag irgendwo in Berlin warten müssen, um dann bei ihm vorzusprechen und unsere Situation zu schildern. Wäre das richtig? Würden sie uns nicht auch in Berlin suchen – falls sie uns auf den Fersen waren? Schließlich fuhren wir doch zurück nach Kolkwitz, das fühlte sich besser an, obwohl wir keinen Pfennig darauf gewettet hätten, dass uns die Stasi übersehen hatte.

Sobald wir zu Hause waren, rief ich meinen Cousin Christian an und bedeutete ihm, dass wir die Aktion abgebrochen hatten. Damit wusste er zugleich, dass wir noch nicht verhaftet worden waren. Ich umschrieb, soweit möglich, die Situation. Auf unsere Gründe und darauf, was passiert war, konnte ich am Telefon nicht näher eingehen. Dass wir abgehört wurden, nahm ich als gegeben an.

Für uns war klar: Das sind unsere letzten freien Stunden. Bald werden wir wegen »versuchtem illegalem Grenzübertritt« verhaftet.

Aus den Stunden wurden Tage. Tage der Angst. Wollten sie uns zermürben, zuerst in Ruhe beobachten, was wir vorhatten? Der Alltag musste weitergehen, als sei nichts geschehen. Montags gingen wir wie gewohnt arbeiten. Am Dienstagmorgen saß ich neben Professor Pape am Waschbecken im OP-Vorraum, beim chirurgischen Händewaschen. Nebenbei erkundigte er sich: »Kennen Sie den Tribulowski?«

Er meinte Jochen Tribulowski, einen Kollegen und Freund, den ich beim Doppelstudium in Leipzig kennengelernt hatte. Er war ein Jahr nach mir aus Thallwitz gekommen, und solange ich noch in Leipzig war, hatten wir viel zusammengesessen und unternommen. Später besuchten wir uns gelegentlich gegenseitig.

»Wie finden Sie den?«

Was sollte ich auf diese Frage antworten?

Woran dachte der Chef?

»Das ist ein engagierter Arzt und ein netter Kerl.«

Ich erzählte ein bisschen von ihm, nur Gutes.

Pape sagte: »Der ist stiften gegangen.«

Mehr nicht. Ich wusste, dass Jochens Schwester und sein Schwager ebenfalls abgehauen waren. Hatte Jochen nun auch den Sprung in den Westen geschafft? Menschenskinder, am gleichen Wochenende, dachte ich, und freute mich für ihn.

Am gleichen Tag, dem 14. April, musste Monika die innerlich bereits abgeschriebene Fachzahnarztprüfung absolvieren. Erstaunlicherweise funktionierte ihr Gedächtnis trotz der extremen Umstände sehr gut und sie brachte das Examen mit Erfolg hinter sich.

Am nächsten Tag setzte mein Chef das Gespräch fort. Im Vorbeigehen sagte er: »Der sitzt!« Das war ein Schock. Tribulowski war also im Gefängnis, sein Fluchtversuch gescheitert! Offenbar hatte Pape zunächst herausfinden wollen, ob ich etwas wusste oder wie ich auf die Nachricht reagierte.

Jetzt rechnete ich noch sicherer damit, dass die Stasi bald zu uns kommen würde.

Für Mittwochabend hatte Monika einige Kollegen zu einem Umtrunk eingeladen – und plötzlich stand Jojo vor der Tür, um Monika ebenfalls zur bestandenen Prüfung zu gratulieren. Obwohl er am nächsten Tag wieder arbeiten musste, hatte er die weite Strecke auf sich genommen – eine wichtige moralische Stütze. Als die Gäste sich verabschiedet hatten, gingen wir vor die Tür, um ihm alles zu erzählen – das brachte ein wenig Erleichterung.

»Könntest du uns das Geld zurückgeben? Was wir sonst auf dem Konto hatten, habe ich meinem Vater überwiesen. Jetzt sind wir pleite bis zum Monatsende.«

Dabei hatte er es nicht. Wir vereinbarten, uns zur »Geldübergabe« am Wochenende in Potsdam zu treffen.

»Wenn sie uns nicht inzwischen geholt haben.«

»Glaub ich nicht. Dann wären sie schon hier. Die waren so fixiert darauf, die Amerikaner zu erwischen, dass sie euch glatt übersehen haben.«

Die Woche verstrich. Wir gingen weiter zur Arbeit und Christian in den Kindergarten.

14 Tage später, am 25. April, fuhren wir wieder nach Berlin, um uns mit Christians Tochter Petra zu treffen, die zufälligerweise auf einem Schulausflug in Berlin war. Cousin Christian wollte wissen, was schiefgelaufen war, doch nicht zu oft einreisen, damit die Stasi nicht auf ihn aufmerksam und keine Querverbindungen ziehen würde. Petra hatte einen Freund dabei und für unseren Sohn ein großes Matchbox-Auto mitgebracht, mit dem er sich im Restaurant beschäftigte, während wir uns unterhielten. Wenn die Stasi mich nun im Visier hat, fragte ich mich, könnte es dann nicht gefährlich werden für Petra und den Schulfreund?

»Warum seid ihr nicht eingestiegen?«

Ich fühlte mich unbehaglich. Und hatte einige Mühe, es ihr zu erklären. Der Lada, der Kofferraum, die übertriebene Lässigkeit: Waren das nicht genügend Gründe? Immerhin konnte ich ihr auf diese Weise Hinweise geben, die auch für den Fluchthelfer nützlich sein konnten. Ich erzählte von dem Kamera-Spitzel, der aus dem Gebüsch gesprungen war. Ihr Vertrauen (und das hieß: Christians Vertrauen) in die Zuverlässigkeit dieser Fluchtmethode schien nicht erschüttert worden zu sein.

»Die Amerikaner dürfen doch nicht kontrolliert werden«, sagte Petra, »Vater ist überzeugt, dass die Methode seriös ist. Und erfolgreich. Er hat sogar einen Privatdetektiv engagiert, um den Chef zu überprüfen.«

Am nächsten Tag, dem 12. April, berichtete sie, hätten die Soldaten drei Ärzte auf dem Rückweg mitgenommen. Ohne Probleme. Also konnte die Überwachung nicht lückenlos sein.

»Morgen habt ihr eine zweite Chance. Ich habe alles auswendig gelernt. Ihr müsst um acht Uhr abends auf der Autobahn Magdeburg-Berlin sein, auf dem zweiten Parkplatz nach der Auffahrt Brandenburg.«

»Und wieder im Kofferraum?«

»Ja, aber das funktioniert doch. Mein Vater hat bloß beim ersten Mal nichts gesagt, um euch nicht zu beunruhigen.«

»Und wenn die nur warten, dass wir es nochmal probieren? Mir scheint das alles zu gefährlich zu sein.«

»Nein, dann hätten sie euch schon verhaftet.«

»Okay, wir überlegen es uns. Christian soll mich heute Abend anrufen, dann sag ich Bescheid.«

»Gut, wir gehen jetzt noch zum Brandenburger Tor. Dann müssen wir zurück zu unserer Klasse. Bis dann – im Westen!«

»Ja, Tschüss.«

Auf dem Rückweg von Berlin wusste ich schon, dass wir uns nicht darauf einlassen würden. Das ging mir zu schnell. Ich stand noch viel zu sehr unter dem Eindruck des ersten Versuchs – meinem Schrecken, als ich den Lada am Straßenrand gesehen hatte, der Angst im Auto, auf der Nebenstrecke zurück nach Hause –, um neuerlich kühl unsere Chancen kalkulieren zu können. Für Monika galt das erst recht. Wir waren uns schnell einig. Als Christian anrief, sagte ich ab.

Dass er sich ärgerte, war nicht zu verkennen. Schließlich hatte er sich alle erdenkliche Mühe gegeben. Das Geld, das er und Hans-Lutz vorgelegt hatten, hatte kein Betrüger bekommen. Dessen war er sich sicher. Es könne sich noch immer auszahlen. Ich bedankte mich: Ja, das werde es.

Der 1. Mai, Jubeltag der Arbeiterbewegung, fiel in diesem Jahr auf einen Freitag. Wir beschlossen, die Demonstrationen zu schwänzen und uns an diesem langen Wochenende mit Jonschers in Potsdam zu treffen. Nach einer Nacht im Interhotel wechselten wir, weil man uns dort nicht länger beherbergen konnte, in den Cecilienhof, ein für DDR-Verhältnisse ehrwürdiges Haus, das letzte Schloss der Hohenzollern, in dem im Juli und August 1945 die Potsdamer Konferenz stattgefunden hatte. Direkt hinter dem Schloss liegt der Jungfernsee, durch ihn verlief die Grenze zu Westberlin.

Jojo hatte einen Tag zuvor angerufen und gemeldet, dass sie doch nicht kommen könnten. Er habe den Kotflügel seines Wagens zerbeult.

»Weiß du was«, antwortete ich, »nimm doch ein Abschleppseil, binde es an eine Laterne und zieh den Kotflügel damit wieder heraus! Ihr müsst kommen!«

Das tat er tatsächlich – und jetzt liefen wir im Dunkeln durch den Park an der Grenze, der vorm unzugänglichen Seeufer lag, er übergab uns das Geld und wir konnten endlich ausführlich erzählen, was geschehen war. Die Angst vor einer Verhaftung, vor der Ungewissheit, ließ in den folgenden Wochen nur langsam nach, die Bedrohung war uns permanent gegenwärtig. Doch nichts geschah. Allmählich gelang es uns, wieder zum Alltag überzugehen.

* * *

Mit Hilfe der »Behörde des Bundesbeauftragten für die Stasi-Unterlagen« erhielten wir Anfang der Neunzigerjahre Klarheit über den Grad der Überwachung der Transitstrecken. Demnach wusste die Stasi nicht selten Bescheid über die Vorgänge, war zur Kontrolle der Autos mit Diplomatenstatus jedoch auf die Mithilfe des sowjetischen Militärs angewiesen, das nicht immer brennend daran interessiert war, ob ein Ostdeutscher mehr oder weniger fehlte. Ihre Erkenntnisse mussten nicht nur belastbar sein, sondern auch schnell vorliegen. In seiner Untersuchung über die »DDR-Überwachung des Berlin-Transits 1949–1990« schreibt Peter Joachim Lapp: »Auch die ständige Ausweitung des IM-Netzes bis Ende der 1980er Jahre konnte eine totale Kontrolle von rund 2.000 km Straße im allgemeinen und im spezifischen Berlin-Transit nicht gewährleisten. Das MfS versuchte deshalb, bestimmte Schwerpunktbereiche festzulegen, wobei die Transitwege von und nach Berlin (West) natürlich im Mittelpunkt standen.«[23]

Es gab Lücken, die unsere West-Berliner Fluchthelfer zusammen mit den angeworbenen US-Soldaten oft fanden, aber zuweilen auch verfehlten. Die Soldaten fühlten sich dabei gelegentlich zu sicher und gingen persönliche Risiken ein, die ihnen vermutlich nicht im vollen Ausmaß bewusst waren. Denn auch den USA kam es nicht so sehr auf den einen Ostdeutschen mehr oder weniger an, als auf einen möglichst reibungslosen Transitverkehr, wie er im Vier-Mächte-Abkommen vereinbart und im Transitabkommen geregelt worden war.

Im Juni 1981, so lese ich in einer Akte der »Hauptabteilung VI« des MfS, »Abteilung Operative Sicherung«,[24] wurde eine Flucht im »Militärtransitverkehr« verhindert, woraufhin man die Fahrten der beteiligten amerikanischen Soldaten rückwirkend überprüfte. Dabei stieß das MfS auf ein »Schleuserfahrzeug« mit dem Kennzeichen TL 0992, einen dunkelbraunen Ford Granada, der unter anderem am 11. und 12. April 1981 unterwegs gewesen war:

> Filtrierungs- und Überprüfungsmaßnahmen ergaben, daß dieses vermutliche Schleuserfahrzeug
> poliz. Kennz.: TL 0992
> zu folgenden Zeiten gefahren ist:
> 11.04.1981 Einreise 11.24 Uhr Güst [=Grenzübergangsstelle] Drewitz, besetzt mit 2 US-Militärangehörigen in Zivil;
> zum PKW wurde herausgearbeitet:
> älterer Typ – weiße Plastetüte auf Rücksitz rechts und Kleidungsgegenstände.
> 12.04.1981 Einreise 11.00 Uhr Güst Marienborn/A.
> Ausreise 20.05 Uhr Güst Drewitz,
> besetzt mit 2 US-Militärangehörigen in Zivil;
> Fahrer: [geschwärzt]
> geb. [geschwärzt]
> Dienstgr.: [geschwärzt]
> Militärkennkarte Nr.: [geschwärzt]
> Am 12.04.1981 gegen 19.45 Uhr wurde auf der Autobahn Marienborn-Drewitz, km 12, Nähe der Abfahrt Brandenburg, der PKW, pol. Kennzeichen.: [geschwärzt] des DDR-Bürgers [geschwärzt] verlassen aufgefunden.

Das war »unsere« Fahrt. Christians Informationen entsprachen also der Wahrheit: Auf dem Rückweg am 12. April war eine »Tour« geglückt.

Auch die Fahrt vom 26. April (unsere zweite ausgeschlagene Chance) fand sich in den Unterlagen. Sie war überwacht und ausführlich protokolliert worden:

> Bei der Fahrt am 26.04. stand das Militärfahrzeug durch die Kräfte der Linie VIII unter Kontrolle. Dabei wurden folgende interessante Fakten erarbeitet:
> Das Fahrzeug wurde am km 122 – Güst Marienborn – durch die Kräfte der Abt. VIII 18.55 Uhr übernommen.
> – 20.02 Uhr – 20.04 Uhr Halt auf Parkplatz km 23,5.
> Die 2 Insassen stiegen aus und verrichteten die Notdurft. Auf dem Parkplatz befand sich kein weiteres Fahrzeug bzw. Person.
> – 20.11 Uhr – 20.13 Uhr Halt auf Parkplatz km 14,5.

> Beide Personen stiegen wiederum aus und verrichteten die Notdurft.
> Auf dem Parkplatz befanden sich noch folgende Fahrzeuge: [...]
> – 20.16 Uhr – 20.19 Uhr Halt auf Parkplatz km 12.
> Durch beide Personen wurde die Notdurft verrichtet.
> – 20.27 Uhr – 20.53 Uhr Halt auf Parkplatz km 1,5.
> Beide Personen verblieben im Fahrzeug.
> [...]
> Die Weiterfahrt bis zur Güst Drewitz erfolgte ohne Halt. Am km 11, unmittelbar vor der Güst, wurde 21.12 Uhr die Beobachtung abgebrochen.

Hätten wir zugestimmt und wären auf einem dieser Parkplätze eingestiegen, wäre das ohne Zweifel beobachtet worden. Ob es der Stasi gelungen wäre, uns eine knappe Stunde später an der Grenzübergangsstelle Drewitz kontrollieren zu lassen, bleibt ungewiss. Wie dicht das Netz des MfS tatsächlich war oder wie durchlässig: Das war die große Rätsel-Frage unseres Lebens. In unseren Stasi-Unterlagen erwarteten uns viele Überraschungen.

Atempause mit Störungen

An der Ausgangslage hatte sich nichts geändert. Wir hatten den Kofferraum gesehen, in dem wir über die Grenze geschmuggelt werden sollten, und erlebt, worin die Risiken bestanden. Meine Sympathien für das politische System, das sich nur durch Mauern und Spitzel aufrechterhalten ließ, hatten dadurch keinesfalls zugenommen. Mein Wunsch, die Birkenallee endlich zu verlassen und abzubiegen, war eher noch größer geworden.

Als allmählich klar wurde, dass wir nicht verhaftet werden würden, kehrte meine Entschlossenheit zurück. »Was willst du jetzt noch hier?«, fragte ich mich. Wir mussten es zu Ende bringen, davon war ich überzeugt. Ich spürte einen inneren Zwang, der keine Einwände duldete. Auf Dauer würde ich es im Osten niemals aushalten.

Ein Oberarzt am Klinikum, der sich wie mein Bruder von Klaus Honigmann fernhielt, war Rainer Zerweck. Seine Schwester und sein Schwager, beide Ärzte, waren zwei Mal inhaftiert worden, bevor sie in den Westen durften. Zerweck war etwas älter als ich und misstraute Honigmann, weil dieser SED-Mitglied war. Er selbst kam mir in seiner schweigsamen Art aber nicht restlos vertrauenswürdig vor. Wir bildeten gewissermaßen zwei Lager, Hans-Jürgen und Zerweck, Honigmann und ich, getrennt vom Verdacht und unserem gegenläufigen Bauchgefühl.

Eines Tages fehlte Zerweck nun während der Dienstzeit für zwei Stunden. Das war eigentlich nur möglich, wenn die Krankenhausleitung im Spiel war. Als er wiederkam, bat er mich ins Dienstzimmer, setzte sich an den Schreibtisch und offenbarte mir Folgendes: »Ich saß gerade in der Kaderabteilung und bin vernommen worden. Sie wüssten, dass ich abhauen wolle, sagten sie.«

Warum zog er gerade mich ins Vertrauen, überlegte ich?

»Ich solle gar nicht um den heißen Brei reden. Jemand aus der Klinik habe vor, in den Westen zu flüchten«, erzählte er weiter.

Doch die Stasi habe sich geirrt. Er habe die Vorwürfe energisch bestritten.

»Ich bin fix und fertig.«

Diese Reaktion hätte ich von ihm partout nicht erwartet. Über sein Verhör hätte er eigentlich nicht sprechen dürfen, und nun schüttete er ausgerechnet mir sein Herz aus. Erschüttert, wie er war, brauchte er jemanden, dem er alles erzählen konnte. So erklärte er mir die Situation später.

Ich wiederum musste immerzu denken, dass in der Sache eine Verwechslung vorliegen müsse. Entweder der Stasi lagen echte Informationen über einen Arzt am Klinikum vor, und ihr Verdacht fiel fälschlicherweise auf Zerweck statt auf mich, vermutlich wegen der Flucht seiner Schwester. Oder jemand wollte mir über diesen indirekten Weg eine Botschaft senden, mich verunsichern, zu einer Reaktion herausfordern.

Die Befürchtungen, dass uns jemand womöglich auf der Spur sei, stellten sich später als unbegründet heraus: Soweit es aus den Unterlagen hervorgeht, die im MfS über mich angelegt wurden, war ich zu dieser Zeit noch ein unbeschriebenes Blatt, trotz Dong-Club, negativer Armee-Beurteilung, meinen gelegentlichen »unpopulären« politischen Äußerungen und sogar trotz unseres ersten Fluchtversuchs, der tatsächlich unbemerkt geblieben zu sein scheint. Meine Kader-Akte im Klinikum konnte ich nach 1989 zwar nicht mehr einsehen – wohl aber Professor Papes Beurteilung, die er nach unserer Verhaftung anzufertigen hatte. Glücklicherweise verfügte das MfS noch nicht über die Möglichkeiten, die heutige Geheimdienste haben: Ihre Daten lagen nicht digital vor und konnten nicht permanent mit weiteren Quellen angereichert und abgeglichen werden. Trotz seiner enormen Personalstärke musste der Überwachungsapparat der SED mehr Lücken zulassen, als ich vermutete. (Viele Leute des MfS arbeiteten auch oberflächlich und begingen vermeidbare Fehler, zum Beispiel wurde Monika in einer unserer Akten als Kinderärztin geführt, also mit meiner Schwägerin Elke verwechselt.)

Ich nehme an, die meisten Ostdeutschen hielten die Stasi für mächtiger, als sie ohnehin war – und gerade darin lag ein Teil ihrer Macht, ihrer Fähigkeit, uns einzuschüchtern.

Zu allem Überfluss steckte in diesem Frühjahr auch noch ein Brief in unserem Briefkasten, den ich überhaupt nicht gebrauchen konnte. Genauso wenig, wie ich die ganze Armeezeit hatte gebrauchen können: Wie an der Klinik schon längere Zeit kursierte, wurde ich zum achtwöchigen NVA-Reservedienst eingezogen. Vermutlich hatte ich das einem Genossen unter den Kollegen zu verdanken, der Verbindungen zum Wehrkreiskommando unterhielt. Wenigstens war ich nicht für irgendeine militärische Übung vorgesehen, sondern sollte der NVA als Arzt dienen – aber erst nachdem ich zusammen mit etwa 20 anderen Ärzten und Zahnärzten aus der ganzen DDR an einer Schulung teilgenommen hatte. 14 Tage in Halle an der Saale. Immerhin konnte ich diese Zeit auch nutzen, um etwas mit Christian zu unternehmen. Ich nahm ihn mit zu Frau Fuchs in Leipzig, die morgens und über Mittag auf ihn aufpasste. Am Nachmittag kehrte ich aus Halle zurück und verbrachte den Rest des Tages mit ihm, wir spazierten durch Leipzig und spielten zusammen, ich las ihm vor und brachte ihn abends ins Bett. In der unsicheren Situation, in der wir uns befanden, war mir mein Verhältnis zu dem kleinen Kerl sehr wichtig.

Die Schulung selbst bot Militärtheoretisches und die üblichen sozialistischen Belehrungen.

»Nach dieser Ausbildung«, informierte man uns, »werden Sie zu Offizieren der Reserve ernannt.«

»Sollte von Ihnen jemand beabsichtigen, sich wie manche Ihrer Kollegen Richtung Westen zu orientieren, dann bedenken Sie: Sie sind ab jetzt Geheimnisträger!«

So hieß es gleich am ersten oder zweiten Tag zur Abschreckung unserer bekanntermaßen besonders gefährdeten Berufsgruppe. »Geheimnisträger« – das war eine mehr oder weniger willkürliche Zuschreibung, die es den staatlichen Stellen erlaubte, auf bestimmte Personengruppen zusätzlichen Druck auszuüben. Um wirkliche militärische oder staatliche Geheimnisse ging es in den wenigsten Fällen. Die Einordnung als »Geheimnisträger« konnte strafrechtliche Konsequenzen nach sich ziehen – indem ein simpler »unerlaubter Grenzübertritt« zu einer Spionagehandlung hochstilisiert wurde. Davon berichtet etwa der Gynäkologe Roland Au in seiner Autobiografie »40.000 für ein neues Leben«:[25] Um die gewünschte Facharztausbildung zu bekommen, hatte sich Au Ende der Sechzigerjahre für zwei Jahre als Arzt in der NVA verpflichtet, dann aber doch versucht, über Bulgarien mit einem bundesdeutschen Pass auszureisen. Dafür war er wegen »Spionage in Tateinheit mit Fahnenflucht im schweren Fall« zu acht Jahren Gefängnis verurteilt worden (von denen er glücklicherweise nur anderthalb verbüßen musste: 1972 beschloss der Staatsrat eine Amnestie für über 30.000 Häftlinge. Der deutsch-deutsche Grundlagenvertrag wurde gerade vorbereitet.)

Wer »Geheimnisträger« war, dessen Ausreiseantrag hatte keine Chance, und auch auf einen möglichen Freikauf konnte sich der Status auswirken.

Als der Schulungsoffizier uns auf diese Weise drohte, biss ich mir auf die Zähne. Der Lauf der Dinge war nicht mehr aufzuhalten, das wollte ich auch nicht – gab es vielleicht einen Weg, um wenigstens der Beförderung zu entgehen?

Nach den beiden Schulungswochen versah ich meinen Dienst in einer Kaserne in Spremberg, gut zwanzig Kilometer von Kolkwitz entfernt, und hatte Erlaubnis, zu Hause zu übernachten. Ich bestritt die zahnärztliche Sprechstunde und untersuchte die Soldaten der Panzer-Besatzung, bevor sie in dem riesigen Becken des Geländes ihre Tauchgänge unternahmen. Am Wochenende hatte ich frei, so dass unser Leben nicht weiter eingeschränkt wurde – bis darauf, dass Reservesoldaten auf ihren Personalausweis verzichten mussten. Als Ersatz für das einbehaltene Dokument erhielten wir eine wertlose »Armeekennkarte«, mit der man offiziell weder nach Ost-Berlin noch ins Sperrgebiet durfte – doch genau diese beiden Ziele standen im Kalender.

Zu Pfingsten war ein Familientreffen mit Monikas Geschwistern Manfred und Roswitha in Osterode geplant. Darauf wollte Monika auf keinen Fall verzichten. Sie wusste ja nicht, wie oft sie noch Gelegenheit haben würde, ihre Eltern zu besuchen. Außerdem war mein Schwiegervater gesundheitlich angeschlagen. Zermürbt von den schwierigen Bedingungen seiner Arbeit, die ihm keines seiner Kinder abnehmen konnte, litt Rudolph unter Depressionen. Monikas Besuch würde ihn etwas aufmuntern.

Also beschloss ich, es ohne Passierschein zu versuchen. Es musste einfach sein. Wenn sie uns hochziehen, dachte ich, stelle ich mich dumm und rede mich mit einem dringend notwendigen Krankenbesuch heraus. Glücklicherweise gab es an diesem Tag keine Vorkontrolle auf freiem Feld, und als wir durch die letzte Linkskurve fuhren, sah ich schon von Weitem, dass auch der Schlagbaum beim Wachhäuschen oben stand. Also nichts wie durch! Auf dem Rückweg wurde selten kontrolliert. Trotzdem gingen wir ein hohes Risiko ein – wenn ich erwischt worden und an einen misslaunigen Grenzer geraten wäre, hätte das wahrscheinlich zu einem Verhör geführt, mit ungewissem Ausgang.

Monikas Eltern wunderten sich, dass wir trotz meines Reservedienstes zu dritt kamen. Doch sie waren auch sehr mit sich selbst beschäftigt. Es waren schwierige Stunden. Monika war es jedes Mal schwerer gefallen, sich gegenüber ihrer Familie unauffällig zu verhalten und nach gemeinsamen Zusammenkünften auf gewöhnliche Weise zu verabschieden. Sie litt unter der Aussicht, ihre Eltern womöglich niemals wiederzusehen.

Spät am Abend unterhielten wir uns unter Geschwistern über Rudolf und Irmgards Situation, die im Sperrgebiet alleine zurechtkommen mussten. Manfred und seine Frau Gisela lebten noch weiter weg als Roswitha und wir: in Zittau, beim Dreiländereck zu Polen und der Tschechoslowakei. Alle machten sich Sorgen, wie es mit den Osterodern weitergehen sollte. Die Bäckerei war ein Auslaufmodell, das war klar.

Bei diesem emotionalen Thema hatte Monika sich nicht ganz im Griff – und irgendwann hieß es: »Da stimmt doch was nicht. Wollt ihr abhauen?«

Roswitha runzelte die Stirn. Natürlich verneinten wir, doch Manfred begann, an unser Verantwortungsgefühl zu appellieren. Ihm war klar, dass wir uns von den drei Familien am meisten um die Eltern kümmerten. Wenn wir fort wären, würden sich die Lasten anders verteilen.

»Du kannst sagen, was du willst, aber da war was!«, sagte Manfred.

»Ja, das stimmt«, gab ich zu, um die Diskussion im Keim zu ersticken, »aber das hat sich inzwischen erledigt. Kein Gedanke mehr daran.«

Es war nicht schön, in der Familie solche Heimlichkeiten pflegen zu müssen. So weit hinein ins Private machte sich der unselige Einfluss des MfS bemerkbar.

Am darauffolgenden Wochenende, am 13. Juni, trafen wir uns zu viert in Ost-Berlin, Christian, Renate, Monika und ich, um die Lage in Ruhe zu besprechen. Unser kleiner Sohn hatte gerade seinen vierten Geburtstag gefeiert. Roswitha kam zu uns nach Kolkwitz, um auf ihn aufzupassen. Wir erzählten ihr, dass wir in Berlin zu einer Tagung eingeladen seien. Nach dem heiklen Gespräch an Pfingsten achteten wir besonders darauf, keine Luft an unsere Pläne kommen zu lassen und jeglichen Verdacht zu zerstreuen.

In Berlin legte ich ausführlich auseinander, warum wir nicht eingestiegen waren und uns auch gegen den zweiten Termin entschieden hatten. Christians Ärger war längst verflogen. Der Fluchthelfer mache uns keinen Vorwurf, sagte er, was ich beobachtet hatte, sei schließlich auch für ihn interessant gewesen. Es entstünde uns also kein Nachteil.

Christian ging davon aus, dass wir es erneut probieren würden: »Ihr bleibt höchstens eine halbe Stunde im Kofferraum.« Er betonte die Zuständigkeiten der jeweiligen Militärs und überzeugte uns davon, dass man tatsächlich so knapp unter dem Radar der Stasi fliegen konnte. Ohne Risiko ging es nicht, das war klar.

Nach diesem Gespräch gewann meine Zuversicht wieder die Oberhand. Wenn wir eine 70- oder 80-prozentige Chance hatten: Sollten wir sie nicht nutzen? Die Angst vor den restlichen 20 oder 30 Prozent verdrängte ich.

»Okay, wir wagen's also noch mal. Aber nicht gleich. Ich bin mit meiner Promotion jetzt schon so weit gekommen, die will ich zuerst noch fertig stellen.«

An der Doktorarbeit hatte ich seit Leipzig gearbeitet. 450 Messungen an Kiefernhöhlen hatte ich inzwischen durchgeführt. Eine erste Version lag bereits auf Professor Papes Arbeitstisch – ich konnte ihn jedoch schlecht dazu drängen, sich bei der Korrektur zu beeilen. Aus seiner Sicht gab es keinen Grund dafür.

Ich erzählte also von meiner Promotion, doch der Sommerurlaub, den wir gemeinsam mit Jonschers geplant hatten, war für uns der wichtigere Grund. Wir wollten wieder zelten, in Trassenheide auf Usedom, um uns ausgiebig zu erholen. Wir brauchten mindestens zwei Monate Ruhe, in denen wir nicht bei jedem Telefonklingeln aufschrecken würden, weil Christian in der Leitung sein könnte – Zeit, um unsere Nerven zu stärken vor der nächsten großen Anspannung. Im September, so verabredeten wir, sollte sich Christian wieder bei uns melden.

Nach sechs Wochen war die Zeit der Kasernen-Sprechstunden endlich vorüber. Der Sommer mit unseren Freunden wurde schön und friedlich. Wir redeten offen über unsere Sorgen und Hoffnungen, nur die Einzelheiten der geplanten Flucht sparten wir aus. Wir genossen die Ostsee – und ich spielte ausführlich mit unserem Sohn, der seinen Fuß wieder ohne Gips bewegen konnte und unermüdlich im Sand schaufelte.

Völlig vergessen konnten wir die Entscheidung jedoch nicht, vor der wir standen. Dafür sorgten schon die Scheinwerfer, die nachts über den Strand strichen. Einmal setzten Jojo und ich uns im Dunkeln in einen Strandkorb. Wir hatten uns Bier mitgebracht und unterhielten uns, da leuchtete uns jemand mit der Taschenlampe ins Gesicht. Ein Grenzschützer in Zivil patrouillierte am Strand entlang, um zu verhindern, dass sich jemand auf eine Flucht über die Ostsee vorbereitete. Und alle paar Tage rüttelte morgens um sieben der Platzwart an unserem Zelt, um die Ausweise zu kontrollieren.

Im Fernsehen hatte ich gesehen, wie Flüchtende ihren Trabi mitten auf dem Strand abgestellt hatten und etwas weiter vorne den Bootsanhänger. Andere versuchten es schwimmend, darum durfte man auch tagsüber keine Schwimmhilfen mit an den Strand nehmen. Nicht einmal ein Kinderschlauchboot oder die einfachen Luftmatratzen, die an jedem See selbstverständlich waren. Das galt für die gesamte Ostsee – das beliebteste Urlaubsziel der DDR. Jeder wusste Bescheid, ohne dass es ausdrückliche Verlautbarungen dazu gab oder entsprechende Hinweisschilder aufgestellt waren. Ohne zu murren, hielt sich unser eingesperrtes Volk an die Vorgaben, im stets vorauseilenden Gehorsam.

Irgendwann während unseres Urlaubs bauten zwei Tschechen ihre Zelte auf. Sie hatten Surfbretter mitgebracht und spazierten mit ihnen ganz unschuldig zum Strand, um sich in die Wellen zu werfen. Da offenbarten sich die heimlichen Kontrolleure des Zeltplatzes: Alle, die für die Stasi die Augen aufhielten, vier, fünf Leute, rannten ihnen hinterher. Die Tschechen, die an der polnischen Ostseeküste unbehelligt surfen konnten, mussten ihre Bretter abgeben, um sie im Feuerwehrgerätehaus einschließen zu lassen.

Der September kam, aber noch ließ die Fluchtmöglichkeit auf sich warten. Die amerikanischen Soldaten seien versetzt worden, erklärte Christian später. Der Fluchthelfer müsse erst neue Kontakte knüpfen, organisieren, instruieren, das könne eine Weile dauern. Ich war nicht enttäuscht. Eher ein wenig erleichtert über den Zeitgewinn. Und vielleicht, so dachte ich, würden sich die neuen amerikanischen Helfer professioneller verhalten.

Im Oktober besuchte uns ein Kollege aus Österreich, der Oberarzt Dieter Semmelrock, mit dessen Klinik wir in wissenschaftlichem Austausch standen. Seine Mutter stammte aus Rügen, weshalb er eine besondere Beziehung zum Osten besaß. Wir betreuten ihn reihum und zeigten ihm etwas von Land und Leuten. Obwohl er älter war, assistierte er mir bei Operationen, um sich in unseren Methoden weiterzubilden. Dadurch entwickelten wir ein besonderes Verhältnis. Er merkte wohl auch, dass ich mich von allen Cottbusser Ärzten am offensten und freundlichsten über den Westen äußerte. Ein liebenswürdiger Kollege, mit dem ich in der Folge auch in telefonischem Kontakt stand.

Am 4. November 1981 fand das nächste »konspirative« Treffen statt, wieder mit Petra: Es tue sich etwas, auch wenn die Vorbereitung noch etwas Zeit beanspruchen werde. Die Anspannung blieb, noch einmal wurde Winter, noch einmal feierten wir Weihnachten in Kolkwitz, noch einmal fuhren wir mir den Jonschers zum Skifahren nach Oberwiesenthal. Erst im Frühling sollten unsere Pläne wieder konkret werden.

Inzwischen hatte Professor Pape meine Doktorarbeit durchgesehen. Er war noch nicht zufrieden und gab mir Hinweise zur Überarbeitung. Mit Pape stand ich inzwischen besser als mein Bruder Hans-Jürgen, den er während einer Dienstbesprechung sogar maßregelte. Aus meiner Sicht ging der Konflikt zwischen ihnen eher auf Stilfragen zurück als auf fachliche Differenzen – vielleicht fühlte Pape sich angegriffen oder in seiner Autorität gekränkt.

»Herr May, bleiben Sie doch mal hier«, sprach er mich nach dieser unangenehmen Besprechung an und eröffnete mir, dass er vorhabe, mich zum Oberarzt zu ernennen.

»Herr Professor, wie soll das gehen?«, widersprach ich, »Mein Bruder ist sechs Jahre älter als ich und arbeitet schon länger hier.«

Natürlich fiel es mir leicht, das zu sagen, weil unsere Zeit in Cottbus ohnehin ablief. Doch auch ohne das nächste Ost-Berliner Treffen im Hinterkopf hätte ich meinen Bruder nicht derart vor den Kopf gestoßen. Ihm hatte ich es schließlich zu verdanken, dass ich überhaupt an diese Klinik gekommen war.

Im Januar 1982 überraschte mich mein Chef mit einer weiteren Geste. Er schickte mir eine höchst ungewöhnliche Postkarte aus Bad Kleinkirchheim in Kärnten. Offiziell arbeitete Professor Pape vier oder sechs Wochen lang im Zusammenhang mit unserem Austausch an der Klagenfurter Klinik. Oberarzt Dieter Semmelrock hatte ihm jedoch für ein paar Tage sein Wochenendhaus zur Verfügung gestellt, damit er in dem bekannten Skigebiet Urlaub machen konnte. Von dort also schickte er mir die Karte nach Hause, auf der stand: »Wir haben Sie als einen der wissenschaftlichen Partner für die Klagenfurter Klinik vorgesehen […]«

Ich sollte nach Klagenfurt reisen! Hätte ich mich jetzt nicht freuen können, Christian Bescheid geben und in Ruhe abwarten? Nein, meine erste Reaktion war: Jetzt haben sie dich am Wickel! Ich war beinahe überzeugt davon, dass es sich um eine Finte handelte, eine gezielte Provokation der Staatssicherheit. Sie mussten wissen, dass ich weg wollte, und nun reizten sie mich in der Hoffnung, dass ich mich übereifrig zeigen oder auf irgendeine Art verraten würde. Oder sie machten mir Hoffnungen, damit ich Christian absagen würde.

So wäre es doch viel einfacher: Wenn ich weg sein würde, könnte Monika für sich und Christian einen Ausreiseantrag stellen – ein Weg,

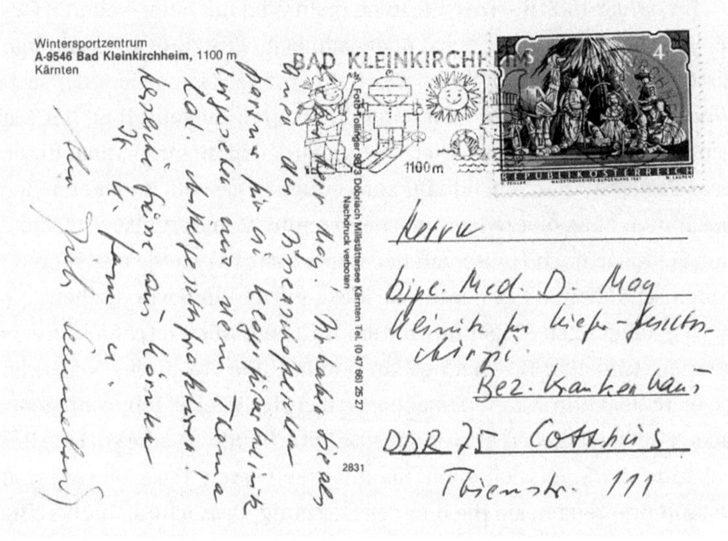

Diese Postkarte schickte mir Professor Klaus Pape im Januar 1982 aus Kärnten. »Wir haben Sie als einen der wissenschaftlichen Partner für die Klagenfurter Klinik vorgesehen [...]« Das gab mir nachhaltig zu denken.

der allerdings auch nicht ohne Risiken war. Monika würde höchstwahrscheinlich ihre Arbeit verlieren, sicherlich auch die Wohnung, und wäre ständigen Verhören und Bespitzelungen ausgesetzt. Den zuständigen Stellen wäre ganz gewiss einiges eingefallen, womit sie ihr das Leben hätten schwer machen können. Und wie lange sie im Falle meines »Verbleibs« im Westen noch festgehalten werden würde, konnte ich kaum schätzen. Etwas, was auch Jojo gegen meinen Botschaftsplan ins Feld geführt hatte. Erst am 15. September 1983 sollte die »Verordnung zur Regelung von Fragen der Familien-Zusammenführung« in Kraft treten, die für Rentner und Verwandte ersten Grades galt und etwas mehr Rechtssicherheit bot,[26] wenngleich auch darin nur sogenannte »Kann-Regelungen« standen.

Doch selbst, wenn wir die unsichere »Familienzusammenführung« in Kauf nähmen: Pape könnte seine Zusage für Klagenfurt im letzten Moment zurückziehen, dann stünde ich mit leeren Händen da und wäre für die nächsten Jahre fest an die Cottbusser Kieferklinik gebunden. Ja, dieses Szenario hielt ich für wahrscheinlich: Papes Postkarte war eine Finte!

Wie kam mein Chef überhaupt auf den Gedanken? Für meine Doktorarbeit befasste ich mich mit der Veränderung von Kieferhöhlen nach Brüchen oder Operationen des Gesichtsschädels, indem ich Messungen an Röntgenbildern durchführte, die mittels Lochstreifen und eines gewaltig großen Computer dreidimensional ausgewertet wurden. Ein aktuelles Thema, das auch bei einem Vortrag in Ostberlin, meinem ersten Auftritt vor internationalem Publikum, auf Interesse gestoßen war. Damit, so Pape, solle ich nach Klagenfurt reisen.

Dass er die Karte nicht bloß aus einer Laune heraus geschrieben hatte, erfuhr ich nach seiner Rückkehr. Vor der ersten Chefvisite – um Viertel nach sieben standen alle Ober-, Stations- und Assistenzärzte bereit – erzählte er kurz vom Austausch und bestellte Grüße von Dr. Semmelrock.

Zuletzt sah mich Pape an und verkündete fröhlich vor versammelter Mannschaft: »Also, Herr May, Sie sind der Nächste!«

Ich zuckte zusammen. Von der Karte, die er mir geschickt hatte, hatte ich den Kollegen nichts erzählt. Wollen die mich völlig fertigmachen, dachte ich? Das hätte er mir doch auch etwas diskreter in seinem

Dienstzimmer sagen können. Später rief er mich tatsächlich noch zu sich und überreichte mir eine schicke Skimütze für Monika: »Die hat Dr. Semmelrock gekauft.«

Heute weiß ich, dass meine Überlegungen völlig in die Irre gingen. Das Klima des Misstrauens, das die allgegenwärtigen Spitzel verbreiteten, hatte mein Urteil beeinflusst. Pape hatte mich tatsächlich zu jenem Austausch schicken wollen, der allerdings noch nicht genauer terminiert war. Und er freute sich für mich.

Ob ich allerdings den Pass bekommen hätte, den ich für die Reise benötigte, ob die Stasi Papes Wünschen zugestimmt hätte, nachdem sie mich gründlich überprüft hätte – darüber lässt sich nur spekulieren. Ohne das Placet der Genossen galt Papes Ankündigung letztlich nicht viel – höchstens als Lob.

Zum »Dank« für meinen lästigen Reservedienst bekam ich noch eine Einladung des Wehrkreiskommandos Cottbus »zur feierlichen Beförderung«. Hatte ich am Ende der Reservisten-Monate nicht deutlich zum Ausdruck gebracht, wie wenig Interesse ich an den silbernen Schulterstücken hatte? Ich hatte ausdrücklich betont, kein Offizier werden zu wollen. Doch entweder war mein Wunsch nicht weitergemeldet worden oder die Militärverwaltung hatte ihn ignoriert.

»Ich gehe nicht hin«, sagte ich zu meinem Vater.

»Bist du wahnsinnig? Die können doch alles Mögliche veranlassen.«

Ich blieb dabei und spielte auf Zeit. Es war schon Februar. Du bist sowieso bald weg, sagte ich mir.

Jedes mögliche Szenario hatte ich bis dahin schon hundert Mal im Kopf durchgespielt, vom glücklichsten Durchkommen bis zum Schlimmsten, das »Geheimnisträger« hieß. Bevor ich morgens zur Arbeit fuhr – um sieben fing mein Dienst an – brachte ich unseren kleinen Sohn noch in den Kindergarten, und jedes Mal rannte er hinter dem Kindergartenzaun noch neben meinem Auto her, wie ich langsam losrollte, und winkte, wenn er an der Ecke stand, an der es nicht mehr weiter ging. Das sah ich jetzt nie mehr ohne Hintergedanken. Der Kleine hinter dem Zaun, allein. Was, wenn er ganz alleine bliebe? Darum fuhr ich nachmittags jetzt häufiger mit ihm in den Spreewald, wenn ich keinen Übergangsdienst hatte und ihn um 16 Uhr wieder abholen konnte. Wir gingen spazieren und ich erzählte ihm Geschichten, Gleichnisse –

dass es nichts bedeuten würde, wenn ein Kind seine Eltern eine Weile nicht sehe. Dass sie immer wieder zurückkommen würden. Dass es vorkommen könne, dass Papa überraschend ins Ausland müsse. Mama vielleicht auch. Doch immer seien andere Menschen da, die sich um ihn kümmerten. So lange, bis er wieder bei ihnen sei. Mit Tieren und Märchenfiguren variierte ich diese Geschichten, immer wieder. Ich wollte sie nicht im geschlossenen Raum erzählen – und nicht in Monikas Gegenwart. Christian war jetzt viereinhalb. Wenn wir heute darüber sprechen, meint er, sich an diese Situationen zu erinnern – und ich bin überzeugt, dass ich ihn – mindestens ein bisschen – auf das vorbereiten konnte, was leider geschehen sollte.

Im März fuhren wir zum letzten Mal nach Oberwiesenthal und von dort ein- oder zweimal auch über die Grenze nach Karlsbad, um schwimmen zu gehen und einzukaufen. Jojo und Sabine merkten, wie überreizt wir waren – Monika noch mehr als ich. Am liebsten hätte sie jetzt noch alles abgeblasen. In der Gespanntheit dieser Tage gerieten wir aneinander – was sonst fast nie vorkam.

»Es geht wohl bald los?«, fragte Jojo.

Als wir ihnen zwei oder drei Wochen später wieder die Pakete vorbeibrachten, wussten sie, wie es stand.

Das war kurz nach meinem letzten Treffen mit Christian in Ostberlin. Am Frühlingsanfang, dem 21. März 1982, verkündete er mir, dass der Fluchthelfer nun alles organisiert habe. Er habe neue Fahrer gefunden, an der Methode habe sich nichts geändert. Wir sprachen auch über seine Praxis, in der ich bald anfangen könne zu arbeiten, und dass wir uns bei der obligatorischen Befragung durch die westdeutschen Behörden bedeckt halten sollten. Auch West-Beamte seien schon vom MfS gekauft worden.

Der neue »Tag X« sollte der 12. April 1982 sein – genau ein Jahr nach unserem ersten Versuch, als Ausweichtermin war der 25. vorgesehen. In Cottbus schwindelte ich Monika an, ich sagte, dass es irgendwann Ende April losgehe, und war zufrieden mit meiner Idee, als Christian am 10. tatsächlich anrief, um die Aktion zu verschieben. Jetzt also Sonntag der 25.!

Im Kofferraum

Ich hatte Monika erst am Vortag informiert. Wie bei einem etwas verspäteten Sonntagsausflug fuhren wir nach Lehnin, westlich von Potsdam, um irgendwo zu Abend zu essen, und von dort auf die Autobahn Richtung Berlin. Im Reisegepäck hatte ich jetzt auch die erstkorrigierte Doktorarbeit. Ich gab Christian eine oder zwei Lepinaletten, damit er trotz unserer Aufregung gut schlafen würde und im engen Kofferraum keinen Schreck bekäme. Um neun Uhr rollten wir im Halbdunkel auf dem vereinbarten Parkplatz, der wie die meisten Parkplätze auf den Transitstrecken aus nichts als einer kurzen Fahrbahn bestand, die von der Autobahn nur durch einen schmalen Rasenstreifen getrennt und gut einsehbar war. So war es auch beim ersten Mal gewesen. Doch diesmal war kein Lada zu sehen. Niemand wartete. Mülltonnen, betonierte Picknickbänke. Ich stellte den Motor ab.

Kurz darauf fuhr ein Volvo mit amerikanischem Militärkennzeichen auf den Parkplatz und an uns vorbei, stieß ein wenig zurück und hielt an. Monika und ich stiegen sofort aus, holten den schlafenden Christian vom Rücksitz und schlüpften in die geöffnete Hintertür. Der Wagen fuhr los. Für eine Weile blieben wir hinten sitzen. Die Amerikaner waren vielleicht Mitte zwanzig, zivil gekleidet, nur der Haarschnitt verriet die Soldaten. Sie ließen die Kassette im Autoradio laufen, auf der uns eine fremde Männerstimme erklärte, wie wir durch den klappbaren Rücksitz klettern sollten. Sie erinnerte mich an die Stimme meines Bruders, was Tonfall und Zungenschlag anging. Sicher hatte das ein Sachse gesprochen. Die Stimme erklärte außerdem das Procedere und wir erfuhren, dass wir nach zwei Stopps am Ziel seien.

Währenddessen wurden wir von einem vollbesetzten Wagen überholt, wieder ein Lada, dessen Insassen sich zu uns umdrehten. Zwei Männer und zwei Frauen. Waren das Spitzel, oder nur neugierige Ostdeutsche, die wissen wollten, wer in diesem amerikanischen Wagen saß? Das ließ sich nicht unterscheiden. Jedenfalls fühlte es sich nicht gut an. Die Erinnerung an die Stasi-Männer im Gebüsch war noch frisch. Aber jetzt war nichts mehr zu ändern.

Nach ein paar Minuten gaben die Soldaten ein Zeichen, ich klappte einen Teil der Rückbank weg und wir krochen in den Kofferraum.

Die Staatssicherheit fotografierte unseren Wagen, nachdem wir ihn auf dem Autobahnparkplatz zurückgelassen hatten.[26]

Monika zuerst, dann Christian und am Ende ich. Unser eigenes Auto stand jetzt verlassen auf dem Parkplatz. Es war nur eine Frage der Zeit, bis es entdeckt würde.

Doch die Strecke nach Berlin war kurz. Nur eine halbe Stunde. Als ich schon fest damit rechnete, durch den Grenzübergang zu rollen und bald aus dem Kofferraum geholt zu werden – der Organisator des Ganzen sollte uns bereits vor dem amerikanischen Kontrollpunkt in Empfang nehmen, uns ins Hotel begleiten und am nächsten Tag zu einem Flug nach Düsseldorf – bremste der Volvo ab und wir standen. Im Stau? Im dunklen Kofferraum, aus dem kein Laut nach außen dringen durfte, verloren wir mit der Geschwindigkeit zugleich das Zeitgefühl. Ich spürte nicht, ob nun Minuten vergingen oder Stunden, nur, dass wir zwischen LKWs standen. Ich hörte die schweren Diesel-Motoren und ärgerte mich. Von Sonntag auf Montag durften die Laster wieder fahren. Warum hatten wir es nicht einen Tag früher versucht? Irgendwann ging es weiter, doch schon bald blieben wir erneut stehen. Stop and

Go, dann völliger Stillstand. Wir erschraken. Irgendwer schlug auf den Kofferraumdeckel. Wie mit der Faust. Ruhig bleiben – das war das Einzige, was wir tun konnten. Am Checkpoint der Sowjets sollten die Amis nicht aussteigen, sondern nur ihre »Identity Card« zeigen, damit sich der Schlagbaum öffnete. Doch jetzt stieg der Fahrer aus, wir hörten und spürten, wie die Autotüren geschlagen wurden. Einige Minuten später stieg er wieder ein. Doch er fuhr nicht los, fuhr noch immer nicht los. In der Enge des Kofferraums verschwammen die Ideen, die wir uns von den Abläufen machten. Stimmen kamen näher. Ein wenig Hoffnung blieb bis zuletzt, bis der Kofferraum schließlich aufging und ich, ins Licht blinzelnd, einen amerikanischen Offizier über mir sah. Langsam richtete ich mich auf. Das war's. Eine Reihe amerikanischer Offiziere, vielleicht fünf, standen mit betroffenen Gesichtern im Halbkreis um den Volvo herum – und hinter ihnen, in ein paar Metern Abstand, ein zweiter Kreis mit Offizieren in sowjetischer Uniform. Die Szene war hell erleuchtet, als ob ein Film gedreht würde.

Nun forderten uns die Amerikaner höflich auf, auszusteigen. (Von dieser Situation gibt es »Beweisfotos«, die ein eilends angeforderter Stasi-»Dokumenteur« anfertigte. Dafür vermutlich das Licht.) Zuerst kletterte ich aus dem Kofferraum, Christian wachte auf, er war noch benommen, Monika drückte ihm einen Kuss auf die Wange. Die beiden saßen noch etwas länger im Kofferraum, bis auch sie ausstiegen. Monika hatte den Impuls, sich zu weigern und einfach sitzen zu bleiben, doch das hätte keinen Sinn gehabt.

»We're sorry. This has to be done.«

Ich nahm Christian auf den Arm. Einer der Soldaten half, ihm den Schuh wieder anzuziehen, den er im engen Versteck verloren hatte. Dann nahmen sie, noch beim Volvo, unsere Personalien auf. Unsere Fahrer sahen wir nicht mehr.

»Can you help us?«

»We'll see.«

Es war klar, dass sie nichts für uns tun würden. Die Rotarmisten warteten bereits in offiziellem Abstand. Es war wie bei einem Gefangenenaustausch, bloß dass von der Gegenseite niemand herüberkam. Nur wir wurden hinübergebracht, zusammen mit unserer Reisetasche. Wir gingen zur sowjetischen Grenzbaracke, drinnen konnte Christian auf

Kontrollpunkt Drewitz, Blickrichtung Westberlin, rechts die eingezäunte sowjetische Grenzbaracke, in der wir der Stasi übergeben wurden. Eigene Aufnahme 1990.

Monikas Schoß sitzen, und bekamen ein Glas Wasser, bevor auch hier unsere Personalien aufgenommen wurden, sachlich und nüchtern. Der russische Offizier, der hinter dem Schreibtisch saß, sprach Deutsch. Er schien eher gelangweilt zu sein, oder taten wir ihm leid? Vielleicht eine Viertelstunde dauerte das, dann kamen die Leute der Staatssicherheit – und es wurde ernst.

Die Tür knallte auf. Offiziere in grauer Uniform traten herein und trennten uns sofort. Eine Uniformierte nahm den Jungen von Monikas Schoß. Ein Zweiter führte sie ab, in etwas Abstand wurde ich mitgenommen. Über eine freie Fläche ging es vom Diplomaten-Übergang zum eigentlichen Grenzübergang Drewitz, in die ostdeutsche Baracke. Monika fragte nach einer Toilette. Sie zeigten ihr eine – und blieben davor stehen. Später erzählte mir Monika, dass Christian sich entrüstet habe: »Nun machen Sie doch die Tür zu! Meine Mama muss mal!«

Monika wurde in einen vergitterten Raum geführt, in den nächsten kam ich. Die Uniformierte trug Christian fort, ich hörte ihn schreien.

Monika rief zurück, schrie. Der vor mir brüllte: »Ausziehen. Umdrehen. An die Heizung stellen.« Ich folgte. Er schlug mir mit den Stiefeln die nackten Beine auseinander. Gebrüll, Beschimpfungen. Irgendwann hörte ich meinen Sohn nicht mehr. Ich sollte mich wieder anziehen. Der Büttel legte mir Handschellen an. Monika und ich wurden zu einer »Minna« gebracht, einem kleinen Barkas-Transporter mit fünf winzigen Einzelzellen ohne Fenster. So winzig, dass ich gerade darin sitzen konnte. An allen Seiten stieß ich an Wände. In die Tür waren Luftlöcher gebohrt, und das Loch für einen Spion, der außen abgedeckt war. Christian war nicht mehr bei uns, sonst hätten wir ihn gehört.

»Reden verboten.«

Nach kurzer Fahrtzeit, schon im Morgengrauen, holte man uns heraus und stieß uns irgendwo in eine feste Zelle, wieder jeden für sich. Wir sollten keine Gelegenheit bekommen, uns noch abzusprechen. Körper und Geist fühlten sich dumpf an, wie in Trance saß ich dort. Irgendein Hinweis sagte mir, dass wir in Potsdam waren, vermutlich war es die Fahrtzeit, die mich intuitiv auf Potsdam schließen ließ. Wiederum nach wenigen Minuten, vielleicht war es eine Stunde, brachte man uns in den Barkas zurück (oder in einen anderen) und die Fahrt ging weiter, bis zum nächsten unbekannten Ziel. Wir husteten, um auf uns aufmerksam zu machen. Die Wachmänner duldeten auch das nicht. Doch ich hatte gehört, dass Monika noch da war. Auch diesmal war es keine sehr lange Fahrt, wofür ich angesichts der unbequemen Lage geradezu dankbar war. Was würde auf uns zu kommen, auf Monika und auf Christian?

Wir hielten an und ein Tor wurde geöffnet. Wie es sich anhörte, war es ein großes Tor. Der Transporter fuhr weiter, um zwei, drei Ecken, ein zweites Tor öffnete und schloss sich. Hier war die Fahrt zu Ende. Ich wurde herausgeführt und stand in einer grell erleuchteten überdimensionalen Garage. Diese Szenerie kann man sich heute in mehreren Spielfilmen ansehen. Von der Garage führte eine Treppe ins Gebäude. Links und rechts hinter der Tür erwarteten mich grauuniformierte Wärter, noch eine Treppe, dann stand ich am Ende eines langen Ganges, der durch zwei Gittertüren unterbrochen wurde. Von Monika sah ich nichts mehr. Entweder war sie vor mir hier durchgeführt worden oder sie saß noch im Transporter.

Hinter der ersten Gittertür befanden sich Räume mit gewöhnlichen Türen, Dienstzimmer, hinter der zweiten Tür begann der Zellentrakt, dessen Türen mit Spionen versehen waren, sodass man von außen hineinsehen konnte.

Hier wurde ich abgefangen und in eine Zelle geschoben. Wieder musste ich mich nackt ausziehen, wurde erneut gründlich untersucht. Wer versteckt in dieser Situation etwas in »Körperöffnungen«? Gift vielleicht? Ein Messer? Die Gefängniskluft, die ich mir anschließend anziehen durfte, bestand aus grauer Unterwäsche (ein Unterhemd und eine längere Unterhose), einem kragenlosen gestreiften Fleischerhemd, einem graumelierten Trainingsanzug und zuletzt: karierten Filzlatschen.

So zum Häftling geworden führte mich ein Uniformierter weiter geradeaus, dann öffnete er eine andere Zelle. Drinnen hörte ich zum ersten Mal ein Geräusch, das mich in den folgenden Monaten täglich begleichen sollte: Klack, klack – zwei Riegel wurden zugeschlagen –, dann das Drehen des Schlüssels im Schloss, begleitet vom Klirren des großen Schlüsselbunds. Auf dem kahlen Gang hallte der laute metallische Klang lange nach.

* * *

Was war geschehen, während wir im Kofferraum lagen?

Nichts deutet darauf hin, dass wir von vorneherein observiert worden waren und das MfS unsere Fluchtpläne kannte. Im Bericht der Abteilung VI des MfS zur »verhinderten Personenschleusung unter Beteiligung von Angehörigen der Streitkräfte der USA, 25.4.1982«[28] ist penibel und minutengenau protokolliert, welche Aktion zu unserer Festnahme führte: Der Parkplatz war überwacht, sodass die »Sicherungskräfte der Abteilung VIII[29]« zuerst uns (um 21.07 Uhr) und kurz darauf (um 21.13 Uhr) den blauen Volvo beobachteten und »den Umstieg der Insassen des DDR-Kfz. (1 männliche, 1 weibliche, ein Kind) in das US-Militär-Kfz. hinten in den Fahrgastraum« registrierten. Wer wir waren, wusste das MfS noch nicht.

Für die Mitarbeiter der Abteilung VIII ging es darum, möglichst schnell zu handeln, damit wir trotz der komplizierten Zuständigkeiten festgehalten werden konnten. Die »Aktion« bekam den Namen »Wolga«.

Aus dem »Bildbericht« der Staatssicherheit: Der Moment unserer Verhaftung, als der amerikanische Offizier John R. Woods den Kofferraum öffnet (BStU, MfS, Nr. 3846/83, S. 000104).

Innerhalb von fünf Minuten wurden die Kollegen vom »Diplomatenverkehr« (DP III, Abteilung VI des MfS)[30], der »Passkontrolleinheit« (PKE) und ein diensthabender Offizier der Grenztruppen verständigt. Um 21.42 Uhr sprach man zu zweit beim sowjetischen Kommandanten vor und überzeugte ihn, die Abfertigung zu verzögern.

Gegen 22.10 Uhr erschien unser Volvo im Bereich der Vorkontrolle Ausreise und befuhr den »sowjetischen Kontrollkorridor«. Er wurde durch die sowjetischen Kontrollkräfte sofort abgesichert.

Eine Stunde ist länger, als wir unter normalen Umständen bis zur Grenze gebraucht hätten. Vermutlich hatte die Staatssicherheit bereits Mittel eingesetzt, um unsere Fahrt zu verzögern. Ob der Stau, in dem wir standen, künstlich verursacht worden war oder ihnen nur zupasskam, lässt sich nicht sagen.

Vor dem Schlagbaum stellte man die Personalien und Ausweisnummern der Soldaten fest (vermutlich war das der Moment, als ich sie aus- und einsteigen hörte). Mehr ging vorerst nicht. Zuerst mussten die zuständigen US-Stellen informiert werden. Eine ganze Reihe von Stasi-Leuten fand sich ein. Um 23 Uhr übergaben sie eine »schriftliche Zusicherung, dass Personen im Kofferraum sind« an die Sowjets – vielleicht als Bedingung dafür, dass sie ihre amerikanischen Kollegen herbeiriefen. Um 23.43 Uhr trafen US-Militärpolizisten ein, denen jedoch die nötigen Befugnisse fehlten. Erst Captain John R. Woods, der in den Unterlagen als »Gehilfe des Kommandanten der USA-Militärpolizei« charakterisiert wird, besaß die Autorität, die Verhandlungen zu führen. Um 2.14 Uhr war Captain Woods vor Ort. Inzwischen hatten die Stasi-Leute der Beobachtungsabteilung VIII herausgefunden, wem unser Skoda gehörte, sie hatten um 1.35 Uhr an unserer Cottbusser Wohnung geklingelt und gemeldet, dass wir nicht zu Hause seien. Um 2.35 Uhr gaben sie unsere Arbeitsstellen durch. Dabei verwechselten sie Monika mit meiner Schwägerin Elke. Im Protokoll steht: »Bezirkskrankenhaus Cottbus/Kinderklinik bei Prof. Dietmer als Kinderärztin«.

Der Verhandlungsführer entschied, uns auszuliefern. Hätte er eine andere Möglichkeit gehabt? Den eigentlichen Kommandanten verständigen und auf Zeit spielen? Uns im Kofferraum versorgen, oder gar nach vorne holen? Das wäre nicht weniger als eine politische Provokation gewesen, ein Angriff auf den Status-Quo, der der US-Regierung wohl kaum geschmeckt hätte.

Um 2.55 Uhr öffnete Captain Woods den Kofferraum.

Teil III: Strafgefangener May

Nichts zu verbergen

> *»Die Geschichte des Haftortes Hohenschönhausen begann unmittelbar nach dem Ende des Zweiten Weltkrieges. Nachdem die Rote Armee im April 1945 den Nordosten Berlins erobert hatte, setzte sich in dem Industriegebiet [...] die sowjetische Geheimpolizei, das Volkskommissariat für innere Angelegenheiten (NKWD) fest. Mehrere große Gebäude hatten den Krieg halbwegs intakt überstanden, und das Gelände verfügte über einen eigenen Bahnanschluß. Bereits im Mai 1945 okkupierte das NKWD deshalb mehrere Straßenzüge und zäunte das Areal ein. In den folgenden Monaten und Jahren entstand so ein etwa ein Quadratkilometer großes Sperrgebiet [...]«*[31]

In den Lagern auf diesem Gelände internierten die Sowjets nicht nur Mitglieder von NS-Organisationen, sondern auch Kritiker der Besatzungsmacht, sowjetische Emigranten und Menschen, die aus eigennützigen Gründen denunziert worden waren. Der Schauspieler Heinrich George wurde gleich im Mai 1945 als »Nazi-Propagandist« verhaftet und in Hohenschönhausen festgehalten, bevor er im Jahr darauf ins Speziallager Sachsenhausen verlegt wurde. Dort starb er im September an den Folgen der Haft. Weil Hohenschönhausen in dieser Zeit als Anlaufstelle für alle politischen Gefangenen der Sowjets fungierte, mit der Verwaltungszentrale aller sowjetischen Speziallager,[32] durchlief auch mein Großvater Albert Heber dieses Sperrgebiet, bevor er nach Sachsenhausen musste. Nach seiner Gründung 1951 übernahm das MfS das sowjetische Kellergefängnis in Hohenschönhausen, betrieb dort ab 1952 das Arbeitslager X, dessen Häftlinge Ende der Fünzigerjahre ein neues Gebäude mit über 200 Zellen und 120 Vernehmungsbüros errichten mussten, das »speziell auf seine Bedürfnisse zugeschnitten« war:[33] Jene

Die Untersuchungshaftanstalt des Ministeriums für Staatssicherheit Hohenschönhausen, eigene Aufnahme aus dem Jahr 1990.

»Zentrale Untersuchungshaftanstalt«, in der Monika und ich seit dem 26. April 1982 festgehalten wurden.

Was ich dort sah und erlebte, verbindet mich mit tausenden anderen »Republikflüchtigen« und politischen Gefangenen der DDR.[34] Dieselben Zellen für einen, zwei oder drei Gefangene; Pritsche, Tisch und Schemel; Toilettenschüssel in der Sicht des Türspions; statt Fenster zwei Schichten Glasbausteine, zwischen denen bloß ein Luftspalt blieb; die äußere Schicht reichte fast bis an den oberen Rand der Fensteröffnung, die innere bis kurz vor den unteren Rand: keine Aussicht bot Ablenkung von den langsam vergehenden Stunden; dasselbe Essen, das in kleinen Plastikschüsseln durch die Türklappe gereicht wurde; der zwischen den Fliesen eingelassene Spiegel, die eingebaute Deckenlampe, die fehlenden Haken, so dass sich niemand erhängen konnte; dieselben Flure, über die wir von den Schließern geführt wurden, die nicht mit uns sprechen sollten und mit Hilfe eines speziell erdachten Ampelsystems jede zufällige Begegnung mit anderen Inhaftierten verhinderte;

Eine Zelle in Hohenschönhausen, Neubau, 80er Jahre, © Stiftung Gedenkstätte Berlin-Hohenschönhausen

weiße Striche auf dem Boden, an denen ich wie alle anderen Häftlinge mit dem Gesicht zur Wand stehen bleiben musste, bis der »Läufer« geprüft hatte, ob die Flure leer waren; Antennenlitze, die in Abständen von zwei oder drei Metern an den Wänden entlangliefen und mit Bananensteckern verbunden waren, so dass die Wachleute sich nur dagegen fallen lassen mussten, um die Stecker herauszuziehen und durch die Trennung der elektrischen Verbindung Alarm zu geben; dieselben Vernehmungsbüros, 120 an der Zahl, in deren Ecken wir an kleinen Tischen sitzen mussten, auf der anderen Seite des Raumes unser jeweiliger Vernehmer hinter seinem Schreibtisch, dazwischen das Tonbandgerät, ein weiterer Tisch, der für Besprechungen vorgesehen war und ein klobiger, ungefähr anderthalb Meter hoher Panzerschrank.

Die Vernehmer stellten sich nicht vor, sie sollten namenlos bleiben, und gaben nur aus Kalkül Auskünfte über unser zukünftiges Schicksal oder das unserer Familien, unserer Freunde. An den ersten Tagen in Hohenschönhausen, bis ich die Einzelhaft verlassen durfte, wusste ich noch nicht einmal, wo ich mich befand. Ich wusste noch nichts von diesem zentralen Untersuchungsgefängnis der Stasi, dem berüchtigtsten von allen 17 MfS-Gefängnissen.[35]

Die Mechanismen der Stasi-Untersuchungshaft und der Vernehmungen waren Gegenstand des Unterrichts auf der »Juristischen Hochschule in Potsdam-Eiche/Golm«, wie die Ausbildungsstätte des MfS offiziell genannt wurde.[36] Ihre psychologischen Wirkungen sind beschrieben und analysiert worden.[37] Was sich für jeden Häftling unterschied, waren die jeweils eigenen Motive, die Situation der Familie und Freunde, die persönliche Widerstands- und Reaktionsfähigkeit, die in der militärischen Stasi-Hierarchie vorgegebenen Ziele der Vernehmung und die unkalkulierbare Persönlichkeit des zugeteilten Vernehmers.

Der Schriftsteller und Psychologe Jürgen Fuchs, der von November 1976 bis September 1977 in Hohenschönhausen inhaftiert und verhört wurde und sich bis an sein Lebensende mit den Methoden des MfS auseinandersetzte, nennt acht »Varianten der Manipulation«: Isolierung, »Monopolisierung der Wahrnehmung« (enge Kontrolle der Informationen und Eindrücke), körperlich-geistige Schwächung, Drohungen, Gefälligkeiten, die Demonstration vermeintlicher Allmacht, das Erzwingen von Entgegenkommen auf sehr unterschiedlichem Niveau und den Einsatz von Psychopharmaka.[38]

Den Stasi-Vernehmern stand also ein reichhaltiges Instrumentarium zur Verfügung, von der einzelnen Zigarette, die angeboten oder verweigert werden konnte, bis hin zu den berüchtigten »Gummizellen« im Keller des Gebäudes, von denen ich selbst erst nach meiner Haft erfuhr.

Nachdem wir im Morgengrauen in Hohenschönhausen angekommen waren, wurde ich erneut vollständig durchsucht und für wenige Minuten in eine Zelle gesperrt. Nach kurzer Zeit ging die Tür wieder auf und die Vernehmungen begannen.

Ein kleiner, untersetzter Mann ging häufig ungeduldig dazwischen, während ich die Fragen eines zweiten, ruhigeren beantwortete. Der Untersetzte herrschte mich an: »Überlegen Sie sich, was Sie hier sagen!«

Er wechselte die Vernehmerzimmer, schlug die Türen. Auf dem Flur gegenüber schienen sie Monika zu befragen. Im Hin und Her bekam ich auch ihren Vernehmer zu Gesicht, einen strengen Stasi-Offizier mit

Ein Vernehmerzimmer in Hohenschönhausen, eigene Aufnahme 1997.

gewelltem mittelblondem Haar, der eine besorgniserregende Brutalität ausstrahlte.

Die Stasi hatte es eilig. Sie rechneten damit, dass eine weitere Flucht im Verzug sein könnte. Vielleicht noch am gleichen Tag. Darum stürmte der Untersetzte zwischen unseren Zimmern hin und her, wobei er ununterbrochen *Cabinet* rauchte, die typische Vernehmerzigarette, und sich wichtigmachte, als brächte er alleine einen ganzen Verbrecherring zur Strecke.

Diese Vernehmung dauerte, wenn den Protokollen zu trauen ist, von 8.35 Uhr bis 17.55 Uhr, mit Pausen. Inzwischen traf eine hastig ohne Großbuchstaben getippte »Kurzauskunft« aus Cottbus ein, die meine berufliche Situation erstaunlich präzise wiedergab. Weder meine Freundschaft zu Klaus Honigmann noch die Verbindung nach Klagenfurt fehlte.[39] Die Vernehmer wurden schnell und weitgehend zutreffend orientiert.

Was die Fakten betrifft, sind die Stasi-Unterlagen weitgehend zuverlässig, den Verlauf der Verhöre geben sie jedoch nicht wieder. Es handelt sich keineswegs um Abschriften der Tonbänder, die mitliefen. Die Protokolle sind zwar in Dialogform gehalten, doch es sind zum größten Teil nicht meine Worte, die festgehalten wurden, sondern fiktive Äußerungen, in denen der Vernehmer zusammenfasste, was ich seiner Einschätzung nach sagte. Eine im Beamtendeutsch geglättete, in Kategorien des MfS gebrachte Version. Die Vernehmungsprotokolle folgen einer festen Vorlage, die zum Lernstoff der Vernehmer-Ausbildung gehörte.[40] Bezeichnend ist die große Differenz im Umfang zwischen den stundenlangen Verhören und den nur wenige Seiten langen Protokollen. Die Psychologie der Situation geben sie nicht oder nur sehr verfälscht wieder.

Zwischendurch, am Nachmittag des zweiten Tages, wurde ich dem Haftrichter vorgeführt. Benommen von den schlaflosen Nächten und den ersten Vernehmungen, dem Trommelfeuer von Fragen, den Vorhaltungen des kettenrauchenden Vernehmers, den Sorgen um Monika und Christian, konnte ich dem Beamten kaum folgen, der hinter einer Glasscheibe an einem Schreibtisch saß, neben sich eine Schriftführerin, und die Anklageschrift verlas. Doch ich hörte zu meinem Entsetzen, dass er nicht nur den erwarteten Paragraphen 213 nannte, die »Republikflucht«, sondern uns dabei unter die schweren Fälle zählte.

> § 213. Ungesetzlicher Grenzübertritt.
> (1) Wer widerrechtlich in das Gebiet der Deutschen Demokratischen Republik eindringt oder sich darin widerrechtlich aufhält, die gesetzlichen Bestimmungen oder auferlegte Beschränkungen über Ein- und Ausreise, Reisewege und Fristen oder den Aufenthalt nicht einhält oder wer durch falsche Angaben für sich oder einen anderen eine Genehmigung zum Betreten oder Verlassen der Deutschen Demokratischen Republik erschleicht oder ohne staatliche Genehmigung das Gebiet der Deutschen Demokratischen Republik verläßt oder in dieses nicht zurückkehrt, wird mit Freiheitsstrafe bis zu zwei Jahren oder mit Verurteilung auf Bewährung, Geldstrafe oder öffentlichem Tadel bestraft.
> (2) In schweren Fällen wird der Täter mit Freiheitsstrafe von einem Jahr bis zu fünf Jahren bestraft. Ein schwerer Fall liegt insbesondere vor, wenn
> 1. die Tat durch Beschädigung von Grenzsicherungsanlagen oder Mitführen dazu geeigneter Werkzeuge oder Geräte oder Mitführen von Waffen

> oder durch die Anwendung gefährlicher Mittel oder Methoden durchgeführt wird;
> 2. die Tat durch Mißbrauch oder Fälschung von Ausweisen oder Grenzübertrittsdokumenten, durch Anwendung falscher derartiger Dokumente oder unter Ausnutzung eines Verstecks erfolgt;
> 3. die Tat von einer Gruppe begangen wird;
> 4. der Täter mehrfach die Tat begangen oder im Grenzgebiet versucht hat oder wegen ungesetzlichen Grenzübertritts bereits bestraft ist.
> (3) Vorbereitung und Versuch sind strafbar.

Darüber hinaus zitierte der Haftrichter §100 des Strafgesetzbuchs der DDR, dessen zugehörige Straftat er als »landesverräterische Agententätigkeit« beschrieb:

> § 100. Staatsfeindliche Verbindungen.
> (1) Wer zu Organisationen, Einrichtungen, Gruppen oder Personen wegen ihrer gegen die Deutsche Demokratische Republik oder andere friedliebende Völker gerichteten Tätigkeit Verbindung aufnimmt, wird mit Freiheitsstrafe von einem Jahr bis zu fünf Jahren bestraft.
> (2) Der Versuch ist strafbar.

Während der »Ermittlungen« der Staatssicherheit war kein Anwalt zugelassen. In der Strafprozessordnung der DDR, §64, Abs. (3) hieß es zwar: »Der Verteidiger kann mit dem in Untersuchungshaft befindlichen Beschuldigten und Angeklagten sprechen und mit ihm korrespondieren«, doch schon im nächsten Satz wird eingeschränkt: »Im Ermittlungsverfahren kann der Staatsanwalt hierfür Bedingungen festsetzen, damit der Zweck der Untersuchung nicht gefährdet wird.« In der MfS-U-Haft hießen die Bedingungen generell: keine Besprechung zum eigentlichen Fall! Der Vernehmer sollte mein einziger Ansprechpartner sein. Und das galt im wörtlichen Sinne: In der Isolationshaft sah ich Tag und Nacht niemanden als ihn und den jeweiligen »Läufer«, der nur »Mitkommen!« sagte und mich dann stumm durch menschenleere Flure führte. Meistens war es totenstill, nur manchmal stöhnte ein älterer Schließer – oder war es das Stöhnen eines anderen Häftlings? Wenn das Essen gebracht wurde, hörte man die Geräusche des Küchenwagens und der Klappen an den Türen, die näher kamen, bis auch die Klappe an meiner Tür geöffnet wurde, der Wärter die Schüssel hindurchschob und sie wieder schloss.

Als die Vernehmung nach dem Haftrichter-Termin fortgesetzt wurde, fragte ich nach meiner Anklage:

»Warum ist das ein schwerer Fall? Und was heißt ›landesverräterische Agententätigkeit‹?«

Ein schwerer Fall von Republikflucht liege vor, wenn – Absatz 2, Satz 3 – der ungesetzliche Grenzübertritt in einer Gruppe begangen werde, bekam ich zur Auskunft. Und das sei ja auch der Fall gewesen.

»Wir waren keine Gruppe, sondern eine Familie. Eine kleine Familie.«

»Und zwei Angehörige der US-Armee. Im Sinne des Gesetzes ist das allemal eine Gruppe.«

»Und der andere Paragraph?«

§100 sei erfüllt, weil ich Kontakte zu staatsfeindlichen Organisationen aufgenommen hätte, darum »landesverräterische Agententätigkeit«.

»Macht das etwas aus, was die Strafe angeht?«

»Bis zu zehn Jahre. Nach §63 des Strafgesetzbuches der DDR kann bei mehrfacher Gesetzesverletzung auch die mehrfache Strafe ausgesprochen werden.«

Zehn Jahre! Das war mehr, als ich mir selbst im schlimmsten Fall vorgestellt hatte. Vorstellen konnte. Viel mehr. War ernst zu nehmen, was dieser Stasi-Mann sagte, oder sollte ich nur eingeschüchtert werden?

Ich fragte auch: »Sie wissen ja, dass wir mit Amerikanern geflüchtet sind. Ist das noch einmal strafverschärfend? Angehörige einer feindlichen NATO-Armee?«

Der Vernehmer lächelte: »Ach, wissen Sie, da hätten Sie auch mit den Chinesen abhauen können. Das ist das Gleiche.«

Während wir verhört wurden, durchsuchte und ordnete man unsere Sachen, tippte mein »Körperdurchsuchungsprotokoll« und eine »Effektenaufstellung«, in denen alles aufgelistet wurde, was ich am Körper trug und sich in der Reisetasche und im »Fluchtfahrzeug« befand, das inzwischen durchsucht worden war. Ich musste unterzeichnen. Monika schrieb eine Erklärung, wonach Hans-Jürgen sich um unsere Wohnung kümmern sollte. Auch diese wurde mir zur Unterschrift vorgelegt.

Sachlich, vielleicht gar ein wenig mitleidig, verhielt sich der Kettenraucher, wenn es um die für mich wichtigste Frage ging: »Wo ist unser Junge?«

»Machen Sie sich darüber keine Gedanken«, sagte er zuerst, »dem geht es gut, die entsprechenden Stellen kümmern sich um ihn.«

»Was soll das heißen?«

»Er ist in ein Kinderheim gebracht worden.«

Ich mochte mir nicht vorstellen, in welchem Zustand er jetzt war. Ob er sich beruhigt hatte? War er irgendwann aus Erschöpfung eingeschlafen? Verstand er, was passierte? Würden die Geschichten helfen, die ich ihm im auf unseren Spaziergängen erzählt hatte? Dass Eltern schon einmal fortgehen müssten, sie aber immer wiederkämen?

»Wo ist das Kinderheim?«

»Darüber kann ich ihnen keine Auskunft geben.«

»Muss er dort bleiben?«

»Zu wem kann er sonst gebracht werden?«

»Zu meinen Eltern.«

»Gut, ich kümmere mich darum.«

Vor allem in den ersten Tagen der Untersuchungshaft, als die Verunsicherung am größten war, fiel es schwer, sich dem Einfluss des Vernehmers zu entziehen. Wie er mich aufschrecken konnte, so konnte er mich auch beruhigen. Ich versuchte, mir von beidem möglichst wenig anmerken zu lassen.

Schlimmer als die eigentliche Vernehmung war trotz allem der Abend, den ich allein in der Zelle verbringen musste. Was war richtig von dem, was der schwarzhaarige Kettenraucher sagte, was war falsch? Würde er sich um Christian »kümmern«? Wie erging es Monika? Ich konnte niemanden um Rat bitten, nichts nachlesen, weder den Gesetzestext noch den Haftbefehl. Ich konnte lediglich auf und ab gehen in dem winzigen Raum, während meine Gedanken kreisten. In der Schüssel, die zum Abendessen hereingereicht wurde, lagen Margarinebrote. Doch das Essen interessierte mich nicht.

Es ist schwer, den Schock in Worte zu fassen, den der Entzug der Freiheit mit sich bringt. Jürgen Fuchs schrieb: »Woher kommt dieser

Schock? Es ist etwas eingetreten, womit zu rechnen war. Aber womit habe ich denn gerechnet? Ich habe von ›der Möglichkeit einer Verhaftung‹ gesprochen. Aber das waren Worte. Ich habe doch gar nicht gewusst, was es heißt, verhaftet zu werden. Ich habe Worte verwendet, deren Bedeutung, deren Erlebnisinhalt ich nicht kannte. Ich habe nicht gewusst, wovon ich sprach.«[41]

In der MfS-Sprache hieß die Zelle »Verwahrraum«. Hier galt eine »Verwahrraumordnung«, nach der man auf vorgeschriebene Art zu schlafen hatte – auf dem Rücken, Hände auf der Bettdecke –, was durch den Türspion kontrolliert wurde. Bis in den Abend blieb das Neonlicht an der Decke angeschaltet, dann klingelte es, ich musste mich auf die Pritsche legen, das Licht ging aus. Weil ich keine Uhr mehr hatte, konnte ich nur schätzen, wie spät es in etwa war. Schlafen konnte ich nur wenig. Die grelle Birne über der Tür wurde regelmäßig vom grau-uniformierten Wachpersonal angeschaltet, das über die Flure lief und uns Häftlinge auch in der Nacht überwachte. Wenn ich vorschriftsmäßig auf dem Rücken lag, mit den Händen auf der Bettdecke, geschah nichts weiter. Lag ich auf der Seite oder irgendwie in die Decke gewickelt, knallte der Wärter an die Tür und brüllte.

»Mitkommen!« Am nächsten Tag, dem 27. April, brachte der Läufer mich zu einem anderen Vernehmer, der sich genauso wenig vorstellte wie der erste. Abgesehen davon machte er auf mich jedoch einen anderen, eher manierlichen Eindruck. Es war ein schlanker Typ, kaum älter als ich, mit markantem Kinn, an dessen Aussprache sich erkennen ließ, dass er aus meiner Heimat stammte, bestimmt nicht weit von Chemnitz entfernt. Ein Landsmann also. Unter anderen Umständen hätte mir dieser Oberleutnant vielleicht sympathisch sein können. Ein völlig anderer Charakter als der Kettenraucher, der mich vorher drangsaliert hatte.

Als wir uns beide gesetzt hatten, er hinter seinem Schreibtisch, ich an meinem kleinen Tischchen, stellte er das Mikrofon an, ließ das Tonband laufen und begann, seine Fragen zu stellen. Zwischendurch nahm er den Hörer vom Telefon und orderte Kaffee. Auch für mich.

Nach einigen Tagen wusste er, dass ich gerne Mineralwasser zum Kaffee trank.

»Wie immer?«, fragte er dann.

»Wie immer.«

Kurz darauf öffnete sich die Tür nach innen, der Vernehmer stand auf und nahm das Tablett entgegen, auf dem für mich eine Flasche Selterswasser stand, ein Glas, eine Tasse und ein Kännchen Bohnenkaffee. Übrigens konnte ich mir auch Bohnenkaffee auf die Zelle bestellen, um zehn Uhr morgens und nachmittags um vier, falls ich nicht beim Verhör saß. Er wurde durch die Essensklappe gereicht (und von einem Konto bezahlt, das man in der Untersuchungshaft für diese und ähnliche Zwecke eröffnen durfte). Dieser Kaffee-Service bildete einen merkwürdigen Kontrast zur sonstigen Strenge der Verhaltensvorschriften, aber natürlich genoss ich das Getränk und hätte ihn vermisst, wenn er ausgeblieben wäre.

Der Oberleutnant steckte sich ständig eine Zigarette an, doch erst nach vier oder fünf Tagen fragte er mich, ob ich rauche. Als ich bejahte, entschuldigte er sich beinahe: »Ach, und ich habe Ihnen bisher ja gar nichts angeboten!«

Ich war nicht nikotinsüchtig, unter der permanenten Anspannung hatte ich kaum an Zigaretten gedacht. Doch von nun an konnte ich so viel rauchen, wie ich wollte.

Die Großzügigkeit war demonstrativ: einstudiert und beabsichtigt. Die halb gespielte Freundlichkeit das Mittel der Wahl, um mein Vertrauen zu gewinnen und möglichst reibungslos an die gewünschten Informationen zu kommen. »Wir sind doch zivilisierte Menschen«, sollte das bedeuten. »Lassen Sie uns offen reden.«

Dass die Verhör-Psychologie leicht durchschaubar war, änderte nichts an ihrer Wirksamkeit. Die Räumlichkeiten, das Guckloch, die Position von Bett und Toilette, die absurde »Verwahrraumordnung«, der ganze Tagesablauf im Untersuchungsgefängnis sollten uns Häftlingen die Allmacht des Staates vor Augen führen, dem wir ausgeliefert waren,[42] und uns im Umkehrschluss klein und bedürftig machen, so dass wir dem Werben respektive den Drohungen des Vernehmers nicht lange standhielten. »Vergünstigungen« wie das Kännchen Kaffee konnten jederzeit gestrichen werden.

In den langen Stunden, die ich allein auf der Zelle verbrachte, gelang es mir kaum, einen klaren Gedanken fassen. Ich dachte an Monika, deren verzweifelte Schreie ich noch im Ohr hatte, ebenso wie Christians, der vielleicht in irgendein Heim gebracht worden war, für unbestimmte Zeit von uns getrennt, ich dachte an meine Eltern und Schwiegereltern?

Die Tür schloss sich hinter mir, die ich nicht selbst öffnen konnte, das Licht ging aus, das ich nicht selbst anstellen konnte, und ich wusste keinen Augenblick, wie es weitergehen würde. Ich konnte jederzeit (auf einen Knopfdruck hin) von einem der stummen Läufer aus der Zelle geholt werden oder tagelang, wochenlang warten. Doch wie lange die Stunden auch waren, die ich zum Nachdenken hatte: Ich kam zu keinem Schluss. Ohne Stift und Papier konnte ich nichts zu Ende denken. Über die heilsame Funktion des Schreibens wusste man auf der Stasi-Hochschule gut Bescheid. Briefe und Stellungnahmen durften nur unter Aufsicht geschrieben werden. Das Einzige, was ich bekam, war ein Schachspiel, willkürlich ausgesuchte Bücher aus der Gefängnisbücherei (als weitere »Vergünstigung« erlaubte mir der Vernehmer, zwei Bücher gleichzeitig auszuleihen) und jeden Tag die neueste Ausgabe des »Neuen Deutschland« – auf dass ich mich bekehren mochte? Ich las sie und musste sie wieder abgeben, damit sie mir nicht als Schreibpapier dienen konnte.

Im Vergleich zu politisch agierenden Dissidenten wie dem Schriftsteller Jürgen Fuchs war meine Vernehmungs-Lage weniger schwierig. Weder musste ich vermeiden, mich politisch unglaubwürdig zu machen, indem ich irgendwelche Widerrufe oder Unterlassungserklärungen unterschrieb, noch musste ich Gesinnungsgenossen schützen, deren Anzahl weit über die Größe einer Familie oder eines Freundeskreises hinausging. Solche Idealisten, die den wahren Sozialismus retten wollten, saßen zwischen allen Stühlen – denn für sie war die Entlassung in den Westen keine Befreiung, sondern nur eine weitere Strafe. Ich dagegen sah meine politische Heimat in der Bundesrepublik und meine Berufung keineswegs darin, den SED-Staat zu ändern. Für eine mehr als unwahrscheinliche Verbesserung im Osten hätte ich meine Ausbildung und mein privates Leben nicht aufs Spiel gesetzt. So sahen es eigentlich alle in meinem Freundeskreis. Wir hatten den Prager Frühling noch gut in Erinnerung. Unter der Vorherrschaft der UdSSR würden sich keine wirklichen Reformen durchsetzen lassen. Davon waren wir überzeugt.

Die Staatsform, in der wir groß geworden sind, mochte (von der Dauerbespitzelung einmal abgesehen) für viele Deutsche sogar attraktiv sein – es gab durchaus auch Gewinner des Systems: Erstens die wenigen überzeugten Sozialisten und die Nomenklatura; zweitens viele einfache Leute, die sich nicht um ihre Arbeitsstelle sorgen mussten und statt vom Reisen zu träumen mit ihrem Schrebergarten zufrieden waren; und drittens diejenigen, die durch ihren Beruf an privilegierter Stelle saßen, vor allem private Handwerker und Dienstleister. Sie alle sollten ihren »realen Sozialismus« von mir aus gerne behalten. Nur wollte ich nicht mehr in ihm leben. Darum ging es in erster Linie – und so wollte ich es meinem Vernehmer gegenüber vertreten. Meine Einstellung war: »Ihr könnt machen, was ihr wollt, nur dürft ihr Euch für Eure Ideen nicht diese ganzen Menschen ausborgen!«

Grundsätzliche Systemkritik hätte mir wenig genutzt. Zwischen mir als »Republikflüchtigem« und meinem Vernehmer, der der Inbegriff all dessen war, womit ich nichts mehr zu tun haben wollte, war keine echte politische Auseinandersetzung möglich. Was sollte es bringen, ihm die Verbrechen des Politbüros oder der Staatssicherheit vorzuhalten, für die er offenbar arbeiten wollte? So gut es ging, beschränkte ich mich darum auf meine eigenen Angelegenheiten, bemühte mich, sachlich zu bleiben und vermied es, dem Klischee eines »Staatsfeinds« zu entsprechen. Wie die Wenigen im ZK sich anmaßen konnten, über das Leben von uns allen zu bestimmen, das fragte ich schon. Doch statt vom Unrecht einer Diktatur, die ihre Bevölkerung in Geiselhaft hielt, sprach ich meistens von Selbstbestimmung, von der Versorgungslage und den Schwierigkeiten, die uns der Kolkwitzer Bürgermeister bereitet hatte.

Unter dieser Voraussetzung musste ich mich vor allem entscheiden, was ich von der Vorgeschichte unserer Flucht preisgeben und was ich für mich behalten wollte. Der Druck, schlichtweg alles zu erzählen, war groß. Der ganze Manipulations-Apparat von Hohenschönhausen diente dazu, diesen Druck aufzubauen. Außerdem musste ich bedenken, dass Monika parallel zu mir vernommen wurde. Wir hatten uns abgesprochen, dass wir Jonschers aus dem Spiel lassen wollten, um sie nicht als »Mitwisser« zu gefährden. Ansonsten wollten wir bei der Wahrheit bleiben, von der Fluchthelfer-Organisation wussten wir ohnehin nichts. Wenn sich Widersprüche zwischen unseren Aussagen ergäben, konnte man damit rechnen, dass die Stasi-Leute uns die Daumenschrauben anlegen würden. Im Hinblick auf Monika wollte ich das auf jeden Fall vermeiden. Ich durfte also nur dort von der Wahrheit abweichen, wo ich Monika entlasten konnte oder bei Einzelheiten, die von uns beiden nur mir bekannt waren. Hier konnte ich frei entscheiden, was ich eingestehen wollte und was nicht. Die Wahrheit – das gehört zum kleinen Einmaleins des geschulten Vernehmers – erleichtert den Häftling. Sie zu verbergen kostet Kraft, die ihm anderswo fehlt. Je größer seine Sorgen und Ängste sind, desto stärker wird sein Bedürfnis, sie offenzulegen. Darum fragte mein sächsischer Vernehmer mich regelmäßig: »Haben Sie sonst noch etwas zu erzählen?«

Während ich nachts wach lag oder tagsüber meine fünf Meter abschritt, dachte ich vor allem darüber nach, was ich zum ersten Fluchtversuch sagen wollte, und dass ich in jedem Fall vermeiden sollte, die Frage aufzubringen, ob ich wegen meines Reserve-Dienstes irgendwo als »Geheimnisträger« geführt wurde. In dieser Frage konnte ich nichts gewinnen, nur verlieren. Und recht bald, schon vor der ersten Vernehmung, hatte ich entschieden, den ersten Fluchtversuch ebenfalls zuzugeben. Wenn sie die Fahrten der Amerikaner seit dem letzten Jahr noch einmal durchgehen und in den Akten irgendwie auf unser Auto stoßen würden, dann würden sie zuerst Monika die Folterinstrumente zeigen, dachte ich. Lag ich richtig mit dieser Entscheidung? Ich weiß es nicht.

Nach den Akten soll ich in den ersten Tagen der Haft, vom 26. bis zum 30. April, und nach dem Wochenende wieder, vom 3. bis 5. Mai, täglich vernommen worden sein, danach nur noch sporadisch bis zum »Schlussbericht« am 24. Juni. In meiner Erinnerung riss die Reihe der Verhöre jedoch nicht so bald ab, es waren wesentlich mehr. Einige Treffen und Vernehmungen wurden offenbar nicht verzeichnet oder die entsprechenden Einträge gingen in den Akten verloren.

Was wollte man von mir erfahren? Formal ging es um die Unterfütterung der Anklage (in den Unterlagen ist der »Untersuchungsplan« entsprechend nach den §§ 213 und 100 unterteilt). Auch wenn der Straftatbestand der »Republikflucht« keine rechtsstaatliche Legitimität besaß und die Interpretation unserer Versuche, sicher das Land zu verlassen, als Aufnahme »staatsfeindlicher Verbindungen« an den Haaren herbeigezogen war, bemühte sich der manierliche Stasi-Mann, die Protokolle so zu formulieren, dass sie in das Schema passten, mit dem die Staatsgewalt die vage formulierten Gesetze auslegte und nutzte. Vermutlich half es ihm und den meisten Bütteln der Stasi-Heerscharen, ihren Schreibtischtaten den Anschein der Korrektheit zu geben.

Politisch war es für das MfS dringlich, so schnell wie möglich herauszufinden, ob es Mitwisser und potentielle Flucht-Nachfolger gab. Später wollten sie Genaueres über die Vorgehensweise der Fluchthilfe-Organisation herausfinden. Was seinen Weg in die Akten gefunden hat, sind so vor allem die minutiösen Rekonstruktionen des Fluchthergangs, die beiden Zielen dienten, dem Schein der Regelmäßigkeit wie der Ermittlung »sachdienlicher Hinweise«. Daneben ging es immer wieder um meine Flucht-Motive, meine Einstellung gegenüber der DDR-Gesellschaft und um andere mögliche Beteiligte, Mitwisser, Fluchtkandidaten.

Am ersten Tag musste ich eine Liste meiner Familie, Freunde und Bekannten aufstellen. Diejenigen, mit denen ich zum Zeitpunkt unserer Verhaftung eher selten zu tun hatte, ließ ich beiseite, darunter auch einige alte Freunde vom Dong-Club.

Was mich und die Fluchthelfer vor allem schützte, war meine vorsätzliche Unwissenheit. Der Kopf des Ganzen und Christian hatten sorgfältig darauf geachtet, mir nicht mehr Informationen zu geben, als zur Flucht unbedingt nötig waren. Ich wusste nicht mehr als das, was Christian mir erzählt und was ich selbst gesehen hatte – und das ließ keine weiteren Rückschlüsse auf die Organisation zu. Meine Beschreibung vom Ablauf der Aktion bestätigte nur, was das MfS bereits wusste.

Weil im Stasi-Jargon stets von einer »kriminellen Menschenhändlerbande« die Rede war, bemühte ich mich, umgekehrt die Seriosität der Organisation zu betonen. Natürlich war niemand darauf erpicht, des Geldes wegen von irgendwelchen Profiteuren betrogen zu werden, auch hier musste ich nichts vorspielen.

Wenn ich nach unserem Sohn fragte, hieß es, es ginge ihm gut. Bei jeder Sitzung erkundigte ich mich auch nach Monika: »Lasst meine Frau nach Hause gehen«, sagte ich. »Das ist alles auf meinem Mist gewachsen. Sie hatte gar nichts damit zu tun!«

Am dritten Tag durfte ich im Vernehmungszimmer einen Brief an Hans-Jürgen schreiben. Zuerst entschuldigte ich mich. Wir hatten uns in den Monaten zuvor nicht allzu nahe gestanden, er war nicht eingeweiht worden, und jetzt hatte er mehr als bloße Unannehmlichkeiten. Sicherlich würde das MfS ihn bald näher unter die Lupe nehmen, falls es nicht bereits dabei war. Ich bat Hans-Jürgen darum, dafür zu sorgen, dass Christian möglichst schnell zu seinen Großeltern nach Mittweida komme. Dafür müsse er sich mit dem Staatsanwalt in Verbindung setzen. Außerdem solle er sich, hier formulierte ich sehr eindringlich, möglichst gut um unsere Eltern kümmern, sie beruhigen. »Tue bitte Dein Bestes, dass Mutti und Vati gesund bleiben«, schrieb ich, und hatte dabei ein gehörig schlechtes Gewissen.

Am sechsten Tag der Vernehmung, dem 30. April, verbrachte ich, wenn man den Akten glauben mag, dreieinhalb Stunden bei meinem neugierigen Landsmann. Zuvor waren stets mehr vermerkt worden, einmal sogar mehr als acht Stunden. Der halbwegs sympathische Stasi-Mann hörte nicht auf, mich nach dem Fluchthelfer zu fragen, den ich als »seriösen Herren« beschrieben hatte, von dem ich jedoch überhaupt nichts wusste. Doch auch Monika wusste nichts, hatte ich überlegt, wir konnten uns also nicht widersprechen. Darum gab ich schließlich eine Beschreibung ab, die wie alles, was dem »Untersuchungsführer« aktentauglich schien, sorgfältig notiert wurde: Der Westberliner Fluchthelfer sei ein Überzeugungstäter, kein Glücksritter (welche Motivation in den Augen der Stasi verwerflicher war, war schwer zu sagen), er sei Ingenieur und darum nicht auf das Geld angewiesen, das die Fluchthilfe womöglich erziele, ein verantwortungsvoller Familienvater zwischen 35 und 45 Jahren. Im Grunde gestaltete ich nur ein Fantasiebild von Seriosität aus, wie es sich mit dem gewagten Unternehmen gerade noch vereinbaren ließ. Außerdem sei er vor kurzem in den USA gewesen und unterhalte – wiederum selbstverständlich – gute Beziehungen zu US-Soldaten in Berlin. Das sei aber wirklich alles, was ich wisse.

Die Aussage klang wohl glaubwürdig, sie schien meinen Vernehmer zu befriedigen – ohne dass sie dem MfS dabei helfen konnte, den Mann (war es überhaupt *ein* Mann, waren es mehrere, Männer und Frauen?) zu finden. Der Stasi-Mann legte mir einen nagelneuen *Falk*-Stadtplan von West-Berlin vor. Ich solle eingrenzen, wo unser »Fluchtorganisator« unter Umständen wohne und wo Cousin Christian sich im Zusammenhang unserer Treffen bewegt habe. Einen solchen Plan hatte ich noch nie in Händen gehalten, entsprechend interessiert und bedächtig sah ich ihn mir an, identifizierte den S-Bahnhof Friedrichstraße und das angrenzende Stadtgebiet, bis ich ihn schulterzuckend zurückgab.

Um halb vier endete die »Sitzung«. Der Vernehmer hätte wortlos auf den Knopf drücken und mich abführen lassen können. Stattdessen verabschiedete er sich manierlich ins Wochenende, bevor er den Läufer rief.

»Wir sehen uns dann erst am Montag wieder.«

Zwei Tage Verhörpause. Er wusste, dass mir die Abwechslung fehlen, die Tage sich für mich sehr lange anfühlen würden. Außerdem arbeitete ich mental auf ein schnelles Urteil hin. Erst nach dem Urteil würden wir auf die Freikauf-Liste gesetzt werden können, das wusste ich schon.

»Ja, ein schönes Wochenende«, gab ich zurück. »Hoffentlich denken Sie mal an mich. Ich hatte eine Station mit 30 Betten, viele Patienten litten an Krebs, auch junge Leute. Wenn ich freitags nach Hause fuhr, gingen mir diese Krebspatienten nicht aus dem Kopf.«

»Verstehe.«

»Und wie geht es Ihnen?«, fragte ich, um den Spieß einmal umzudrehen. »Jetzt fahren Sie nach Hause. Haben Sie eine Tochter? Haben Sie einen Sohn? Wir sind doch ungefähr im gleichen Alter. Haben Sie ein ruhiges Gewissen, wo Sie doch wissen, dass wir hier unschuldig im Gefängnis sitzen?«

Das hat er sich gefallen lassen. Was ich sagte, ließ ihn nicht ganz kalt. Auch wenn ich mich alles andere als stark fühlte, gelang es mir, beim Verhör mit einer gewissen Bestimmtheit aufzutreten. Weil er nicht ganz unsympathisch wirkte, fand ich es nicht aussichtslos, an sein Gewissen zu appellieren. Vielleicht würde sich das später sogar im Urteil bemerkbar machen.

Anderntags beschuldigte mich der Vernehmer, meine Familie mutwillig in Gefahr gebracht zu haben. Als wäre mein Gewissen nicht schon beschwert genug gewesen. Ich hätte Christian betäubt, ihn beinahe vergiftet. Unsinn – aus der Klinik wusste ich genug über die Wirkung von Lepinaletten, um das einschätzen zu können. Außerdem hätte ich uns in Gefahr gebracht, weil wir in den Kofferraum gestiegen seien.

»Was dachten Sie sich dabei? Stellen Sie sich vor, es hätte einen Auffahrunfall gegeben?«

»Das machen Sie mir zum Vorwurf? In diesem Kofferraum war ich doch sicherer als in Ihrer Minna!«

»Sind Sie schon wieder unverschämt?«

»Als ich in diesem Transportwagen saß, mit Handschellen, habe ich gehört, wie nah die Straßenbahn vorbeifuhr. Das sind doch bloß dünne Sprelacart-Wände, die halten keinen Zusammenstoß aus. Und mit Handschellen könnte ich mich bei einem Unfall noch nicht einmal befreien.«

Bei dem herrschsüchtigen Kettenraucher hätte ich mich wohl anders ausgedrückt, oder es wäre zu handfesten Auseinandersetzungen gekommen. Doch meinem Landsmann konnte ich auf diese Weise Paroli bieten. Psychologisch ganz unbedarft war auch ich nicht. Solche Geplänkel fanden übrigens keinen Eingang in die Akten, ebenso wenig wie alles, was der Vernehmer für unwichtig hielt oder was auf Schwierigkeiten seiner Behörde verwiesen hätte, auf Unstimmigkeiten zwischen den Vernehmern oder Korrekturen durch Vorgesetzte. Hinweise auf solche Vorgänge kann ich jedenfalls nicht erkennen.

Professor Pape wusste früh Bescheid, in der Klinik noch vor Hans-Jürgen. Das MfS forderte von ihm eine Beurteilung an, die nicht mehr als die zu erwartenden politischen Bausteine enthielt, und die er bereits am 30. April unterschrieb. Dass ich »als politischer Leiter des Kollektivs nicht aktiv in Erscheinung« getreten sei und »selten zu aktuellen Tagesfragen« Stellung genommen habe, wird meinen Vernehmer nicht gewundert haben. Papes Gutachten zu der »Einlegemappe mit div. Blatt A4, beschrieben med. Charakter« – so der Akteneintrag –, die ich in unserer kleinen Reisetasche mitgenommen hatte, zeugt von seinem diplomatischen Geschick im Umgang mit der Überwachungsbehörde: Er spielte die Bedeutung der Doktorarbeit herunter, denn bei den »div. Blatt A4« handelte sich um die Erstfassung der Arbeit, zusammen mit seinen Anmerkungen. Wenn er geschrieben hätte, dass ich Daten aus der Klinik, Erkenntnisse aus der Untersuchung von »sozialistischem Patientengut« schmuggeln wollte, im Zusammenhang mit einer beinahe fertiggestellten wissenschaftlichen Arbeit, hätte mir das mit Sicherheit einen weiteren Anklagepunkt eingebracht, »Agententätigkeit« oder »Geheimnisverrat«. Stattdessen ist in den Stasi-Akten zu lesen:

»Das Krankengut stammt ausschließlich aus unserer Cottbusser Klinik, so dass auch die hier gewonnenen Ergebnisse nicht anderweitig veröffentlicht werden dürfen. In der vorliegenden Form ist das Manuskript als Dissertationsschrift völlig ungeeignet. Dipl.-Med. May wurde von mir über die Notwendigkeit einer Neufassung unterrichtet.«

Nach Papes Gutachten sollte ich also gewusst haben, dass ich mit den Papieren nichts anfangen konnte. Demnach hatte ich nicht vorgehabt, »Staatsgeheimnisse« zu verraten. In den Verhören und der Verhandlung spielte meine Doktorarbeit folgerichtig keine Rolle mehr – was mich wunderte, weil ich selbst natürlich nichts von Papes günstigem Gutachten erfuhr.

Die Vorstellung, dass ich wegen meiner medizinischen Erkenntnisse als »Geheimnisträger« eingestuft werden könnte, verfolgte mich ebenso wie die Drohung des NVA-Ausbilders, dass Reserve-Offiziere pauschal als solche angesehen und damit prinzipiell nicht in den Westen entlassen würden. Alles das, befürchtete ich, könnte in den Akten stehen, ohne dass es der Vernehmer für nötig befand, mich darüber zu informieren. Der Stasi ging es doch vor allem um unseren Fluchthelfer und mögliche »Mitwisser«.

Später beruhigte es mich ein wenig, dass der Entwurf (»div. Blatt A4«) zu den Effekten gegeben wurde, so dass ich sie meinem Bruder bei einem seiner Besuche in Rummelsburg übergeben konnte.

Ein Zellennachbar

Nach der ersten Woche – vielleicht war ich aus Sicht meines Vernehmers kooperativ gewesen, oder es wurden ganz einfach Einzelzellen gebraucht – lernte ich meinen ersten Mithäftling kennen.

»Ihre Einzelhaft ist beendet«, hieß es.

Wie man zu zweit oder zu mehreren in einer Zelle lebte, konnte ich mir nicht denken. Es kam wohl vor allem darauf an, mit wem man es zu tun hatte. Vorfreude spürte ich jedenfalls nicht, eher Aufregung und eine gewisse Bangigkeit. Von der Einzelhaftzelle im EG aus, links auf dem langen Gang, wurde ich ein Stockwerk nach oben geführt – Bündel und Bettzeug unterm Arm. Im »Verwahrraum«, der jetzt geöffnet wurde, stand mein zukünftiger Zellennachbar. So wie er mich ansah, hätte es auch ein Schwerkrimineller sein können. Die Tür flog zu. Die Zelle war nicht größer als meine. Darin standen zwei Holzpritschen.

Berlinernd stellte er sich vor: »Ick bin Karl-Heinz!«

»Ich bin Dittmar.«

»Komm, roochnmer ersmal eene.«

Er bot mir eine von seinen Zigaretten an, und bald schlug die Angst, die er mir eingejagt hatte, in Sympathie um. Wir unterhielten uns, Zeit war genug – und schließlich war ich froh darüber, nicht mehr alleine auf der Zelle meine Situation zu bebrüten und zu grübeln, wie es wohl Monika und Christian gehen mochte.

Von nun an rief der Läufer »Zwei, Mitkommen!«, wenn ich ihm zum Vernehmerzimmer folgen sollte, denn ich lag von der Tür aus gesehen auf der rechten Pritsche. Karl-Heinz, der links lag, bekam die Nummer eins.

Die Begegnung mit Karl-Heinz war die erste in meiner 21 Monate dauernden Lehrzeit zu einem Teil der DDR-Gesellschaft, der mir bis dahin verborgen geblieben war, eine Parade von Ausgestoßenen und Weggesperrten, die auf der Nachtseite des Arbeiter- und Bauernstaates lebten, dem es angeblich in erster Linie um soziale Wohlfahrt ging. Die wenigsten von ihnen waren Dissidenten und Idealisten, die meisten »Republikflüchtlinge«, »Asoziale«, mehr oder weniger normale Kriminelle – aber auch hartgesottene Widerständler lernte ich kennen, sogenannte »Hetzer« (nach §106 des DDR-Strafgesetzbuchs: »Staatsfeindliche Hetze«).

Wenn ich nicht schon vor unserem Fluchtversuch von der Unredlichkeit des Machtsystems der DDR überzeugt gewesen wäre, das seine Unzulänglichkeiten nur schlecht hinter ideologischen Floskeln versteckte: Im Gefängnis wurden mir täglich lebendige Beweise dafür geliefert.

Karl-Heinz B. war ein Ostberliner Elektriker, Inhaber eines Kleinbetriebs mit ungefähr zehn Angestellten und Hans Dampf in vielen Gassen, der für die katholische Kirche illegal Geld getauscht hatte. Das Erzbistum Berlin war geteilt wie die Stadt und finanziert von der Westberliner Kirchensteuer. Um sie möglichst effektiv einsetzen zu können, ließ Erzbischof Joachim Meisner sie von B. und einigen weiteren Helfern etwa eins zu sieben tauschen. Ein gewisser »Prälat H.« war mit dem Vorschlag an Karl-Heinz herangetreten und hatte ihm die Bargeld-Tranchen übergeben. In der Anklage ging es nicht um Kleinbeträge, sondern um mehr als eine Million D-Mark, die B. über Mittelsmänner in verschiedenen Städten »umgerubelt« hatte – bei dieser Summe war es eigentlich nur eine Frage der Zeit gewesen, bis man ihn erwischte. Derartige Wirtschaftsvergehen fielen eigentlich unter die Zuständigkeit des Zolls, doch wegen B.s besonderem Auftraggeber hatte das MfS den Fall an sich gezogen. So war er nach zwei, drei Tagen beim Zoll in die Untersuchungshaftanstalt Hohenschönhausen gekommen, dessen Bedeutung Karl-Heinz mir jetzt erst erklärte: »Du hast noch nichts von Hohenschönhausen gehört? Das Gefängnis hier wurde speziell für die Staatssicherheit gebaut. Das ist in keinem Stadtplan eingetragen.«

Unsere Zelle hätte natürlich verwanzt sein können. Trotzdem unterhielten wir uns recht offen, wenn abends das Licht ausging. Sich zu unterhalten war viel angenehmer, als den eigenen kreisenden Sorgen und Befürchtungen zuzuhören. Was ich gegenüber meinem Vernehmer zurückhielt, musste ich auch in der Zelle nicht breittreten.

Als Karl-Heinz von seinem ersten Verhör zurückkam, war er mehr als niedergeschlagen: »Zwölf Jahre, hat er gesagt, kann ich dafür kriegen. Und was die alles noch ausgegraben haben! Was die alles wissen!«

»Pass auf«, sagte ich, um ihn zu trösten, »wenn sie dich wegen des Geldes offiziell verurteilen wollen, dann müssen sie auch den Bischof verhaften!«

Er erzählte mir, was er über die Jahre alles gedreht hatte, und ich wunderte mich, dass es reiche Leute wie ihn im Osten geben konnte. Zum Beispiel hatte er sich in seinen Neubau gerade eine stattliche Eckbadewanne einbauen lassen. Von einem solchen Luxus-Produkt hatte ich noch nie gehört.

»Wo hast du die denn her?«

»Na, aus dem Westen.«

»Und wie bekommst du eine Eckbadewanne von West- nach Ostberlin?«

Es war faszinierend, ihm dabei zuzuhören, welche Winkelzüge er unternommen hatte, ohne sich über seine Dreistigkeit und die Gefahr recht klar gewesen zu sein, in der er schwebte. Mit einem roten S-Klasse-Mercedes war er durch Ost-Berlin gefahren – eine Provokation für die Genossen. Lange hatten sie ihn gewähren lassen, doch jetzt rechnete ihm der Vernehmer sogar die Mengen an Toilettenpapier und Konservendosen vor, die sich in seinem Vorrat befanden. Dafür gab es im Strafgesetzbuch der DDR den Paragraphen § 173: »Spekulative Warenhortung«.

Als er abends vom Verhör kam, warf er sich auf die Matratze und sagte: »Ich hab heute über vietnamesisches Klopapier referieren müssen.«

»Kam dir denn nie, wenn du im Osten mit deinem Mercedes herumgefahren bist, wirklich nie der Gedanke, dass das auffällt? Dass sie dich irgendwann dafür belangen würden?«

Karl-Heinz wurde von Rechtsanwalt Wolfgang Vogel vertreten, der auch in meiner Sache eingeschaltet worden war (ich wusste davon noch nichts, hoffte es bloß). Abermals erstaunt hörte ich, dass Vogel ihn bereits bei seiner Ehescheidung vertreten habe. Der Herr Elektromeister beschäftigte den berühmtesten Anwalt der DDR!

Und Vogel sollte ihm, nach einem Jahr Haft, tatsächlich zur Freiheit verhelfen. Das MfS scheute, wie ich zu Recht vermutet hatte, das Aufsehen, das ein Prozess in Sachen Katholiken-Geld hervorgerufen hätte. Monate später (wir schliefen längst nicht mehr in einer Zelle) holte man ihn ab, servierte ihm ein Steak zum Abschied, und Vogels Kollege Klaus Hartmann chauffierte ihn nach West-Berlin und setzte ihn in der Nähe des Kurfürstendamms ab. Zuvor allerdings war Karl-Heinz' Haus über Vogels Kanzlei an Jürgen Wetzenstein-Ollenschläger verkauft worden, den berüchtigten »Schakal«, dem als Direktor des Stadtbezirksgerichts Berlin-Lichtenberg[43] das Gefängnis unterstand, in dem Karl-Heinz zuletzt inhaftiert gewesen war. Es kam nicht zu einem Urteil, weshalb er im Westen auch nicht als politischer Häftling anerkannt wurde. Seine Frau und seine beiden Kinder ließ man einige Monate nach ihm ausreisen.

Er selbst flog, kaum war er in West-Berlin angekommen, nach Düsseldorf und besuchte Cousin Christian, um ihn über meine Situation zu informieren und seine Hilfe anzubieten.

»Haben Sie sonst noch etwas zu erzählen?«

Seit ich mit Karl-Heinz in einer Zelle lag, durfte ich auch zur sogenannten »Freistunde«, das heißt, wir wurden einmal am Tag auf einen hoch ummauerten kleinen Hof geführt, etwa so groß wie eine Garage, die nach oben mit einem Drahtgitter verschlossen war. Wachmänner patrouillierten über rasselnde Metall-Stege, die quer zu diesen »Freihöfen« über unseren Köpfen verliefen. Wir gingen hin und her.

Weil in den Zellen Haken und alles andere, was zum Strangulieren geeignet gewesen wäre, fehlten, verwendeten Karl-Heinz und ich die Zahncreme »Chlorodont« als erstaunlich effektiven Kleber: Verpackungsreste aus Pappe konnten damit so stabilisiert und an den glatten Fliesen befestigt werden, dass sie als Haken für Handtücher nutzbar waren. Sogar Becherhalter bastelten wir uns mit Chlorodont. Das wurde geduldet, denn zum Selbstmord waren sie doch nicht stabil genug.

Pausenlos überlegte ich, wen die Stasi draußen verhören ließ – sicherlich Hans-Jürgen und meine Eltern, Monikas Eltern und Geschwister, wen noch? Die Freunde aus dem Dong-Club? Reimus und Hardy waren schon einmal abgeführt und für mehrere Stunden festgehalten worden. Würde der Vernehmer – oder wer immer noch mit unserem Fall befasst war – Querverbindungen ziehen? Würden sie unseren Freundeskreis systematisch durchforsten, bis sie endlich »Mitwisser« gefunden hätten? Wir wussten ja, wie am Arbeitsplatz und in der Familie nachgeforscht wurde, sobald jemand versucht hatte, in den Westen zu kommen. Die Stasi-Leute hatten Zeit, sie konnten uns über Monate in Untersuchungs-Haft festhalten. Sie würden es so lange tun, wie sie glaubten, noch etwas Neues herausbekommen zu können.

Würden, im schlimmsten Fall, unsere Geschwister als »Mitwisser« verhaftet werden? Oder die Jonschers, falls unsere Päckchen gefunden werden würden? Die Fotos und Erinnerungsstücke könnten als Beweis dafür gelten, dass sie von unseren Plänen wussten. Wir hätten besser ganz auf die Rettung dieser Sachen verzichten sollen, dachte ich – jetzt war es zu spät.

Was würde geschehen, wenn sie die Spur zu Jojo ohne unsere Hilfe fänden? Würde der Vernehmer mir glauben, dass wir mit niemandem außer mit Christian über die Flucht gesprochen hatten – und was mir viel mehr Sorgen machte: Würde der Strenge mit dem welligen Haar Monika glauben? Er war mir gefährlicher vorgekommen, als die anderen beiden. Wie sehr würde sie der Stasi-Offizier drangsalieren? Kurz bevor wir in den Kofferraum stiegen, hatten wir bekräftigt, dass wir die Jonschers keinesfalls erwähnen würden. Doch die, sagte ich mir jetzt noch einmal, würden ohnehin verhört werden. Sie würden erzählen, was sie wussten. Oder würden sie sich doch absprechen und so tun, als hätten sie gar nichts mitbekommen? Alles hing von allem ab. Wie sollte ich entscheiden, was das Klügste wäre? Wie könnte ich Monika am besten schützen?

Seit mein Stasi-Landsmann erfahren hatte, dass ich rauchte, erhielt ich auch in meiner Zelle Zigaretten und Streichhölzer. Ich spielte eine Weile damit herum, bis mir einfiel, Kohlestriche auf der Rückseite der Streichholzschachtel zu ziehen, eine Art Tabelle, die mir beim Nachdenken helfen konnte. Was spricht für das eine oder andere, was spricht dagegen? So brachte ich etwas Ordnung in meine Gedanken. Ich versuchte, zu entscheiden, wo das kleinere Übel läge. Dazu musste ich einschätzen, wie hartnäckig die Vernehmer vorgehen würden. Ihr wichtigstes Ziel war es, die Fluchthelfer ausfindig zu machen. Wer von unserer Flucht wusste, könnte auch von unseren Kontakten wissen, und damit vielleicht etwas von der Fluchthilfe-Organisation. Nach unserer Vernehmung wäre ihr erster Schritt also, nach Mitwissern zu suchen. Hans-Jürgen würde wohl kaum etwas geschehen. Auch Monikas Geschwister würden wohl nicht eingesperrt, aber womöglich konnte man ihnen die Einreise ins Sperrgebiet verweigern. Dann blieben Monikas Eltern alleine, was für sich schon eine Katastrophe wäre. Wie hoch wäre der Preis für Jojo und Sabine? Wenn sie, im schlimmsten Fall, wegen Mitwisserschaft verhaftet würden, bekämen sie vielleicht ein Jahr und könnten in den Westen freigekauft werden, überlegte ich. Vielleicht wären sie auf diese Weise sogar noch vor uns drüben.

Und wie hoch wäre der Preis, wenn ich niemanden nennen würde, aber Monika es täte? Und wie hoch, wenn sie die Wahrheit ohne uns herausfinden würden? »Wir können auch anders«, drohte der Vernehmer, wenn ich zögerlich antwortete. Auf jeden Fall würden ihre Untersuchungen mehr Zeit kosten und wir säßen länger in dieser U-Haft.

Auf beiden Seiten der Streichholztabelle zog ich Striche, bis das Ergebnis kaum mehr zu erkennen war.

Christian war nach unserer Verhaftung in das Kinderheim Potsdam-Sacrow gebracht worden. Montagmorgen um 5 Uhr, so dokumentiert es ein Übergabe-Protokoll in den MfS-Unterlagen. Am 3. Mai schrieb ich für die Akten eine kurze Erklärung, wonach ich »davon Kenntnis erhalten« habe, dass Christian an Hans-Jürgen »übergeben« worden sei. Bei ihm sollte er bleiben, bis meine Eltern aus dem Ostsee-Urlaub zurückgekehrt seien. Während unseres Fluchtversuchs wohnten sie im Hotel »Baltic« in Greifswald. Zum ersten Mal, seit ich unseren Sohn am Grenzübergang hatte schreien hören, war ich ein wenig erleichtert, wenn ich an ihn dachte.

»Haben Sie sonst noch etwas zu erzählen?«, fragte der Vernehmer auch am nächsten Tag. Das war der 4. Mai – neun Tage nach unserer Verhaftung. Ich gab mir einen Ruck und erwähnte jetzt Roswitha, Manfred und seine Frau Gisela, die unser Vorhaben womöglich geahnt hätten – und auch die Jonschers. Ich erzählte, dass wir Jojo und Sabine schon vor dem ersten Fluchtversuch die Päckchen gebracht, und dass wir sie ihnen jetzt wieder ausgehändigt hätten. Nur das genaue Datum hätten sie nicht gekannt. Und sie hätten nichts gewusst von den näheren Umständen der Flucht. Jetzt, wo ich es aussprach, spürte ich einen regelrechten Drang, das loszuwerden, was mir tage- und nächtelang im Kopf herumgegangen war. Und für eine Weile auch Erleichterung, es endlich gesagt und damit, so meine Hoffnung, Monika vor weiteren Fragen ihres noch viel strengeren Vernehmers geschützt zu haben. Bis einige Stunden später, zurück in der Zelle, das Gedankenkarussell erneut zu kreisen anfing, und ich schon nicht mehr sicher war, das Richtige getan zu haben.

Am nächsten Tag wollte der Vernehmer mehr über die Jonschers erfahren, und über die Umstände, in denen Monikas Geschwister hätten erahnen können, was wir versuchten, vor ihnen zu verheimlichen.

Bis dahin hatte mich noch niemand besuchen dürfen und ich besaß keinerlei Vorstellung davon, wie und wann die Befragungen enden würden. Hatte ich jetzt nicht alles erzählt? Der Vernehmer legte mir Papier und einen Kugelschreiber auf den Tisch. Ich solle aufschreiben, warum ich den »illegalen Grenzübertritt« begangen habe, eine Niederschrift zu den »Motiven der mir zu Last gelegten Straftat« verfassen. Die Situation erinnerte mich auf merkwürdige Weise an die ungeliebten Marxismus-Leninismus-Klausuren, mit denen man uns im Studium genervt und von Wichtigerem abgehalten hatte. Trotzdem ermöglichte mir das Schreiben – auch unter Aufsicht und trotz der Aufregung –, meine Gedanken zu ordnen. Wenn ich es heute lese, bin ich erstaunt, wie klar ich unter diesen Umständen formulieren konnte: beinahe sechs Seiten ohne Streichungen oder Korrekturen. Dabei hielt ich meine Linie bei, nicht allgemein-systemkritisch zu argumentieren oder die Verbrechen des Regimes oder der Stasi herauszustellen. Stattdessen schwächte ich die Kritik etwas ab, indem ich mich auf Konkretes und Persönliches bezog. Ich bestand, vielleicht etwas naiv, auf der Unabhängigkeit meiner persönlichen Entscheidungen von der geforderten »kollektiven Haltung«, die mich seit der Schulzeit befremdete. Ich fragte, warum ich nicht reisen dürfe, wohin ich wolle und führte die Schikanen an, die mit unserer Wohnung zusammenhingen, die seltsamen Blüten der »Beziehungswirtschaft«. Ich schrieb: »So gern ich morgens zur Arbeit ging, so sehr ärgerte mich der Feierabend, der oft mit zeitraubenden Besorgungen verging.«[44]

Anstatt die immer weiter um sich greifende Stasi- und Partei-Kungelei zu erwähnen, bezog ich mich auf den »sozialistischen Wettbewerb« als ein Beispiel für die zentral vorgegebene Arbeitsorganisation, der sich eine »sozialistische Leiterpersönlichkeit« nur anpassen konnte. Ich schrieb: »Da mir immer bewußter wurde, daß ich in meinem Beruf, um voranzukommen, immer mehr mit den Problemen einer sozialistischen Leiterpersönlichkeit konfrontiert sein würde, sah ich diesbezüglich für mich keine Lösung.«

Eingeschlossen von all diesen Mauern, welche uns Untersuchungshäftlingen die Allmacht der Partei vor Augen führen sollten, fühlte es sich wie eine Befreiung an, das aufzuschreiben, und nicht, wie bei jenen notorischen ML-Klausuren, vorformulierte Sätze wiederzukäuen.

»Ich glaube, wenn ein Mensch, im gleichen Jahr wie die DDR geboren, sich nach 32 Jahren immer noch nicht eingewöhnt hat in die soziale Umwelt, ist es besser, ihm Gelegenheit zu geben, nach seinen Vorstellungen weiter zu leben.«

Das Gleichnis von der Birkenallee, das ich am Ende des ersten Teils angeführt habe, war mir erst in Hohenschönhausen eingefallen – während einer der schlaflosen Nächte, in denen ich nach Formulierungen suchte, um meinem Vernehmer zu antworten. Ich wollte ihm klarmachen, dass es mir nicht um die Verlockungen im vermeintlichen »goldenen Westen« ging, und nicht um den platten wirtschaftlichen Ehrgeiz, den er mir unterstellte. Seit jeher hatte mich die Doppelmoral gegenüber uns Ärzten gestört: Einerseits sollten wir uns als »Intelligenz« zur

»Arbeiterklasse« bekennen, bloß nicht denken, wir seien »etwas Besseres«, wie es oft hieß, andererseits warb man ständig um uns: »Wir brauchen Sie doch.«

»Wenn Sie das oder das bekämen«, sagte der Stasi-Offizier, »dann könnten Sie doch gut leben, in Cottbus, mit ihrer Arbeit. Die Wirtschaft der DDR entwickelt sich schließlich weiter.«

Was er nicht verstand, oder nicht verstehen wollte, war die Idee der Freiheit selbst. Wenn dem Einzelnen größere Entscheidungsspielräume eingeräumt werden, unabhängig davon, was das vermeintlich Beste ist für die »sozialistische Gesellschaft«, ohne »Lenkung« oder der Androhung von Berufsverboten, dann bleibt die Zukunft offen. Dann ist das Leben keine gerade Birkenallee, ohne Abzweigung, absehbar bis zum Ende, die Langeweile mit regelmäßigen Gratifikationen höchstens gemildert. Darum ging es mir bei dieser Idee, und ich denke, dass er zuletzt auch verstand, was ich meinte. Ich schrieb: »Zwar gebe ich durchaus zu, daß sogar ein planmäßiger Verlauf für die nächsten Jahre gesichert gewesen wäre, [...] Nur eben diese, von vielen Menschen gewünschte, relativ planbare Zukunft, hielt ich für meine Familie als unzureichend.«

Was ich schriftlich für mich behielt, war die Kritik an dem »Untersuchungsorgan« selbst, dem ich unterworfen war. Die permanente Angst vor Repressalien, die uns schon während unserer Schulzeit im Dong-Club begleitet hatte, die Geschichte von Hardy und Reimus, meine Erlebnisse in der NVA und als Reservist, die Geheimnisträger-Frage. Ich sparte alles aus, was sich auf den Brotgeber meines Vernehmers bezog, und was er, wenn ich ihn nur auf die entsprechenden Suchwörter gebracht hätte, vermutlich in irgendeinem Winkel der MfS-Aktenfluchten hätte wiederfinden können.

»Operative Maßnahme Helmut May«

Am 17. Mai, gut drei Wochen nach unserer Festnahme, wurde ich aus der Zelle geholt, zu meiner Verwunderung aber nicht ins Vernehmungszimmer geführt, sondern von einem Läufer in eine leere Zelle eskortiert, in der die Kleider lagen, in denen ich festgenommen worden war, von den Socken bis zum Hemd, frisch gewaschen, aber offenbar mit dem falschen Waschmittel. Nicht nur, dass alles streng roch – das Muster meines teuren »Exquisit«-Hemds war völlig ausgebleicht. Der Kleidungswechsel sollte das Schmuggeln von Kassibern verhindern und die Häftlinge etwas besser aussehen lassen.

Der Läufer legte mir jetzt wieder Handschellen an – als sei ich ein Schwerverbrecher, dem mitten in Ostberlin eine Flucht zuzutrauen sei – und man transportierte mich im winzigen Minna-Abteil zum wichtigsten Komplex der eindrucksvollen Infrastruktur des MfS, zu ihrer Zentrale, einem ganzen Häuserblock zwischen Frankfurter Allee, Magdalenenstraße, Normannenstraße und Ruschestraße in Berlin-Lichtenberg (mit über 20 Gebäudeteilen, Minister Mielke residierte in Haus 1). Auf der gegenüberliegenden Seite der Magdalenenstraße befand sich ein Backsteinblock vom Anfang des 20. Jahrhunderts, das ehemalige Gerichtsgefängnis Lichtenberg, das als weitere MfS-UHA diente. Die Zelle, in die ich hier geschlossen wurde, schien seit Kaiser Wilhelms Zeiten unverändert geblieben zu sein. Nur dass es statt eines Kübels eine Toilettenschüssel gab – und die Fenster auch hier mit Glasbausteinen vermauert worden waren. Dort saß ich nun stundenlang auf der Pritsche, ohne dass ich etwas zu essen oder zu trinken bekommen hätte. Irgendwann, als ich schon glaubte, die Nacht auf dieser Pritsche verbringen zu müssen, wurde ich doch geholt und kommentarlos weitergeführt.

Hier war der vergitterte Lichthof, der in vielen Gefängnisgebäuden zwischen den Zellenreihen liegt, durch eine Mauer geteilt. Ich lief durch Gänge, die vor den Zellenreihen aufgehängt waren, und wurde über Wendeltreppen dirigiert, bis eine Tür auf einen gewöhnlichen Korridor mit Beamtenstuben führte. Wieder ging es um einige Ecken, dann hieß es: »Stehen bleiben!« Eine weitere Tür wurde geöffnet, ohne dass ein großes Zimmer zu sehen gewesen wäre, wie ich es in dem alten Gemäuer erwartet hatte. Stattdessen stand ich vor einer zweiten, verschlossenen Tür. Mein Begleiter drückte die erste Tür hinter mir zu, so dass ich im engen Zwischenraum zwischen beiden gerade einmal stehen konnte. Fünf Minuten, vielleicht zehn Minuten stand ich so im Dunkeln, ohne zu ahnen wieso. Nach den langen Stunden in der wilhelminischen Zelle fehlten mir die Nerven dazu gründlich. Es war, als hätte man mich in einem Schrank abgestellt, bis der Wachmann mich endlich wieder aus der Doppeltür heraus holte und ins Besucherzimmer führte. Wahrscheinlich wollte man auf diese Weise verhindern, dass ich einem anderen Häftling begegnete (die »Ampeln« fehlten, mit denen in Hohenschönhausen der »Verkehr« geregelt wurde).

Ich kam nun in einen als typisches Ost-Wohnzimmer eingerichteten Raum mit Schrankwand und Couchgarnitur – und auf einem Sessel vor einem Couchtisch saß mein Vater. Er war so aufgewühlt, dass ich beinahe einverstanden war mit der Parodie von Gemütlichkeit, in der die offiziellen Besuchsräume gestaltet waren. Niemand sollte sehen, wo und unter welchen Bedingungen wir wirklich inhaftiert waren. In Hohenschönhausen gab es keine Besuchsräume.

Der kettenrauchende Oberleutnant, mein erster Vernehmer, saß abseits an einem Schreibtisch. Mein Vater durfte mir ein Päckchen übergeben, ansonsten mussten wir uns auf den Polstermöbeln gegenübersitzen. Ich bemühte mich, ihn zu beruhigen: »Vati, ich wohne hier in einem Zimmer mit kaltem und warmem Wasser. Sogar mit Heizung. Du hast doch in deiner Jugend eine Kriegsgefangenschaft überstanden: Das hier ist meine.«

»Sie sind ja wohl kein Kriegsgefangener«, brüllte der Vernehmer dazwischen.

»Nein, aber das ist vergleichbar. Wir sind im Kalten Krieg und Sie haben mich eingesperrt, weil ich von Deutschland nach Deutschland will.«

»Jetzt ist aber Ruhe, sonst hat das ein Nachspiel.«

»Vati, du hast es in deiner Kriegsgefangenschaft viel schwerer gehabt. Ich komme hier auch wieder raus.«

Wir sprachen über Christian, den er Anfang Mai bei Hans-Jürgen abgeholt hatte. Er schlafe nicht gut und sei sehr anhänglich. Tagsüber aber sei alles soweit in Ordnung.

»Gott sei Dank musste er nicht im Heim bleiben.«

»Ja, das ist das Wichtigste.«

Eine Stunde, danach kam ich zurück in die wilhelminische Zelle, allein mit der Pritsche und der Trauer um meinen Vater, meine Familie, bis abends der volle Barkas-Transporter zurück nach Hohenschönhausen fuhr.

* * *

Am Tag nach dem Besuch meines Vaters diktierte ein Mitarbeiter der Hauptabteilung VI des MfS, Bereich Abwehr, einen »Vorschlag zur Durchführung einer operativen Maßnahme mit dem Ziel der Aufklärung weiterer Hintergründe der am 26.4.1982 verhinderten Personenschleusung«[45]. Mein Vater war, so steht es in den Protokollen, vor unserer Begegnung »kurzfristig« nach Berlin gebracht und von 8.15 Uhr bis 13 Uhr verhört worden, bevor er mich sehen durfte. Das erklärt, warum ich ihn so aufgeregt erlebte.

In der Vernehmung erzählte mein Vater, dass mein Cousin Christian Anfang Mai bei ihm angerufen habe – sie sollten ihn anrufen, »wenn es etwas Besonderes gebe« (heißt es im Protokoll). Daraufhin »schlug man ihm vor«, sich mit Christian zu treffen, um herauszufinden, wer hinter der Fluchthelfer-Organisation stecke, und meinen Cousin dazu zu bewegen, sein Geld zurückzufordern. Post und Telefonanschluss meiner Eltern wurden bereits überwacht. Ende Mai wurde mein Vater noch einmal nach Berlin geholt und für die Reise instruiert, bevor wir – als Belohnung – noch einmal in jenem »Wohnzimmer« zusammensitzen durften.

Am 29. und 30. Mai fuhr er mit dem Zug nach Hof, dort befand sich, von Mittweida aus, der nächste Grenzübergang. Für Christian war es ein weiter Weg von Lünen. Vater und er blieben für eine Nacht im Hotel, dann fuhren sie zurück.

Natürlich wusste Christian sofort, worum es ging, als sein Onkel ihn so überraschend treffen wollte. Die Vorbereitung und Genehmigung seines vorherigen Besuchs als Rentner hatte deutlich mehr Zeit in Anspruch genommen.

Am 31. Mai schrieb mein Cousin ein Gedächtnisprotokoll des Treffens, um sich für alle Fälle abzusichern. Er stellte dar, dass mein Vater nicht gut bei Kräften war (»Sein Kreislauf war im desolaten Zustand, Gleichgewichtsstörungen, sein Zucker war entgleist.«), und keineswegs versuchte, den Zweck der Reise zu verheimlichen. Ein Zitat aus den Unterlagen meines Cousins lautete:

»Er wurde geschickt, um von mir zu erfahren:

1. Wer war der Verbindungsmann zu den Aliierten,

2. Wie hoch waren unsere finanziellen Leistungen.

3. Ich (Dr. C. May, Lünen) soll auf Einladung in die DDR kommen, die Rückreise wäre sicher.«

Es wäre pure Dummheit gewesen, wenn ihm Christian irgendetwas erzählt hätte, was die Stasi auf die Spur der »KMHB« hätte bringen können (so kürzte man die lächerliche Sprachregelung der »kriminellen Menschenhändlerbande« in den Akten ab). Stattdessen informierte er sich über den Stand der Dinge und die Stasi-Vernehmung meines Vaters.

Weiter schrieb Christian:

»Das Verhör konzentrierte sich [...] auf:

Umfeld: Verwandte, Bekannte, Freunde (die ganz besonders) und deren eventuelle Mitwisserschaft. [...]

Motive: »Wir sind nicht an der Verhaftung unserer Bürger interessiert.« »Warum wollen die Besten aus der DDR flüchten?« Anerkannt wurde, daß Frau Monika May, die Ehefrau des Verhafteten, die Flucht nicht aktiv betrieb, aber »auch Liebe schützt vor Strafe nicht.«

Christian May: Über mich lagen sehr genaue Informationen vor.«

Was meinem Vater vor allem zu schaffen machte, war die Aufgabe, die er mit der Betreuung unseres Sohnes übernommen hatte. Auch davon sprach er mit Christian:

»Evtl. muß Helmut May wegen der Betreuung des Kindes seinen Beruf aufgeben, von der Rente allein kann er nicht leben.

Das Kind hat psychische Schäden davongetragen:

Alpträume (Nacht, Dunkelheit, Kinderheim, Papa), Verlassensangst, kann nicht allein gelassen werden, weigert sich, in den Kindergarten zu gehen. Dem Kind wurde im Kinderheim der Stasi beigebracht: Dein Papa hat was ganz Böses getan, er ist im Gefängnis, du siehst ihn lange nicht wieder.«

Mein Vater kehrte ohne nennenswerte Informationen zurück. Am 2. Juni beendete ein »Abteilungsleiter Krause« die »operative Maßnahme«. Er hatte schließlich gemerkt, wie unsinnig dieser Versuch gewesen war, und dass Vater »keinen größeren nervlichen Belastungen mehr gewachsen« schien, wie er protokollierte.

Von all dem erfuhr ich erst später. In unseren kurzen Zusammenkünften war meinem Vater und mir verboten, von dem zu sprechen, was uns am meisten auf den Nägeln brannte, dem Grund unserer Verhaftung und unsere Aussichten – andernfalls hätte man uns sofort getrennt.

Ich wusste außerdem nicht, auf welchem Stand sich unsere Verfahren nach der Logik der Staatssicherheit befanden – dieselbe Frage wurde mehrfach wiederholt, meine Aussagen verglichen, offenbar nach Widersprüchen gesucht. Wie lange sollte das dauern?

Dass nach der Phase der täglichen Verhöre meine Angaben überprüft wurden, dass ich die Personenliste nicht umsonst geschrieben hatte – so viel allerdings konnte ich mir denken.

Mörtel und Marian

Sie hatten Karl-Heinz und mich in eine neue Zelle verlegt, die sich ein Stockwerk höher in einem anderen Trakt des weitläufigen Gebäudes befand – doppelt so groß wie die alte, mit zwei Glasbaustein-Fenstern versehen und einer weiteren Pritsche, die vorerst leer blieb. Diese Zelle befand sich direkt oberhalb des »Freihofs«, das konnten wir aus dem Weg folgern, auf dem wir nun zum »Freigang« geschlossen wurden. Wenn wir durch den Maschendraht nach oben sahen, wussten wir zwar nicht genau, wo wir uns befanden, doch es ließ sich ungefähr erahnen. So kam ich auf die Idee, uns mehr Aussicht zu verschaffen.

In Gefängnisfilm-Manier begann ich, mit einer abgebrochenen Zahnbürste zwischen den Steinen der äußeren Glasbau-Schicht herumzukratzen, von denen zwei oder drei Reihen zugänglich waren. Tagelang entfernte ich so mühsam den Mörtel. Um nicht erwischt zu werden, pausierte ich alle zehn oder fünfzehn Minuten für eine Weile, wenn die Flur-Wärter durch den Spion guckten. Karl-Heinz stellte sich vor mich, um ihnen die Sicht zu versperren, falls sie uns zusätzlich spontan kontrollieren würden. Um meinen Grabungs-Erfolg zu verbergen, schabte ich weichen Grauputz von der Mauer der Freigangszelle und steckte ihn mir in die Hosentasche, um ihn – verrührt mit Kaugummi – in die freigelegte Mauerritze zu füllen. So blieb mein Werk auch bei Kontrollgängen der Wärter unentdeckt.

Nach knapp zwei Wochen hatte ich mein Ziel erreicht: Als ich zum ersten Mal durch die schmale Fuge linste, konnte ich drei der Freigangs-Käfige überblicken, so groß war in etwa der Sichtwinkel aus dem zweiten Stock. Im mittleren »Freihof« sah ich niemand anderen als Monika,

Die Freigangszelle in Hohenschönhausen, eigene Aufnahme 1997.

die gerade zu dieser Zeit gemeinsam mit einer anderen Gefangenen ihre Runden lief. Ein phänomenaler Zufall! So konnte ich Karl-Heinz meine Frau zeigen und sie für eine kurze Weile beobachten. Wiederholen ließ sich dieser Zufall leider nicht. Nach einigen weiteren Seh-Abenteuern (immer auf der Hut vor den Wärtern hinterm Tür-Spion), ließen wir die Sache fallen und ich stopfte die Fuge wieder zu. Die Aussicht war nicht interessant genug, um das Risiko zu rechtfertigen.

Ein schmächtiger grauhaariger Häftling mit Brille wurde in unsere Zelle geführt, für den die dritte Pritsche bestimmt war. Ein alter Mann, so empfand ich es damals – er war Mitte sechzig. Sein »Verbrechen« hatte darin bestanden, Hilfsgüter nach Polen zu liefern.

Seit Ende 1981 herrschte in Polen Kriegsrecht, die freie Gewerkschaft Solidarność war verboten worden und das Volk litt Hunger. Von der DDR aus konnte man nur noch mit Visum einreisen. Nicht lange vor unserer Verhaftung hatte ich einen Vortrag an der Zahnklinik der Universität Posen gehalten, für den wir bereits eine Sondergenehmigung einholen mussten. An der Berliner Friedrichstraße war ich in den Expresszug Paris-Moskau (im Abteil nur Westdeutsche) eingestiegen.

Ich erschrak über das Elend, das ich in Posen sah: Schlangen vor allen Geschäften, leere Regale, selbst im Hotel gab es nichts als Wodka. Einige Tafeln mitgebrachte Schokolade verteilte ich an Kinder, die mich ungläubig anstaunten. Als ich merkte, welches Chaos in Polen herrschte, war ich kurzzeitig versucht gewesen, nach Warschau weiter zu fahren, um mich in der bundesdeutschen Botschaft zu melden. Doch schließlich war ich mit Professor Pape zurückgefahren und hatte auf unsere Fluchtpläne vertraut.

Marian Z. – so hieß unser neuer Zellengenosse – und seine Frau waren im Auftrag der Caritas unterwegs gewesen, um in dieser Notsituation zu helfen. Am Übergang Herleshausen/Wartha durchsuchte die Stasi den Lastwagen auffallend gründlich – und fand Funkgeräte in einigen Waschmitteleimern. Mit ihnen hatte die katholische Hilfsorganisation die Gewerkschaftler wohl zusätzlich unterstützen wollen (dass der damalige polnische Papst Johannes Paul II der Solidarność große Sympathien entgegenbrachte, war bekannt). Niemandem von der Caritas war es eingefallen, die beiden Ehrenamtlichen einzuweihen, die sich nun mehr als überrascht im Berliner Stasi-Gefängnis wiederfanden. Marian machte einen verstörten und gesundheitlich angeschlagenen Eindruck. Die beiden waren ohne Rücksicht auf ihre Gesundheit in Handschellen und der Enge eines Barkas transportiert worden.

In mildem polnischen Akzent erzählte Marian uns seine Geschichte: Als Jugendlicher war er von der Wehrmacht nach Deutschland deportiert worden, wo er bis Kriegsende Zwangsarbeit leisten musste und nur knapp mit dem Leben davonkam. Während des schlimmsten Hungers lernte er seine spätere Frau kennen. Nach der Befreiung vom Nationalsozialismus hatte er sich den Amerikanern anschließen wollen, um Polen von den verhassten Russen zu befreien. Dazu kam es freilich nicht und er blieb in Westdeutschland. Seine Frau und er waren der katholischen Kirche eng verbunden.

»Ich war in Deutschland schon einmal eingesperrt, als Zwangsarbeiter – und jetzt setzt ihr mich wieder fest? Weil ich helfen will? Das ist doch absurd!«, beschwerte er sich bei seinem Vernehmer. Einschüchtern ließ er sich nicht. Dafür hatte er schon zu viel erlebt.

Das meiste, was Marian auf seinem Lastwagen transportiert hatte, war natürlich deklariert gewesen: Cola, Fanta und Süßigkeiten für die Kinder, Konserven, Haarwaschmittel und Seife. Entrüstet und enttäuscht – schließlich hatten auch die Caritas-Mitarbeiter sein Vertrauen missbraucht –, bestand er darauf, dass ihm die »verderblichen Waren« nach und nach auf die Zelle, auf unsere Zelle, geliefert wurden. So kamen auch Karl-Heinz und ich an Softdrinks, Dosenwurst und Shampoo. Während wir Schach spielten, standen Bahlsen-Kekse auf dem Tisch.

»Sechs Mal Fanta, bitte«, bestellte Marian, und seltsamerweise erhob niemand Widerspruch dagegen, dass auch wir von den Hilfsgütern profitierten. Man hätte jeweils nur eine Portion liefern und es ihm überlassen können, mit uns zu teilen. Stattdessen verwöhnte man die sonst so verhassten politischen Häftlinge.

Weil ich gerne auch Monika an diesem »Luxus« hätte teilhaben lassen, steckte ich mir ein Stück Seife und eine Flasche Shampoo – originalverpackt – in die Taschen meiner Trainingshosen, als ich wieder einmal zur Verhör geholt wurde.

Ich wartete, bis die Tür zum Vernehmerzimmer geschlossen worden war, dann zog ich beides heraus und stellte es auf den kleinen Tisch, an dem ich sitzen musste.

»Was haben Sie denn da?«

»Das habe ich von meinem Zellenkameraden. Sie wissen doch, was los ist.« Doch vielleicht, schoss es mir durch den Kopf, wusste er gar nichts davon? »Ich möchte Sie bitten, dass Sie das meiner Frau übergeben«, sagte ich.

Seine Reaktion hatte ich nicht erwartet: Der sonst recht manierliche Vernehmer verlor die Fassung und schrie mich an: »Was bilden Sie sich ein?« Er regte sich fürchterlich auf. Dann nahm er die harmlosen Hygieneartikel an sich und sperrte sie in den Panzerschrank, der in diesem Zimmer stand.

Einige Tage später wurde ich erneut geholt, in den Vernehmertrakt geführt, aber nicht in das gewohnte Zimmer, sondern in ein größeres, das mir beinahe wie ein Konferenzraum vorkam. Dort saß jener hagere Offizier mit dem gewellten Haar, der Monika verhört hatte. Der Umgangston, den er am Leib hatte, ließ nichts Gutes vermuten.

Der Hagere ging zu seinem Panzerschrank – in jedem Vernehmerzimmer stand ja so einer – und holte dort zu meiner Verwunderung die Seife und das Shampoo hervor, das den Manierlichen so verärgert hatte.

»Was bezwecken Sie damit?«, fragte er streng.

Ich war völlig perplex. Ich konnte mir denken, dass es sich bei dem Hageren um den Vorgesetzten meines Vernehmers handelte, jedenfalls um einen Stasi-Mann mit höherem Dienstgrad – doch weshalb sich beide wegen des Shampoos derart ereiferten, konnte ich nicht erschließen. Ich stammelte irgendeine Entschuldigung.

»Das tun Sie nie wieder!«

Offenbar waren sich die Genossen untereinander nicht einig. War ihre Vernehmungstaktik durcheinandergeraten? Der Hagere verhielt sich, als sei geradezu eine Katastrophe geschehen.

Bis er, unvermittelt, den Tonfall änderte: »So, Sie wollen also in die BRD?«, fragte er.

»Hmm.«

»Wissen Sie, uns tut diese Situation auch leid. Wir müssen die Interessen unseres Staates verteidigen. Trotzdem könnte Ihr Ausreisebegehren unter Umständen genehmigt werden, ohne dass Sie vor Gericht müssten. Bei einem entsprechenden Entgegenkommen Ihrerseits.«

»Sie wollen mich mit meiner Familie in den Westen lassen?«

»Nicht direkt. Doch alles ist möglich Denken Sie darüber nach. In den nächsten Tagen sehen wir uns wieder.«

So entließ er mich. Die nächste Zeit war eine Qual. Erneut begann das Gedanken-Karussell: Was sollte ich tun? Die Andeutungen des Hageren hießen doch: Ich müsste der Stasi Informationen liefern. Könnte ich mich dem, einmal im Westen, wieder entziehen? Sollte ich mitspielen und so tun als ob, um in die Freiheit zu kommen? Oder musste ich standhaft bleiben? Diese Frage konnte ich mit niemandem erörtern. Wir konnten abgehört werden. Wenn ich es erzählt hätte, wäre ich sogleich »enttarnt« gewesen, die Möglichkeit dahin.

Ich grübelte. Was sollte ich dem Hageren sagen, wenn er mich holte? Er holte mich weder am nächsten Tag, noch am übernächsten. Er ließ mich überhaupt nicht mehr holen. Und allmählich wurde mir klar, dass seine Frage nichts anderes gewesen war als die Strafe für mein unbotmäßiges Verhalten. Für das Stück Seife und die Flasche Shampoo, die ich Monika hatte zukommen lassen wollen.

Marian hatte Augentropfen verschrieben bekommen, die er früh, mittags und abends bestellen musste. Er klingelte, damit der Wachdienst kam, und wenn sie gebracht wurden, wandte er sich mit den stets gleichen Worten an mich: »Herr Doktor, bitte!«, da er sie sich selbst nicht einträufeln konnte. Den »Doktor« betonte er ganz bewusst: Er wollte den Wärtern verdeutlichen, dass sie es nicht mit »1«, »2« und »3« zu tun hatten, sondern mit Menschen. Gegen die Nummern, mit denen wir gemäß der Stasi-Psychologie im Gefängnis angeredet wurden, setzte Marian trotzig den »Herrn Doktor«.

Auf den wenigen Quadratmetern, die uns zur Verfügung standen, bemühten wir drei uns darum, Rücksicht zu üben und uns die Zeit mit Schach und Gesprächen gegenseitig etwas erträglicher zu machen. Marians Kreislaufprobleme verschlimmerten sich derweil zusehends. Ich riet ihm, sich ins Haftkrankenhaus bringen zu lassen. Im Frühsommer blieb es abends länger hell, so dass wir gut mit dem Tageslicht auskamen, das durch die Glasbaufenster drang. Wir unterhielten uns noch lange, auf unseren Betten sitzend oder liegend, nachdem das Neon-Deckenlicht ausgeschaltet wurde.

Die Versorgung im Krankenhaus verschaffte Marian etwas Erleichterung. Entlassen wurden er und seine Frau erst nach vier oder fünf Monaten. Zurück im Westen setzte er sich sogleich wieder aktiv für andere ein, unter anderem für Karl-Heinz, der wie er einer fragwürdigen Praxis der katholischen Kirche zum Opfer gefallen war.

Schlussbericht

Anhand meiner Stasi-Unterlagen lassen sich die Ermittlungen nachvollziehen, die das MfS in unserer Sache anstellte. Am 19. Mai wurde mein Bruder von einem gewissen Oberleutnant Hübschmann befragt, das war der strenge Stasi-Mann mit dem gewellten Haar, der auch Monika vernommen hatte. Hans-Jürgen gab wahrheitsgemäß an, nichts von unseren Fluchtplänen gewusst zu haben. Wir hätten uns in jüngster Zeit nicht allzu nahe gestanden. Gerade weil wir in derselben Klinik arbeiteten und uns häufiger dienstlich als privat begegneten, konnte er recht sicher sein, dass Zeugen seine Aussage bestätigen konnten. Er betonte wie ich unsere Verschiedenheiten und Differenzen gegenüber der familiären Verbundenheit. So fiel es ihm leicht, den Verdacht der »Mitwisserschaft« zu zerstreuen. Während Hübschmann das Vernehmungsprotokoll formulierte, unternahm der untersetzte kettenrauchende Vernehmer, der sich in den Unterlagen als Oberleutnant Dähn identifizieren lässt, eine Dienstreise nach Quedlinburg. Jojo und Sabine wurden zeitgleich verhört, Oberleutnant Müller half. Ihre Aussagen stimmen mit dem überein, was ich in meinen Protokollen gelesen und unterschrieben hatte. Nur dass ich beim ersten Fluchtversuch den Stasi-Lada gesehen hatte, hatte ich bislang für mich behalten. Jojo erwähnte es in seiner Aussage, aber folgenlos. Dähn versäumte es, die Spur zu der offensichtlich missglückten Überwachungsaktion zu verfolgen, bei der die Stasi-Leute uns übersehen hatten. Vielleicht wollte die eine Krähe der anderen kein Auge aushacken. Im Protokoll ist zu lesen:

> Frage: Aus welchen Gründen unterließen Sie die Ihnen durch Gesetz auferlegte Anzeigepflicht der Ihnen glaubhaft zur Kenntnis gelangten Straftaten des Ehepaares MAY, Dittmar und Monika?
> Antwort: Mit war bekannt, daß ich diese erlangten Kenntnisse zur Anzeige hätte bringen müssen. Ich habe dies unterlassen, da es unsere besten Freunde sind und wir nicht schuld sein wollten, daß sie in Haft müssen.
> [...]
> Ich und auch mein Ehemann haben es nicht fertig gebracht, unsere Freunde anzuzeigen, obwohl uns bewußt war, daß wir uns damit strafbar machen.
> Andere Gründe hatte ich nicht.
> gez. Sabine JONSCHER[46]

Als wir uns später gegenseitig unsere Akten zeigten, berichtete Jojo, wie ihn die Quedlinburger Stasi-Leute anschließend in ihr Büro zitierten und für die Spitzel-Arbeit gewinnen wollten. Andernfalls, so drohte man ihm, könne er als Mitwisser inhaftiert werden. Er unterschrieb eine entsprechende Erklärung, doch am nächsten Tag fuhr er gleich wieder zum Stasi-Büro in Quedlinburg, um sie zu widerrufen: »Nach gründlicher Überlegung ... Gewissenszweifel ... mangelnde Fähigkeiten ... ich habe mit meiner Frau geredet«, und so weiter.

Noch zwei weitere Male probierten sie es bei ihm, doch ohne Erfolg. Wer kein Spitzel sein will, den kann man nicht zwingen – er kann sich jederzeit selbst enttarnen. Darum war es die richtige Taktik, sich als zwar gutwilliger, aber unsicherer Kandidat zu präsentieren. (Über das Geschick meines Freundes im Umgang mit Behörden wird noch mehr zu erzählen sein.)

Nach den Jonschers bekamen auch Roswitha und Manfred Stasi-Besuch. Als Roswitha erfuhr, was ihr Bruder berichtet hatte, fuhr sie am 3. Juni nach Berlin, zu Oberleutnant Dähn, um ihre Aussage noch einmal zu korrigieren und Manfreds Äußerungen darüber anzupassen, was von unserem Vorhaben möglicherweise zu ahnen war – dem folgten keine Konsequenzen.

Am 7. Juni unterbrach ein Telefonanruf die Vernehmung. Ich sollte zu einem Besuch transportiert werden: »Ihr Rechtsanwalt!«, teilte mir der Vernehmer unwillig mit.

Auch diesmal schlüpfte ich in meine seltsam riechende Zivilkleidung, wurde mit Handschellen gefesselt und wartete auf der wilhelminischen Zelle und im Doppelschrank.

Rechtsanwalt Dr. Wolfgang Vogel erwartete mich in einem schmucklosen Raum, der lediglich mit einem Tisch und zwei Stühlen ausgestattet war. Er stellte sich im Stehen vor und gab mir die Hand – eine Höflichkeit, die mir inzwischen schon ungewöhnlich vorkam.

Dann setzte er sich hin und zeigte zur Decke, um mir zu bedeuten, dass wir abgehört würden. Neben ihm lag ein Stapel Akten, von dem er unsere herunterzog und kurz die Sachlage besprach. Er bot mir eine Zigarette an und informierte mich darüber, dass weder im Untersuchungsverfahren noch vor Gericht ein regelrechter Verteidiger vorgesehen war: »Sehen Sie zu, dass Sie möglichst schnell verurteilt werden. Vorher kann ich nichts für sie tun.«

Vogel befasste sich nicht damit, das Strafmaß zu begrenzen – es ging von Anfang an nur um die Organisation des späteren Freikaufs, und dafür benötigte man klare Verhältnisse. Immerhin wusste ich nun sicher, dass er mit unserem Fall betraut war.

Am selben Tag schrieb Vogel einen Brief an das Ehepaar Zeißig – an jenen Arztkollegen und seine Frau, der einige Jahre zuvor selbst auf einer Freikaufsliste stand und meinen Cousin Christian an den Berliner Fluchthelfer vermittelt hatte. Die Zeißigs hatten sich am 10. Mai an Vogel gewandt, um sich für Monika und mich einzusetzen. Vogel schreibt, dass er »in beiden Fällen bereits im Mandat« sei und auch mit meinem Vater in Kontakt stünde. Der nach über fünfzehn Jahren Häftlingsfreikauf routinierte Anwalt fügte hinzu: »[...] lassen Sie mich bitte noch bemerken, daß ich erschüttert bin, nachdem ich die Mandanten heute gesprochen habe.«[47]

Offenbar spielte er auf unseren Zustand an, vermutlich besonders auf den verzweifelten Eindruck, den Monika bei ihm hinterließ. Die permanente Anspannung, die Sorgen umeinander und um Christian werden sich in unseren Mienen gezeigt haben. Vogel weiter: »Das ganze »Unternehmen« war von vornherein zum Scheitern gestempelt. Dr. Christian May ist erheblich involviert.«

Vielleicht war er dieser Meinung, weil ein halbes Jahr zuvor ein anderes Ärzteehepaar bei einem Fluchtversuch mit amerikanischen Soldaten gescheitert war. Monika lernte Frau Dr. Rümler in Hoheneck kennen. Dass Christian »erheblich involviert« sei, ist ein Hinweis auf §100, die »staatsfeindlichen Verbindungen. Vogel resümierte: »Es ist eine nicht unerhebliche Bestrafung zu erwarten. Danach werde ich mein möglichstes tun.«

Ich hatte den Eindruck gewonnen, dass der Vernehmer inzwischen alle Themen abgearbeitet hatte, die für die Stasi von Interesse waren. Doch eines Morgens fragte er mich unvermittelt: »Herr May, was wissen Sie von den Militäranlagen rings um Cottbus?«

Er meinte die Radarstation, deren Gelände in der Nähe von Kolkwitz als Sperrgebiet ausgeschildert war. Dort im Wald konnte man zur Saison die meisten Pilze finden. Wenn man in den Wäldern Richtung Schwielochsee unterwegs war, beobachtete man häufig Absperrungen, hinter denen die Rote Armee oder die NVA Übungen abhielt. Außerdem befanden sich sowjetische Militärs und ein NVA-Flugplatz direkt hinter Kolkwitz.

»Natürlich ging es uns auf die Nerven, wenn die lauten MiGs starteten. Im Kollegenkreis trafen wir uns häufiger in einem Lokal, das nicht weit vom Flugplatz entfernt liegt. Das war immer ein Höllenlärm.«

So in etwa äußerte ich mich und ließ mir nicht anmerken, dass mich die Frage beunruhigte. Ich wusste, dass Monika auf einem Betriebsausflug ihrer Staatspraxis das Gelände der 1. Luftverteidigungsdivision besichtigt hatte. Die NVA-Soldaten hatten sie und die übrigen Angestell-

1140 BERLIN 7.6.1982
REILER STRASSE 4
FAHRVERBINDUNG: AUTOBUS 43/53
S-BAHN FRIEDRICHSFELDE-OST
SPRECHSTUNDEN:
MONTAG BIS MITTWOCH 15 BIS 18 UHR
TELEFON: 5 25 19 27, 5 25 18 11
TELEX: 113 023 VOBE DD

Dr. jur. h. c. Wolfgang Vogel

RECHTSANWALT UND NOTAR
ZUGELASSEN AUCH BEI DEN GERICHTEN IN WESTBERLIN

BEI ANTWORT BITTE ANGEBEN:
Vo/Kr - 226/82 r
May, Dittmar u. Monika

Eheleute
Dr. Gerhard u.Dr. Karin Zeißig
Rohdestr. 5 - Ärztehaus
2190 Cuxhaven

Sehr geehrte Frau Dr. Zeißig,
sehr geehrter Herr Dr. Zeißig!

Ich bin in beiden Fällen bereits im Mandat und korrespondiere mit dem Vater aus Mittweida.

Zu Ihrem Schreiben vom 10.5. lassen Sie mich bitte noch bemerken, daß ich erschüttert bin, nachdem ich die Mandanten heut gesprochen habe.
Das ganze "Unternehmen" war von vornherein zum Scheitern gestempelt. Dr. Christian May ist erheblich involviert. Es ist eine nicht unerhebliche Bestrafung zu erwarten. Danach werde ich mein möglichstes tun.

Bei solch einem Fall tut es gut, von Ihnen persönlich nur Gutes zu hören.

Mit den freundlichen Grüßen
Ihr
Wolfgang Vogel

POSTSCHECKKONTO: BERLIN 264 64 · BANKVERBINDUNG: SPARKASSE 173, KONTO 6772-36-30162
BANKVERBINDUNG WESTBERLIN: DEUTSCHE BANK BERLIN AG, 1 BERLIN 12, HARDENBERGSTRASSE 27

Das Ehepaar Zeißig kannte Vogel vom eigenen Freikauf und setzte sich sofort nach unserer Verhaftung für uns ein. Hier Vogels Antwort, nachdem er uns in der MfS-Untersuchungshaft besucht hatte.

ten durch den Hangar geführt, in dem die Düsenjäger des russischen Herstellers Mikojan-Gurewitsch (MiG) untergebracht gewesen waren. In der Cottbusser Kaserne befand sich das Hauptquartier der Division, von dem aus etliche Jagdfliegergeschwader kommandiert wurden.[48]

Weder Monika noch ich hatten uns für diese Einrichtungen interessiert, doch wegen der Frage meines möglichen Status als Reserve-Offizier und Geheimnisträger war ich sensibilisiert. In diesem verrückten Staat, in dem man vieles erfuhr und doch alles »geheim« war, konnte man sich niemals sicher sein. Einmal kam zum Beispiel eine Kneipenwirtin mit Schussverletzungen in die Klinik. Drei sowjetische Offiziere hatten nicht aufhören wollen zu trinken. Als sie ihre Gaststätte schließen wollte und das Licht ausmachte, schoss einer vor Wut in ihre Richtung. Man war angehalten, solche Fälle diskret zu behandeln, doch die Präsenz der Roten Armee und ihre Konsequenzen war letztlich jedermann bekannt. Mit etwas Fantasie und bösem Willen hätte uns die Stasi unterstellen können, militärische »Geheimnisse« verraten zu wollen. Als Spione nach § 97 des Strafgesetzbuchs wären wir in diesem Fall zu mindestens fünf Jahren verurteilt worden.

Die Erklärung dafür, warum die Frage nach den militärischen Einrichtungen um Cottbus so spät in den Vernehmungen aufgetaucht war, findet sich in den Unterlagen des MfS:

> Übersetzung aus dem Russischen
> Betr. E-Verfahren gegen das Ehepaar MAI [sic!]
> Unter Berücksichtigung dessen, dass das Ehepaar MAI in der Ortschaft Kolwitz [sic!] wohnhaft war, die sich in der ständigen Sperrzone für ausländische Militärmissionsfahrzeuge und unweit eines sowjetischen Truppenteils befindet, der einer der erstrangigsten Aufklärungsziele für den Gegner ist, bitten wir Sie, in der Untersuchung Ihre Aufmerksamkeit darauf zu richten, ob sich das Ehepaar Mai bereits in der Vorbereitungsphase des illegalen Verlassens der Republik mit der Sammlung von Informationen über die Sowjetarmee, insbesondere über das in Cottbus stationierte Objekt befasst hat.
> F.drR.d.Übers.[49]
> Adam
> –Major–[50]

Glücklicherweise hatte mich nie jemand beim Pilzesammeln beobachtet und die falschen Schlüsse gezogen. Die Antwort der Stasi (am 9. Juni 1982) fiel negativ aus.

Als ich am 16. Juni erneut ins Vernehmungszimmer gebracht wurde, lagen dort fünf Kartons, die ich sofort wiedererkannte: Es waren die Päckchen, die Jojo und Sabine an sich genommen hatten. Bei ihrem Anblick stellten sich gemischte Gefühle ein – hatte ich das Richtige getan? Würden Jojo und Sabine mir verzeihen, dass ich sie verraten hatte? Ich bangte um unsere Freundschaft, die mir in den Jahren zuvor sehr wichtig geworden war. Immerhin waren sie nicht verhaftet worden.

Auf Geheiß meines Vernehmers riss ich das unberührte Heftpflaster ab und öffnete die Kartons, ihr Inhalt wurde inventarisiert, anschließend packte ich ihn wieder ein. Das Kaffeeservice und einige von Monikas Lieblingsstücken. Hoffentlich würde sie sie irgendwann wiederbekommen. Dann die Familienfotos, 20 Filmtüten mit Negativen.

Gewohnt korrekt, wenn es um Nebensächliches ging, fragten die Beamten des Spitzel-Ministeriums bei Monika nach, ob sie wie ich damit einverstanden sei, dass die Päckchen meinem Bruder übergeben würden. Er sollte mich, so viel erfuhr ich, in den nächsten Tagen besuchen.

Gegen Ende der Verhöre übernahm erneut der untersetzte Kettenraucher die Regie, der uns schon im Besuchszimmer überwacht hatte. Hatte ich meinem Stasi-Landsmann zu deutlich Paroli geboten? Überwachten sich die Vernehmer gegenseitig? Auf den Protokollen, die ich unterschrieb, wurde stets notiert, dass ich darauf verzichte, die Tonbänder abzuhören, mit denen meine Aussagen aufgezeichnet wurden. Hörten andere sie ab?

Die Verhöre kreisten nun um die konkreten Umstände unserer Fluchtversuche, die wir stundenlang rekapitulierten, um die »Schleuserinstruktionen« von Christian und die Identität der Amerikaner. Mehr nebenbei erzählte mir der Untersetzte davon, dass er die Jonschers in Quedlinburg »besucht« habe.

»Sie haben ja nette Freunde. Wir haben mit ihnen gesprochen.«

»Werden Sie sie verhaften?«, fragte ich ängstlich.

»Wir können die Leute doch gebrauchen. Wir werden doch nicht jeden verhaften.«

Diese Auskunft erleichterte mich, auch wenn sie mir, nach allem was ich erlebt hatte, reichlich verlogen vorkam.

Meine letzte Vernehmung in Hohenschönhausen fand am 21. Juni statt, beinahe zwei Monate nach unserer Festnahme. Es ging wieder einmal darum, ob ich Personen auf Fotos wiedererkenne – ich tat es nicht.

Dähns Schlussbericht vom 24. Juni 1982, auf den sich die Anklage des Staatsanwaltes und das spätere Urteil des Bezirksgerichts Cottbus als einzige Quelle stützten, enthielt alle wesentlichen Aspekte unserer Fluchtversuche. Unsere Beweggründe wurden darin auf eine simple Formel gebracht:

> Der Beschuldigte fühlt sich durch die in der DDR bestehenden Regelungen für Reisen in das nichtsozialistische Ausland in seiner persönlichen Freiheit eingeschränkt und nimmt von einer kleinbürgerlichen Position her eine Überbetonung der vorhandenen Mängel im Angebot an Konsumgütern vor.[51]

Mein sächsischer Stasi-Landsmann hatte mir besser zugehört, doch eine gründlichere Darstellung meiner Motive wäre wohl auch unerwünscht gewesen.

Am Tag, nachdem Dähn diesen Bericht formuliert hatte, besuchte mich Hans-Jürgen. Meinen Vater hatten die Sorgen um mich und unseren Sohn und der Druck der Stasi-Leute zu sehr geschwächt. Nach der Hof-Reise und dem Treffen mit Christian war er in Mittweida aufgesucht, aber nicht noch einmal nach Berlin zitiert worden. Vielleicht weil Dähn unseren Fall abgeschlossen hatte, wurde ich wieder von dem manierlichen und freundlicheren der Vernehmer »betreut«, der meine Zeit in der »wilhelminischen Zelle« verkürzte und mich schon anderthalb Stunden vor dem eigentlichen Termin ins Sprech-Wohnzimmer holte. Der Manierliche trank Kaffee mit mir und brachte harmlose Themen zur Sprache, um mir die Zeit zu verkürzen. Vielleicht auch, um sich zu verabschieden. In seinem Verhalten schien eine Spur von Wehmut mitzuschwingen, so als bedauere er, dass unsere gemeinsame Zeit vorüber war.

Vor dem Gericht

Es war bereits Ende Juni, meine Vernehmungen schienen beendet zu sein. Da hieß es noch einmal »2, mitkommen!« und ich wurde in das größere Zimmer des strengen, hageren Offiziers mit den gewellten Haaren geschlossen, ohne zunächst zu wissen, weshalb. Zusammen mit dem Untersetzten kam er herein – ihre Namen kannte ich noch nicht.

»Jetzt kommt ihre Frau«, kündigte der Hagere an. »Sie dürfen miteinander sprechen, aber nicht über den Fall, nicht über Mitgefangene, nicht über ihre Ausreise, ...« – über nichts also, was mit unseren Nöten und Aussichten zu tun hatte. Was sollte ich Monika unter diesen Umständen sagen? Wir konnten nur den Augenblick genießen, und uns so viel Trost spenden, wie unter den Augen unserer beiden Bewacher möglich war.

Als wir uns an diesem großen Tisch gegenübersaßen, fiel mir ein: »Du hast doch eine nette Zellennachbarin. Diese Schwarzhaarige.«

Eigentlich auch ein verbotenes Thema, aber die beiden schienen gerade nicht zuzuhören. Ich hatte Monika beruhigen wollen – aber natürlich war sie vor allem erstaunt, woher ich das wusste. Erzählen konnte ich es nicht. Ich rang nach Worten. Es würde schon alles gut werden. Mit Christian war wohl alles in Ordnung. Dann mussten wir uns wieder trennen. Für unbestimmte Zeit.

Am 29. Juli durfte ich Monika ein zweites Mal an diesem großen Tisch gegenübersitzen. Diesmal saß statt des kleinen Kettenrauchers der Manierliche dabei, und wieder sein Vorgesetzter mit dem gewellten Haar. Monika und ich drückten uns die Hände. Ich konnte nur hoffen, dass meine Gegenwart Monika ein wenig Mut machen würde. Wochenlang hatten wir jetzt nur noch gewartet. Bei seinem zweiten Besuch hatte mir Hans-Jürgen nicht viel Neues erzählen können. Unserem Sohn ginge es gut, daran hielten wir uns fest. Das zumindest hätte schlimmer kommen können. Wir sehnten das Urteil herbei, das unser Schicksal endlich berechenbarer machen sollte.

Der Fall sollte in der ersten Strafkammer des Landgerichts Cottbus verhandelt werden. Anfang August transportierte man uns in die dortige Bezirks-U-Haft-Anstalt, die zum flächendeckenden Netz der Stasi-Gefängnisse gehörte. Die meisten »Republikflüchtlinge« wurden direkt in ihrem Bezirk vernommen. Nur weil in unserem Fall amerikanische Soldaten beteiligt waren, wodurch er besondere Brisanz erhielt, hatte man uns für die Untersuchung nach Hohenschönhausen gebracht.

Wie bei den Fahrten zum Lichtenberger Besuchszimmer schloss man mich auch diesmal in die überdimensionale kalte Garage, wo der Gefangenen-Barkas wartete. Räuspern und Husten reichte, um mich davon zu überzeugen, dass auch Monika hineingeführt wurde. In Zivilkleidung und Handschellen fuhr man uns in Richtung unserer alten Heimat Cottbus, wo beim Gericht seit Kaisers Zeiten ein kleineres Gefängnisgebäude stand. Landgericht und Gefängnis waren Ende des neunzehnten Jahrhunderts auf dem Gelände des abgebrannten Schlosses gebaut worden, von dem nur der hübsche quadratische Turm erhalten geblieben war.

Nach der strapaziösen Fahrt in Handschellen wurde ich in die Untersuchungshaftanstalt geführt, und über schmale Wendeltreppen ging es in den zweiten Stock. Die Zelle, in die ich nach der obligatorischen Aufnahme-Prozedur gestoßen wurde, kam mir extrem schmal vor, das Glasbau-Fenster noch kleiner als in Hohenschönhausen. Die Pritschen an der Wand rechts und links waren hochgeklappt und in dieser Stellung mit Schlössern fixiert, der Tisch und zwei Hocker am Boden befestigt. Auf einem der Hocker saß ein junger Mann mit einen einfältigen und traurigen Gesicht. Ich sehnte mich augenblicklich nach der vergleichsweise geräumigen Dreierzelle mit Karl-Heinz und Marian zurück.

Immerhin erwies sich der Junge als harmlos, mit dem ich mir die wenigen Quadratmeter teilen musste, von rührender Naivität, und erzählte mir bereitwillig seine merkwürdige Geschichte. Um über die Ostsee in den Westen zu fahren, hatte er sich ein Faltboot der Marke »Delphin« gekauft, ein Holzgerüst mit PVC-Folie und Sitzbänken zur Selbstmontage. Vorne konnte eine kleine Windschutzscheibe, hinten ein Außenbordmotor angebracht werden: Ein originäres DDR-Produkt für vier Personen, mit dem sich über hiesige Gewässer »flitzen« ließ. Statt das Boot und seine eigenen Fähigkeiten an irgendeinem Waldsee zu testen, hatte der Junge es im Wohnzimmer seiner Neubauwohnung zusammengesetzt und in mühevoller Kleinarbeit ausgebaut – mit Radio und einer Art Liege. Die DDR-Flagge mit Hammer, Zirkel und Ährenkranz am Heck ließ sich gegen eine bundesrepublikanische Fahne austauschen – das hatte er für den Moment geplant, an dem er die Drei-Meilen-Zone vor der DDR-Küste erreichen würde. Wie lange er für diese drei Meilen benötigen würde, wo er das Boot überhaupt zu Wasser lassen könnte – darüber schien er sich keine Gedanken gemacht zu haben. Einmal auf Fehmarn oder Travemünde angekommen, so hatte er sich vorgestellt, wollte er noch einige Wochen oder Monate auf dem Boot übernachten, so schnell würde sicherlich auch im Westen keine Wohnung zu finden sein.

An der Art, wie er erzählte, merkte man schnell, dass er kein »Politischer« war. Mit seinen eingeschränkten geistigen Fähigkeiten war es eigentlich ein Glück für ihn, dass er im Osten als Hilfsarbeiter tätig sein und sich davon sogar eine eigene Wohnung leisten konnte. Der Westen als Traumland – solche Vorstellungen gab es jedoch auch bei jenen, die sich über die politischen Verhältnisse hier wie dort nicht recht im Klaren waren.

Weil er mit Krätzmilben befallen war, musste ich ihn über mehrere Tage am ganzen Körper mit einer Salbe einreiben. Als ich den offensichtlich Verwahrlosten fragte, wie es um seine Familie stünde, ob er Mutter, Vater, Geschwister habe, merkte ich, dass ihm die Begrifflichkeit für Verwandtschaftsverhältnisse fehlte. Er kannte weder Schwager noch Cousinen, keine Nichten oder Urgroßeltern. In welcher Familie, unter welcher Art von »Fürsorge« mochte er groß geworden sein? Bald kicherten die Wächter auf dem Flur, wenn ich ihm zum wiederholten Male den Unterschied zwischen Cousinen, Onkel und Tanten erklärte. Und diesen einfältigen jungen Mann hatte die Stasi als Verbrecher eingekerkert!

Wie war die geplante Bootsfahrt aufgeflogen? Vertrauensselig hatte er einem »Freund« davon erzählt, der ebenfalls vom Westen geschwärmt hatte. In einer Kneipe seien sie sich begegnet. Dem kindlichen Einzelgänger hatte es sicherlich Spaß gemacht, das Produkt seiner sorgfältigen Arbeit vorzuführen. Dann habe es Streit gegeben – und der vermeintliche Freund habe ihn angezinkt.

Wenn die Stasi-Beamten, das Vollzugspersonal dieses angeblich so fürsorglichen Staates, ein wenig Menschlichkeit aufgebracht hätte, hätten sie das Boot konfiszieren, dem Jungen einen Klaps auf den Hintern geben und ihn wieder nach Hause schicken müssen. Stattdessen saß er hier, der noch nicht einmal wusste, wie man einen Ausreiseantrag stellt, und wartete auf sein Urteil.

In der Untersuchungshaftanstalt Cottbus wurde nichts mehr untersucht. Ich musste nur noch warten, nur sitzen, schlafen, essen. Das Essen war von jämmerlicher Qualität, deutlich schlechter als in Hohenschönhausen. Zum ersten Mal wurde ich mir der Unterschiede bewusst, die im Strafvollzug der DDR offenbar herrschten. Und fragte mich, wie schlimm es wohl noch werden könne. Wenn man beim »Freigang« über eine Linie trat, die einen Meter vor der Mauer auf dem Boden getüncht war, brüllten die Wachleute von ihrer Plattform herunter. Dauerlauf in Filzpantoffeln, zehn Runden in die eine, zehn in die andere Richtung. Die Büttel in der Provinz, das bekam ich schnell mit, verhielten sich rigider und engstirniger als die Befehlsgeber in der Stasi-Zentrale in Berlin, wo man die Dinge einzuordnen wusste. Ich beantragte, den Anstaltsleiter sprechen zu dürfen, was nach zwei Tagen auch möglich war.

»Willkommen zurück in Cottbus«, begrüßte mich der Stasi-Offizier spöttisch. »Worum geht es denn?«

»Habe ich seit Berlin noch eine Straftat verübt? Im Barkas vielleicht?«

»Weshalb sagen Sie das?«

»Ich bin entsetzt über diese Zustände. Den ganzen Tag über soll ich in der winzigen Zelle auf einem Schemel sitzen, dazu dieser miserable Fraß!«

»Wissen Sie was: Diese Leier kenne ich schon. Alle, die von unseren Berliner Genossen kommen, beschweren sich. Dort geht es euch viel zu gut, und wir haben es auszubaden. Dafür können wir nichts, mehr haben wir nicht, mehr wollen wir auch nicht!«

Das einzige, was ich erreichen konnte, war eine sogenannte »Liegeerlaubnis«: Meine Holzpritsche wurde nun dauerhaft von der Wand geschlossen, so dass ich mich hinlegen konnte. Nur meine, nicht die meines erbarmungswürdigen Zellennachbars. Der musste nach wie vor sitzen.

»Den jungen Kerl auf meiner Zelle«, hatte ich dem Anstaltsleiter gesagt, »den können Sie doch ruhig freilassen, der versteht doch gar nicht, warum er hier sitzt.«

Der Ober-Wärter sprach von einem »schweren Fall von Republikfluchtvorbereitung«. Glaubte er wirklich, was er da sagte?

Einer der wenigen Lichtblicke war der Bücherwagen, der einmal pro Woche über den Flur geschoben wurde. Man konnte sich die Buchrücken ansehen und etwas aussuchen. In Hohenschönhausen waren wir drei völlig willkürlich mit Lektüre versorgt worden und hatten nur untereinander tauschen können. Darüber hinaus hatte es nur die faden Artikel und Verlautbarungen des »Neuen Deutschland« zu lesen gegeben. In Cottbus erwischte ich unter anderem einen Sammelband mit Erzählungen, in dem sich eine Geschichte von Erich Loest fand. Erich Loest war in Mittweida aufgewachsen und zur Schule gegangen – aber in unserer gemeinsamen Stadt hatte ich noch nichts von ihm gelesen. 1957 war er verhaftet und bis 1964 unter striktem Schreibverbot in Bautzen II inhaftiert worden (in seiner Autobiografie »Durch die Erde ein Riß« schrieb er später darüber). Nach seiner Entlassung durfte er wieder als Schriftsteller arbeiten und veröffentlichte unter anderem sehr erfolgreiche Kriminalromane unter Pseudonym. Einer der letzten Romane, die Erich Loest in der DDR veröffentlichte, hieß »Es geht seinen Gang oder Mühen in unserer Ebene« und handelt – neben anderem – davon, dass der Ingenieur Wolfgang Wülff dem Leistungsgedanken in seiner sozialistischen Form wenig abgewinnen kann und es sich lieber in einer Nische der DDR-Gesellschaft gemütlich macht. Um dieses Buch gab es einigen Rummel. Der Zensor hatte wohl zu spät gemerkt, wie gut es war. Nach seiner Veröffentlichung wurde Loest an den Rand gedrängt und entschloss sich zur Ausreise, die schnell genehmigt wurde. Loests Blick für die Realitäten des Alltags, quer zu den ganzen Parolen, beeindruckt mich. Auch die Krimis und die historischen Romane, die er später schrieb, mag ich sehr. Er ist für mich ein ganz Großer – auch weil er aus meiner Heimat stammt und mir die zehrende Wartezeit in Cottbus verkürzte.

Im Rückblick erscheint mir die Zeit, die ich untätig auf das Urteil warten musste, länger, als die Daten dokumentieren, vor allem im Vergleich zur Haft, die folgen sollte. Auf dem alten Schlossturm läutete die Turmuhr jede Viertelstunde, ein kurzer Glockenschlag um Viertel vor und Viertel nach, um halb ein längerer und an den vollen Stunden von einem Schlag bis zu zwölf, auch in der Nacht. Das drückte aufs Gemüt. Die heißen August-Tage verrannen langsam und zäh. Nach scheinbar endlosen Stunden und Tagen fand am 9. und 11. August endlich unsere Verhandlung statt. Ein Rechtsanwalt Krolopp, von Vogel als Verteidiger bevollmächtigt, hatte Monika und mich zwei Mal besucht, um den Prozess vorzubereiten, wie es offiziell hieß. Für Termine außerhalb Berlins arbeitete Vogel mit solchen Bevollmächtigten – denn es waren viele Termine, viele Namen. 1981 wurden 1584 DDR-Häftlinge von der Bundesrepublik freigekauft, 1982 waren es 1491,[52] also ungefähr vier pro Tag. Vogel pflegte die Freikaufs-Listen und verhandelte mit den Verantwortlichen auf beiden Seiten. Ihm und seinen Berliner Kollegen wäre es unmöglich gewesen, auch noch alle Bezirks-Gerichte abzuklappern.

Die »Prozessvorbereitung« war in der Realität nicht mehr als ein Zeitvertreib. Er könne nichts für uns tun, sagte Krolopp, der Prozessablauf sei vorgegeben. So hatte es auch Vogel schon dargestellt.

»Ich würde Ihnen auch nicht raten, in Revision zu gehen. Das würde nur den Zeitpunkt hinauszögern, an dem in ihrem Interesse gehandelt werden kann.«

»Bitte, wenn Sie mit meiner Frau sprechen, sagen Sie ihr, dass wir vielleicht schon Ende des Jahres im Westen sein könnten. Das wird ihr Mut machen.«

Krolopp erfüllte meine Bitte, auch wenn er meine Prophezeiung wohl nicht für realistisch hielt. Bei der Verhandlung saß er, wie angekündigt, nur pro forma dabei.

Anzug, weißes Hemd und Krawatte hatte Hans-Jürgen für mich an der Pforte abgegeben. Vor Gericht waren Schlips und Kragen obligatorisch. Wir saßen also feingemacht auf der Anklagebank, während sich ein Staatsanwalt namens Adam über unsere »staatsfeindlichen Verbindungen« ereiferte, als hätten wir die »DDR« und mit ihr dieses hohe Gericht im Alleingang zu Fall bringen wollen. Er brüllte und tobte, als spiele er den berüchtigten Ankläger in der Aufführung einer Laienspieltruppe. Dabei kannte er mich und wusste, wer ich war. In den letzten Monaten an der Cottbusser Klinik hatte ich einen überzeugten Genossen, frisch vom »Russlandstudium«, als Assistenzarzt bekommen. Auch das gehörte zu den Vorgängen, die mir das Leben und Arbeiten im Osten verleidete. Denn er besaß nicht die Fähigkeiten für diesen Beruf und war mehr Belastung als Hilfe. Dieser unfähige Assistent hieß ebenfalls Adam – und war ein Ziehsohn des Staatsanwalts. Im Gutachten, das die Stasi Professor Pape abverlangte, ist von Mängeln bei der

Führung der Krankenakten die Rede. Das genau war Adams Aufgabe gewesen. Und sein Vater hielt mir nun vor, wie schlecht ich sie erfüllt habe. Was für eine Farce!

An den Verhandlungstagen sah ich Monika wieder, die unter der Behandlung der Stasi sichtbar gelitten hatte. Es brach mir das Herz, und ich hoffte nur, dass meine Bemühungen, als alleiniger Initiator unserer Flucht aufzutreten und ihre Rolle – wahrheitsgemäß – herunterzuspielen, sich im Urteil widerspiegelten.

Angeblich »im Namen des Volkes« wurde es am 11. August verkündet. Am Ende des ganzen Theaters verlas der Richter stehend und wir hörten – ebenfalls stehend – zu:

> Wegen landesverräterischer Agententätigkeit in Tateinheit mit versuchtem ungesetzlichen Grenzübertritt im schweren Fall [...] werden verurteilt:
> – der Angeklagte Dittmar May zu 4 – vier – Jahren Freiheitsentzug,
> – die Angeklagte Monika May zu 3 – drei – Jahren Freiheitsentzug.[53]

Das war nicht das, was ich mir trotz allem erhofft hatte. Vielleicht war ich noch immer zu gutgläubig gewesen. Drei Jahre für Monika! »Ich bin doch keine Totschlägerin!«, rief sie im Gerichtssaal. Dem Gesetzestext nach hätte es der Richter auch bei einem oder – falls er den §100 partout auch auf sie anwenden wollte – bei zwei Jahren belassen können. Ich hatte die Wahrheit gesagt und immer betont, dass ich es war, der den Kontakt zu Christian gesucht hatte, dass die ganze Initiative von mir ausgegangen war. Was ich nicht wusste: Auch die Aussagen von Roswitha und Manfred, von Jojo und Sabine hatten das bestätigt. Nirgends ein Widerspruch, doch in diesem Gerichts-Spiel gab es niemanden, der seine Spielräume zu unseren Gunsten ausnutzte. Falls es solche gab. Das Strafmaß stand in Wahrheit schon fest, seit wir Dr. Vogel eingeschaltet hatten, nicht viel mehr als eine Begründung für den Preis unseres späteren Freikaufs.

Wir waren beide schockiert. Ich spürte vor allem Abscheu gegen Adam und das ganze Gericht, Monika war außer sich vor Zorn und Verzweiflung. Doch der Gipfel des Zynismus lag noch vor uns: Nach der Urteilsverkündung wurden wir nicht sogleich in die »Minna« verladen, die uns den kurzen Weg vom Gericht zur Untersuchungshaftanstalt transportierte, sondern in das Büro des Anstaltsleiters geführt, den ich bereits kennengelernt hatte. Ein vergleichsweise gemütlicher Raum, mit einem großen Schreibtisch, einem Konferenztisch und einer Couchgarnitur, auf die wir uns nun setzen sollten. Die Handschellen wurden uns noch einmal abgenommen.

»Ich muss noch einmal mit Ihnen reden«, sagte der Anstaltsleiter, »Was möchten Sie trinken?«

Für jeden von uns bestellte er ein Kännchen Kaffee. Als handelte es sich um eine gewöhnliche Besprechung und wir hätten nicht eben erst erfahren, dass wir wie Schwerverbrecher jahrelang in Haft bleiben sollten. Zwar gab es noch diese Hintertür des Freikaufs, doch ob und wann sie für uns geöffnet werden sollte, war ungewiss. Sicher und deutlich ausgesprochen waren, als wir jetzt beim Anstaltsleiter saßen, nur die vier Jahre, nur die drei Jahre.

»Wissen Sie was?«, begann der Mann hinter dem Schreibtisch, als wir an unseren Tassen genippt hatten, »Sie sind jetzt verurteilt worden – aber eigentlich ist niemand von uns darauf versessen, dass Sie ins Gefängnis gehen. Wir brauchen unsere guten Leute! Ihre Arbeitsstelle ist frei, Ihre Wohnung noch nicht wieder vergeben – wenn Sie der BRD abschwören, können Sie sofort nach Hause gehen.«

Ich glaubte, nicht recht zu hören. Dieses Angebot machte das langwierige Gerichtsverfahren erst recht zur Farce. Staatsanwalt, Verteidiger, Richter, Ermittlung, Anklage, Urteil – alles nur Staffage. Eigentlich gab es nur zwei Parteien: uns und die Staatssicherheit mit ihren Offizieren vom Leutnant bis zu Oberst und General, die sämtliche Bedingungen diktieren konnten.

Dass unsere Wohnung nach der Durchsuchung unberührt geblieben war, wusste ich von Hans-Jürgen, der das Übergabeprotokoll unterschrieben und die Schlüssel entgegengenommen hatte. Trotz Wohnungsnot ließ man sie leer stehen – nicht allein, um uns dieses Angebot machen zu können, sondern auch, um uns zu verunsichern und alle abzuschrecken, die uns kannten und wussten, weshalb wir fort waren. Eine schnelle Wohnungsauflösung hätte signalisiert, dass wir in den Westen entlassen würden.

»... können Sie sofort nach Hause gehen«: So schepperte es in meinem Kopf. Es fühlte sich an, als sei mir schwindelig.

Ich fasste mich und erwiderte: »Das kann ich nicht entscheiden. Das kann nur meine Frau entscheiden, die gerade unschuldig verurteilt wurde.«

Nach den ganzen vier Monaten, Ängsten, Grübeleien und Schattengefechten, war es mir beinahe egal geworden, wie unsere Zukunft aussah. Jetzt, wo ich neben Monika saß, wollte ich vor allem, dass ihre Qual ein Ende hätte, so wie es für sie am besten wäre. Wenn wir auf das Angebot eingehen würden, so viel war allerdings klar, würden uns alle für Stasi-Spitzel halten.

»Nie und nimmer gehe ich wieder in dieses Land!«, hörte ich Monika sagen, beinahe schreien: »Nie wieder!«

Sie hatte sich nicht vorstellen können, vielleicht auch nicht vorstellen wollen, wie die DDR mit Dissidenten und einfachen Ausreisewilligen umsprang. »Der Mensch steht im Vordergrund« war eine der Parolen, die man immer wieder zu hören bekam. Nun hatten wir erlebt, mit welcher Verachtung die Partei mit Menschen umging, die anders dachten. Dass wir zu Rechtlosen wurden. Selbst Dimitroff, der kommunistische Held, auf den sich die Parteigänger der SED so gerne beriefen, hatte von den Nazis ein Strafgesetzbuch erhalten, um beim Prozess um den Reichstagsbrand seine »große Verteidigungsrede« vorzubereiten. Dieses Recht wurde uns verweigert. Wir konnten uns weder selbst verteidigen noch hatte unser Anwalt die Möglichkeit gehabt, in den Prozess einzugreifen.

Ich selbst war von unserer Behandlung in Hohenschönhausen nicht allzu überrascht gewesen. Spätestens seit mir der Grenzer die nackten Beine auseinandergeschlagen hatte, hatte ich mir keine Illusionen mehr gemacht, was uns erwartete. Dann hatte ich eher Glück mit dem manierlichen Vernehmer aus Sachsen. Ihr dagegen war es schlechter ergangen. Ihr hatte die Stasi-Haft die Augen geöffnet.

»Niemals gehe ich zurück! Unter keinen Umständen!«, wiederholte sie. Ihre Entschlossenheit beeindruckte mich.

»Gut, wie Sie möchten«, sagte der Anstaltsleiter in geschäftsmäßigem Ton.

Erneut wurden wir getrennt. Beide kamen wir von der U-Haft der Staatssicherheit ins Cottbusser Zuchthaus,[54] denn die Stasi hatte den Fall abgeschlossen. Nach einer Woche wurde das Urteil rechtskräftig.

Die Stasi-Untersuchungshaftanstalt in Cottbus. Das markierte Fenster gehörte zu unserer Zelle. Eigene Aufnahme 1997, als die Glasbausteine bereits durch richtige Fenster ersetzt worden waren.

Von nun an behandelte man uns wie mehr oder weniger gewöhnliche Häftlinge, wir erlebten den »normalen« Strafvollzug der DDR. Monika sollte, nach einer kurzen Zwischenstation in der allgemeinen U-Haft, ins berüchtigte Frauengefängnis Hoheneck gebracht werden. Für mich hieß es: Haftanstalt Cottbus, »Zugang«. Mit Sorge fragte ich mich, was mich dort erwarten würde.

Cottbus hinter Mauern

In der Cottbusser »Strafvollzugseinrichtung« an der Bautzener Straße, kaum zehn Minuten Fahrt im Barkas vom Gericht entfernt, wurde ich von einem Untersuchungshäftling des MfS zu einem »gewöhnlichen« Strafgefangenen – »Strafgefangener May«, so hatte ich mich fortan beim Wachpersonal zu melden, dessen Uniformen von grau zu dunkelblau wechselten. Ihre Dienstgrade hießen »Meister«, »Obermeister« und folgten danach, wie bei der Stasi, den militärischen Bezeichnungen »Leutnant des Strafvollzugs (SV)«, »Hauptmann« und so weiter – militärisch war auch der Umgangston.

Die Mauern, die mich jetzt umgaben, kannte ich von außen: Sie lagen mitten in der Stadt, gar nicht weit vom Hauptbahnhof, noch keinen Kilometer entfernt von der Klinik. Wenn uns Freunde oder Verwandte in Kolkwitz besucht hatten, war ich häufig durch die Stadt gefahren, hatte ihnen das eine oder andere gezeigt und dabei selten dieses Gefängnis vergessen. An zwei Seiten des Geländes konnte man eine holprige Kopfsteinpflasterstraße entlangfahren, zwischen der äußeren Mauer und ersten Wohnhäusern hindurch. In dieser Zeit wurde in der Nähe auch eine Straßenbrücke gebaut, von der aus man einen Blick auf einen Teil des Gefängnisgeländes werfen konnte. »Was dort drin wohl für ein Elend herrscht?«, hatte ich mich häufig gefragt. Rainer Zerweck, der Oberarzt, bekam eine Wohnung in einem der Neubaublocks, die in der Nähe errichtet wurden. Vom dritten oder vierten Stock aus ließ sich das Gefängnis erspähen – und er mag Ähnliches gedacht haben, schließlich hatte es sein Schwager ebenfalls von innen erlebt, bevor er in den Westen kam. Dass dort Schreckliches passierte, war mir stets bewusst gewesen. In Löwenthals ZDF-Magazin wurden Interviews mit ehemaligen politischen Häftlingen geführt, die überwiegend in Cottbus inhaftiert gewesen waren. Allzu überrascht war ich also nicht, als ich die Zustände selbst erlebte. Beinahe war es folgerichtig, dass ich diesen Ort nun auch von innen kennenlernte.

In der Effektenkammer musste ich meine Zivilkleidung wieder abgeben und die Anstaltskleidung entgegennehmen: Kein Trainingsanzug wie bei der Stasi, sondern eine ausgemusterte und gefärbte Armeeuniform, dunkle Hosen und eine braune Jacke. An den Ärmeln, Hosenbeinen und auf dem Rücken der Jacke waren gelbe Streifen aufgenäht, mit denen man für den Fall eines Fluchtversuchs sofort als Sträfling zu erkennen war. Dazu blau-weiße Unterwäsche, Pantoffeln und klobige Schnürschuhe. Ich presste mich in die Kleider und wurde von einem Meister in ein kleineres Zellengebäude geführt, das menschenleer zu sein schien. Über die schmale Eingangstreppe ging es nach oben. An mehreren Gittertüren lief ich vorbei, bis eine davon aufgeschlossen und hinter mir wieder verriegelt wurde. Die Zelle, in der ich mich nun alleine wiederfand, kam mir riesig vor – im Kontrast zur dauernden Beengtheit der Zellen und Flure in Hohenschönhausen und der Cottbusser Stasi-U-Haft. Im Raum standen ungefähr zehn dreistöckige Betten, in der Ecke eine nackte Klosettschüssel, ein Waschbecken. Würden alle diese Betten noch mit Häftlingen belegt? Dann allerdings würde es eng werden.

Ich setzte mich auf eines der Betten und wartete. Irgendwann brachte mir ein Wärter eine Plastiktasse mit etwas, was entfernt an Kaffee erinnerte: »Muckefuck«. Die Fettaugen kamen wohl daher, dass die Großbehälter zu selten gereinigt wurden.

Ruhe. Die Aufregung des Tages fiel von mir ab, jetzt fühlte ich mich nur noch niedergeschlagen und elend. Vier Jahre! Bislang hatte ich vier lange Monate hinter mir. Was wäre, wenn Rechtsanwalt Vogel nichts für uns tun könnte? Wenn die Geheimnisträger-Geschichte doch noch eine Rolle spielte? In der 30er-Zelle war es totenstill und ich dachte an Karl-Heinz und Marian, die noch in Hohenschönhausen saßen. Vor allem dachte ich an Monika, die in der Untersuchungshaft so hart geworden war, dass sie das hinterhältige Angebot des Anstaltsleiters abgelehnt hatte.

Wenn wir es angenommen hätten, wäre es sicherlich nicht damit getan gewesen, brav unserer Arbeit nachzugehen. Wir hätten diesem oder jenem nachspionieren müssen, Rapport erstatten. Je mehr wir uns auf Kompromisse eingelassen hätten, desto enger wäre das Korsett geschnürt worden. Am Ende hätten wir kaum noch atmen können. Darum zweifelte ich trotz allem keinen Moment daran, dass Monikas Entscheidung richtig gewesen war.

Doch wie lange würde ich in Zellen wie dieser hier sitzen? Welche Leute kämen in die anderen Betten? Kriminelle, die weiß Gott was auf dem Kerbholz hatten? Die DDR-Gerichte kümmerten sich ja nicht alleine um politische Fälle, es gab auch ganz gewöhnliche Straftäter – offiziell machte das keinen Unterschied, so hatte man das Strafrecht hingebogen. Immerhin war die Zeit der Stasi-Glasbausteine vorbei. Hier gab es ein richtiges Fenster, durch das ein Stück vom Hof zu sehen war. Und vom Himmel, der allmählich verblasste. Es dämmerte, dann wurde es dunkel.

Um etwa zehn Uhr waren Geräusche zu hören: Schlüsselrasseln, Türenknallen, lauter werdende Stimmen und Schritte: Ein Transport musste angekommen sein. Der Lärm schwoll an, die Treppe hoch, bis die Zellentür aufflog und eine ganze Menge Leute hereindrängte. Über zwanzig Mann, die kreuz und quer aufeinander einredeten: »Woher kommst du?«, »Wie viele Jahre hast du bekommen?«, »Wie wolltest du abhauen?«. Übergangslos von der Einsamkeit in diesen Trubel: Ich war wie erschlagen. Alle erzählten und erklärten durcheinander. Ein riesiges Tohuwabohu, das die ganze Nacht hindurch anhalten sollte.

Nach dem ersten Schreck klinkte auch ich mich ein. Es stellte sich heraus, dass beinahe alle wegen »Republikflucht«, »staatsfeindlicher Hetze« oder etwas Ähnlichem verurteilt worden waren. Per Eisenbahn-Transport, dem sogenannten »Grotewohl-Express«, waren sie aus den verschiedensten U-Haftanstalten der Stasi gekommen. Alle wollten in den Westen. Wir stellten uns gegenseitig als §213er vor – nach dem Paragraphen für »ungesetzlichen Grenzübertritt«. Zum Großteil hatte ich es mit netten, gebildeten Leuten zu tun. Wir teilten ein ähnliches Schicksal, so dass wir offen sprechen konnten. Kriminelle, wie ich befürchtet hatte, schienen nicht unter ihnen zu sein.

Es bestätigte sich, was ich im Westfernsehen bereits erfahren hatte: Die meisten politischen Häftlinge unter fünf Jahren wurden in Cottbus inhaftiert – die schweren Fälle der Dissidenten und politisch aktiven »Staatsfeinde« kamen nach Bautzen I, Bautzen II oder Brandenburg. Auch die kriminellen Häftlinge, die noch ungefähr zwanzig Prozent[55] der Inhaftierten stellten, waren keine »Langstrafer«.[56] Und ich erfuhr, dass von Cottbus aus viele freigekauft wurden und nach einem oder zwei Jahren in den Westen gingen.[57] Das wirkte sich natürlich auf die Stimmung aus, die der Häftlinge ebenso wie der Meister und Obermeister, von denen sich nicht wenige gaben, als könnten sie die DDR retten, wenn sie mit uns besonders brutal umsprängen. Wir Ausreisewilligen (»Ausreiser«) hatten einen schlechten Stand.[58]

Die ganze Nacht lang unterhielten wir uns. Ich hatte einen »§213er« entdeckt, den ich noch aus Mittweida kannte. Erfahrungen und Gerüchte wurden ausgetauscht, die Verhältnisse in vielen Stasi-Gefängnissen gegeneinander abgeglichen, Freikauf-Chancen erörtert. Es war das erste Mal, dass ich in einer solchen Gruppe Gleichgesinnter ohne vorgehaltene Hand frei reden konnte. Gegenseitig bekräftigten wir uns in der Ablehnung des Systems. Von »DDR« sprach hier keiner mehr, das war nur noch »der Osten« oder »die Zone«. Wer in diesem Haufen von Ausweisern ein gutes Haar am SED-Staat gelassen hätte, wäre wohl mindestens schief angesehen worden.

In einem Sonderheft der Cottbusser Blätter, »Das Zuchthaus Cottbus. Die Geschichte des politischen Strafvollzugs« führt Thomas Kittan Gründe an, weshalb die politischen Häftlinge nach dem Mauerbau an einem Ort zusammengelegt wurden: »Die SED-Führung erkannte allmählich die politische Gefährlichkeit dieser Häftlingsgruppe für die anderen Strafgefangenen. Obwohl das Untermischen einiger weniger »Politischer« unter die mehrheitlich kriminellen Häftlinge während der DDR-Zeit nie ganz aufgegeben wurde, suchte die SED-Führung nach einem geeigneten Gefängnis, in dem sich diese Klientel konzentrieren und so besser unter Kontrolle halten lassen konnte.«[59]

Cottbus wurde wahrscheinlich ausgesucht, so Kittan weiter, um den Ruf berüchtigter Gefängnisse wie Bautzen oder Brandenburg-Görden nicht noch weiter zu schädigen, und weil der Rückhalt für die SED im Raum Cottbus noch recht stark war: »Damit brauchte man mit weniger Widerstand in der Bevölkerung zu rechnen. Es bestätigte sich später, dass es kaum Solidarität mit den ›Politischen‹ seitens der Bevölkerung gab, deren Schicksal den meisten Cottbussern weitgehend egal war und teilweise bis heute auch blieb. [...] der Bezirk Cottbus [besaß] die größte IM-Dichte der gesamten Republik [...]«[60]

Früh am nächsten Morgen hieß es: »Antreten!« Da baute sich ein großer und stämmiger Aufseher in martialischer Pose vor uns auf, breitbeinig, in dunkelblauer Uniform mit schwarzen Lederhandschuhen, der bei der DEFA gut den SS-Mann hätte geben können. Er stellte sich als »Obermeister Schulze« vor, streichelte seinen Gummiknüppel und schien Spaß daran zu haben, die Hausordnung durchzugehen, sie stockend vorzulesen und uns zu drohen. Dieser blonde und bereits ein wenig ergraute Mann mit dicker Hornbrille, Hubert Schulze, wurde von allen Häftlingen »Roter Terror« genannt oder »RT« – was ihm schmeichelte: Ein Sadist, dem die Gefängnisleitung anscheinend freie Hand gegeben hatte.[61] Er ließ es sich nicht nehmen, jeden einzeln in sein Büro zu zitieren und nach dem Haftgrund zu befragen – um ihn anschließend anbrüllen und beschimpfen zu können. Wer sich wehrte oder auch nur äußerte, bekam seinen Gummiknüppel zu spüren.

Nach seinem langen »Vortrag« teilte RT uns in Kartoffelschälkommandos ein, denn die Häftlinge des Zugangs schälten Kartoffeln für das Gefängnis. Beinahe rund um die Uhr ging das, in Schichten, und dazwischen wurden wir in Gruppen unter das Dach des Zugangs geführt, wo RT seinen »Schulungsraum« betrieb – mit Modellen eines Spindes, eines Bettes, Schautafeln und Anleitungen, anhand derer er uns beibringen wollte, wie sich ein Häftling im sozialistischen Strafvollzug zu verhalten habe. Die Pferdedecken mit blau-weiß-kariertem Überzug, mit denen wir schliefen, mussten tagsüber auf exakte Weise gefaltet werden. Bisweilen zählte er die Karos nach – und prügelte mit dem Gummiknüppel drauflos, wenn die Zahl nicht stimmte. Er hatte Spaß daran, besonders die Akademiker unter uns als »blöde Schweine« zu beschimpfen und uns »beizubringen«, wie wir uns melden sollten, wenn die Zellentür geöffnet wurde. Den Kasernenhofton kannte ich von der Armeezeit, wo wir auch schon in blau-weiß-karierter Bettwäsche geschlafen hatten, und obwohl ich ihn auch in der Raketen-Brigade vom ersten Moment an gehasst hatte, profitierte ich jetzt von diesen Erfahrungen. Auch das, so dachte ich, hatte ich überstanden.

Nach dem Kartoffelschälen ging es unter RTs Aufsicht raus aus dem Kartoffelkeller und im Gleichschritt Richtung Zugang. »Einrücken!«, hieß es dort und wir stiegen die Treppe hoch, im Laufschritt auf die Zelle. Wer ihm nicht passte, den rempelte RT unten an und brüllte: »Wie verhalten Sie sich hier! Dafür gehen Sie da unten rein!«

Gemeint war der Lehmkeller unterm Zugang, der zu niedrig war, um aufrecht darin zu stehen, und zu schmutzig und rattenverseucht, um sich ohne Widerwillen hinzusetzen.

»Sie bleiben so lange da unten, bis ich Sie wieder raushole!«

Manche holte er, sobald alle auf der Zelle waren, traktierte sie mit dem Gummiknüppel und ließ sie hochrennen. Es kam jedoch auch vor, dass er zwei oder drei Häftlinge über Nacht »vergaß«. Am nächsten Morgen entschuldigte er sich dann scheinheilig, es täte ihm unheimlich leid.

Das Regime des Roten Terrors dauerte für mich etwa eine Woche an.[62] In dieser Zeit fand auch die obligatorische Eingangsuntersuchung statt.

Als ich das Untersuchungszimmer betrat, erkannte ich sofort, wer dort saß: Es war Dr. K. aus der Chirurgie des Cottbusser Krankenhauses. Im allgemeinen Ärztemangel der DDR hatte man sogenannte Z-Stellen geschaffen, bezahlte »Zusatztätigkeiten«, die ein Krankenhausarzt oder Arzt in einer Poliklinik nebenbei ausüben konnte. Etwa in einer kleinen Landpraxis – oder eben im Gefängnis. Oberarzt K. kannte ich vom gemeinsamen Operieren bei Unfällen – wenn zwei Fachgebiete betroffen waren, sprach man sich gleich in der Notaufnahme miteinander ab. Er war fünf oder sechs Jahre älter als ich und ich hatte ihn nie anders als freundlich und verbindlich erlebt. Er hatte sogar die Gallensteine meines Vaters entfernt. Jetzt saß ich ihm nicht als Kollege gegenüber, sondern als Häuflein Elend, das gerade vier Monate Untersuchungshaft hinter sich und eine ungewisse Zukunft vor sich hatte. Wir waren allein, die Wache war vor der Tür geblieben, und ich hätte vielleicht einige tröstende Worte erwartet, etwas Aufmunterndes, schließlich hatte er schon viele Häftlinge kommen und gehen sehen. Stattdessen sagte er: »Na, hat sich wohl gelohnt?«

Sein Tonfall war so abfällig, dass ich nichts erwidern konnte. Vor Wut liefen mir die Tränen übers Gesicht.[63]

Arbeit und Solidarität

Nach der Staatsideologie der DDR sollte Kriminalität eigentlich verschwinden, weil sie den falschen gesellschaftlichen Zuständen, sprich dem »feindlichen« Kapitalismus entsprang. Wer gegen das Gesetz verstieß, wurde darum als Fremdkörper in einer ansonsten intakten Gesellschaft angesehen und musste entweder ausgeschlossen oder »umerzogen« werden. Für politische Häftlinge galt das in besonderer Weise. Darum hießen die Offiziere im Strafvollzug »Erzieher«[64] – auch wenn man es in Cottbus längst aufgegeben hatte, »Ausweiser« mittels Belehrung zu Sozialisten umerziehen zu wollen.

Für jeweils einen Korridor mit sechs Zellen (»Erziehungsbereich«) war ein »Erzieher« zuständig, der über »Hafterleichterungen«, Besuche und Paketscheine, das Fernsehen und den Gottesdienstbesuch entschied. Paketscheine waren Zettel, die wir den Briefen an unsere Angehörigen beilegen mussten, um Pakete von ihnen erhalten zu dürfen. Die »Erzieher« bestimmten auch die »Zellenältesten« in ihren »Erziehungsbereichen«, die sogenannten »Pritscher«, die für Ordnung und Sauberkeit in der Zelle verantwortlich waren und Meldung machen mussten, wenn ein Meister eintrat: »Achtung! Verwahrraum X mit 12 Strafgefangenen angetreten«. Währenddessen hatten wir anderen strammzustehen.

Nach der Woche im Zugang teilte man uns in die »Erziehungsbereiche« und »Arbeitskommandos« ein. Ich wurde über den Hof in das große dreiflüglige Zellengebäude geführt und durchs Treppenhaus geschlossen, zwei Stockwerke nach oben, in den linken Korridor, auf dem sich sechs Zellen befanden, drei auf jeder Seite. In unserer standen vier Dreistockbetten, Spinde mit kleinen Fächern, Tische und Hocker auf circa zwanzig Quadratmetern, vier mal fünf.

Als ich zum ersten Mal dort eingeschlossen wurde, war ich allein. Ich sah mich in Ruhe um. An der linken Wand das Waschbecken mit Spiegel, dann eine morsche alte Holztür, hinter der sich die Toilettenschüssel verbarg – ein gewisser Fortschritt, wenn sich die Toilettentür auch nicht verschließen ließ. Das vergitterte Fenster erschien mir erstaunlich groß. Es ließ sich nach innen öffnen. Draußen sah man den »Freihof« der allgemeinen U-Haft, wo die Frauen und Männer, die dort einsaßen, zu festgelegten Zeiten frische Luft schnappten. So sah ich kurz darauf tatsächlich Monika – wie schon einmal, durch den mühsam freigelegten Spalt zwischen den Glasbausteinen in Hohenschönhausen, nun vergleichsweise bequem zwischen Gitterstäben hindurch. Zusammen mit vielen anderen Frauen zog sie auf diesem Hof ihre trostlosen Runden.

Es war zum Verzweifeln, sie dort zu beobachten. Und zugleich auch tröstlich. Immerhin war sie noch in meiner Nähe. Der Gefühlsaufruhr bei ihrem Anblick wäre größer gewesen, hätte ich gewusst, unter welch unwürdigen Verhältnissen sie die Zeit in der allgemeinen Untersuchungshaftanstalt von Cottbus[65] verbringen musste. Einen oder zwei Tage später setzte man sie in den Gefangenentransportwagen, zunächst nach Chemnitz und von dort ins Frauengefängnis Hoheneck in Sachsen.

Irgendwann kehrten die anderen elf Zellen-Insassen von ihrer Schicht zurück und wir stellten uns gegenseitig vor. Glücklicherweise waren auch hier die »Ausweiser« in der Mehrzahl.

Vom Fenster, das sich am Ende des Korridors befand, sah man den Zugang und die »Schleuse« beim Verwaltungsgebäude, durch die die Barkas fuhren.

»Wenn dort einer in Zivil entlanggeht«, hieß es, »und einen Aktenkoffer in der Hand hält, dann ist er von der Stasi und bringt die Transportlisten.«

»Was heißt das?«

»Die Liste der Leute, die freigekauft wurden. Der kommt aus Berlin.«

Auf diesen magischen Moment lebten die meisten Häftlinge hin, alle §213er und »Staatsfeinde«, mit denen ich in Cottbus zu tun bekam – und mir ging es genauso. Das kleinste Detail, das mit diesem Häftlingsfreikauf zu tun hatte, fand Beachtung.

»Wenn in der Lohnabteilung noch lange die Lichter brennen, ist Endabrechnung. Dann geht am nächsten Tag ein Transport.«

»Dann wird auch in der Effektenkammer das Licht eingeschaltet – und wer gehen darf, wird aus den Zellen geholt. Das geht ganz schnell.«

»Dann geht es auf Transport nach Kalle-Malle, und von da in die Freiheit!« Von »Karl-Marx-Stadt« sprach auch hier niemand. Entweder war es Chemnitz, oder »Kalle-Malle«. In einem Lied, das auf die Melodie der »Polonäse Blankenese« gesungen wurde, hieß es:

»Bald geht es los,
ist das nicht zum Schießen,
zuerst nach Kalle-Malle,
und dann nach Gießen!«

Viele hatten auf irgendeinem Weg versucht, in den Westen zu kommen, über die Tschechoslowakei, Ungarn, Bulgarien, Rumänien, mit Fluchthelfern, gefälschten, kopierten oder vertauschten Pässen, wie wir im Kofferraum, oder auf eigene Faust. In Cottbus sollte ich noch viele solcher Geschichten hören: Mehrere §213er hatten einen Ballon gebastelt, andere waren mit einem Faltboot unterwegs gewesen wie dem »Delphin«, den sich der Junge aus der U-Haft im Wohnzimmer ausgebaut hatte. Sogar mit einem selbstgebauten Surfbrett hatte jemand versucht, über die Ostsee zu kommen. Fluggeräte aller Art waren ausgetüftelt worden, um die Grenze zu überqueren. Einer hatte es mit einem Elektrohubschrauber versucht, den er auf einem Fahrrad bis nahe an die Berliner Mauer transportieren wollte. Die Batterie für den Motor sollte

Die Enge einer mit zwölf oder mehr Häftlingen besetzten Zelle wird in der heutigen Gedenkstätte Zuchthaus Cottbus eindrucksvoll mittels lebensgroßer Puppen verdeutlicht, die von dem Künstler Jörg Beier gestaltet wurden. Eigene Aufnahme.

am Boden bleiben und ihre Energie über ein Kabel liefern, das gerade lange genug sein musste, um ihm den Flug über das verhasste Hindernis zu erlauben. Und einer hatte ein U-Boot gebaut: In seiner Garage hob er ein tiefes Loch aus, schaffte den Aushub heimlich fort und mauerte sich ein Wasserbecken aus, um das Unterwasserfahrzeug zu testen. Die kuriosesten Ideen und mehr oder weniger gelungene Nachbauten erfolgreicher Fluchtfahrzeuge. Not macht erfinderisch. Leider hatten sich die meisten schon verraten oder waren verraten worden, weil sie das notwendige Material in ihrem Betrieb stehlen mussten, bevor sie ihr Werk in die Tat umsetzen konnten.

Auf dem Korridor, bei der Arbeit oder auf dem Freihof lernte ich eine ganze Reihe junger Männer kennen, die sich nach ihrem Musterungsbefehl für die NVA einfach in den Interzonenzug Richtung Westen gesetzt hatten oder zum Checkpoint Charlie gelaufen waren, ihren Personalausweis abgaben und zu den Grenzern sagten: »Ich will da rüber!«

Auch das war bereits versuchte Republikflucht. Mutig gingen sie ins Gefängnis, wurden meistens nur zu einem Jahr verurteilt und hatten häufig bereits nach acht Monaten ihr Ziel erreicht. Sie sagten sich, dass zwischen 18 Monaten NVA und einem Jahr Zuchthaus kein allzu großer Unterschied bestehe. Trotzdem gehörte eine ganze Portion Wagemut dazu, gleich nach der Schule oder der Lehre diesen Weg zu gehen.

Andere versuchten Ähnliches über den Straftatbestand der »staatsfeindlichen Hetze« – sie kopierten Biermann-Kassetten oder gaben verbotene Bücher weiter. Ein junger Mann, mit dem ich Bett an Bett lag, machte sich unentwegt Notizen. Mit spitzem Bleistift schrieb er auf kleinen Papierschnipseln seine ganze Gefängnisgeschichte auf, alles, was er beobachtete und erfuhr. Zwar hatte er einen einfachen Beruf gelernt, schien sich aber als Schriftsteller zu fühlen und hörte auch nicht mit dem Schreiben auf, als die Schnipsel, was mehrmals vorkam, beschlagnahmt (»gefilzt«) wurden. Der junge Mann war ins Cottbusser Zuchthaus gekommen, weil er politische Flugblätter geschrieben und verteilt hatte. Erst hier entschloss er sich, einen Ausreiseantrag zu stellen, und plante jetzt, im Westen als Schriftsteller zu leben.

Außerdem gehörten drei Bauingenieure zu meinen Zellennachbarn und vier Ärzte. Einer der Ärzte, ein zurückhaltender Mensch, wurde bald nachts aus der Zelle geholt, als Licht in der Effektenkammer brannte. Er hatte es über Ungarn probiert und war zu drei Jahren verurteilt worden, von denen noch nicht einmal eines abgelaufen war – ein Hoffnungszeichen, auch wenn mancher, der länger saß, mit seinem Schicksal haderte. Jeder Transport nach »Kalle-Malle«, von dem wir erfuhren, beflügelte unsere Ausweiser-Gemeinschaft. Immer wieder kursierten auch Gerüchte einer Amnestie für politische Gefangene oder alle »Kurzstrafer«, verbunden mit einem Jahrestag oder einer politischen Entwicklung. Amnestie-Gerüchte gibt es wohl in jedem Gefängnis zu jeder Zeit.

Je enger man gezwungen ist, mit Menschen zusammenzuleben, desto wichtiger ist die Art des Umgangs – und wir strengten uns an, uns möglichst respektvoll zu verhalten. Die Solidarität, die wir übten, kam jedem zugute und ließ uns die Härten gemeinsam besser ertragen: etwa das ausgesprochen schlechte Essen, das mir die Kost in Höhenschönhausen im Nachhinein als schmackhaft erscheinen ließ. Am 1. Mai hatte es dort als Nachtisch einen Pudding gegeben, der in der Mitte mit einer

Erdbeere garniert war. So früh im Jahr hätte ich draußen noch keine Erdbeeren besorgen können. Die Stasi konnte es und setzte wohl sogar diesen Nachtisch ein, um uns als Untersuchungs-Häftlinge zu verunsichern. Zuckerbrot und Peitsche.

Wenn Karl-Heinz B. oder ich nach dem Essen noch Hunger gehabt hatten, konnten wir beim Läufer um Brot und Schmalz bitten. Ich hatte mir einen Spaß daraus gemacht, ihn auch nach Senf zu fragen. Und nach zwei oder drei Tagen, an denen ich diesen Scherz nicht lassen konnte, schob der Läufer uns tatsächlich einen Plastikbecher voller Senf durch die Klappe – und hieß von da an nur noch »Senfi«.

Von einer solchen Verpflegung konnte ich im regulären Strafvollzug des Cottbusser Zuchthauses nur träumen. Dazu kam die schlimme Brühe, die wir als Kaffeeersatz zu trinken bekamen, die Arbeitsbedingungen, von denen noch die Rede sein wird, und vor allem die Ungewissheit, wie lange wir hier noch festsitzen würden, bis endlich die Endabrechnung kommen und wir zu denen gehören würden, die früh morgens in die Effektenkammer durften.

Am zweiten Tag steckte mir ein Häftling namens J. M., der in Dresden in chirurgischer Ausbildung gewesen war, ungefragt einige Wertgutscheine zu, ungefähr 25 »Knastmark«, also beinahe ein Monatsgehalt. »Das ist immer so«, sagte er, »wenn ein neuer Kollege kommt, wird bei allen Medizinern für ihn gesammelt.«

Wie funktionierte das, fragte ich mich? Begegnungen außerhalb der Zellen ergaben sich nur beim Schichtwechsel und sonntagnachmittags, wenn die sechs Zellen unseres Korridors aufgeschlossen wurden und es erlaubt war, von einer Zelle zur anderen zu gehen und uns zu unterhalten. Mit anderen »Erziehungsbereichen« gab es nur wenig Kontakt. Doch irgendwie fanden sich Wege! Vor Rührung lief es mir eiskalt den Rücken herunter. Mensch, dachte ich, die haben alle mitgekriegt, dass ich jetzt da bin.

Das Knastgeld brauchte man vor allem, um am Kiosk auf dem »Freihof« Getränke, natürlich Zigaretten und einfache Konserven und Kekse zu kaufen. Bis das Geld, das wir mit unserer Arbeit verdienten, ausgezahlt wurde, verstrichen etliche Wochen oder Monate. Den Lohn für die beiden Monate Schichtarbeit in Cottbus, circa 60 Mark, sollte ich erst sehr viel später erhalten.

Das für mich gesammelte Startgeld konnte ich kurioserweise beim Schachspiel vermehren. Mit Marjan und Karl-Heinz hatte ich zuletzt täglich vor dem Brett gesessen, der einzigen erlaubten Freizeitbeschäftigung außer dem begrenzt vergnüglichen »Neuen Deutschland« und einigen mehr oder weniger aufschlussreichen Büchern – wir waren ungefähr gleich stark gewesen und durch viele Spiele immer besser geworden. »In der Zelle gegenüber«, hieß es jetzt, »sitzt ›Großmeister‹ so und so. Der gewinnt jede Schachpartie!«

Wer Geld hatte, konnte während der sonntäglichen Aufschlusszeit gegen ihn antreten. Meine Zellennachbarn sammelten und setzten auf mich – und ich gewann. Am nächsten Sonntag wünschte sich mein Gegner Revanche, und ich gewann erneut. Das waren meine ersten Einnahmen.

Das offizielle »Erziehungsmittel« im »sozialistischen Strafvollzug« war »gesellschaftlich nützliche« Arbeit: Laut Strafvollzugsgesetz galt in den Gefängnissen der DDR Arbeitspflicht – wie im Rest der Republik. Neben Tätigkeiten im Haus und in der Küche standen dafür vor allem eine Werkstatt des VEB Pentacon, Dresden, und ein Werk des VEB Sprela zur Verfügung, in dem Sprelacart-Platten hergestellt wurden, ein mit Kunstharz gebundener Schichtstoff, der im Möbelbau allgegenwärtig war. Die Bedingungen, unter denen die Häftlinge in diesen Fabriken eingesetzt wurden, machten Cottbus wie alle anderen DDR-Gefängnisse zu einem Arbeitslager. In einer Publikation zum »Strafvollzug in der DDR« heißt es dazu:

»Hier ist zu betonen, daß die Beschäftigung nicht nur aus erzieherischen Aspekten eine Hauptrolle spielte, sondern – getreu der vollzugspolitischen Leitlinie – auch ganz massive ökonomische Interessen des Staates im Vordergrund standen. Daher konkretisiert die Erste Durchführungsbestimmung zum StVG die Bestimmungen zum Arbeitseinsatz auch dahingehend, daß Wettbewerbskonzeptionen zu erarbeiten waren, die »hohe Zielsetzungen« (Plansoll) enthalten sollten. Die Wettbewerbsergebnisse mußten ständig analysiert und mit den Gefangenen ausgewertet werden. Für ihre Tätigkeit erhielten die Strafgefangenen – bei Erfüllung der Arbeitsnormen – 18 % des Nettolohns, die ein Werktätiger für die gleiche Arbeit erhalten würde. Im Durchschnitt dürfte ein Gefangener etwa 100 Mark monatlich erhalten haben.«[66]

Besprechungen zur Normerfüllung und zur Arbeitsmoral gab es tatsächlich. Allerdings habe ich in Cottbus keinen kennengelernt, der 100 Mark im Monat erhalten hätte. Bei Pentacon ging es um Beträge von 25 bis maximal 45 Mark. Als normaler Häftling lag man mit 35 Mark im Mittelfeld. Das Geld wurde in Form von Wertgutscheinen ausgezahlt, für die man nur im Gefängnis-Kiosk einkaufen konnte.

Die drei Arbeitskommandos für den VEB Pentacon, jeweils zwei »Erziehungsbereiche«, arbeiteten im Dreischichtsystem, abwechselnd ab 6 Uhr morgens, 14 Uhr nachmittags und in der Nachtschicht ab 22 Uhr. Wenn wir um 6 Uhr anfangen mussten, war um 4 Uhr Wecken. Alle zwölf Mann teilten sich ein Waschbecken, eine Toilette. Entsprechend unangenehm war die Stunde, bevor wir uns vor der Zelle aufstellten, gezählt wurden und im Laufschritt die Treppe hinunter marschierten, sobald jemand der Wachleute den Befehl »Runterrücken zur Arbeit« gab. Auf dem Gefängnishof mussten wir antreten, jeweils über fünfzig Mann.

»Im Gleichschritt marsch!«, hieß es dann, für die knapp 50 Meter zur Werkshalle, wo sich zeitgleich die Arbeitskommandos der vorherigen Schicht bereit machten. Vor der Halle nahmen wir erneut Aufstellung, ein Wärter brüllte »Einrücken« – und wir tauschten die Rollen.

Die Pentacon-Werkshalle war groß genug, um vielleicht zwei Dutzend Werkzeugmaschinen aufzunehmen, außerdem gab es eine Dreherei, eine Entgraterei, Bohrerei und den Werkzeugbau – im Wesentlichen wurden hier Einzelteile für Fotokameras hergestellt – zum Beispiel für die Kameras der Marke Praktica, von denen viele in die Bundesrepublik exportiert wurden. Meine eigene Praktica lag im Krankenhaus, wo ich sie für die Dokumentation ästhetischer Operationen verwendet hatte. Hans-Jürgen sollte sie bekommen – doch sie verschwand auf irgendeine Weise.

Als gelernter Maschinenbauer kannte ich mich glücklicherweise ein wenig mit Maschinen aus. Ich wusste, was eine Stanze ist, und wie man sich im Umgang mit Werkzeugmaschinen verhält, um verletzungsfrei zu bleiben. Denn ganz ungefährlich war diese Arbeit nicht. Der »Oberbär«, das bewegliche Teil der Stanze, fiel mit gehöriger Wucht auf das jeweilige Werkstück und wurde von Pressluft zurück in die Ausgangsposition gehoben. Beides verursachte einen gehörigen Lärm. In der Halle konnte man sich nur schreiend unterhalten.

Fürs Fachliche war ein Zivilmeister zuständig, eingeteilt wurden wir von Vorarbeitern, die unter den kriminellen Häftlingen rekrutiert wurden, um zu viel Häftlings-Solidarität zu verhindern. Die Vorarbeiter verhielten sich so feindselig, wie man es von ihnen erwartete, und wurden von uns »Politischen« nach Möglichkeit gemieden.

Jeder bekam eine Maschine zugeteilt, vor der er auf einem Hocker saß, links Metallkästen mit unbearbeiteten Teilen, rechts mit den fertigen, und musste in seiner Achtstundenschicht eine bestimmte Menge dieser Teile von links nach rechts befördern. Wenn wir die genannten Mengen schafften, sagen wir 3500 Teile pro Schicht, entsprach dies 100 Prozent der Norm und einem bestimmten Lohn. Wer die Norm nicht erfüllte, bekam Abzüge. Manche schafften es nicht, andere arbeiteten absichtlich unterhalb der Norm, als eine Art von Widerstand. Einer meiner Zellenkameraden weigerte sich aus diesem Grund, die Norm zu erfüllen, und hielt seine Oppositionshaltung durch, obwohl er auf den Schichtversammlungen regelmäßig von Zivilmeistern wie Uniformierten angegangen wurde. Die Lohnkürzungen schmerzten ihn sicherlich, ohne Knastwährung war die Versorgungslage düster, doch er ließ sich nicht beirren. Ein sympathischer, harter Kerl.

Es gab auch Möglichkeiten, zu tricksen. Wenn eine Metallkiste mit fertigen Teilen voll war, wurden diese gezählt und weggebracht, doch nicht immer sofort, so dass sich oft auch Kisten stapelten. Auch bei der Schichtübergabe schafften es unsere Kontrolleure nicht, alle bearbeiteten Teile rechtzeitig wegzuräumen. Wenn ich zur Schicht antrat, lagen darum in den linken Kästen für die unbearbeiteten Teile oft schon eine oder zwei Handvoll bearbeiteter Teile, unauffällig abgedeckt, die mein Schichtvorgänger dort deponiert hatte. Dieser Freundschaftsdienst war Usus und gelang trotz Vorarbeitern und den Kameras, mit denen die Halle überwacht wurde. Über die Gesamtzahl aller in der Werkshalle zu stanzender und anderweitig zu bearbeiteter Teile schien niemand informiert zu sein, sonst wären die Abweichungen nach kurzer Zeit aufgefallen. Auch hier herrschte die übliche Misswirtschaft.

Die großen Kameras, die auf beiden Seiten der Halle hingen, reichten den Verantwortlichen des Strafvollzugs auch nicht aus, um die Anwesenheit aller Häftlinge zu kontrollieren, denn in jeder Pause, wenn eine Hupe ertönte, mussten wir zur Zählung antreten. Dann konnte man zur Toilette, trank einen Schluck von einem undefinierbaren Aufguss mit Pfefferminz- und Früchteanteilen, der im Gefängnis »Tee« genannt wurde, und es ging weiter an der Stanze.

Alles in allem waren die Arbeitsbedingungen katastrophal. Nicht wenige Häftlinge, vor allen Dingen diejenigen, die noch nie in einer derartigen Fabrik oder auch nur in einer Metallwerkstatt gearbeitet hatten, wurden davon krank. Wer länger in der von Stanz-Schlägen dröhnenden Halle arbeitete, trug sicherlich Hörschäden davon. Sklaverei im Sozialismus. Schlimmer noch war es für die Arbeitskommandos im Sprela-Werk, die zwar im Zweischichtsystem arbeiteten, früh und spät, dafür jedoch ohne wirksamen Atemschutz den giftigen Stäuben ausgesetzt waren, die beim Schleifen der Sprelacart-Platten entstanden. Als Alibi-Maßnahme bekamen die »Zwangsarbeiter« dort Milch zu trinken, als ob Milch die Gifte von der Lunge hätte fernhalten können.[67]

Morgens und abends wurde das Essen von Häftlingen mit besonderen Aufgaben, die »Kalfaktoren« genannt wurden, in die Zellen gebracht. Mittags marschierten wir in einen großen Speisesaal gegenüber der Sprela-Halle, die trostlose Variante einer Fabrik-Kantine, und erhielten unsere armseligen Rationen an der Essensausgabe. Wir standen mit Plastikschüsseln oder Tellern in Reih und Glied, um die Kelle Eintopf oder Kartoffeln entgegenzunehmen, minderwertiges Essen, das gerade ausreichend Energie lieferte, um durchzuhalten. Manche beschwerten sich lautstark, ich wusste schon von der Armee, dass man solchem Essen besser keinerlei Aufmerksamkeit widmete, damit fuhr man am besten.

Acht Stunden Schicht, acht Stunden Lärm, Schmutz und Hetzerei, dann marschierten wir im Gleichschritt zurück zum Zellengebäude, und, auf den Befehl »Einrücken«, in den zweiten Stock. Je nach Schicht ging es dann zur »Freistunde« auf den schmalen Hof, der auf der Rückseite des Zellengebäudes lag: Eine Stunde im Kreis laufen. Vom Hof aus konnte man auch zum Einkaufs-Kiosk gehen, um die Wertmarken gegen Toilettenartikel, Süßigkeiten, Stifte oder Zigaretten einzutauschen. Richtigen Kaffee oder Tee gab es auch dort nicht.

Wenn wir abends keine Schicht hatten und das Licht ausging, saßen wir auf unseren Betten, teilten unsere Zigaretten, verqualmten die Zelle und erzählten. Einen gab es immer, mit dem man sich austauschen konnte. So vergingen die Tage, einer nach dem anderen. Ich konnte sie zählen, doch das nützte nicht viel. Worauf es ankam, war die unbekannte Zahl der Tage, die noch vor mir lagen.

Gelegentlich wurde ich zu meinem »Erzieher« gerufen, der weiter keine Funktion zu haben schien, als die politischen Häftlinge zu drangsalieren. Aus irgendeinem Grunde hatte ich bei »meinem« Oberleutnant von Anfang an einen schlechten Stand, er ließ mich mehrfach in sein Büro führen, um mir Vorhaltungen zu machen und mir ohne ersichtlichen Grund »Vergünstigungen« zu streichen. Vielleicht hatte er über diese oder jene Ecke von mir gehört oder kannte meinen Bruder, der ja in Cottbus arbeitete und nun auf der Besucherliste stand. Vielleicht war es auch ein Stasi-Mann, der im Hintergrund die Fäden zog. Ich hatte permanent Fernsehverbot, bekam keinen Paketschein, durfte manchmal keine Briefe schreiben, je nach Laune hielt er auch meine Post zurück – und verweigerte Hans-Jürgen den Besuch. Der Erzieher war es auch, der meine Lohnabrechnung hinauszögerte. Vielleicht gab es unter den zwölf Häftlingen in unserer Zelle einen Spitzel, der weitertrug, was ich erzählte. Ich weiß es nicht.

Andererseits war Cottbus keine Riesenstadt, die Ärzte des Klinikums waren dort relativ bekannt, so dass die Schließer und Wärter bald aus der einen und anderen Quelle informiert waren, mit wem sie es zu tun hatten. Auch einen der schlimmsten Wärter, »Texas«, der wie RT Häftlinge misshandelte und demütigte, lernte ich nicht erst als »harten Hund« kennen: Seine Frau arbeitete im Landambulatorium gegenüber Monikas Praxis, von dort holte er sie abends mit dem Motorrad ab. Wir kannten uns also vom Sehen.

Im Cottbusser Gefängnis nun gab es, wie berichtet, keinen richtigen Kaffee, auch keinen schwarzen Tee, nur Getreidekaffee, »Muckefuck« oder »Knast-Tee«. Wenn sich einer von uns »Politischen« Pakete schicken ließ – alle drei Monate konnte man bis zu drei Kilogramm erhalten –, instruierte er die Absender, dass nur Westware erwünscht war. West-Zigaretten, Shampoos, Schokolade, Seife, Kakaopulver – bloß nichts aus der DDR. Von diesem Land hatte man sich verabschiedet, und auch dem Wach- und Schließ-Personal sollte damit klar gemacht werden, dass man in den Westen gehörte. Weil kein Kaffee erlaubt war, stieg Nesquick zum beliebtesten Getränk auf. Zum Anrühren brauchte man jedoch warmes Wasser (Milch gab es nur für die Sprelacart-Arbeiter), das nur aus einem einzigen Hahn kam, und der befand sich an einem Waschbecken beim Treppenaufgang, das für Spül- und Putzwasser vorgesehen war. Wenn beim Schichtwechsel alle in die Zellen liefen, musste der Erste, der dort ankam, sich die Aluminiumkanne greifen, die sonst für Muckefuck verwendet wurde, sich gegen den Strom der Häftlinge noch einmal hinaus zum Wasserhahn drängeln und die Aluminiumkanne füllen, damit wir unseren Nesquick anrühren konnten. Texas und ein anderer Quälgeist, der »Arafat« genannt wurde, machten sich einen Spaß daraus, die Tür zum Treppenhaus schnell zuzudrücken und die Gummiknüppel lautstark über die Gitterstangen klappern zu lassen: »Heute kein warmes Wasser!« Wer noch nicht acht Stunden an einer Stanze gearbeitet hat und dabei gezwungen war, den Aufguss zu trinken, der uns dort als einziges Getränk zur Verfügung stand, kann nicht ermessen, wie deprimierend das für uns war. Auf diese Tasse Wasser-Nesquick hatten wir uns gefreut.

Wenn ich jedoch an der Reihe war, mit meiner Kanne angerannt kam, und Texas erneut die Tür zuhauen wollte, sah ich ihm ins Gesicht – und er öffnete die Tür und ließ mich zum Wasserhahn. So zerlumpt ich während der Haft auch aussah, etwas von dem Respekt, den ich von früher genoss, hatte sich gehalten.

Eine vollkommen andere, verstörende Erfahrung mit früheren Cottbusser Bekannten betraf einen Kollegen, der die Gehässigkeit des Chirurgen K. bei der Eingangsuntersuchung noch übertraf. Als mein Zellennachbar J., dem ich die Finanzspritze zu Beginn meiner Haft zu verdanken hatte, Zahnschmerzen bekam, fand ich eine große kariöse Stelle an einem Backenzahn des rechten Unterkiefers. Den Zahnarzt mit der Z-Stelle im Gefängnis kannte ich: »Sag bitte dem Kollegen A. einen schönen Gruß von mir und gib dich als Arzt zu erkennen. Er soll dir eine ordentliche Füllung am Sechser legen.«

Bis er zur Behandlung durfte, dauerte es noch eine schmerzhafte Woche – und als er sie endlich hinter sich hatte und von der Sprechstunde zurückkehrte, war kaum etwas getan. »Der hat bloß ein bisschen gebohrt, reingespritzt hat er nichts.«

»Hat er dich denn wieder bestellt?«

»Nein.«

Im Zahn fand ich nur eine Zinkoxid-Nelkenöl-Einlage, ein Provisorium für die Schmerzbehandlung, dessen Wirkung nur kurz anhielt. Ich war nicht überrascht, als die Zahnschmerzen schon am nächsten Tag wiederkehrten und er sich erneut beim Schließer meldete. Auch beim zweiten Arztbesuch ließ ich Grüße ausrichten – »Er soll das jetzt einmal richtig machen!« – und erreichte damit offenbar gerade das Gegenteil von dem, was ich beabsichtigt hatte: Der Zahn sah noch schlimmer aus und musste zuletzt extrahiert werden. Jetzt verstand ich, dass A. nur außerhalb des Cottbusser Gefängnisses ein »netter Kollege« war, hier drinnen war er zum Sadisten geworden, dem man am besten aus dem Weg ging.[68] Später hörte ich von weiteren Beispielen seiner absichtlichen und bösartigen Fehlbehandlungen. Für mich war es erschütternd zu erfahren, wie sehr es von den Umständen, den Regeln und Machtverhältnissen abhängen konnte, wie sich Menschen verhalten.

Das Cottbusser Gefängnis war eine besondere Einrichtung des Ost-West-Konflikts, mit seiner hohen Zahl an politischen Gefangenen, die »Übersiedlungsanträge« gestellt hatten und sich nur West-Sachen schicken ließen, und den vielen übereifrig-überzeugten oder einfach nur sadistischen Meistern und Obermeistern, vor deren Übergriffen wir nie sicher sein konnten. Jemand warnte mich: »Wenn du hier die große Schnauze hast, geht es in den Duschraum unten. Da stehen sie dann mit Gummiknüppeln und jagen dich von der einen Ecke in die andere.«

Das war keine Angstmache. Als wir einmal von der Schicht kamen, verlor jemand die Nerven und brüllte seinen Frust heraus – woraufhin er sofort aus der Reihe geholt und abgeführt wurde. Der Duschraum, den wir von der meist wöchentlichen Körperpflege kannten (es gab auch längere Pausen), besaß ein Oberlicht zum Hof – von dort hörten wir unseren Mithäftling schreien. Das Geräusch der Knüppel, die auf nackte Haut prasselten, war eindeutig. Nur einer der Mannschaft war draußen geblieben, um uns zu bewachen. Der Rest beteiligte sich an der Strafaktion. Dann sahen wir diesen Kameraden für eine Weile nicht mehr. Er musste in der Arrestzelle sitzen, bis die Spuren seiner Verletzungen verblasst waren.

Ein anderes Mal, als wir erneut im Hof zusammengetrieben und Richtung Werkshalle geführt wurden, kam der Befehl »Hände aus den

Taschen!« Es war kalt und wir hätten uns lieber die Hände gewärmt, auch wenn es nur 50 Meter waren. Wir marschierten also los. Plötzlich donnerte einer der Blauuniformierten: »Strafgefangener Soundso« und meinte einen Architekten, der mit Ende dreißig schon einer der älteren von uns war, »was machen Sie mit den Händen in den Taschen?«

»Ich spiele an meinen Eiern, Herr Obermeister«, rief er zurück.

Alle lachten. Die Replik war ihm spontan eingefallen, mehr aus Verzweiflung als aus Frechheit, denn der Architekt war sonst kein grober Kerl. Und sie hätte genügt, dass auch er der Behandlung im Duschraum unterzogen worden wäre. Zum Glück war der strenge Obermeister selbst so überrascht, dass er mitlachen musste. Er versuchte vergeblich, es sich zu verbeißen. Der Architekt hatte Glück gehabt. Wir wussten nie, wie weit wir gehen konnten.

RT und Konsorten fühlten sich scheinbar vollkommen sicher in ihrem Tun, das auch nach »DDR-Maßstäben«, das heißt nach den geschriebenen Gesetzen, als verbrecherisch gelten musste. Im Strafvollzugsgesetz von 1977 waren längere Besuchszeiten vorgesehen (statt vierteljährlicher Besuche von einer halben Stunde nun alle zwei Monate eine Stunde, zwei Besucher statt nur einem, sofern der Erzieher ihn nicht, wie in meinem Fall, verweigerte), ein längerer Aufenthalt im Freien, reichhaltigeres Essen, Sichtblenden vor den Fenstern wurden verboten und mehr. Grund für die Verbesserungen waren Honeckers Ambitionen auf der internationalen Bühne. Die im Westen bekannt gewordenen Zustände in DDR-Gefängnissen waren dafür zu einem Hindernis geworden.[69]

Doch weder galt dieses Gesetz für Untersuchungshaftanstalten, noch für Stasigefängnisse – und auch unser Wachpersonal rechnete nicht damit, bei Übergriffen zur Verantwortung gezogen zu werden. Zwar gab es im niedersächsischen Salzgitter die »Zentrale Beweismittel- und Dokumentationsstelle der Landesjustizverwaltungen«, deren Aufgabe es unter anderem war, Beweise für Misshandlungen im DDR-Strafvollzug nach den Aussagen ehemaliger Häftlinge zu sammeln. Meine Mithäftlinge drohten gelegentlich damit: »Wir kennen eure Namen! Wir sorgen dafür, dass ihr in Salzgitter aktenkundig werdet!«

Doch in Cottbus ließ sich damit niemand beeindrucken[70] – in Rummelsburg, später, war es anders.

Neben der Bedrohung und den Grausamkeiten war in Cottbus, wie eine Antwort, auch immer eine Ahnung von Solidarität gegenwärtig. Ich hatte das Gefühl, ziemlich hart herangenommen zu werden, und zugleich schien ich auf einen gewissen Schutz durch meine Mithäftlinge vertrauen zu können.

Im zweiten Stock, direkt an der Gefängnismauer, die ich früher mit Besuchern entlanggefahren war, lag ein Versammlungsraum, der als Kino genutzt wurde, für Gottesdienste und gelegentlich dazu, einer größeren Zahl von Insassen Lehren zu erteilen oder ein Exempel zu statuieren. Einmal saßen wir dort in unseren Lumpen-Uniformen, während das Wachpersonal uns wegen irgendwelcher Vorfälle Vorhaltungen machte. Plötzlich kam ein Windstoß, und weil das morsche Fenster, neben dem ich saß, nicht richtig verriegelt war, flogen die Fensterflügel auf, einer wurde aus den Angeln gehoben und schlug mir auf die Schulter. Dabei brach die Scheibe entzwei, das ganze Fenster sprang in Stücke.

»Das müssen Sie wiedergutmachen!«, hörte ich von vorne, während mir der Schreck noch in den Gliedern saß. Ich hätte das Fenster zerbrochen, die Kosten würden mir vom Arbeitslohn abgezogen.

Die Schulter schmerzte und ich wusste noch nicht, dass ich im Pech doch Glück gehabt und mir durch die Scherben nur wenige kleine Schnittwunden zugezogen hatte.

Meine Mithäftlinge hielten dagegen: »Seid ihr verrückt geworden? Der hat doch gar nichts gemacht!«

Ihr Protest hatte Erfolg. Letztlich war nicht mehr davon die Rede, dass ich das zerbrochene Fenster bezahlen sollte. Ich kam mit dem Schrecken davon.

Ein andermal wollte mir jemand ungefragt etwas Gutes tun. In den Arbeitspausen mussten wir uns zur Zählung aufstellen wie zum Schichtbeginn und am Ende, damit sich keiner verstecken und womöglich den richtigen Moment abpassen konnte, um zu fliehen. Eine Flucht in die DDR war in unserer Lage zwar kein vielversprechendes Unternehmen, ich wüsste von keinem, der sie ernstlich erwog – aber so war nun einmal der Gefängnisalltag: Wir wurden wie Schwerverbrecher behandelt, als ob wir jederzeit zur Gefahr für das Wachpersonal und die Bevölkerung werden könnten. Nach der Zählung lief ich zurück zu meiner Maschine und merkte sofort, dass meine blaue Kunststoff-Tasse voll war. Ich hatte sie aber gerade ausgetrunken. Vorsichtig nippte ich – es war Brotwein.

Alkohol war im Gefängnis natürlich streng verboten – viele Häftlinge sehnten sich umso mehr danach. Das mussten keine Gewohnheitstrinker sein, keine Alkoholkranke, die es überall gab und die nach ihrer Verhaftung auf kalten Entzug gesetzt wurden. Das Bedürfnis, die eigene Situation, den Knastalltag, die Monate und Jahre, die hier womöglich noch vor einem lagen, für einige Zeit in gedämpfter Gemütslage zu sehen, wenn nicht zu vergessen, war allgegenwärtig. Es musste jedenfalls hoch sein, wenn einige Kameraden dafür nicht nur den zweifelhaften Geschmack des Brotweins ertrugen, sondern auch das Risiko eingingen, bei seiner Herstellung erwischt zu werden: Brotwein (in Russland: Kwas) entsteht durch Gärung von eingeweichtem altem Brot. Für die Gefängnis-Variante brauchte man einen Marmeladeneimer (das waren dicke Pappeimer), Brotstücke, Marmelade vom Frühstück, Zucker (den man einfach im Kiosk kaufen konnte), Wasser und einen unbeobachteten Ort, an dem das Gebräu gären konnte. Auf unserer Zelle stand so ein Eimer manchmal hinter der Toilette. Nach ein paar Tagen hatte man einen »Wein« mit vielleicht zwei oder drei Prozent Alkoholgehalt, darauf kam es an, nicht auf den Geschmack, der allenfalls erträglich war.

Ich selbst legte keinen Wert auf Alkohol, aber ich kannte den Wert, den ein Becher Brotwein für viele meine Kameraden besaß, und trank das furchtbare Zeug darum mit einer gewissen Dankbarkeit und Bewunderung für denjenigen, der es auch noch in diese Halle geschmuggelt (oder hier irgendwo hergestellt) und mir trotz Zählappell eingeschenkt hatte. Das verbotene Brotweinmachen war eine der wenigen Möglichkeiten, dem Eingesperrt-Sein und der Erniedrigung etwas entgegen zu setzen. Etwas zu tun, statt nur zu warten, dass die Zeit verging und man endlich, endlich freigekauft wurde.

Ein Angebot

Längst nicht alle »Ausweiser« und politischen Gefangenen wurden in die Bundesrepublik entlassen. Als ich nach Cottbus kam, hatte Kollege J. schon etwa ein Jahr in derselben Zwölferzelle zugebracht, ein Jahr im

Drei-Schicht-System, und inzwischen schon viele Kameraden kommen und gehen sehen. Als sie ihn verhaftet hatten, weil seine Fluchtvorbereitungen entdeckt worden waren, war er nicht nur Ausbildungsassistent in der Chirurgie gewesen, sondern gleichzeitig Wintersportler in einem Armeesportklub und im Nationalkader der Biathleten. Sein Zwillingsbruder war als Mitwisser ebenfalls verhaftet und zu einem Jahr verurteilt worden, das er gerade vollständig abgesessen hatte. Dann war er in den Osten entlassen worden. J. hoffte noch immer auf Anwalt Vogel, mit dem seine Eltern in Kontakt standen, und verfluchte ihn zugleich. Er hatte die Angst, die er kaum auszusprechen wagte, dass es ihm wie seinem Bruder ergehen würde – jedoch mit höherem Strafmaß von drei oder mehr Jahren. Denn Armeeangehörige waren in der Regel vom Freikauf ausgeschlossen. Er befürchtete, bis zum letzten Tag sitzen zu müssen, während einer nach dem anderen aus der Zelle verschwinden würde, wenn in der Verwaltung Licht brannte. Während alle außer ihm Richtung Chemnitz fahren würden. Für ihn galt jeden Tag dieselbe Leier, an der Stanze, im Dreck. Diese Angst machte jeden Monat zu einer Ewigkeit. Wir unterhielten uns häufig nach der Schicht. Manchmal fiel es mir schwer, die Bitterkeit in seiner Stimme auszuhalten. Eine Bitterkeit, die sich auch gegen uns vermeintlich Glücklichere richten konnte. Es kam zu viel Schwarzweiß in sein Denken, die Grautöne des alltäglichen Lebens verschwanden nach und nach.[71]

Wie würde es mir ergehen, fragte ich mich, wenn ich wie er nicht auf die Liste käme? Vier Jahre Kamerateile stanzen und diesen Gefängnis-Tee trinken, nur ab und zu ein bisschen Nesquick, und fürs Gehirn nur Schach statt eines ordentlichen Berufs? Wie viel würde ich vergessen, und welche Arbeit würde ich bekommen, wenn sie mich tatsächlich zurück in die DDR entlassen würden, auf die andere Seite dieser Gefängnismauer, wo man Texas und RT in zivil begegnen konnte?

Als Helmut Kohl am 1. Oktober 1982 zum Bundeskanzler gewählt wurde, wechselte auch die Führung des Ministeriums für innerdeutsche Beziehungen von Egon Franke zu Rainer Barzel. Da Barzel dem Ministerium schon einmal vorgestanden und die Praxis des Häftlingsfreikaufs mitinitiiert hatte, stand sie nicht in Gefahr. Barzel berief sogar Ludwig A. Rehlinger zum Staatssekretär, der die ersten Freikäufe 1964 von westdeutscher Seite organisiert hatte und schon damals mit Anwalt Vogel zusammengetroffen war.[72] Dennoch stockten die Freikauf-Verhandlungen für eine Weile, das merkten wir in unseren Cottbusser Zellen. Rehlinger musste sich wohl erst wieder orientieren, die Kaufsummen hatten sich seit den Siebzigerjahren mehr als verdoppelt. Der Rhythmus von ungefähr sechs Wochen, von dem mir meine Mithäftlinge berichteten, wurde unterbrochen. Die Transporte setzten aus. Wir spekulierten, machten uns Sorgen. Die wenigsten freuten sich, dass Kohl den vorherigen Bundeskanzler Schmidt abgelöst hatte. Hoffentlich käme es nicht zu Verhärtungen im Ost-West-Verhältnis, dachten wir. Denn natürlich interpretierten wir, was in der Bundesrepublik geschah, in erster Linie von dieser Warte aus. Die innenpolitischen Diskussionen im Westen nahmen wir kaum zur Kenntnis.

Endlich sahen wir erneut die verheißungsvollen Lichter und wieder wurden einige Glückliche aus ihren Zellen gerufen. Innerhalb von vierzehn Tagen stellte das Wachpersonal zwei Transporte zusammen. Das machte mir Mut.

Mit den Verbindungs-Offizieren (VO) der Stasi, die im Hintergrund die Fäden zogen und alle Bereiche des Zuchthauses, Beamte wie Häftlinge, mittels »Informellen Mitarbeitern« auf beiden Seiten kontrollierten, hatte ich während meiner Zeit im Cottbusser Gefängnis nichts zu tun.[73] Was gegen Ende dieser Zeit geschah, hätte ohne die Zustimmung eines VO jedoch nicht passieren können: Nach sieben oder acht Wochen im Kommando ließ mich mein »Erzieher« ins Büro holen und meine vagen Befürchtungen und Hoffnungen wurden von einer konkreten Frage abgelöst. Anstatt mich wie üblich anzuherrschen, während ich vor seinem Schreibtisch Aufstellung nehmen musste, ließ er mich Platz nehmen und begann im konzilianten Ton: »Sie sind doch Arzt. Ihre Fähigkeiten sind durchaus auch im Gefängnis gefragt.«

Das war mir neu. Weder in Hohenschönhausen noch in Cottbus hatte ich es mit Ärzten zu tun gehabt, die selbst Häftlinge waren. Im sozialistischen Strafvollzug könne man auch im eigenen Beruf arbeiten, versicherte mir der »Erzieher«, das gelte auch für Ärzte.

»Überlegen Sie sich, ob Sie als Strafgefangenenarzt arbeiten würden. Ich werde Sie noch einmal rufen.«

Diese Entscheidung fiel mir nicht leicht – und zunächst war ich nicht einmal sicher, dass ich wirklich eine Wahl hatte und sich das Ganze nicht als Trick erweisen würde. Falls tatsächlich Ärzte gebraucht würden, hatte er sicherlich noch andere gefragt, in Cottbus saßen ja nicht wenige ein, und würde später irgendwie auswählen.

Ich besprach mich mit meinen Zellengefährten: »Was muss ein Gefangenenarzt machen? Was steckt genau dahinter? Würdest du so etwas machen?«

»Nie und nimmer für diesen Staat, niemals!«, sagte J.

Unter den Medizinern, die ich zu Rate ziehen konnte, teilten einige seine Meinung – »Nein, für die mache ich nichts. Nur unter Zwang, wie an der Stanze. Aber sonst nichts« –, doch eine knappe Mehrheit sprach sich dafür aus: Als Mediziner im Gefängnis könne man womöglich anderen helfen, sie zumindest besser behandeln, als wir es von K. und Konsorten gewohnt seien. Auch das Ende des Drei-Schicht-Systems, das ich bereits hasste, wäre ein Vorteil, und das Ende der stupiden und nicht ganz ungefährlichen Fabrikarbeit, die ja ebenfalls dem Staat diente.

Andererseits würde ich sicherlich in ein anderes Gefängnis verlegt werden. Das sprach eher dagegen. Sollte ich die inzwischen vertraute Umgebung aufgeben? Natürlich waren die Haftbedingungen armselig: die hygienischen Bedingungen miserabel, das Essen katastrophal; dazu die Schinder Arafat, Texas und andere, die es gerade auf politische Häftlinge abgesehen hatten, dieser nervige »Erzieher« – doch alles das war auszuhalten. Letztlich interessierte ich mich nicht allzu sehr fürs Essen – ob es »Tote Oma« gab (Grützwurst mit zerkochten Kartoffeln) oder ob wir Obst bekamen. Das Essen mochte unappetitlich sein oder ungesund, aber damit würde ich schon überleben, dachte ich. Entscheidend war für mich die Gemeinschaft im »Verwahrraum«. Mit meinen Zellengefährten hatte ich mich angefreundet, unser gemeinsames Ziel und die Abscheu gegen den Kommunismus verbanden uns, wir kamen gut miteinander aus, und das war vielleicht wichtiger als die Arbeit. In welche Umgebung ich bei einem Ortswechsel gesteckt würde, konnte ich nicht ahnen. Unsere Situation war ungewiss genug, daher schreckte ich zurück vor weiterer Ungewissheit.

Am Ende entschied ich mich dennoch für die sinnvolle Arbeit – und die vage Hoffnung auf bessere Bedingungen.

Die Gerüchteküche brodelte und ich erfuhr, dass einem Internisten aus einem anderen Erziehungsbereich, Jürgensen, ebenfalls angetragen worden war, als Sträflingsarzt zu arbeiten. Ich hatte ihn flüchtig kennengelernt und wusste, dass er am Ostberliner Regierungskrankenhaus als Oberarzt gearbeitet hatte. Lange Zeit gläubig und regimetreu im »goldenen Käfig der DDR-Diktatur«, wie er in seinen Erinnerungen schreibt, ließen ihn die Verhältnisse im Regierungskrankenhaus und die Privilegien der Führungskader, die er als »begleitender Arzt« für Regierungsdelegationen und Bereitschaftsarzt in Wandlitz aus nächster Nähe sah, an der Legitimität seiner Dienstherren zweifeln.[74] Er sprach mit seinen Eltern, Mutter und Stiefvater, über die Möglichkeit einer Flucht – und wurde zusammen mit Frau und Tochter auf dem Weg in den Ungarnurlaub verhaftet.

Der Herr Oberleutnant ließ mich tatsächlich noch einmal kommen und erklärte mir die Bedingungen für die Arbeit als Gefangenenarzt etwas genauer. Ich unterschrieb. Mitte Oktober erhielt ich die Nachricht, dass ich für einen Transport nach Berlin vorgesehen sei. Von einem Gefängnis in Rummelsburg hatte ich noch nie gehört.

Am Tag meines Transports, dem 21. Oktober, sollten unsere Frauen zu einem »Sprecher« aus Hoheneck kommen. Viele »Ausweiser« waren ja mit ihren Frauen verhaftet worden, die nun ebenfalls im Gefängnis saßen. Einmal im Halbjahr durfte man sich gegenseitig besuchen, sofern man die beschwerliche Reise auf sich nahm. Die Frauen wurden morgens auf einen W50-Transporter geladen, einen LKW mit einem einfachen Personen-Aufbau, worin sie aneinandergekettet auf Bänken saßen. Knapp vier Stunden dauerte die Fahrt von der schrecklichen Burg im Erzgebirge, so dass sie kurz vor Mittag in Cottbus ankommen würden.

Früh morgens, vorm Wecken, wurde ich aus der Zelle geholt.

»Sachen packen!«

Ein Schließer führte mich in einen fensterlosen Gefängniskorridor, den ich noch nicht kannte. Er diente als Warteraum für die Sprechzimmer der Gefängnisärzte und, wie man heute weiß, auch für die Büros der Stasi-Offiziere.[75] Vom Korridor, der sogenannten »Straßenbahn«, waren winzige Holzverschläge abgetrennt, in denen man mit Mühe sitzen konnte. Der Schließer drückte die Tür zu und ich saß im Dunkeln. Erst nach zwei, vielleicht auch drei Stunden holten sie mich wieder heraus. Inzwischen waren auf einem anderen, breiten Zellenkorridor

Tische und Bänke aufgebaut worden. Wir Männer sollten uns aufgereiht auf eine Seite setzen, während überall Bewacher um uns herum standen.

»Es kommen die Frauen«, wurde gebrüllt. »Nur die Hand geben! Keine Umarmungen! Die Sprechzeit beträgt eine Stunde. Es ist verboten, über die Haftbedingungen zu sprechen.«

Unter weiteren Anweisungen und Drohungen traten die Ehefrauen und Partnerinnen der Häftlinge in ihrer Kluft herein. Da war auch Monika! Jede suchte ihren Mann. Monika und ich mussten uns einander gegenüber aufstellen und auf Zuruf hinsetzen. Ich überlegte, was ich zuerst sagen sollte? Sich wiederzusehen war schon einmal viel. Da zog neben uns ein junger Mann seine Frau über den Tisch hinweg an sich, umarmte und küsste sie. Sofort schnellten einige Blauuniformierte vor, rissen ihn los und schlugen ihm von beiden Seiten ins Gesicht, dann packten sie ihn und schleiften ihn an den Haaren meterlang über den Boden in Richtung Treppenhaus, vorbei am Spalier der Frauen und Männer. Der Häftling am Boden schrie vor Schmerzen, seine Frau vor Entsetzen, und als wir begriffen hatten, was passierte, protestierten wir lautstark gegen die Brutalität, Männer wie Frauen, und wurden selbst niedergebrüllt – »Seien Sie still, sonst …«, Gummiknüppel wurden drohend über die Gitterstäbe gezogen und es dauerte einige Minuten, bis der Lärm und die Aufregung abebbten. Der Misshandelte stammte aus meinem »Erziehungsbereich«, so dass ich ihn ein wenig kannte und erst recht erschüttert war. Trotzdem wollte ich mit Monika sprechen, sie beruhigen, ihr ein wenig Mut machen: »Das geht schon vorbei. Lange kann das nicht mehr dauern, bis sie uns rausholen.« So etwa sprach ich und natürlich erzählte ich ihr, dass ich noch am selben Tag »auf Transport« gehen und als Gefängnisarzt arbeiten würde.

Als die wenigen Minuten vergangen waren, die uns als Besuchszeit zugestanden wurden, mussten alle aufstehen – nach dem, was vorgefallen war, versuchte jetzt keiner noch einen Kuss oder eine Umarmung – und unsere Frauen wurden wieder abgeführt.

Zusammen mit dem Kollegen Jürgensen und einem weiteren Häftling sperrten sie mich in einen niedrigen und schmutzigen Lehmkeller, den ich noch nicht erlebt hatte. Dort saßen wir, bis es dunkel wurde. Wir kauerten deprimiert in diesem Rattenloch, den »Katakomben«, und brüteten über die Begegnung, die wir gerade erlebt hatten, den Häftling, der meterweit an den Haaren geschleift wurde, die ganze erniedrigende Prozedur. Jürgensen hatte sie schon mehrfach miterlebt. Der W50 fuhr abwechselnd alle sechs Monate, einmal mit den Frauen nach Cottbus, dann mit den Männern nach Hoheneck, aber einige Häftlinge verzichteten nach dem ersten Mal darauf, mitzufahren. Die Frauen zeigten sich in der Regel kompromissloser und nahmen die Aufregungen und Härten dieses Besuchssystems eher in Kauf, vielleicht weil ihre Haftbedingungen ohnehin härter waren als die unsrigen – im Lehmkeller sitzend und wartend versuchte ich, mir das nicht weiter auszumalen.

Jürgensen erzählte, dass er eigentlich nur in Cottbus als Gefängnisarzt arbeiten wollte, er habe sich in einer schriftlichen Eingabe dagegen verwahrt, anderswo eingesetzt zu werden.

Zu später Stunde wurden wir endlich auf einem LKW zum Bahnhof gefahren, paarweise mit Handschellen zusammengebunden und mit Kalaschnikows und Wachhunden bis ans Ende des Bahnsteigs getrieben. In der freien Hand hielten wir jeweils einen Pappkarton mit unseren persönlichen Sachen. Zwar liefen wir nicht durchs Bahnhofsgebäude, doch gab man sich auch keine Mühe, uns oder die Zwangsmittel unserer Bewacher zu verbergen. Rechts und links auf dem Bahnhof sahen wir Zivilisten, die zu uns herüberschauten. Wussten sie, dass viele von uns politische Häftlinge waren, oder hielt man uns sämtlich für Kriminelle? Äußerlich ließ sich das nicht unterscheiden, wir trugen allesamt dieselbe Anstaltskleidung. Während meines Doppelstudiums war ich recht oft mit dem Zug zur Universität nach Leipzig gefahren, doch etwas Vergleichbares hatte ich nicht beobachtet.

Nie vermutet hätte ich auch, was sich in diesem unscheinbaren Waggon verbarg, der an die Züge angehängt wurde und bis auf die Milchglasscheiben ganz gewöhnlich aussah. Jetzt erlebte ich zum ersten Mal diesen »Grotewohl-Express«, den »Gefangenensammeltransportwagen der Deutschen Reichsbahn«, mit seinen winzigen, 1 mal 1,34 Meter kleinen Zellen. Am Ende des Bahnsteigs stand er in unauffälligem Grün. Noch immer in Handschellen drängte man uns durch den Mittelgang. Verschlossene Türen rechts und links, der Waggon war beinahe voll besetzt mit Häftlingen, ich spürte es an der stickigen Luft, am Rumoren hinter den Sprelacart-Verkleidungen. Dann stieß man uns zu fünft in einen der mickrigen Verschläge hinein, die eigentlich für vier Häftlinge vorgesehen waren. Jeweils zwei, Schulter an Schulter, saßen sich auf den harten Bänken gegenüber und einer quer zwischen den Knien. Die Scheiben waren von innen vergittert, das Milchglas verhinderte jede Sicht. Gegenseitig atmeten wir uns die Luft weg, in diesem Zug ohne Fahrplan, der nicht nur »zu Ehren« des ersten Ministerpräsidenten der DDR so genannt wurde, sondern weil »aufs Geratewohl« so ähnlich klingt – so wie sich die Fahrt für uns Häftlinge anfühlte, die nicht wussten, wohin es ging. Der Zug war auf einer Rundstrecke zwischen allen Gefängnissen unterwegs, so dass die Fahrzeiten in der kleinen DDR oft überlang ausfielen.

Irgendwann um Mitternacht wurden wir wieder herausgetrieben, und auf einer geteilten LKW-Ladefläche – auf der einen Seite Männer, auf der anderen Seite Frauen – in einen Knast gefahren, dessen Zustand ich selbst nach meinen Erfahrungen in Hohenschönhausen und Cottbus kaum für möglich gehalten hätte. In einer dreckstarrenden und dunklen Sammelzelle bekamen wir für acht oder zehn Mann nichts als einen schmutzigen Becher, um aus einem Kübel zu trinken, der in der Mitte auf dem Boden stand. Nach dem anstrengenden Transport in dem stickigen Zellen-Abteil hatte ich fürchterlichen Durst und keine andere Wahl. Ich vermied nach Möglichkeit, mich umzusehen.

Hier hatte ich es nicht nur mit solidarischen »Politischen« und Kollegen zu tun. Wer wusste, weshalb diese Männer hier eingesperrt worden waren? Gefängnisse muss es in jedem Staat geben. Auch wenn manche Länder, je nach Kriminalitätsrate und Strafvollzug, mit deutlich weniger auskommen als andere, würde ich nicht so weit gehen, die Notwendigkeit von Gefängnisstrafen generell in Frage zu stellen. Vielleicht stellen sie für den einen oder anderen Gefangenen sogar als heilsam heraus und führen nicht tiefer in die Kriminalität hinein. Doch solche alptraumhaften Sammelzellen dürfte es nirgendwo geben, und wenn es sie gibt, wirft ihre Existenz ein schlechtes Licht auf die Gesellschaft, die sie hervorbringt.

»Was, vier Jahre?«, sagte einer. »Das sitze ich auf einer Arschbacke ab!«

Die Kriminellen schüchterten mich zuerst ein, doch nach einer Weile entdeckte ich, dass sich von ihnen einiges erfahren ließ. Wenn man sie fragte, wie es im richtigen Knast zuginge, gaben sie bereitwillig Auskunft. Cottbus, das wussten wir ja, war eine Ausnahme.

»Mach' dir keene Sorgen, Kleener, das geht vorbei, das bisschen.«

Wir waren in Frankfurt/Oder, das hatten wir auf dem Bahnhof gelesen. Einige Stunden saßen wir in dieser Zelle herum und dösten, zu Essen bekamen wir nichts, dann ging es weiter: In Handschellen auf den LKW und im Grotewohl-Express Richtung Berlin. Was es mit Rummelsburg auf sich hatte, hatte ich nicht in Erfahrung bringen können. Uwe Jürgensen hatte gesagt, er komme ins Zuchthaus nach Bützow in Mecklenburg, eine der gefürchteten »drei großen B« (Bützow, Bautzen und Brandenburg). Da war mir die Ungewissheit lieber.

Endlich hielt der Zug in Lichtenberg und ich wurde aus dem Verschlag geholt. Entweder war es ein Güterbahnhof oder wir befanden uns noch weit von den Bahnsteigen entfernt. Mit steifen Gliedern liefen wir über die Gleise, noch immer in Handschellen, übernächtigt und erschöpft, geleitet von Hunden und bewaffneten SV-Beamten, bis zum nächsten LKW.

Teil IV: Gefängnisärzte und Patienten

Haus 8

Das »Städtische Arbeitshaus Rummelsburg« war von 1877 bis 1879 gebaut worden, um Obdachlose, Mittellose, sogenannte »Arbeitsscheue«, Prostituierte und Kleinkriminelle aufzunehmen, die in der wachsenden Industriestadt nicht Fuß fassen konnten.[76]

So streng es darin zugegangen war, so streng war die Architektur des Stadtbaurats Hermann Blankenstein. Die ursprüngliche Anordnung des Gebäudekomplexes erhielt sich trotz der Zerstörungen des Krieges – sechs breite dreistöckige Gebäude, symmetrisch angeordnet um eine Mittelachse, dem ein von zwei kleineren Häusern flankiertes Verwaltungsgebäude gleichsam vorstand. Hinter der inzwischen weiter erhöhten, verlängerten und zusätzlich abgesicherten Mauer ließ der Abriss einer Kirche eine Art Versammlungsplatz entstehen; in der Mitte des Geländes ein Wasserturm, den man für einen Wachturm halten konnte und der auf einem Heizungsgebäude stand, das später mit einem schlanken, die Achse missachtenden Schornstein ergänzt wurde. Zuletzt folgte auf dieser Linie ein Längsbau, bis der hintere Teil derselben meterhohen Mauer allen, denen der Zugang zu einem geeigneten Fenster in einem höheren Stockwerk verwehrt wurde, die Sicht auf den angrenzenden Rummelsburger See versperrte. Was schon in der Kaiserzeit gebaut worden war, stand in rotem Backstein, auch Haus 8, dessen nachträglicher Bau als »Straf- und Arresthaus für männliche Corriganden« mit 38 Zellen, links hinten an der Mauer, bereits die Symmetrie durchbrach. Der Rest waren Ergänzungen späterer Nutzer, vor allem Fabrikanlagen für den Arbeitseinsatz, einige Funktionsgebäude und eine roh gemauerte Sonderbaracke.

Als ich am 22. Oktober 1982 in Rummelsburg ankam, imponierte mir die schiere Größe des Geländes. Zwei der wuchtigen Querhäuser, die

Häuser 1 und 2, dienten als Untersuchungshaftanstalt, Haus 3 für den allgemeinen Strafvollzug, in Haus 4 waren die Effekten- und Kleiderkammern untergebracht, in Haus 5 etliche Werkstätten und Haus 6 war ein weiteres Zellengebäude, das – wie ich erfahren sollte – ausschließlich westlichen Ausländern (inklusive Jugoslawen) und Westdeutschen vorbehalten war, die aus unglücklichen oder selbstverschuldeten Umständen in den Einflussbereich der DDR-Justiz gerieten. Die Zählung der Häuser ging bis 10, dazu kamen die Funktionsgebäude innerhalb und außerhalb der mit Hunden und einem Elektrozaun doppelt gesicherten Mauer.[77] Die Backsteinfassaden ähnelten denen des Cottbusser Gefängnisses, ebenso die Organisation der »Effektenkammer«, in der ich meine kleine Habe abgeben musste. Allerdings war die »Kammer« hier ein großer Raum mit einer langen Theke, hinter der zwei dunkelblau Uniformierte standen.

Ich meldete mich an: »Strafgefangener May, guten Tag, Herr Obermeister«.

Wieder hieß es: »Ausziehen!«

Allein vor der Theke kam ich mir plötzlich sehr verlassen vor. An der Wand hing ein riesengroßes Propaganda-Plakat, das mir die Erziehung im sozialistischen Sinne androhte: »Höre auf uns! Verhalte dich diszipliniert! Folge deinem Erzieher! Dann wirst du wieder ein vollwertiges Mitglied dieser Gesellschaft.« So lautete der Spruch in etwa. Unterschrift: »Josef Streit, Generalstaatsanwalt.« Nackt vor diesem Spruch stehend fühlte ich mich beleidigt und ausgeliefert. Als ob ich bisher kein »vollwertiges Mitglied« der Gesellschaft gewesen wäre! Diese Anmaßung! Welche Art von Erziehung würde ich hier zu dulden haben?

Ich musste unterschreiben und wurde neu eingekleidet. Wie in Cottbus bestand die Kluft aus einer Altuniform mit gelben Streifen.

Terror-Meister wie in Cottbus schien es hier nicht zu geben, jedenfalls zeigte sich zunächst nur normales Wachpersonal, das mehr oder weniger mürrisch seinem Dienst nachging. Von meiner »Stelle« als Häftlingsarzt war vorerst nicht die Rede. Mit den anderen Neuen ging ich auf den »Zugang« in Haus 1.

Die Zelle in der Aufnahmestation war mit zwei Dreistockbetten, einem Tisch und Hockern bestückt, das Waschbecken links von der Tür, die Toilette stand mehr oder weniger mitten im Raum. Wer musste, saß

Das ehemalige Gefängnis Rummelsburg, links vorne Haus 8. Eigene Aufnahme 2002.

gleichsam »im Freien«, die übrigen fünf Häftlinge um sich herum. Für einige Tage musste ich befürchten, die falsche Entscheidung getroffen zu haben, in Cottbus hatte es immerhin eine Tür vor der Toilettenschüssel gegeben – außerdem hatten sich meine alten Zellengefährten diskreter verhalten, als ich es bei diesen fünf nun erlebte.

Es waren Kleinkriminelle, mit denen ich es hier zu tun hatte, oft mit längeren »Karrieren« im Milieu, die auf ihre Zelle in Haus 3 warteten. Diebe und Zeitgenossen mit unangenehmen Umgangsformen, die schneller Faustschläge austauschten als Argumente und »draußen«, im normalen Leben, nur schwer zurechtkamen. Ich konnte wenig mit ihnen anfangen, und sie interessierten sich nicht für »Politische«, die ohnehin bald im Westen leben würden und mit ihrer Gefängniswelt eigentlich nichts zu tun hatten. Für manche war ich »was Besseres«, andere hatten noch nie vom Freikauf gehört. »Kurzstrafer« mit zwei oder weniger Jahren mussten keine gelben Streifen tragen.

Während wir in Cottbus beim Freigang im Kreis geschlendert waren oder die eine oder andere gymnastische Übung ausgeführt hatten, wurden die Rummelsburger Wachtmeister bei dieser Gelegenheit ruppig und brüllten: »Hände aus den Hosentaschen! Wir werden Sie hier erziehen!«

Doch es war nur der Zugang. In den nächsten Tagen, so hieß es, würden wir unseren Arbeitskommandos zugeteilt, und damit auch die Zellen wechseln. Bereits nach drei Nächten schien es so weit zu sein: Ein Stasi-Mann namens Flöter ließ mich holen. In Zivilkleidung hinter dem Schreibtisch sitzend begrüßte er mich auf verbindliche Art. »Nun, jetzt sind Sie einmal hier. Dann versuchen wir, das Beste daraus zu machen.«

Er fragte neugierig, was ich angestellt hätte, und ließ mich wieder einmal eine Stellungnahme dazu schreiben, warum ich die DDR illegal verlassen wollte und wie ich mir meinen Aufenthalt in der Haftanstalt Rummelsburg vorstellte.

»Was wollen Sie eigentlich noch von mir?«, beschwerte ich mich. Ich sitze vor Ihnen. Sie wissen, warum. Es gibt keine Geheimnisse. Was soll ich schreiben? Ich will heraus aus diesem Land. Erst recht, nachdem ich erlebt habe, was Sie meiner Frau antun. Ich habe das Spiel verloren, nun gut – aber meine Frau hat nichts damit zu tun.«

So und ähnlich hatte ich das schon mehrfach wiederholt. Es sollte aktenkundig sein. Jetzt schrieb ich es also in die Stellungnahme, um die ich nicht herumkam. (In den Unterlagen konnte ich sie später nicht mehr finden.)

»Sie sollen uns, das wissen Sie ja, im medizinischen Bereich etwas unter die Arme greifen. Unser Land hat Sie ausgebildet, nun können Sie sich revanchieren. Vielleicht dient das auch Ihrer Wiedereingliederung. Leider gab es da eine organisatorische Schwierigkeit« – die Gefängnisleitung hatte nämlich einen Arzt und einen Zahnarzt angefordert, und war nun etwas überrascht, beides in einer Person erhalten zu haben –, »weshalb es wohl noch eine Weile dauert, bis alles geregelt sein wird.«

Mit 20 Mark in Rummelsburger Wertgutscheinen und einer Schachtel Zigaretten ließ er mich gehen. Insgesamt acht Tage musste ich in der Zugangszelle mit dem »öffentlichen Klosett« verbringen, bevor die Zuständigen sich darüber im Klaren waren, wie sie mich einsetzen wollten.

Am 1. November informierte mich Flöter schließlich, dass ich in Haus 8 umziehen solle, wo ein kleines Haftkrankenhaus untergebracht sei. Die Zelle würde ich mir dort mit einem weiteren Mediziner teilen, einem Internisten. »Warum der in Rummelsburg ist, kann er Ihnen selbst erzählen.«

»Außerdem werden Sie bei den Eingangsuntersuchungen eingesetzt.«

Als das geregelt war, führte mich ein Blauuniformierter zu einem Gefängniszahnarzt im Majorsrang, der mich jovial und beinahe väterlich empfing: »Mensch May, wie ist es denn dazu gekommen? Ach, es ist schon ein Kreuz mit dieser Republikflucht.«

Dieser Zahnarzt war Berliner wie Pape und war mit ihm im gleichen Studienjahr gewesen. Jetzt rühmte er sich seiner Bekanntschaft. Wahrscheinlich hatte er niemals mit meinem Chef über mich gesprochen, trotzdem erwähnte er meine Fähigkeiten, die jener angeblich gelobt habe. Sein Getue schien mir übertrieben, letztlich standen wir doch auf verschiedenen Seiten.

»Wir werden hier kollegial zusammenarbeiten. Dass Sie Häftling sind, ändert nichts an meiner Einstellung«, und so weiter.

Zuletzt fragte er gar: »Kollege May, kann ich irgendetwas für Sie tun?«

»Ja, können Sie«, gab ich zurück, »Sagen Sie doch bitte Bescheid, dass die uns rüberlassen.«

Damit war das »freundschaftliche« Gespräch mehr oder weniger beendet.

Als ich jetzt zum ersten Mal über alle Höfe des Gefängnisgeländes geführt wurde, durch die vielen Türen, hinten um die Ecke und am Gewächshaus vorbei, über die kleine Treppe in Haus 8 – die »Haftkrankenhausabteilung« – hinein, fühlte es sich beinahe privat an, wie ein Einfamilienhaus, in dem ich nun »wohnen« sollte. Im Treppenhaus ging es ein Stockwerk nach oben, dann geradeaus zu meiner neuen Zelle in der Mitte des Flurs. Eine deutliche Verbesserung gegenüber dem überfüllten und verrotteten Zugang: Diese Zelle war mit Krankenhaus- statt Stahlbetten ausgestattet, die beiden Kopfenden rechts und links zwischen der Fensternische, daneben Nachtschränkchen, wie sie im Krankenhaus üblich waren, der Rest entsprach den üblichen Verhältnissen, ein aufgeteilter Schrank, für jeden ein kleiner Tisch, der so breit wie die Betten war, an deren Fußenden er jeweils stand, dazu ein Stuhl, ein Waschbecken und die Toilettenschüssel vorne in der Ecke neben der

Tür, an der Decke eine Neonröhre. Das rechte Bett wurde mir zugeteilt, links lag Gunther S., der Kollege, mit dem ich diesen Raum für unbestimmte Zeit teilen sollte.

Außergewöhnlich war nicht allein, wie die Zelle eingerichtet war, sondern vor allem, dass ihre Tür, eine gewöhnliche Zellentür mit zwei Riegeln und einem Schloss, nicht abgeschlossen wurde. Wir Ärzte mussten uns bei Notfällen auch ohne Schließer im Haus bewegen können. Außerdem konnten wir das Licht an- und ausschalten, wie wir wollten, denn der Schalter im Korridor war jederzeit zugänglich. Wir durften ein Stockwerk nach unten gehen, wo die Behandlungsräume untergebracht waren: ein Wartezimmer, das hier ein »Warteverwahrraum« war, ein Funktionsraum mit EKG, ein Behandlungsraum mit Medikamentenschränken und dahinter ein kleiner OP. Außerdem ein Aufenthaltsraum für Wachtmeister und medizinisches Personal und ein Bad mit Badewanne.

Eine Tür, die stets verschlossen war, führte vom Treppenhaus zu einem kleineren Zellentrakt mit vier Zellen. Gelegentlich wurden dort Frauen aus der Frauen-U-Haft eingeschlossen. Weiter die Treppe hinunter ging es zum Hof und dann in den Keller, wo sanitäre Vorräte untergebracht waren und Badezusätze für die Wanne. Die Krankenzellen befanden sich auf unserer Etage und wurden bis auf Ausnahmen nur mit Riegeln gesichert, so dass wir sie jederzeit betreten und unseren Aufgaben nachgehen konnten. Es gab Zweierzimmer mit Krankenhausbetten, Viererzimmer mit Doppelstockbetten wie in den gewöhnlichen Zellen und Einzelzellen zur Isolierung in besonderen Fällen.

Der eigentliche Gefängnisarzt, Major des SV Radtke, hielt seine Sprechstunden in Haus 1 ab, die Woche über bis 16 Uhr, mit Kittel über dem Uniformhemd. Wer sich von den regulären Häftlingen (nicht den Untersuchungshäftlingen) tagsüber krankmeldete, wurde dort hingeführt – und bei Bedarf ins Haftkrankenhaus überwiesen, für das Radtke außerdem verantwortlich war. Er kam regelmäßig zu Visiten und gab Anordnungen – ansonsten hütete er sich davor, sich zu überarbeiten und war außerhalb der festen Sprechzeiten selten »im Objekt«, wie es hieß. Ein Zyniker, dem die Patienten im Grunde gleichgültig waren. Fachliche Defizite überspielte er mit Arroganz, gelegentlich wurde er auch laut, doch mir gegenüber zeigte er Respekt. Radtke – übrigens der

Ehemann der berühmtesten Fernsehansagerin im Osten, Erika Radtke, wie ich später staunend erfuhr – war kein angenehmer Umgang, aber immerhin versuchte er nicht, uns das Leben noch schwerer zu machen oder unsere Arbeit zu sabotieren.

Sein Vorgesetzter wiederum war der elegante Oberstleutnant des SV, Dr. Erhard Zels. Auch er hielt in Haus 1 Sprechstunden ab und kam gelegentlich zur Visite in Haus 8, meistens an Wochenenden, wobei er sich stets gesittet verhielt, nie laut oder abwertend wurde, sehr korrekt, wenn es auch – wie noch deutlich werden wird – fraglich bleibt, wie diese Milde nach außen mit seiner Position und dem Einfluss zu vereinbaren war, den er in Rummelsburg doch haben musste. Er war für die medizinische Versorgung sämtlicher Berliner Haftanstalten zuständig.[78]

Zels und Radtke vermieden die direkte Anrede. So mussten sie sich nicht zwischen der offiziellen Anrede »Strafgefangener May« und einem höflichen »Herr May« entscheiden. Ab und zu murmelten sie »Kollege«. Außer den beiden praktizierte noch eine Ärztin in Rummelsburg, die nur ganz selten den Weg von Haus 1 ins Haftkrankenhaus fand. Bei etwa eintausend Häftlingen wäre sicherlich auch ein Hautarzt oder Urologe nützlich gewesen. Vermutlich arbeiteten noch einige Ärzte stundenweise in Rummelsburg, von denen ich nichts erfuhr.

Mit dem Gefängnis-Zahnarzt hatte ich nach unserer ersten Begegnung kaum mehr etwas zu tun. Neben meiner allgemeinmedizinischen Arbeit sollte ich eine zahnärztliche Sprechstunde in Haus 2 übernehmen und dort für alle Schmerzpatienten zuständig sein.

Mein Zellenkollege Dr. Gunther S. schien dem ersten Eindruck nach recht verträglich zu sein. Vielleicht ein bisschen zu verträglich, zu weich, um mir wirklich Vertrauen einzuflößen. Wegen eines Kunstfehlers sei er verurteilt worden, sagte er, und ich erzählte ihm meine Geschichte, wie ich sie jetzt schon vielen Mithäftlingen erzählt hatte. Ich hatte nicht das Gefühl, noch etwas verbergen zu müssen.

Es gab ausgebildete Krankenschwestern und -pfleger unter den SV-Angehörigen. Einer der Pfleger in Haus 8, Krankenpflegemeister S., trug den Spitznamen »Heididei«, ein tadelloser und sympathischer Mitarbeiter, der sich als Homosexueller in der Männerwelt des Gefängnisses ganz wohl zu fühlen schien – von primitiven Ausfällen einzelner Häftlinge einmal abgesehen.

Ein anderer, etwas älterer Pfleger, verhielt sich unauffällig, wie auch eine Schwester in den mittleren Jahren. Meisterin N., genannt »Rehäuglein«, passte als jüngere, hübsche und etwas schüchterne Krankenschwester wenig zu ihren Kollegen, vermutlich hatte sie sich wegen ihres Mannes – ebenfalls SV-Meister – für diesen Arbeitsplatz entschieden.

Außerdem gab es in Haus 8 drei oder vier Kalfaktoren oder »Hausarbeiter«: Häftlinge, die im Schichtsystem für Sauberkeit, einige allgemeine Hilfsdienste und das Essen zuständig waren. Mit der eigentlichen Krankenpflege hatten sie nichts zu tun. Meistens waren es Kleinkriminelle, Wiederholungstäter, aber keine verwahrlosten oder gewalttätigen Persönlichkeiten. Eine Zelle auf der oberen Etage war zur »Küchenzelle« umfunktioniert worden, in der die Hausarbeiter das Essen für die Gefangenen zubereiteten. Im Vergleich zur Arbeit in den Betrieben, die ihre Fabrikhallen und Werkstätten auf dem Gefängnisgelände angesiedelt hatten, bei den Elektro-Apparate-Werken Treptow oder in der Großwäscherei REWATEX, waren es angenehme »Arbeitsplätze«.

Für das Schließen und Bewachen waren auch in Haus 8 Meister und Obermeister zuständig, die sich im Schichtbetrieb ablösten, um die Türen der Krankenzellen kümmerten und überwachten, welche für uns zugänglich waren und welche nicht. Immer nur einer pro Schicht. Ich erinnere mich noch gut an einen jüngeren Meister, um die 30 vielleicht, der häufiger in unsere Zelle kam, um sich die Zeit zu vertreiben. Ein anderer, Obermeister Nehring, großgewachsen und hager, mit leicht eingezogenen Schultern und Berliner Schnauze, erinnerte mich an den »Hauptmann von Köpenick«. Auch er unterhielt sich gerne über alles Mögliche. Er bestaunte die Pakete, die ich bekam, und deren Inhalt wie in Cottbus nur aus West-Artikeln bestand: »Das ist ja dolle!«, sagte er.

Mit diesen Leuten ließ sich gut auskommen. Sie wunderten sich über mich als Gefängnisarzt, mit meiner doppelten Approbation und den gelben Streifen auf der weißen Arztbekleidung, die ich bekommen hatte, Kittel und Hosen. Bislang hatte es diese Konstellation erst einmal gegeben, wie ich erfuhr, und nur für kurze Zeit. Darum war das Wachpersonal etwas unsicher, ob sie mich nun wie einen Arzt oder wie einen Häftling behandeln sollten. Meistens entschieden sie sich für den Arzt – auch weil ich selbstbewusst auftrat. Weder machte ich ein Geheimnis um meinen Haftgrund, noch ließ ich es mir anmerken, wenn ich eine schlechte

Stunde hatte. Ich versuchte, Haltung zu bewahren, und sah auch keine Veranlassung, die Meister zu provozieren oder moralisch abzuwerten. Mir gegenüber zeigten sie stets einen gewissen Respekt – während sie gegenüber den »Rohdiamanten« in Haus 3 bestimmt auch härter auftraten. Hier lag ein großer Unterschied zum Cottbusser Gefängnis – und zu dem, was ich etwa bei Roland Garve[79] oder Uwe Jens Jürgensen[80] zu den Zuständen in den Zuchthäusern Brandenburg-Görden oder Bützow lese.

Hier schien man auch eine gewisse Scheu vor der Salzgitter-Stelle zu haben, von der Beweise für Misshandlungen im DDR-Strafvollzug gesammelt wurden. Vielleicht, ja, vielleicht würde der Sozialismus doch nicht siegen. Der eine oder andere Wärter sagte zu mir: »Wenn Sie rüberkommen, müssen Sie mich ja nicht unbedingt in Salzgitter melden.«

Auch in Rummelsburg gab es »Erzieher«, die für jeweils 40 Häftlinge einer Station zuständig waren. Meiner hieß Enzian und ließ mich, soweit es ging, in Ruhe. Er beschimpfte mich nicht, wie der Erzieher in Cottbus, oder drängte mich, die »Aktuelle Kamera« anzuschauen – er kümmerte sich noch nicht einmal um den Inhalt meiner Pakete. Ich musste sie zwar auspacken und die Sachen in eines der üblichen Tragenetze umfüllen, doch von den Schikanen, mit denen man es in Cottbus zu tun hatte oder in Hoheneck, wo jede Packung Zigaretten und jede einzelne Schachtel Kekse geöffnet und ausgeleert werden musste, davon blieb ich in Rummelsburg verschont.

Am 11. November 1982 verständigten sich Stasi-Mann Flöter und Zels (der in den Akten unter dem Decknamen »Nagel« geführt wird) über meinen zukünftigen Einsatz:

> Vermerk:
> Am heutigen Tag wurde mit dem IM »Nagel« folgende Festlegung zum SG May getroffen:
> 1. SG M. kann ab sofort im Haus 2 als Zahnarzt eingesetzt werden.
> 2. Die Unterbringung bleibt wie bisher in Haus 8, ev. Verlegungsabsichten sind mit dem MA abzustimmen.
> 3. Es ist zu garantieren, daß SG M. ständig während seiner Arbeitszeit im Haus 2 durch einen SV-Angehörigen zu kontrollieren ist.
> Flöter
> Ltn.[81]

Von nun an sah mein Alltag so aus: Um sechs Uhr morgens wurden Gunther S. und ich geweckt und frühstückten an unseren kleinen Tischen. Anders als in Cottbus gab es auch echten Kaffee aus Bohnen zu kaufen. Schwarzer Tee war im HO-Kiosk ebenfalls zu haben. Weißbrot stand uns zur Verfügung, weil wir es den stationären Patienten mit Verdauungsproblemen verordnen konnten.

Wir hatten also ein ordentliches Frühstück, wuschen uns und machten uns fertig, bis um sieben Uhr Oberleutnant Sterz von unten »Doktor!« rief, mich abholte, um mich übers Gefängnisgelände von ganz hinten bis in Haus 1 zu schließen. Sterz schätzte ich auf Ende 50, ein kleiner, agiler Mann. Mit Beharrungsvermögen hatte er es bis zum dritten Offiziersgrad gebracht und erfüllte seine Aufgaben mit korrekter Gelassenheit. In Haus 1 untersuchte ich alle Neuzugänge und die Häftlinge, die »auf Transport« gingen. Kollege S. blieb in Haus 8.

Bei jedem maß ich Blutdruck und Puls, hörte das Herz und die Lunge ab und erkundigte mich nach dem allgemeinen gesundheitlichen Befinden.

»Fühlst du dich transportfähig?«, fragte ich die Abgänge. Neben dem Eingang von Haus 1 befanden sich rechts eine Wartezelle und links dieses Untersuchungszimmer, wo ich bis etwa zehn Uhr zu tun hatte, je nach Andrang. Als Helfer wurden mir dort zwei Häftlinge zugeteilt, die nach dem notorischen §249 des Strafgesetzbuchs der DDR[82] als »Asoziale« verurteilt worden waren. Die »Asozialen« bildeten neben den politischen Häftlingen und den mehr oder weniger Kriminellen eine dritte Häftlings-Gruppe. §249 konnte jedem drohen, der sich bei den falschen Leuten unbeliebt gemacht oder einfach nur einen Ausreiseantrag gestellt hatte. Wenn Partei und Stasi keine andere Methode wussten, verweigerte man ihm die Arbeit – dann konnte er anklopfen, wo er wollte, jeder Werksleiter oder Brigadier war entsprechend informiert. Nach drei oder vier Monaten ohne feste Arbeit konnte der unliebsame Bürger als asozial verurteilt und festgesetzt werden. Darum wurden viele Dissidenten und Ausreise-Antragsteller, denen gekündigt worden war, von den Kirchen eingestellt, auch wenn es keine dringliche Verwendung für sie gab. Notfalls pflegten sie den Friedhof und halfen bei den Bestattungen. Denn wer im »Arbeiter- und Bauernstaat« ohne Arbeit war, war vogelfrei.

»Asoziale« produzierten die Genossen auch, indem sie den halbwüchsigen Kindern von politischen Häftlingen, die meistens bei den Großeltern untergekommen waren, keine Ausbildungsstelle und keine andere Arbeit gaben. So konnte man auch sie schließlich einsperren, ins Gefängnis wie ihre Eltern, wenn sie schon 18 Jahre alt waren, oder – schlimmer noch – in einen Jugendwerkhof. In Cottbus und in Rummelsburg erlebte ich jeweils junge Leute, die sich freuten, als sie mit 18 Jahren endlich vom Jugendwerkhof ins reguläre Gefängnis überstellt wurden. Wie schlimm müssen die Verhältnisse dort gewesen sein!

Die Freiheit der vermeintlich »Asozialen« wurde außerhalb der Haft durch die »Staatliche Kontroll- und Erziehungsaufsicht«, wie es im Gesetz heißt, zusätzlich eingeschränkt. Sie wurde mittels eines besonderen Personalausweises ausgeübt, dem »PM-12«, der mit Auflagen gefüllt werden konnte. Etwa dass man sich wöchentlich bei der Polizei melden musste, den jeweiligen Bezirk nicht verlassen oder den Wohnort nicht wechseln durfte, und so weiter. Oftmals durften sie auch nicht nach Ostberlin fahren. Wer den PM-12 hatte statt eines ordentlichen Personalausweises, für den war die DDR noch kleiner und enger, als sie ohnehin schon war. Auch verurteilte »Republikflüchtige«, die nach ihrer Haft in die DDR entlassen wurden, konnten mit einem PM-12 gegängelt werden.

Die beiden »Asozialen«, die mir als »Arzthelfer« zugeteilt wurden, hatten sich jedenfalls, soweit ich es beurteilen konnte, nichts zu Schulden kommen lassen. Es waren ganz normale Leute, die auch nicht »arbeitsscheu«[83] wirkten, wie es im Gesetz formuliert war. Einer von ihnen hatte eine Karriere als Werbegrafiker hinter sich. Er war in Paris und anderswo im nichtsozialistischen Ausland als Designer von Messeständen unterwegs gewesen, bevor sich seine Frau von ihm scheiden ließ und er seinen Kummer in Alkohol ertränkte. Als er seine Arbeitsstelle verlor, sperrten die Genossen ihn ein.

Die Krankheiten der Häftlinge

Nachdem ich die routinemäßigen Untersuchungen erledigt hatte, nach ungefähr zwei Stunden, wechselte ich in das Sprechzimmer nebenan, um die Untersuchungshäftlinge zu behandeln, die sich krankgemeldet hatten. Die nicht mehr sitzen konnten, denen schwindelig wurde oder die Bauchkrämpfe hatten – in den meisten Fällen handelte es sich um solche Beschwerden, die durch Bewegungsmangel, schlechte Ernährung und Aufregung ausgelöst wurden.

Aufgrund des ständigen Sitzens traten Myogelosen auf, begrenzte Verhärtungen vor allem der Rückenmuskulatur, die nur schwer in den Griff zu bekommen waren.

Gegen Bauchschmerzen schrieb ich leichte Mittel zur Beruhigung oder Tabletten oder Tropfen gegen Reizmagen auf. Wer das feuchte graue Gefängnisbrot nicht vertrug, dem verordnete ich das bereits erwähnte Weißbrot – das Küchenpersonal hielt sich daran, und auch die Medikamente standen zur Verfügung, so dass ich den Kranken die Haft tatsächlich ein wenig erleichtern konnte.

Viele Beschwerden waren psychosomatischer Natur. Durch die seelische Not der Insassen, die erzwungene Nähe und die düsteren Aussichten kamen Kreislauf und Blutdruck durcheinander, Schlafprobleme traten auf. Auch Fälle von Angina pectoris (krampfartige Herzschmerzen) traten häufig ohne organische Gründe auf. Anderes hatte mit der ungewohnten Arbeit zu tun. Bedingt durch die mangelnde Hygiene, waren Hauterkrankungen häufig. Wenn Krätze-Fälle auftraten, wurden die Patienten in Einzelzellen überstellt und mit den entsprechenden Salben versorgt.

Bei durchschnittlich etwa 200 Untersuchungshäftlingen in den Häusern 1 und 2 war immer genug zu tun, auch wenn die meisten Häftlinge weniger als vierzig Jahre zählten, so dass kaum chronische Erkrankungen wie Diabetes zu behandeln waren.

Viele der »Patienten« täuschten, aus verständlichen Gründen, etwas vor, um sich die Haft ein wenig zu erleichtern, vielleicht hofften sie einfach nur auf Abwechslung oder einen anderen Gesprächspartner. Ich bemühte mich nach Möglichkeit, sie nicht bloßzustellen. Besonders weil ich bei dieser Sprechstunde nicht von Häftlingen nach §249 unterstützt wurde, sondern von Obermeister Trinkaus, der sein Büro gegenüber hatte. Ein Ur-Berliner mit Schnauze und ein Schrank von einem Mann, der sich den weißen Helferkittel über die blaue Obermeister-Uniform zog. In der Hierarchie des Strafvollzugs konnte er nicht weiter aufsteigen, war aber ausgebildeter Pfleger und für diese Sprechstunde verantwortlich. Er arbeitete wie ein Feldscher, mit mehr Autorität als ein bloßer Helfer – und sollte mich wohl auch kontrollieren. Trinkaus zuckte bei keiner Untersuchung, ein harter Hund, der wohl schon einiges gesehen hatte. Meine Verordnungen akzeptierte er freilich in den allermeisten Fällen, und so kamen wir ganz gut miteinander aus. Nur gelegentlich, wenn ich mit Beruhigungsmitteln oder Liegeerlaubnissen nach seiner Meinung zu großzügig war, konnte es passieren, dass er einschritt.

Manchmal ließ Trinkaus Dampf ab und brüllte die Häftlinge zusammen, die in der kleinen Wartezelle zusammengepfercht saßen und rauchten. Der Gestank und die Luftknappheit waren kaum auszuhalten – doch bei zwei und mehr Stunden Wartezeit war das Rauchverbot nicht durchzusetzen. Das wusste der bullige Pfleger natürlich und beruhigte sich auch wieder.

Und als meine Helfer bei den Transportuntersuchungen und ich auf die Idee kamen, den Sterilisationsapparat zu benutzen, um Wasser zu kochen und uns Kaffee aufzugießen, ließ Trinkaus uns monatelang gewähren. Nur einmal platzte ihm der Kragen, als er uns mit dem dampfenden Kaffee am Tisch sitzen sah. Ihm war an diesem Tag wohl eine Laus über die Leber gelaufen. Plötzlich donnerte er uns an und verbot kategorisch, den »Steri« zur Kaffeezubereitung zu benutzen – doch als wir unser zweites Frühstück nach einer gewissen Karenzzeit wiederaufnahmen, schien er seinen Wutanfall wieder vergessen zu haben. Man musste sich von ihm nicht einschüchtern lassen. Die raue Berliner Schale barg den sprichwörtlichen weichen Kern.

Gegen zwölf Uhr schleuste mich der Oberleutnant wieder zurück durchs Gelände, das mehrfach durch Mauern und Zäune unterteilt war, zum Mittagessen und einer Mittagspause, die er im Dienstzimmer im Erdgeschoss verbrachte und ich auf meinem Bett. Drei Mal in der Woche führte er mich danach erneut nach vorne, diesmal zu Haus 2, in dem sich ebenerdig eine überdimensionale Zelle mit einem großen, vergitterten Fenster befand, vor dem eine verwaschene Gardine hing. In jedem Stockwerk lagen solche größere Räume direkt am Treppenhaus, vor den Sträflingszellen, die auch als Büros (zum Beispiel für Flöter) genutzt wurden. Hier stand in der Mitte eine zahnärztliche Einheit: ein Stuhl, ein sogenannter »Stummer Assistent« (Instrumentenschrank mit Schubladen) und ein Sterilisationsgerät. Oberleutnant Sterz selbst sollte mir assistieren, das heißt: Ich musste ihn zunächst anlernen und ihm beibringen, was er mir in welcher Situation zu reichen hatte. Dass ich nach dem Studium nicht als Zahnarzt, sondern kieferchirurgisch gearbeitet, also mehr Erfahrungen im OP als am Zahnarztstuhl gesammelt hatte, fiel nichts ins Gewicht, denn im Gefängnis waren vor allem Behandlungen angezeigt, die ich von der zahnärztlichen Notfallsprechstunde in der Klinik kannte. Meistens versuchte ich, die Zähne mit einer Amalgamfüllung zu retten. Gelegentlich konnte ich auch ein Medikament zur Hilfe nehmen, um den betroffenen Zahn zu beruhigen. Oder, wenn die Schädigung zu stark war, wurde extrahiert. Bei desolaten kariösen Läsionen war der Gefängniszahnarzt zuständig. Doch das kam selten vor, weil die meisten Häftlinge in Rummelsburg »Kurzstrafer« bis fünf Jahre waren, bei denen man das Problem aussaß.[84] Anspruchsvolles wie Brücken oder Kronen kamen nur selten vor.

Ich brachte Sterz also alles bei, was er wissen musste, und er folgte meinen Anweisungen mit Akribie. Wenn ich einen Zahn zog, hielt er den Kopf des Patienten. Es schien ihm Freude zu machen, neben dem ewigen Auf- und Zuschließen einmal eine herausfordernde und sinnvolle Aufgabe zu bekleiden. Er war stolz darauf, das Amalgam im Mörser anrühren zu können – die schwierige Prozedur gelang ihm mit der Zeit immer besser. Er reichte mir Spritzen und öffnete Ampullen. In der Sprechstunde hatte ich die Autorität, er besaß die Schlüsselgewalt, und mit den Monaten entwickelte sich eine Art Vertrauensverhältnis zwischen uns.

Ungefähr um halb fünf war die zahnärztliche Sprechstunde beendet, Sterz schloss mich wieder zurück und verabschiedete sich nach Hause. Für Gunther S. und mich war der Arbeitstag damit noch keineswegs beendet. Die Patienten des Häftlingskrankenhauses mussten auch abends und nachts versorgt, Verbände und Infusionsflaschen gewechselt werden. Dann wurden die Notfälle gebracht, von denen es bei rund tausend Häftlingen immer genug gab. Wer bei welchen Beschwerden ins Haus 8 geführt wurde, wenn Radtke und Zels nicht erreichbar waren, lag in der Hand der Meister, die uns auch holen konnten. Am ersten Tag hatte ich eine Erklärung unterschreiben müssen, in der ich mich verpflichtete, ausschließlich DDR-Bürger zu behandeln und keinen Kontakt zu westlichen Ausländern (damit waren auch Westdeutsche gemeint) zu pflegen. Zwar hatte ich schon im Zugang gehört, dass in Rummelsburg westliche Ausländer inhaftiert sein sollten – jetzt kam es mir jedoch zum ersten Mal wirklich zu Bewusstsein. Ein komplettes Gebäude, Haus 6, war mit ihnen belegt, dort hinein durfte ich nie. Die Werkshalle, in der die Westausländer arbeiteten, war direkt an Haus 6 angebaut worden, damit sie nicht über die Höfe geführt werden mussten. Doch nach 17 Uhr gab es in der Regel keine anderen medizinischen Ansprechpartner als uns. Major Radtke hatte wenig Interesse an Spät- oder Nachtdienst, und das wussten auch die Schließer in Haus 6. Ein Teil der Notfälle kam also auch von dort. Das war die einzige Ausnahme, bei der Westausländer über die Höfe gingen.

Gunter S. wurde zu Beginn häufiger als ich gerufen, nur bei traumatologischen Fällen, wenn Blut floss oder Verletzungen zu versorgen waren, war ich gefragt, bei Herz-Kreislauf-Problemen lief S. los, der zwei Facharztabschlüsse besaß, als Internist und Radiologe. Selten verging eine Nacht, in der ich vor zwei Uhr nachts zur Ruhe kam. Wenn es an einem Freitag etwa Makrele gab – die Kalfaktoren brachten das Abendessen um 18 Uhr auf die Zellen –, hatte ich bis abends nach acht Uhr damit zu tun, Gräten aus den Hälsen zu fischen, die sich dort verhakt hatten. Fünf oder sechs Leute erwischte es jedes Mal in dem riesigen Gefängniskomplex, und es dauert eine Weile, bis man eine feine Gräte aus dem Rachen entfernt hat. Ich trank viel schwarzen Tee, um wach und konzentriert zu bleiben, glücklicherweise vertrug ich ihn gut.

Eine Packung Tee, Marke »Teehaus«, dieselbe wie in den Kaufhallen, war etwa doppelt so groß wie eine Zigarettenschachtel. Es gab sie in verschiedenen Sorten. Wegen der grünen Pappschachtel wurde eine »Spezialmischung« »Frosch« genannt. Ein Frosch bestand aus 50 Gramm Tee. Wenn man sich etwas Gutes tun wollte, goss man einen kompletten Frosch in der großen Aluminiumkanne auf, die auf jeder Zelle stand – das Gefühl, das sich nach deren Genuss einstellte, war zwar nicht mit der Wirkung einer Flasche Wein zu vergleichen, die Leichtigkeit fehlte, doch die Menge an Teein reichte, um einen benebelten, rauschartigen Zustand herbeizuführen. An meinem ersten Weihnachtsfest hinter Gittern probierte ich das einmal aus. Die »Knastologen« nannten es eine »Dröhnung«. Man musste aufpassen, dem Herzen dabei nicht zu viel zuzumuten.

Immer wieder erlebte ich, wie jemand absichtlich hyperventilierte, um das Bewusstsein zu verlieren – als Protestaktion oder um ins Krankenhaus zu kommen. Doch wenn ein Häftling ohnmächtig auf dem Zellenboden lag, war nicht unbedingt ersichtlich, wo die Ursache lag. Das konnte gefährlich werden, auch wenn es in der Regel nur einen Kunststoffbeutel brauchte, den man über den Kopf zog oder vor den Mund hielt, damit der Bewusstlose seine eigene Atemluft wieder einatmete und sich der Sauerstoffgehalt im Blut normalisierte.

Häufig wurden wir auch zu Häftlingen gerufen, die an Schmerzen und einem Engegefühl im Brustkorb litten (Angina pectoris). Andere erlitten Blutdruckkrisen: Ihr Blutdruck stieg unvermittelt sehr stark an, so dass ein Herzinfarkt oder Gehirnschlag drohte. Das konnte durch psychische Belastungen ausgelöst sein, oder weil ihnen Medikamente fehlten, die sie vor der Haft regelmäßig eingenommen hatten. Diabetiker konnten Krisen durchmachen, weil ihr Blutzuckerspiegel entgleiste – auch das war eine gefährliche Situation, die schnelles Handeln erforderte.

Wenn so etwas abends oder nachts vorkam, schlugen die Häftlinge Alarm, bis der Wärter von außen das Licht anknipste, durch den Spion guckte und sich anhörte, was los war. Alleine die Tür zu öffnen, war ausgeschlossen. Er hätte überwältigt werden können. Das SV-Personal war generell unbewaffnet, weil die Gefahr einer Entwaffnung zu groß gewesen wäre. Zuerst also musste der Wärter Verstärkung holen. Auch wenn sie mich riefen, standen die Schließer aus Angst vor Gewalttätigkeiten oft hilflos vor den Zellen. Erst wenn genügend Kollegen eingetroffen waren, öffneten sie die Tür.

In dieser ersten Zeit lernte ich viel vom Kollegen S., ein EKG konnte ich zwar grundsätzlich lesen, doch es gab dabei auch viele Feinheiten zu beachten, die bis dahin ja nicht zu meinem Arbeitsgebiet gehört hatten. Auch wenn gerade nichts anstand, unterhielt ich mich häufig über Fachliches mit ihm. S. war ein engagierter Arzt, er hatte den Ehrgeiz besessen, zwei Facharztausbildungen zu absolvieren, und ich ließ mir lieber erklären, warum er diese oder jene Maßnahme ergriffen hatte, als bloß über Alltägliches zu plaudern. Denn als Privatmann war mir der schleimige »Musterknabe« mit seinem weichen breiten Gesicht und dem lichten Haar nicht sonderlich sympathisch.

Gegen zwölf oder eins wurde es ruhiger, doch ich konnte mich nicht einfach hinlegen und schlafen – nicht nur wegen des vielen Tees. Sobald ich nicht mehr mit Patienten zu tun hatte, kam mir unsere Lage wieder zu Bewusstsein, und ich grübelte darüber nach, wie es Monika wohl ging und wie lange Christian wohl noch auf seine Eltern verzichten musste, wie es bei meinen Eltern und Schwiegereltern ginge, bei Hans-Jürgen, bei den Jonschers. Es war die einzig wichtige Frage für jeden §213er und jeden politischen Häftling in der DDR, die mich wachhielt: wie lange noch? Oft las ich noch etwas, um meine Gedanken zu beruhigen, die, sobald sie nicht medizinisch gefordert waren, zu kreisen begannen. Wir konnten das Licht ja brennen lassen. Sobald ich das Buch hinlegte, waren sie wieder da, darum schlief ich bald nur noch mit Hilfe von Faustan (Valium): 10 Milligramm sorgten dafür, dass ich trotz allem zur Ruhe kam, wenigstens für vier oder fünf Stunden.

Faustan war nicht nur für mich segensreich, sondern überhaupt eines der wichtigsten Medikamente im Bestand von Haus 8. Gunter S. nahm es ebenfalls – das war offensichtlich, ohne dass wir uns darüber ausgetauscht hätten. Faustan wurde auch eingesetzt, um akute Blutdruckkrisen zu bekämpfen, und überall, wo es darum ging, jemanden schnell zu beruhigen. In Tablettenform und – das habe ich erst im Gefängnis erlebt – auch intravenös.

Meine Selbstmedikation war natürlich nicht vorgesehen. Gegen einfache Schlafstörungen hätte ich in den Sprechstunden kein Faustan verschreiben dürfen – Obermeister Trinkaus wäre da sicherlich eingeschritten, schließlich litten die meisten Häftlinge an Schlafstörungen. Dennoch war reichlich Faustan vorhanden. Als Ärzte hatten wir Zugang zu allen Medikamenten – und niemand der Meister, SV-Offiziere oder Stasi-Leute kam auf die Idee, das wertvolle Gut zu inventarisieren. In dem kleinen Gefängniskrankenhaus ging es zu, wie in allen anderen Krankenhäusern der DDR auch: Die Medikamente standen rezeptfrei zur Verfügung, über die Kosten machte man sich wenig Gedanken. Ich wurde zwar von allen Seiten kontrolliert – von mehr Seiten, als ich zu diesem Zeitpunkt wusste –, doch meine Vorratshaltung in Sachen Faustan fiel niemandem auf.

Fluchthelfer, Kriminelle und Privilegierte

In der Position, die ich nun hatte, lernte ich das Gefängnis mit seinen vielen Gebäuden und unterschiedlichen Gefangenengruppen schnell kennen. Die Insassen von Haus 3 waren zu einem großen Teil nicht das, was ich mir unter Kriminellen vorstellte – Diebe vielleicht, Räuber oder Totschläger – sondern wie die meisten, die nach §249 als »Asoziale« galten, aus einer Not heraus mit dem Gesetz in Konflikt geraten – einer Not, die zum großen Teil durch das SED-Regime verschuldet oder zumindest mitverschuldet wurde. Die Grenzen zwischen Straffälligen und Unangepassten wurden absichtlich verwischt. Das Strafrecht der DDR war zu einem wesentlichen Teil politisch grundiert. Wer sich nicht störungsfrei in die »sozialistische Gesellschaft« eingliedern ließ, wurde kriminalisiert.[85]

Dazu kamen die enorm strengen Strafen. Viele saßen jahrelang für ein Vergehen in Haft, für das in der Bundesrepublik vermutlich eine Bewährungs- oder Geldstrafe ausgesprochen worden wäre. (Kaum in Lünen angekommen, behandelte ich zum Beispiel eine hochschwangere städtische Angestellte, die wegen einer Geldkassette niedergeschlagen worden war. Der Täter, der ihr eine Unterkieferfraktur beigebracht hatte, kam mit einer Bewährungsstrafe davon. Das wäre im Osten wohl nicht vorgekommen. Übrigens erscheint mir die Anzahl solcher Rohheitsdelikte im Westen geringer gewesen zu sein, als es im Osten der Fall war. Es gab wesentlich mehr Schlägereien. Während meiner Zeit am Cottbusser Klinikum versorgten wir wöchentlich ungefähr zwei Unterkieferfrakturen. Im etwa gleich großen Lünen erlebte ich höchstens eine pro Monat.)

Wenn einer im Stasi-Staat einmal »Kommunistenschwein« sagte, konnte das bereits für zwei Jahre reichen. Nach Fußballspielen, wenn die Anhänger ausfällig wurden, griff die Polizei wahllos ein paar der Betrunkenen heraus, dann wurden sie gnadenlos abgeurteilt. Zwei Jahre Gemeinschaftszelle und Arbeitspflicht, zwei Jahre ohne Intimsphäre und Sicherheitsabstand, getrennt von der Familie: Das konnte ein ganzes Leben zerstören.

Die Sträflinge verbrachten ihre Haft zumeist in Sechserzellen, nicht größer als vier auf fünf Meter, in denen alle Arten von Charakteren zusammenkamen: feine und verrohte, dumme und kluge, lammfromme und gewalttätige. Die Zellen in Haus 3 waren noch dazu in katastrophalem Zustand, als ob sie seit der Kaiserzeit durchgängig belegt gewesen wären. Die vielen Verzweiflungstaten, die ich erlebte, waren unter diesen Umständen nur allzu verständlich.

Zum Arbeitsschutz schreibt Heike Hoffmeister in ihrer Broschüre über die »Strafvollzugsanstalt Rummelsburg 1951–1990«:

»Die Arbeitseinsatzbetriebe bezahlten den Tariflohn einschließlich aller Prämien und Zuschläge an die Strafvollzugseinrichtungen. Das, was nach Abzug des Gefangenenanteils und etwaiger Unterhaltszahlungen von den überwiesenen Arbeitslöhnen verblieb, ging als Einnahme an den Strafvollzug. [...] Da die wirtschaftliche Ausnutzung der Inhaftierten vorrangig war, spielten Arbeitsschutzmaßnahmen eine untergeordnete Rolle und Arbeitsunfälle waren nicht selten.«[86]

Schnittverletzungen, Verbrennungen, Platzwunden waren tatsächlich an der Tagesordnung.[87] Schwere oder gar tödliche Arbeitsunfälle erlebte ich während meiner Zeit in Rummelsburg nicht. Außer in den volkseigenen Betrieben wurden die Häftlinge auch in den Werkstätten des Gefängnisses eingesetzt und halfen als Kalfaktoren, wie in Haus 8, den Betrieb in Gang zu halten.

Die Eingangsuntersuchungen waren eine besonders gute Informationsquelle für mich. In Rummelsburg schienen die Anzeichen für einen Westtransport unbekannt zu sein. Anfangs war ich deshalb unsicher, ob ich von dort überhaupt nach Chemnitz und in die Freiheit kommen würde. Ich fragte meinen Zellenkollegen S., doch solche Überlegungen schienen ihm fremd zu sein. Außerdem war ich jetzt von meinen Leidensgenossen in Cottbus abgeschnitten und neugierig, wer von ihnen vielleicht schon auf West-Transport gehen durfte.

Bei den Untersuchungen lernte ich nicht allein frisch Verurteilte, sondern auch viele Häftlinge kennen, die von einer anderen Einrichtung auf der Strecke des »Grotewohl-Expresses« kamen, auf »Durchreise« waren. Für die Verschickung der Häftlinge mittels dieser Transport-Waggons (maximal waren vier davon gleichzeitig im Einsatz[88]) war Berlin das Drehkreuz im Zentrum aller nordsüdlichen oder westöstlichen Bahnverbindungen. Wer keinen direkten Anschluss bekam, wurde unter Umständen tagelang in eine Rummelsburger Zelle gesperrt.

Auf manche Strafgefangene, die aus Berlin stammten, wartete ein zivilrechtliches Verfahren, häufig ging es um eine Scheidung oder deren Folgen. Sie verbrachten dann zwei Wochen in Haus 1 oder 2, wurden zur Gerichtsverhandlung geführt und anschließend nach Bautzen, Brandenburg oder ein anderes der zahlreichen Gefängnisse zurückgeschickt. Alle diese Fälle kamen zu mir in die morgendliche Transportuntersuchung.

In den Krankenakten informierte ich mich stets auch über die Haftgründe. Das gehörte zwar nicht zur ärztlichen Anamnese, doch ich wollte wissen, mit wem ich es zu tun hatte – und was ich womöglich in Erfahrung bringen konnte. Wenn jemand aus Bautzen kam, erkundigte ich mich nach Dr. Jochen Tribulowski, meinem Freund und Kollegen, den ich seit dem Zusatzstudium kannte und der ein Jahr vor uns verhaftet worden war. Jochen setzten sie ebenfalls als Gefängnisarzt und -zahnarzt ein. Das wusste ich aus Cottbus, wo ich mich bei meinen Zellenkameraden gleich am Anfang nach ihm erkundigt hatte.

»Warst du in Bautzen in der Sprechstunde? Wie sieht der Arzt aus? Wann hast du ihn das letzte Mal gesehen?«

Ich erfuhr, dass Jochen noch immer in Bautzen saß, Rechtsanwalt Vogel ihn also noch nicht »abgeholt« hatte.

»Katastrophe«, dachte ich, »der hatte doch auch vier Jahre bekommen. Und sitzt jetzt schon ein ganzes Jahr länger als ich!«

Hieß das, ich musste auch noch ein Jahr in Rummelsburg verbringen? Konnte es bei mir nicht ganz anders laufen? Nichts war sicher, aber als Hinweis nahm ich die Nachricht doch, dass ich mir vorerst nicht zu viele Hoffnungen machen sollte.

Ich nähte die Wunde, mit der der Mann gekommen war, und sagte: »Pass auf, die Fäden müssen nach einer Woche entfernt werden. Das lässt du von Dr. Tribulowski machen. Wenn es irgendwie geht. Frag nach ihm. Und richte ihm schöne Grüße von mir aus!«

Über die Zeit erfuhr ich in den Eingangsuntersuchungen genauer, wie unterschiedlich die Verhältnisse in den verschiedenen Haftanstalten der DDR waren. In Cottbus waren es die vielen »Ausweiser«, in Rummelsburg die »Kurzstrafer«, in den Zuchthäusern Brandenburg-Görden und Bautzen I die meisten lebenslänglich verurteilten Mörder, Totschläger und viele Sexualstraftäter. Nur aus Bautzen II, wo viele Dissidenten inhaftiert waren, politische Häftlinge mit Strafen über fünf Jahre, kam kein Transporthäftling.

Auf jede Häftlingsgruppe reagierten die Meister anders, wobei planvolle Repression ebenso vorkam wie gegenseitige Gewöhnung. Ein »Langstrafer« wird sich im »Knast« anders verhalten als jemand, der lediglich zwölf Monate abzusitzen hat. In »Unter Mördern. Gefängnisalltag in der DDR«[89] schildert Roland Garve darum völlig andere Verhältnisse als die, von denen ich berichten kann. Es gab nicht nur einen Haftalltag in der DDR, sondern viele.

Die Häftlinge aus Haus 6 waren zum großen Teil Westdeutsche, aber auch Holländer, Franzosen und Häftlinge aus vielen anderen Ländern des »nichtsozialistischen Auslands« (inklusive Jugoslawien, »NSW«, wie es hieß).[90] Wenn sie abends oder nachts in Haus 8 gebracht wurden, bekam ich meistens keine Krankenakte, weil ich von den Paragraphen nichts erfahren sollte, nach denen sie verurteilt worden waren. Doch oft war es den Meistern zu lästig, mir auf die Finger zu sehen. Sie setzten sich ins Dienstzimmer im Erdgeschoss ab, um zu rauchen und Kaffee zu trinken. Und ich konnte mich ungestört mit meinem Patienten unterhalten. Dadurch lernte ich viele Fluchthelfer[91] kennen – das war jedes Mal ein Glanzpunkt in meinem grauen Gefängnisalltag und verschaffte mir einen guten Überblick, wer sich in dieser Szene bewegte. Ich war neugierig, die andere Seite kennenzulernen, diejenigen Menschen, die uns aus dem Osten die Flucht ermöglichten. Darunter waren die unterschiedlichsten Leute, komische Käuze und seriöse, politisch denkende Menschen. Einige wenige waren zu vier Jahren Haft verurteilt, andere zu sechs oder acht, mache sogar zu zwölf und mehr – und die meisten hatten wohl damit gerechnet, nach kurzer Zeit freigekauft zu werden. »Wenn sie mich erwischen, holen die mich doch bald wieder raus«, dachten sie. Aber dem war nicht so. Viele waren enttäuscht von der Ständigen Vertretung der Bundesrepublik Deutschland in Ost-Berlin. Zwar wurden sie von Angestellten der Vertretung betreut und besucht, doch sie fühlten sich nicht ernst genommen. »Warum haben Sie das auch freiwillig gemacht?« – diesen unterschwelligen Vorwurf entnahmen sie dem Verhalten ihrer Ansprechpartner und vermissten das Mitgefühl. Nur Pakete, das war ihnen zu wenig. Wir Flüchtlinge und politischen Häftlinge hatten oft die bessere Lobby.

Marion Detjen beschreibt in ihrer Geschichte der Fluchthilfe, wie sich das positive Image der Fluchthelfer von der »Heldenzeit« in den frühen Sechzigerjahren, mit spontanen Hilfsaktionen und spektakulären Tunnelgrabungen im Namen der Freiheit, allmählich verschlechterte, bis sie auch im Westen oft als bloße Krisengewinnler gesehen wurden.[92] Den Staatssicherheits-Strategen gelang es, die Berichterstattung in der Bundesrepublik gezielt zu beeinflussen, indem sie die »kommerzielle« Fluchthilfe verteufelten und die Fluchthelfer pauschal als Verbrecher und »Menschenhändler« denunzierten. Dabei gab es neben zweifelhaften Organisationen immer auch idealistische Helfer. Die Fluchthilfe steckte in der Zwickmühle, weil die immer kostspieligeren Methoden nicht anders finanziert werden konnten als durch die Flüchtigen und deren Angehörige. Der fluchtdienliche Umbau von Autos, in manchen Fällen von Schiffen oder Flugzeugen, kostete Geld und zunächst Unbeteiligte wie die amerikanischen Soldaten mussten durch entsprechende »Risikozulagen« als Helfer gewonnen werden. Natürlich tummelten sich unter den Helfern auch »Unternehmer« und Organisationen mit zweifelhaftem Geschäftsgebaren und eine Menge Desperados, die das Image schädigten und es der Stasi-Propaganda leichter machten. Im Ergebnis besaßen die Fluchthelfer kaum noch Fürsprecher in der Bundesrepublik, während wir Flüchtlinge ohne Vorbehalte als Opfer anerkannt und im Westen willkommen geheißen wurden.[93]

Die Häftlinge in Haus 6 bekamen das zu spüren. Manche hatten nicht mehr als drei- oder viertausend D-Mark bekommen und gedacht, das sei schnell verdientes Geld. Als müssten sie nur einmal von West-Berlin nach Hannover fahren, ein paar Leute mitnehmen, fertig! Das waren Kuriere von Organisationen, die es in erster Linie auf das Geld abgesehen hatten, und von denen die meisten längst von der Stasi unterwandert waren.[94] Diese aus Naivität in Rummelsburg Gestrandeten wussten oft nicht viel zu erzählen, sie kannten weder die Verhältnisse noch die Organisatoren ihrer Touren. Jetzt wurden sie hart bestraft, die Strafvollzugsbeamten begegneten den »feindlichen« Westlern oft mit noch weniger Rücksicht als uns politischen Häftlingen. Während sich die Wärter in Haus 3 in etwa so verhielten, als hätten sie es mit schwer erziehbaren, etwas zurückgebliebenen Jugendlichen zu tun, auf gelassene Art streng, herrschte in Haus 6 ein ähnlich brachialer Ton, wie ich ihn in Cottbus erlebt hatte. Die »Ausländer« ließen sich oft weniger gefallen, und die Gewaltbereitschaft des Wachpersonals war deutlich höher.

Warum verhielten die Meister sich so brutal? Sie mussten doch wissen, dass ihr Verhalten im Westen nicht unbemerkt bleiben würde. Wenn sie diese Leute schon einsperren mussten, hätte man sie wenigstens anständig behandeln sollen. Warum es zu diesem Klima der Gewalt kam, das in vielen Fällen auch eskalierte und zu ernsthaften Verletzungen führte, konnte ich mir nicht erklären. Heute vermute ich, dass die Wärter entsprechend instruiert waren, oder dass die Stasi die Personalauswahl entsprechend steuerte. Den Verantwortlichen war wohl klar, welche Charaktere sie einsetzen musste, um Gewaltausbrüche zu provozieren. Leute vom Schlag eines RT.

Dabei hatten manche West-Gefangenen einfach Pech gehabt. Ein Physiotherapeut zum Beispiel, der dem rauen Gefängnisalltag nicht mehr gewachsen war und sich krankmeldete.

Wenn die Häftlinge klug waren und die richtigen Informationen erhalten hatten, riefen sie erst freitags nach 16 Uhr nach einem Arzt. Dann waren Radtkes und Zels' Sprechstunden vorbei, sie wurden zu mir gebracht und ich hatte die Möglichkeit, sie zumindest über kurze Zeit stationär aufzunehmen und ihnen ein wenig Erholung zu verschaffen. Solange bis die Stasi-Ärzte anordneten, sie wieder zurückzuschließen. Die körperlichen Symptome dieser Leute, Rückenschmerzen oder Kreislaufprobleme, waren dabei oft Ausdruck eines allgemeinen Erschöpfungszustands. Rückenschmerzen waren nicht nur wegen der Arbeitsbedingungen häufig, sondern auch, weil sich die Häftlinge tagsüber nicht hinlegen durften, sondern auf Hockern sitzen mussten. Die übliche Therapie bei Rückenbeschwerden – außer der »Liegeerlaubnis« – bestand nicht aus Tabletten. Um die Gefahr des Medikamentenmissbrauchs einzudämmen, sollten möglichst wenig Tabletten verschrieben werden. Stattdessen verordnete man die »Bestrahlung« mittels »Lichtkasten«, d. h. einiger in einen Kasten montierter Glühlampen, die den Rücken erwärmten, und anschließend ein Wannenbad mit Fichtennadel-Extrakt.

Jener sympathische Mann um die 40, der sich krankmeldete, war physisch und psychisch am Ende seiner Kräfte. Er hatte gerade in West-

Berlin eine physiotherapeutische Praxis eröffnet, Geld aufgenommen, und dann auf der Transitstrecke einen schlichten Unfall gebaut. Überhöhte Geschwindigkeit, Unachtsamkeit – dafür geht normalerweise niemand ins Gefängnis, auch wenn im Transitabkommen die »Verletzung der Straßenverkehrsvorschriften« unter »Missbrauch« fällt. Den Physiotherapeuten hatten die Volkspolizisten jedoch in die Untersuchungshaft gebracht, vielleicht unter dem Vorwand der Fluchtgefahr oder aus einem anderen vorgeschobenen Grund. Sein Auto wurde von der Stasi abgeschleppt und auf einem Gelände abgestellt, das kurzerhand zum gebührenpflichtigen Parkplatz erklärt wurde. Die DDR-Behörden verlangten fürs Parken eine stattliche Summe in D-Mark. Wie lange er auch in Rummelsburg festgehalten werde – acht Wochen dauerte es mit Sicherheit bis zum Urteil –, seine wirtschaftliche Existenz in West-Berlin sei damit zerstört, so erzählte er mir. Und die DDR hatte gut an dem Unfall verdient, auch ohne Freikauf.

Eine völlig andere Gruppe von Häftlingen, ungefähr hundert Menschen, war in Haus 10 untergebracht, einem zweistöckigen Gebäude aus Hohlblocksteinen am hinteren Ende des Geländes, neben dem Haftkrankenhaus. Es handelte sich um eine Art »Privilegiertenknast« mit normalen Zimmer- statt Zellentüren, in dem sich die Häftlinge weitgehend selbst verwalteten. Privatsphäre gab es indessen auch dort nicht – die Sammelzellen waren mit zehn oder zwölf Betten belegt. In einem Gemeinschaftsraum stand ein Fernsehgerät – dorthin ließ ich mich gelegentlich schließen, wenn abends kein Patient zu versorgen war. Vor allem montags, dann liefen im DDR-Fernsehen alte deutsche UFA-Filme mit Heinz Rühmann, Theo Lingen, Hans Moser und Co., und direkt danach der berühmte »Schwarze Kanal«, eine Propaganda-Sendung des DDR-Fernsehens, in der Ausschnitte westlicher Sendungen gezeigt und so kommentiert wurden, meistens vom berühmt-berüchtigten Moderator Karl-Eduard von Schnitzler, dass sie wie Propaganda wirkten – ein kurioses Kontrastprogramm.

Bei den Insassen von Haus 10 handelte es sich um Leitungspersonal aus Betrieben, um Direktoren von FDGB-Ferienheimen, private Handwerker und andere, die wegen »Wirtschaftsvergehen« verurteilt worden waren. Sie hatten das System – die seltsame Mischung von Plan- und Tauschwirtschaft, mit der wir es zu tun hatten – ausgenutzt wie viele andere auch, und waren aus irgendeinem Grund ausgesucht worden, um als abschreckende Beispiele zu dienen. Viele fühlten sich nicht als Kriminelle, hatten es vielleicht mit Ehrgeiz, SED-Abzeichen und Anpassung zu Wohlstand gebracht, waren im besten Mannesalter, besaßen eine intakte Familie, und waren aus allen Wolken gefallen, als sie abgeführt und zu drei, vier oder fünf Jahren Gefängnis verurteilt worden waren. Dass sie nicht in Haus 3 saßen und in den Werkshallen schuften mussten wie die anderen Häftlinge, sondern in der Verwaltung arbeiteten, konnte sie nur bedingt trösten.

Diese Leute hatten nie an den Westen gedacht, vor ihrem Fall waren es oft überzeugte, manchmal naive Gewinner des Systems gewesen. Sicherlich war vielen von ihnen in Aussicht gestellt worden, früher entlassen zu werden. Mit einem Ausreiseantrag würden sie diese Chance verspielen. Stattdessen versuchten sie, sich gegenseitig mit »gutem Verhalten« zu übertrumpfen, um zu zeigen, dass sie die Lektion verstanden hatten, die der Staat ihnen erteilte, dass sie nun »gut erzogene« sozialistische Bürger waren. Sie denunzierten sich gegenseitig.

Privilegiert waren auch zwei ältere Herren, zu denen ich eines Abends wegen einer Blutdruckkrise gerufen wurde. Wenn der Blutdruck über 200 mmHg steigt, muss schnell reagiert werden, darum konnte man nicht warten, bis einer der Stasi-Ärzte zur Verfügung stand. Ich verabreichte die entsprechenden Mittel und legte eine Infusion an, die mit einem Diuretikum die Wasserausscheidung förderte. Das dauerte seine Zeit. Während ich ihn medizinisch überwachte, erfuhr ich, dass der Kranke eine leitende Position in Berlin innegehabt hatte. Er hatte seine Gefängnisstrafe wegen »Wirtschaftsvergehen« zwar nicht verhindern können, schien aber doch noch über einflussreiche Freunde zu verfügen. Man versuchte ihm und seinem Zellengenossen die Haft so »angenehm« zu gestalten, wie das in Rummelsburg möglich war.

Froh über den seltenen Zuhörer erzählte der Mann Anekdoten von seiner Freundschaft zu Erwin Geschonneck, dem berühmten Schauspieler und überzeugten Kommunisten, der einiges an Alkohol vertragen könne. Geschonneck, der »Rühmann der DDR«, der 1939 als Mitglied der KPD verhaftet und in den Konzentrationslagern Sachsenhausen, Dachau und Neuengamme inhaftiert worden war, verstarb erst 2008, im biblischen Alter von 101 Jahren.

Verzweiflungstaten, Sauerkraut und Pitralon

Die medizinische Grundversorgung der Rummelsburg-Häftlinge war im Prinzip gewährleistet. Ich war so gut wie frei bei der Behandlung der Patienten, sie bekamen ihre Medikamente und wurden behandelt, so gut es die Rahmenbedingungen in Haus 8 und in den Zellen erlaubten.

Zum Beispiel bat ich Oberstleutnant Zels nach einer Weile um atraumatisches Nahtmaterial, das in der Chirurgie der DDR noch keine Rolle spielte. Üblicherweise nähten wir mit einer sterilisierten Nadel und einem Faden, der aus einer Flasche mit Alkohol gezogen und eingefädelt wurde wie beim gewöhnlichen Nähen. Im Westen hatte man jedoch inzwischen einen Faden entwickelt, der direkt an der Nadel befestigt war, so dass die Nadel nicht dicker sein muss als der Faden und das Gewebe nicht zusätzlich traumatisiert, das heißt verletzt wurde: darum »atraumatisch«. Ich bestellte 4x0- und 5x0-Fäden, das war für hiesige Verhältnisse schon sehr fein. Ich dachte an die Kopfverletzungen, die ich zu nähen hatte, und wollte, dass die Patienten hinterher möglichst nicht durch eine Narbe entstellt sein würden. Das Nahtmaterial stammte also aus dem Westen und war entsprechend kostspielig, trotzdem wurde es mir ohne weiteres genehmigt, vermutlich von Oberstleutnant Zels. Imponierte ihm mein Ehrgeiz, oder dass wir es dem Westen gleichtun wollten? Ich weiß es nicht. Auch der Medikamentenschrank war mit dem Nötigsten ausgestattet.

Andererseits waren die Gefängnisärzte Offiziere. Eberhard Zels hatte den Rang eines Oberstleutnant inne, den zweithöchsten Offiziersrang, und war außerdem der Staatssicherheit verpflichtet – als »IM Nagel«, wie ich unter anderem in meinen Stasi-Unterlagen lesen kann. Zels, Radtke und die anderen Ärzte standen also nicht alleine im Dienste ihrer Patienten, sondern vor allem im Dienste der Partei. Und als Offiziere hatten sie den Befehl, so wenig wie möglich kranke Häftlinge in zivile Krankenhäuser einzuweisen. Einerseits wegen der Fluchtgefahr, andererseits – und hier lag der eigentliche Grund –, um das Geschehen in den Gefängnissen der DDR möglichst geheim zu halten. Der durchschnittliche Bürger dieser Republik vermutete nämlich nichts von den grausamen Zuständen, die in vielen Einrichtungen des Strafvollzugs im sich stets human und fortschrittlich gebenden SED-Staat herrschten.

»Wir hätten uns nie vorstellen können, dass so etwas bei uns möglich ist«, sagten mir viele hinterher, nach 1989 – und das war keine Heuchelei. Die Presse der DDR war zensiert, die Westpresse hatte zu wenig Einblick, und die wenigen Berichte, die in »Kennzeichen D« oder dem »ZDF-Magazin« über Misshandlungen von politischen Häftlingen gesendet wurden, wurden auch von vielen Westdeutschen für rechtsgerichtete Propaganda gehalten. Politiker und Journalisten äußerten sich so. Zwar hatte der westliche Druck ausgereicht, Honecker & Co. zu einem etwas humaneren Strafvollzugsgesetz zu veranlassen, doch weitgehende Zugeständnisse waren nicht geplant. Um die Zustände also geheim zu halten, verweigerten viele Gefängnisärzte ihren Patienten eine bessere Behandlung. Sie überschritten ihre fachlichen Kompetenzen oder blieben untätig, um niemanden herauszulassen – damit verstießen sie gegen ihre Behandlungspflicht und machten sich der unterlassenen Hilfeleistung schuldig.

Eines der harmloseren Beispiele dafür ist die »Sauerkraut-Therapie«: Als ich noch nicht lange in Haus 8 war, wurde uns nachts ein hagerer, fast ausgemergelter Mann gebracht, der offenbar etwas Gefährliches geschluckt hatte. Wir wussten noch nicht genau, was es war, vermutlich etwas Hartes oder Scharfkantiges, die Zellenkollegen hatten jedenfalls Alarm geschlagen und der Meister hielt es für angezeigt, ihn uns zu bringen. Kollege S. aber lachte nur.

»Warum lachst Du? Das muss schnell geröntgt werden.«

»Röntgen können wir hier nicht. Das können die nur tagsüber in Haus 1.«

»Und jetzt? Wenn der Magen perforiert? Der kann doch verbluten.«

»Er wird nicht verbluten. Heididei soll Major Radtke anrufen, dann wirst du schon sehen, welche Behandlung der bekommt.«

Major Radtke machte auch wirklich keine Anstalten, wegen dieses Notfalls nachts zu uns zu kommen oder den Häftling röntgen zu lassen. Er verordnete Einzelhaft – und Sauerkraut.

Nun saß der Mann zwei Zellen weiter auf unserem Stockwerk, alleine, mit nichts als einem Trog Sauerkraut vor sich. Jede andere Mahlzeit wurde ihm verweigert. Wir sollten ihn regelmäßig durch den Türspion kontrollieren. Nach einiger Zeit entfaltete das Kraut seine Wirkung. Milchsäure wirkt verdauungsfördernd, und bei übermäßigem Verzehr kommt es unweigerlich zu Durchfall. Wehren konnte er sich gegen diese Rosskur nicht, er hätte höchstens das Essen verweigern können – doch letztlich bekam er es selbst mit der Angst zu tun, dass ihn die Gegenstände, die er verschluckt hatte, innerlich verbluten lassen würden.

Über den Zellentüren innen hingen Kellerlampen an der Wand, die typisch ovalen Gläser, die über querliegende Glühbirnen gestülpt und mit einem Schutzgitter befestigt werden. Der Häftling war von der Arbeit gekommen, hatte das Glas samt Birne mit irgendeinem festen Gegenstand zerschlagen, die Splitter aufgesammelt und sie im Beisein seiner Zellenkameraden, zusammen mit einigen Nägeln und Schrauben, die er in der Fabrik mitgenommen hatte, hinuntergeschluckt. So wurde es mir dann erzählt – oder vielleicht gehörte diese Szene auch erst zu seinem zweiten oder dritten Versuch. Dieser Häftling versuchte es nämlich mehrmals, selbst als er die Sauerkraut-Kur schon kannte. Dann saß er mit einer gewissen Andacht und Ruhe in der Einzelzelle und »fraß« seine »Medizin«. Er wurde nicht laut und rebellierte nicht, bis alles vorbei war und er nach vier oder fünf Tagen wieder entlassen wurde.

Mit der Zeit verstand ich, was er mit seinem Verhalten beabsichtigte: Er wollte unbedingt in einem richtigen Krankenhaus behandelt werden – nicht in Haus 8, sondern einem zivilen Krankenhaus, um dem Gefängnisalltag zu entgehen, der ihn zur Verzweiflung brachte. Vielleicht glaubte er auch an eine Chance zur Flucht. Doch es war eine Kurzschlusshandlung, keine durchdachte Strategie, vor allem nicht beim zweiten und dritten Mal. Nach jeder »Meldung Radtke« hieß es: »Zelle! Sauerkraut!« – dann wurde abgewartet. Mit verschluckten Fremdkörpern hatten die Gefängnisärzte genügend Erfahrungen und wussten, dass sie früher oder später wieder ans Tageslicht kommen würden. Monika erzählte mir später, dass im Frauenzuchthaus Hoheneck auch Nähnadeln verschluckt wurden. Natürlich bestand trotz allem die Gefahr von akuten Blutungen. Jemand hätte sich lebensgefährlich verletzen, trotz Sauerkraut hätten Splitter zurückbleiben können. Wie groß das Risiko letztlich war, ist schwer zu bestimmen. In meiner Zeit jedenfalls schickte Radtke keinen solchen Fall in ein ziviles Krankenhaus. Wir machten auch kaum je ein Röntgenbild – Glas wäre darauf ohnehin nicht zu erkennen gewesen.

Auch wer sich einen Zeh abtrennte oder es versuchte, kam deswegen nicht ins Krankenhaus. Die unglücklichen Sträflinge banden sich das Glied mit Draht oder irgendeiner Kordel ab, bis es schwarz wurde. Wenn der Patient Glück hatte und zu mir kam, konnte ich je nach Verletzung versuchen, das Zehenglied zu retten. Meist jedoch war ich wegen der Infektionsgefahr gezwungen, einen Teil oder den ganzen Zeh zu amputieren. Gott sei Dank verfügte ich über Fachbücher. Ich las nach, wie eine Zehenamputation fachgerecht durchzuführen war und die Wunde mit einem Hautlappen gedeckt werden konnte, um die Narbe ansehnlich zu gestalten. Für die plastische Deckung war das atraumatische Nahtmaterial nützlich.

Glassplitter zu schlucken oder sich selbst Zehen abzubinden – solche Verzweiflungstaten zeigten, wie hart die Haftbedingungen in Rummelsburg tatsächlich waren. Etwa für die vielen Bagatell-Straftäter, die in Haus 3 einsaßen, nachdem sie im »Volkseigenen Betrieb« drei Rohre gestohlen oder im Alkoholrausch einen Polizisten beleidigt hatten. Ich erinnerte mich daran, wie ich zur Armeezeit zwei unnötige Operationen in Kauf nahm, nur um ein paar Tage aus der verhassten Kaserne herauszukommen – wenn die Not zu groß wird, ist der Mensch zu vielem fähig.

Die Selbstmordversuche, die ich in Rummelsburg erlebte, waren meist demonstrativer Art. Die Pulsadern wurden quer aufgeschnitten, nicht längs, was chirurgisch wesentlich schwerer zu behandeln ist. Unter den »westlichen Ausländern« von Haus 6 waren einige aus dem arabischen Raum, die sich aus Protest oder Verzweiflung den Bauch aufschlitzten. Ich vermute, dass es Libanesen waren, in deren Kulturraum diese Art von Selbstverletzung Vorbilder hat. Sie waren am Flughafen Schönefeld mit Rauschgift erwischt und pro Kilogramm zu einem Jahr Haft verurteilt worden. Je nachdem, welche Substanz sie geschmuggelt hatten, konnten sie damit im Vergleich zum westlichen Strafmaß zufrieden sein – doch die Haftbedingungen in Rummelsburg erwiesen sich für sie als grausam. Auf ihre religiösen Essensvorschriften wurde wenig Rücksicht genommen.[95] Sie hatten nur die Wahl zwischen Hunger und Demütigung. Nicht nur von den Meistern, auch von ihren Mitgefangenen wurden sie wie Abschaum behandelt. In ihrer Hoffnungslosigkeit schlitzten sie sich die Bäuche auf, das heißt, sie schnitten sich mit Messern quer hinein, die zu stumpf waren, um die Bauchdecke zu durchtrennen und wirklich lebensgefährlich zu sein. Vermutlich lag das auch nicht in ihrer Absicht. Drei Mal wurde ich in einem solchen Fall gerufen. Ich benötigte Stunden, um die langen Schnitte zu nähen, aus denen das Unterhautfettgewebe quoll. Einmal waren es drei oder vier Schnitte nebeneinander. Bei dieser Prozedur wurden die Häftlinge nur örtlich betäubt. Ich war froh, wenn sie auf dem Behandlungstisch liegen blieben, in ihrer Wut und der Erregung, die sie durch das eigene Tun noch gesteigert hatten. Was sie kränkte und welche Dinge sie erlebt hatten, erfuhr ich nicht. Sie sahen in mir einen Gegner, keinen Verbündeten, und schwiegen mich an. Wenn sie sich wehrten, dann körperlich. Manchmal schrien sie auch, doch unartikuliert, Beschimpfungen oder Anklagen hörte ich nicht von ihnen.[96]

Hart und unbarmherzig war die Behandlung von Alkoholkranken, die in der Woche verhaftet und so lange vernommen worden sind, bis sie unter kaltem Entzug ins Delirium tremens fielen. Die Vernehmer nutzten ihren Zustand aus, um eine Aussage zu erpressen, ließen sie um Alkohol betteln und um Zigaretten, auch das eine Art Folter. Freitags nach Dienstschluss wurden sie dann in Haus 8 gebracht, damit sie sich nichts antaten in ihrem Wahn. Sie kamen nicht nur aus der hiesigen U-Haft, auch aus der berüchtigten U-Haft des Polizeipräsidiums Keibelstraße und anderen Anstalten der Stadt. Wenn in dem gesonderten Zellentrakt im Erdgeschoss, der häufig für weibliche Strafgefangene genutzt wurde, eine Zelle frei war, kamen sie dorthinein, andernfalls in eine Einzelzelle im ersten Stock, wo sie bis zur Erschöpfung tobten. Zwölf oder mehr Stunden konnte es dauern, bis ihr Körper nachgab und sie in einen schweißnassen und unruhigen Schlaf fielen.

Im Cottbusser Klinikum hatten wir nicht selten mit Alkoholikern zu tun gehabt, denn ihre Krankheit erhöht das Risiko von Mundhöhlenkarzinomen und malignen Tumoren im Kiefer-Gesichts-Bereich. Um sie trotz der Sucht operieren zu können, verordneten wir ihnen Clomethiazol, ein Psychopharmakon, das die Wirkung des Alkoholentzugs milderte, bis der lebensrettende Eingriff überstanden war und sie die Droge wieder zu sich nehmen konnten. Wir verstanden uns nicht als »Erzieher« und die Heilung einer Alkoholkrankheit war etwas völlig anderes als die Bekämpfung von Mundboden-Karzinomen. Weil Clomethiazol unter dem Handelsnamen »Distraneurin« aus Schweden kam und in eiförmige Kapseln gepresst war, etwa so groß wie zwei Erbsen, nannten wir die Kapseln »Schwedeneier«.

Vor Rummelsburg hatte ich nie erlebt, wozu Menschen im Delirium tremens fähig sind. In ihren Zellen gerieten die Alkoholkranken so außer sich, dass sie sich Hände und Gesicht blutig schlugen, sie gingen buchstäblich die Wände hoch, fielen auf Pritschen und Boden, hämmerten gegen die Zellentür oder kratzten mit den Fingernägeln daran und schrien, dass man es im ganzen Haus 8 und noch draußen hörte, laut, animalisch, mitleiderregend. Zuletzt erstarben die Schreie in einem Winseln. Wenn Radtke oder Zels kamen, fragte ich sie: »Haben wir hier keine Schwedeneier? Wir könnten ihm Distraneurin verabreichen, damit er nicht so tobt.«

»Lassen Sie ihn ruhig toben! Da muss er durch.«

Das Medikament wäre durchaus greifbar gewesen. Im Schrank war es nicht, sonst hätte ich kaum gefragt, doch sie hätten es ohne Aufwand bestellen können. Die Alkoholkranken und ihr Leiden waren den beiden jedoch egal. Ich wurde lediglich angewiesen, von Zeit zu Zeit durch den Türspion zu sehen, falls ein schlimmerer Unfall geschehen würde. Hineingehen konnte und durfte ich nicht, sie hätten mich überwältigen und im Wahn erwürgen können. Kein Schließer öffnete mir die Tür. Ich musste abwarten, bis sie das Schlimmste schon hinter sich hatten, bevor ich ihnen ein Beruhigungsmittel intravenös verabreichen konnte, das segensreiche Faustan, um ihnen zuletzt doch noch ein bisschen Erleichterung zu verschaffen. Die meisten hatten sich Verletzungen zugezogen, Wunden und Hämatome am Schädel und überall. Wenn sie nach einigen Tagen das akute Stadium überstanden hatten, wurden die armen Leute wieder in die U-Haft überstellt – und weiter befragt.

Alkohol war in Rummelsburg genauso wenig erlaubt wie in Cottbus. Und genau wie dort blühte die Brotweinherstellung. Andere schnüffelten Lösungsmittel, die in den Werkshallen reichlich zur Verfügung standen, um sich die Haft erträglicher zu machen. Der Wunsch nach Betäubung nahm auch exzessive Formen an: Um einen Rausch zu bekommen und möglichst alles vergessen zu können, kam es vor, dass sogar Rasierwasser getrunken wurde, Pitralon, das Campher, Isopropanol, Menthol, Borsäure und Parfüm enthielt, also im Wesentlichen ein Reinigungs- und Desinfektionsmittel war. Isopropanol ist zwar ein Alkohol und wirkt betäubend, aber keineswegs wie normales Ethanol. Die Häftlinge schienen sich jedoch etwas davon zu versprechen. Eine Reihe solcher Fälle von »Pitralon-Missbrauch« sind dokumentiert.[97]

Einmal musste ich erlebten, dass ein Häftling es schaffte, gleich zwei Flaschen Pitralon auf einmal hinunterzustürzen. Er musste sie eingetauscht haben, denn das Rasierwasser war im HO-Kiosk nicht zu kaufen und musste aus Paketen stammen. Was sollten wir tun? Mit einer solchen Vergiftung hatten wir keine Erfahrung. Wir hätten den Magen auspumpen können. Dazu führten wir gewöhnlich einen Schlauch in die Speiseröhre ein, in dessen Ende wir mit einem Trichter Kochsalzlösung füllten, sodass sich der Patient übergab. In diesem Falle war ich jedoch unsicher, ob es ratsam war, die Speiseröhre ein zweites Mal mit dem Gemisch zu belasten. Es konnte schon zu spät, die meisten Giftstoffe schon vom Körper aufgenommen sein, dann würde eine solche Maßnahme den Zustand des Patienten nur weiter verschlimmern. Mir blieb nichts anderes übrig, als Puls und Atmung zu überwachen und zu hoffen, dass dieser Organismus robust genug war, um die Intoxikation irgendwie auszuhalten. Wenn der Patient es zuließ und ruhig hielt, legte ich einen intravenösen Zugang um ihn mit einer Infusion zu stärken.

Im Klinikum hätte ich eine Notfallnummer angerufen und gefragt, wie man bei dieser Art Vergiftung am besten vorgeht – hier gab es für mich nur Radtke und Zels, die nicht daran dachten, Rat und Hilfe zu holen.

Das Lösungsmittel und die Duftstoffe suchten sich ihre Wege, sodass es in der Zelle fürchterlich stank. Ich hätte mich nicht gewundert, wenn das Herz ausgesetzt hätte oder die Nieren versagt – aber der menschliche Körper hält offenbar mehr aus, als wir Mediziner lernen. Irgendwann jedenfalls, nach Stunden, wachte der Mann aus seiner Bewusstlosigkeit auf, übergab sich von selbst und sackte zurück auf die Pritsche, noch immer sehr geschwächt, doch außer Lebensgefahr. Sobald er dazu in der Lage war, zu essen, bekam er Weißbrot und reichlich Tee. Das war die ganze Behandlung. Dem Anschein nach trug er keinen bleibenden Schaden davon. Nach drei oder vier Tagen wurde er zurück auf seine Zelle geführt.

Gunther S., O. und die IGFM

Seit meiner Schulzeit war ich es gewohnt, zu kalkulieren, wer unter den Freunden und Bekannten auch ein Spitzel sein könnte und wie viel die Staatssicherheit schon über uns wusste, über den Dong-Club, meine Absichten und Verbindungen. Monika und ich wir waren beinahe sicher gewesen, dass unser erster Fluchtversuch entdeckt worden sei – zu unrecht – und hatten gegrübelt, warum Reimus und Hardy vom Arbeitsplatz abgeholt und vernommen worden waren. Die Stasi besaß »Fakten« über uns DDR-Bürger, wir rätselten: Darin bestand ihre Macht. Mit dem Klartext der Stasi-Unterlagen endeten die Spekulationen, und das war viel mehr wert als eine formaljuristische Rehabilitation.

Ich las die Vernehmungsprotokolle, die mir halfen, die einförmige, auf der Stelle tretende Zeit Hohenschönhausens in die korrekte Reihenfolge zu bringen, und bekam Einsicht, gemeinsam mit allen andern, die bespitzelt worden waren und deren Erinnerungen nun durch kopierte Schreibmaschinenseiten ergänzt, revidiert oder auf den Kopf gestellt wurden.

Nachträglich lernten wir die Wörter der Schnüffler und Manipulierer kennen, »Inoffizieller Mitarbeiter«, »Operativer Vorgang (OV)«. Ich entdeckte Papiere, die meine Zeit im Rummelsburger Gefängnis anders erzählten, als ich bis dahin vermutet hatte – fremde Quellen zur eigenen Autobiografie. Dabei war und ist Vorsicht geboten: Was ich welchem »IM« erzählte, was er verstand und weitergab, was im Protokoll fixiert wurde – bei dieser stillen Post ging viel verloren, anderes wurde bewusst verfälscht. Darum stehen die hier wie oben eingeschalteten Zitate aus meiner Stasi-Akte unter einem Vorbehalt: Sie belegen nicht, was geschah, sondern illustrieren lediglich einen Teil dessen, wovon ich nichts wusste.

Abteilung VII[98]/5 Berlin, den 9.11.1982

Information des IM-Vorl. »Peter« zum Strafgefangenen MAY, Dittmar, geb. am 22.12.1949 in Grünhainichen[99]

»Peter« berichtete, daß er auftragsgemäß den Kontakt zum May hergestellt hat. Begünstigend wirkte sich aus, daß May am 01.11.1982 direkt von der Aufnahmestation zu ihm in den Verwahrraum verlegt wurde. May

zeigte sich bereits vom ersten Tag an sehr gesprächig. Da er ohne finanzielle Mittel und SV-Erfahrung eingewiesen wurde, gab ihm »P.« in beiden Dingen Unterstützung und Hinweise. So wurde es fast zur Regel, daß »P.« für May eine Tasse Kaffee bereithält. Bedingt durch die bereits mehrmals angesprochene Unterstützung der Familie und der zusätzlichen finanziellen Belastung hat derzeit »P.« keine finanziellen Mittel mehr. Er rechnet mit der Gehaltszahlung am 10. bzw. 11.11.82, wo vermutlich auch May einen Überbrückungseinkauf erhalten wird.
»P.« schätzt ein, daß sich May sehr um die Belegungsstruktur in Haus 8 kümmert. So konnte er durch eigene Beobachtung feststellen, daß May besonders die ausländischen Strafgefangenen beobachtet. Vereinzelt führte er bereits Gespräche mit diesen, ohne daß daraus bereits ein engerer Kontakt entstanden ist. Aufgrund seiner Beobachtungen ist P. der Annahme, daß sich May erst einmal mit diesen Strafgefangenen bekannt machen will, um sich dann eine bzw. mehrere Kontaktpersonen auszusuchen.
[...]
Zum gegenwärtigen Verhalten im Strafvollzug konnte P. keine umfassende Einschätzung geben, da May bisher nicht ein festes Aufgabengebiet übertragen bekommen hat.
[...]
Maßnahmen:
1. Auswertung der E-Akte mit dem Ziel, den Wahrheitsgehalt der Information zu prüfen.
2. Anschreiben an die BV-Cottbus, Abt. XX mit der Zielstellung
– der Übernahme der Erfassung;
– und Anforderung einer Einschätzung zur Person sowie den näheren Umständen seiner Inhaftierung.
3. Einleitung der Postkontrolle sowie Besuchsüberwachung
4. Einsatz des IM-Vorl. »Peter« mit folgendem Informationsbedarf
– schrittweise Ausbau des Kontaktes zu vertraulichen Beziehungen;
– Herausarbeitung der politischen Grundhaltung zu den gesellschaftlichen Verhältnissen in der DDR, wie zeigt sich diese an konkreten Beispielen, wie ist die Wirkung auf andere SG
– zu welchen Strafgefangenen sucht er zielgerichtet Kontakt, wie sind diese von ihrer politischen Einstellung einzuschätzen

– welche Pläne und Absichten hat er während der Haftverbüßung und nach seiner Haftentlassung, wie und mit welchen Mitteln will er diese erreichen.

Flöter

Ltn.

Als ich das las, war ich mehr als überrascht. Ich war noch im Nachhinein geschockt. Niemals hätte ich vermutet, dass man mich derart genau unter die Lupe nahm. Dass Gunter S. alias »Peter« von Anfang an damit beauftragt gewesen war, mich zu bespitzeln.

Ich hatte mich mit ihm arrangiert und konnte mir leicht einen schlimmeren Zellengefährten vorstellen. Vor allem zu Beginn waren seine Auskünfte hilfreich gewesen, um mich schneller zurechtzufinden. Wenn es sich ergab, besprachen wir Fachliches, doch er wurde nie penetrant und redete etwa auf mich ein, wenn ich lesen wollte.

Die medizinische war nicht die einzige Hinsicht, in der S. mir nützlich war: Um Pakete bekommen zu können, mussten wir auch in Rummelsburg einen Paketschein an die jeweilige Adresse schicken. Erst wenn er bei meinen Eltern eintraf, konnten sie das Paket entsprechend kennzeichnen und losschicken. Sonst wäre es mir nicht ausgehändigt worden. Merkwürdigerweise stand auf S.s Paketschein »5 kg«, statt nur »3 kg« wie bei mir und den meisten anderen Häftlingen. Außerdem durfte er sich häufiger Pakete schicken lassen, alle zwei Monate statt vierteljährlich – ein großes Privileg.

Als Oberstleutnant Zels zur Visite kam, erkundigte ich mich danach: »Worin besteht der Unterschied zwischen S. und mir? Ich leiste doch dieselbe Arbeit. Und politische Häftlinge soll es hier doch gar nicht geben – so wurde mir erklärt –, also können Sie auch keinen Unterschied zwischen kriminellen und politischen Häftlingen machen. Oder doch?«

»Nun gut, das werde ich klären.«

Tatsächlich bekam ich daraufhin die gleichen Paketscheine wie mein Zellenkollege. Weshalb er Privilegien erhielt, verfolgte ich nicht weiter. Ich führte es wohl auf seine Arbeit zurück.

Im Vergleich zu den Insassen der Häuser 3 und 6 wurden wir also bevorzugt behandelt – und bekamen als Gefängnisärzte außerdem monatlich deutlich mehr »Knastgeld« ausgehändigt als die, die bei der VEB

Elektro-Apparate-Werke Relais zusammensetzten, zum Teil für den Westexport,[100] oder beim VEB Narva Glühlampen herstellten.

Im HO-Laden auf dem Freihof zwischen Haus 1 und 2 konnte man neben Hygieneprodukten, Süßwaren, Kaffee, Tee und Zigaretten auch Halberstädter Bockwurst im Glas und Selterswasser kaufen – von beidem legte ich mir einen Vorrat an, den ich unter meinem Bett lagerte, so dass ich weniger auf die normale Verpflegung angewiesen war. Vor allem musste ich nicht auf den zweifelhaften Durstlöscher zurückgreifen, der im DDR-Knast »Tee« genannt wurde.

> Abteilung VII/5 Berlin, den 23.11.1982
> Information des IM-Vorl. »Peter« zum SG May, Dittmar, geb. am 22.12.1949 in Grünhainichen
> »Peter« berichtete, daß er auftragsgemäß den Kontakt weiter zum SG May ausbauen konnte. Täglich tauscht er mit diesem Informationen aus, wobei der SG May der aktivere Teil ist und von sich heraus über seine Straftat spricht.
> Wenige Tage nach dem vorangegangenen Treff äußerte May gegenüber dem Kandidaten aus einem allgemeinen Gespräch heraus, daß der Kandidat damit rechnen muß, daß der »Oki« [= Verbindungsoffizier des MfS] zu ihm kommen wird und sich nach May erkundigt. Nach dem sich der Kandidat beim May nach den Aufgaben des »Oki« erkundigt hatte, stellte dieser die Frage nach der Reaktion des Kandidaten. Der Kandidat will gegenüber May geäußert haben, daß er in dem Fall berichten würde, daß man sich gelegentlich über die Straftat unterhält, ohne jedoch Einzelheiten zu benennen. Mit dieser Erklärung soll sich May zufrieden gegeben haben. Eine Veränderung im Verhalten gegenüber dem Kandidaten wurde nicht bemerkt.
> [...]
> Das gegenwärtige Verhalten des May im Strafvollzug schätzt der Kandidat als unauffällig ein.
> So ist May bestrebt, die ihm übertragenen Tätigkeiten im Interesse des Strafvollzugs zu realisieren, wobei er eine gute fachliche Arbeit leistet.
> Im Umgang mit SV-Angehörigen ist er stets höflich und korrekt. Über den normalen Rahmen der Tätigkeit hinaus wurden keine Kontakte zu anderen Strafgefangenen festgestellt.

Selbst vertritt May die Auffassung, daß man unter den gegenwärtigen Bedingungen im Strafvollzug leben kann. Hinweise zu geplanten Aktivitäten wurden nicht bekannt. Der Kandidat ist durch die bisherigen Gespräche zu dem Schluß gekommen, daß es mit May in dieser Hinsicht kaum Probleme geben wird, wenn nicht eine krasse Änderung mit negativen Folgen für May eintreten wird. Als einen zweiten Aspekt für seine Einschätzung benannte der Kandidat die innere Überzeugung des May, wonach dieser fest mit einer vorzeitigen Haftentlassung in die BRD rechnet. Selbst brachte er zum Ausdruck, daß er in der BRD einflußreiche Freunde habe, die sich für ihn einsetzen werden. Neben konkreten Personen, welche er nicht näher benannte, sprach er in diesem Zusammenhang von einer »Gesellschaft für Menschenrechte«, welche sich intensiv um solche Personen bemüht, die in den »Westen« wollen. Gegenüber den namentlich bekannten Schleuserorganisationen bezeichnete er die »Gesellschaft für Menschenrechte« als seriöse Organisation, auf deren Hilfe man bauen kann.

[...]

»Peter« teilte ergänzend mit, daß bisher von May keinerlei Namen benannt wurden. Er ließ nur beiläufig erkennen, daß er auch in seiner momentanen Lage mit der Hilfe seines Cousins rechnet, da dieser eine gehobene Position bekleiden soll.

Flöter

Ltn.

Die Internationale Gesellschaft für Menschenrechte (IGFM), von der ich S. erzählt hatte, setzte sich für die Opfer politischer Verfolgung in der DDR und im übrigen Ostblock ein. Sie betreute Gefangene und Ausreisewillige und veröffentlichte Einzelfälle in der Zeitschrift »Menschenrechte« – mit Namen und Bild.[101] Den auf Diskretion bedachten Staatsorganen war das ein Dorn im Auge. Die IGFM galt als »Feindorganisation«. Ich selbst kannte sie nur aus dem Westfernsehen und diversen Geschichten, die in Cottbus kursiert waren, brachte sie aber ganz bewusst aus taktischen Gründen ins Gespräch. Nicht allein S. gegenüber. Ob es ein kluger Schachzug war, Kontakte anzudeuten, die durchaus als »staatsfeindliche Verbindungen« im Sinne von §100 angesehen werden konnten, dessen war ich mir nicht ganz sicher. Ich war deswegen nicht ohne Befürchtungen, doch im Ganzen wurde ich mutiger, je besser ich mich im Gefängnis-Alltag zurechtfand. Nach §100 war ich ohnehin schon verurteilt. Es war mir wichtig, meinen Standpunkt klar zu machen – und nebenbei die Stasi wissen zu lassen, dass ich im Westen auf Hilfe zählen konnte. Wenn ich vom aktiven Spitzeldienst des S. auch nichts ahnte, nahm ich doch an, dass meine Äußerungen auf dem einen oder anderen Weg kolportiert werden würden. Und lag offensichtlich richtig damit, dass »IGFM« ein Reizwort darstellte. In den Ohren des »Führungsoffiziers« Flöter hallte es kräftig wider.

Der November ging vorüber, der erste ganze Monat in der Strafanstalt Rummelsburg, Anfang Dezember kam Hans-Jürgen. Endlich. Nachdem mir in Cottbus jeglicher Besuch verweigert worden war, hatte er sich, wie ich aus den Unterlagen rekonstruiere,[102] an höhere Stellen gewandt. Der Dienstweg lief über die Verwaltungen von Generalstaatsanwalt und Haftstättenaufsicht, die zuletzt »Erzieher« Enzian aufforderte, eine Besuchserlaubnis für Hans-Jürgen zu erstellen. Der »Sprecher« mit ihm dauerte eine Stunde. Mein Vater war noch immer geschwächt, darum war es besser, dass mein Bruder kam. Er erzählte mir von Christian, der sich tapfer hielte. Die meiste Zeit sei er bei meinen Eltern, in den Kindergarten wolle er nicht. (Seine Ablehnung führten sie auf seine Erlebnisse während der kurzen Zeit im Kinderheim Sacrow zurück, darum wollten meine Eltern ihm keine weitere staatliche Betreuungs-Einrichtung zumuten.) Gelegentlich war er bei Elke und Hans-Jürgen, manchmal auch bei Monikas Geschwistern, meinen Schwiegereltern oder den Jonschers.

Die Besuche meines Bruders machten mir Mut. Aus seinen verschlüsselten Formulierungen hörte ich das Beste heraus: Im Westen wurde etwas für uns unternommen. Die Rechtsanwälte bemühten sich. Dem Freikauf stand wohl nichts entgegen, das hieß: Ich war nicht als »Geheimnisträger« eingestuft. Und ich erfuhr etwas von Monika.

Abteilung VII/5

Berlin, den 13.12.1982

Information des IM-Vorl. »Peter« zum SG May, Dittmar, geb. am 22.12.1949 in Grünhainichen

Der Kandidat berichtete, daß der SG May am Montag, Dienstag und Donnerstag jeweils in der Zeit von 13.oo bis 16.30 Uhr im Haus 2 die

zahnärztliche Betreuung der Verhafteten durchführt. In der verbleibenden Zeit wird er im Haus 8 mit ambulanten Aufgaben betraut bzw. ist für die Aufnahmeuntersuchungen in der UHA-Berlin I verantwortlich.
Vor einigen Tagen hatte er erstmals in der StVE-Berlin einen Besuch durch seinen Bruder May, Hans-Jürgen, welcher ebenfalls als Zahnarzt tätig sein soll.
Nach der Besuchsdurchführung zeigte sich May sehr gesprächig. Es war ihm anzumerken, daß er gute Nachrichten bekommen haben muß. Was konkret die Freude bei May auslöste, konnte bisher nicht in Erfahrung gebracht werden.
Durch die Einlassungen des May wurde bekannt, daß der Bruder im Spreewald ein Haus bzw. Wochenendhaus hat. Dieses soll regelmäßig durch MA der »Stasi« beobachtet werden. May kommentierte hierzu, daß man vermutlich den Bruder unter Kontrolle gestellt hat, um zu verhindern, daß dieser ebenfalls illegal die DDR verläßt. Ob der Bruder tatsächlich derartiges vorhat, wurde durch May nicht geäußert.
Selbst ist May von der Richtigkeit seines Schrittes bezüglich des versuchten ungesetzlichen Verlassenes der DDR überzeugt. Wörtlich sagte er, ich weiß wofür ich das getan habe, es ist keine vertane Zeit, dafür ein Jahr abzusitzen.
Aus den weiteren Äußerungen hat die Quelle entnommen, daß May keine Haßgefühle gegen die DDR hegt. Seine Handlungsweisen werden mit hoher Wahrscheinlichkeit dadurch begründet, dass er über bestimmte Verhältnisse in der DDR (Arbeitsvergütung, Versorgungsprobleme, Freizügigkeit) sehr verbittert ist. Nach seinen eigenen Äußerungen wurde sein Motiv maßgeblich durch materielle Dinge geprägt.
[...]
Über die Existenz der »GfM«[103] will May erstmals über seinen Cousin erfahren haben. Bei der »GfM« soll es sich um eine Organisation handeln, welche übersiedlungswillige Personen durch Ratschläge und verstärkte Öffentlichkeitsarbeit bei der Durchsetzung ihrer Übersiedlungsersuchen behilflich ist. Teilweise soll die Praktik so sein, daß übersiedlungswillige Personen die Organisation anschreiben und um Unterstützung ersuchen.
May selbst will vorerst unter keinen Umständen die Unterstützung der »GfM« in Anspruch nehmen. Er ist der Meinung, daß eine öffentliche Bekanntgabe seines Falles ihm nur Nachteile bringen würde. Ferner ist

er der Meinung, daß im Falle einer Übersiedlung seiner Person durch den Druck der »GfM« ihm die Einreise in die DDR für ständig gesperrt wird. Dies möchte er nach Möglichkeit umgehen, da er nach einer angemessenen Zeit von 1 bis 2 Jahren der Einreisesperre nach erfolgter Übersiedlung seine Eltern sowie Schwiegereltern besuchen möchte.
In Bezug auf seine Entlassung aus der Haft in die BRD zeigt sich May zuversichtlich. Gegenüber der Quelle ließ er erkennen, daß er der Meinung ist, daß ein weiterer Sprecher mit seinem Bruder nicht mehr erfolgen wird.
[…]
Flöter
Ltn.
[…]
<u>Maßnahmen:</u>
Mitteilung über die Äußerungen des May, Hans-Jürgen an die BV Cottbus, Abt. XX

Ich hatte die Genehmigung, mit zwei Adressen zu korrespondieren. Mutter schrieb eifrig. Obwohl sie selbst schwere Zeiten durchlebte, gelang es ihr, mich zu trösten und aufzumuntern. Beinahe wöchentlich traf ein Brief von ihr ein, heute füllen sie einen ganzen Ordner. Jeder einzelne ihrer Briefe war wichtig für mich.

Monika durfte nicht häufiger schreiben als zwei Mal im Monat. Wir wussten beide, dass alles mitgelesen wurde und ihr nicht erlaubt war, von den Zuständen zu berichten, die in Hoheneck herrschten. Nie ließ sie durchblicken, wie schwer sie es hatte. Sie hätte mir Vorwürfe machen können, aber sie tat es nie, im Gegenteil, sie versicherte mir ihre Liebe. Das war das Wichtigste. Den Rest las ich zwischen den Zeilen, versuchte herauszulesen, dass es ihr gut gehe, dass sie durchhielt, betrachtete ihre Handschrift und schrieb selbst so zuversichtlich, wie ich nur konnte: »Bald werden wir hier rausgeholt!«

Bald, bald. Was hieß das? Ich überschlug die unregelmäßigen Informationen meiner Patienten, rechnete hoch. In Cottbus waren wir von circa einem Drittel des Urteils-Strafmaßes ausgegangen. Im günstigsten Fall. Das wäre in meinem Fall 16 Monate. Die Untersuchungshaft in Hohenschönhausen zählte dazu. Also würde es noch bis Sommer dauern, vielleicht bis Herbst, dachte ich. Bald? Vorm Sommer durchlebte ich eine Hochstimmung, dann ließ die Hoffnung wieder nach, es war ein Auf und Ab, ohne dass es für den Grund meiner Stimmungen konkrete oder gar zuverlässige Anzeichen gegeben hätte. Man hielt sich an jedem Strohhalm fest, an jeder Andeutung.

Auch in den anderen Briefen ging es ums Durchhalten, um die unbestimmte Zeit danach. Ab und zu kam ein Couvert durch, das von anderen Absendern stammte, als den offiziell erlaubten, von Jojo einer, von ehemaligen Cottbusser Kollegen, Freunden. Enzian schien es eher gut mit mir zu meinen. Oder ging es auch hier um die Möglichkeit der Bespitzelung, der unvorsichtigen Mitteilung? Ich weiß es nicht. Die Briefe waren wichtig für mich, so oder so.

Noch im Dezember wurde ein Häftling aus Haus 6 zu uns gebracht. Ein drahtiger kleiner Mann mit gewellten braunen Haaren, der aussah, als würde ihn so schnell nichts einschüchtern. Er hieß O. und erzählte mir seine Geschichte, sobald ich mich als »§213er« zu erkennen gegeben hatte: Auch er war bei einem Fluchtversuch erwischt, in Cottbus inhaftiert und wieder in die DDR entlassen worden – was er nicht akzeptieren wollte. Er versuchte es erneut, wurde ein zweites Mal verhaftet – und diesmal nach einigen Monaten von der Bundesrepublik freigekauft. Das war nun aber nicht das Happy End. Die Machenschaften von SED und Stasi ließen ihn nicht los, er wollte bekannt machen, was in den DDR-Gefängnissen vor sich ging, und nahm Kontakt zum Fernsehjournalisten Gerhard Löwenthal auf, der auch Mitglied der IGFM war.

O. erzählte von seinen Verbindungen zur IGFM und zu Löwenthal, für dessen Sendung er schließlich illegal wieder in die DDR eingereist sei – über die Grenze zur Tschechoslowakei – und sich in einen der Neubaublöcke geschlichen habe, der in Nähe des Cottbusser Gefängnisses stehe. Ich wusste, welche er meinte, die Bauten überragten die meterhohe Gefängnismauer und waren darum hauptsächlich für das Wachpersonal und politisch zuverlässige Genossen vorgesehen. Vom Flachdach aus gelang es ihm, das verhasste Gelände zu filmen. Die Dokumentation sei sogar im ZDF gesendet worden – doch auf demselben Dach habe man ihn später auch entdeckt. Er hatte sich in Cottbus keinen geeigneten Unterschlupf organisieren können.

Eine unglaubliche Geschichte. Ich wünschte O. Glück. Er konnte es gebrauchen. Sein Urteil lautete auf zwölf Jahre.

Kurze Zeit später konsultierte mich Major Radtke mit einem Röntgenbild: »Was sehen Sie hier?«

Ich erschrak. Auf dem Bild stand O.s Name. Er hatte kein Glück gehabt.

»Unterkieferfraktur.«

Er war ins Gesicht geschlagen worden, womöglich getreten.

»Muss der ins Krankenhaus?«

»Nein, das kann ich operieren. Dafür bin ich Kiefer- und Gesichtschirurg.«

Leider ließ sich Radtke nicht auf dieses Angebot ein. Weil ich nicht wissen sollte, um wen es sich handelte? Dann hätte er den Namen vom Röntgenbild entfernen müssen.

Unglücklicherweise brachten sie O. ins zentrale Haftkrankenhaus Leipzig-Meusdorf, wo er offensichtlich nicht optimal therapiert wurde. Als er zur Pflege in Haus 8 zurückkehrte, nutzte ich jede Gelegenheit, um mich mit ihm zu unterhalten. Manchmal flüsterten wir durch einen Spalt in der Tür, denn seine Krankenzelle wurde häufig verschlossen.

In der DDR gab es geschätzt zwischen 150 und 180 Fachärzte für Mund-, Kiefer- und Gesichtschirurgie – da kannte man beinahe jeden. Außerdem hatte ein Zahnarzt in der Ausbildung zum MKG-Chirurgen aus Leipzig-Meusdorf am Arbeitskreis Osteosynthese teilgenommen, der dem überregionalen Austausch zu Frakturen des Gesichtsschädels diente. Er war dort von einem Kollegen namens F. als Mund-Kiefer-Gesichtschirurg ausgebildet worden. Diesen F., der in erster Linie an der Universitätsklinik arbeitete, hatte ich schon als Student kennengelernt, darüber hinaus war er Betreuer von Monikas Seminargruppe gewesen. Ein netter und umgänglicher Mensch, wenn auch kein großer Operateur.

O. erfuhr zwar den Namen seines Operateurs nicht, doch F. war außerordentlich groß, kräftig und besaß einen Habitus, der sich leicht beschreiben und wiedererkennen ließ. Er musste es gewesen sein, der O.s OP so nachlässig ausgeführt hatte. Absichtlich? Das war kaum zu glauben.

Wenn es um seine Verhaftung ging, verteidigte O. den Fernsehmann Löwenthal: Nicht dieser hätte ihn ins Verderben geschickt, er sei das Risiko aus eigenem Antrieb eingegangen. Der Westen solle sehen, wie es hier wirklich zugehe, damit die nicht mehr einknickten gegen Honecker und Mielke. Auch im Osten dürfe man nicht länger wegschauen.

O.s Wille schien ungebrochen. Als wir auf die IGFM zu sprechen kamen, behauptete er, dass ich und Monika vermutlich auf einer Liste der IGFM stünden, einer Dringlichkeitsliste, welche die Gesellschaft der KSZE-Folgekonferenz in Madrid vorlegen würde. Die Schlussakte von Helsinki der Konferenz für Sicherheit und Zusammenarbeit in Europa (KSZE) war 1975 auch von Honecker unterschrieben worden, der die DDR international salonfähig machen wollte. Damit hatte er auch unterschrieben, dass »freiere Bewegung und Kontakte« zwischen Personen der Teilnehmerstaaten ermöglicht werden sollten. Auf dieser Basis konnte die IGFM arbeiten und den Finger in die Wunden legen.

Wie unsere Namen auf diese Liste gekommen sein sollten, wusste ich nicht. Ich hörte gerne, was O. sagte. Es war ein weiterer Strohhalm, an dem ich mich festhalten konnte. Andererseits blieb ich skeptisch. Kannte O. die Liste überhaupt, oder spekulierte er nur, um mir Mut zu machen? Ich zweifelte, dass es klug wäre, überhaupt öffentlich vorzugehen, solange Vogel seine Arbeit noch nicht beendet hatte. Darüber hatte ich mich auch schon mit S. unterhalten, der wie üblich keine klare Meinung vertrat.

Als O. zurück ins Haus 6 gebracht wurde, konnte ich nicht mehr ohne weiteres zu ihm. Als S. einmal dorthin gerufen wurde – ein neuer Fall von Kreislaufschwäche – bat ich ihn, O. ausfindig zu machen. Ich bezweifle, dass er es ernsthaft versuchte.

Abteilung VII/5

Berlin, den 07.01.1983

Information des IM-Vorl. »Peter« zum SG May, Dittmar

Im Berichtszeitraum konnte die Quelle feststellen, daß sich der SG May intensiv um die Kommunikation mit dem SG O[...] (ausländischer SG) bemüht. In zwei Fällen beobachtete die Quelle, wie sich der SG May mit dem SG O[...] durch einen Spalt in der VwR-Tür unterhielt. Über den Inhalt der Gespräche liegen bisher keine Erkenntnisse vor. Von der Quelle wurde die Vermutung ausgesprochen, daß May vom O[...] erfahren möchte, wie sein Name auf die Dringlichkeitsliste der IGfM gekommen ist.

[...]

Wie bereits angesprochen ist May der festen Überzeugung, daß er in der nächsten Zeit auf Transport geht und im Anschluß in die BRD entlassen wird. Gegenüber der Quelle äußerte er, dass entsprechende Bestrebungen auf drei unabhängigen Linien laufen. Als eine der Linien bezeichnete er die Bemühungen des RA Vogel, zu dem eine direkte Verbindung bestehen soll. Frohe Nachrichten will er auch über seinen Bruder erhalten haben. Seine frühere Wirtin aus Leipzig (Rentnerin) reist regelmäßig aus privaten Gründen in die BRD. Diese Reisen nutzt sie unter anderem für die Überbringung von Nachrichten an eine nicht bezeichnete Person. Zu der benannten Wirtin unterhält sein Bruder und Vater persönlichen Kontakt. Er selbst erfährt dann über seinen Bruder bzw. Vater mit dem er in persönlicher Verbindung steht, welche Aktivitäten geplant bzw. unternommen sind. Über die als dritte Linie benannte Möglichkeit äußerte sich May bisher nicht.

Flöter

Ltn.

[…]

Maßnahmen:

Ermittlung der Wirtin über die KD Leipzig sowie ihrer Reisetätigkeit.

erl. am 13.1.83. Flö.

Nach den Unterlagen hat es bis zum 10. Mai gedauert, bis sie Frau Fuchs mittels Kreismeldekartei der Polizei ausfindig gemacht hatten. Merkwürdigerweise wurde sie nicht verhört.

OPK »Kontakt«

In jeder größeren Strafanstalt der DDR gab es neben den Meistern und Obermeistern, Schließern und »Erziehern«, also den eigentlichen Mitarbeitern des Strafvollzugs, auch eine Außenstelle des MfS (Abteilung VII), deren »Verbindungsoffiziere« sowohl die Häftlinge als auch deren Wärter kontrollierten.[104] Im Zweifel besaß die Staatssicherheit stets das schärfere Schwert als selbst der jeweilige Gefängnisdirektor. Möglicherweise ging auch die Schikane meines Cottbusser »Erziehers« auf die Anweisung eines Verbindungsmannes zurück – doch das bleibt

BStU
000006

- 7. 02 83

MfS/BV/V BV Berlin Berlin, den 13. 01. 1983

Diensteinheit Abteilung VII

Mitarbeiter Flöter Reg.-Nr. XX/ 189/83

Übersichtsbogen zur operativen Personenkontrolle

BV Berlin "Kontakt" Laufzeit:

Deckname September 1983

Lfd. Nr.	Name, Vorname	PKZ [1]	Karteikarten erhalten Datum/Unterschrift
1.	M a y , Dittmar	22 12 49 42 71 34	- 9. 02. 83 Abt. XII

1. Gründe für das Einleiten

Inoffiziell wurde bekannt, daß May seine Übersiedlungsabsichten nicht aufgegeben hat. Unter Ausnutzung von Kontaktpersonen aus der BRD will er seine vorzeitige Haftentlassung mit anschließender Übersiedlung erwirken. Bei Nichtrealisierbarkeit seiner Zielstellung soll als eine weitere Möglichkeit die "GfM" eingeschaltet werden.

2. Zielstellung der OPK

- Herausarbeitung der Mittel und Methoden, Verbindungspersonen und Kontakte zu feindlichen Organisationen, welche er für die Realisierung seiner Zielstellung nutzen will.
- Einleitung geeigneter Maßnahmen zur Zurückdrängung seines negativen Einflusses auf andere Strafgefangene.
- Erarbeitung von Beweisen zur Verbindungsaufnahme zu feindlichen Organisationen.

3. Entscheidung über das Einleiten

Bestätigt: 21.1.83 [Unterschrift] Datum [Unterschrift] Unterschrift

4. Eingesetzte IM/GMS Koordiniert mit

IMS " Hans Müller"	KP Schöppan	Dezernat II
IMS " Nagel"		
IMS " Kurt"		
IM-Vorl. "Peter"		

1 PKZ bei DDR-Bürgern, bei Ausländern Geburtsdatum angeben!

310 0

Im Januar 1983 ließ Stasi-Leutnant Flöter diese Akte zu meiner »operativen Personenkontrolle« (OPK) anlegen. Auffällig ist die doppelte Verwendung des Wortes »Zielstellung«, einerseits für die OPK selbst, andererseits für irgendwelche geheime Absichten, die sie mir unterstellten. Die Angst, dass ihnen ein bereits verurteilter Häftling gefährlich werden könnte, war nichts als das Produkt ihrer eigenen Spitzel-Fantasie.[105]

Spekulation. In den Ordnern, die mir die Stasi-Unterlagenbehörde aushändigte, findet sich davon nichts.

Ganz anders in diesem Fall. Mit Grausen las ich die Protokolle von Stasi-Leutnant Flöter, der mich bei unseren seltenen Begegnungen auf dem einen oder anderen dieser Gefängniskorridore stets freundlich gegrüßt hatte. Mit Bespitzelungen rechnete ich im Gefängnis, wie ich draußen stets damit gerechnet hatte. Aber keineswegs damit, dass man mich noch als Häftling in meinem weißem Kittel mit den gelben Streifen für einen Staatsfeind hielt, der dem ganzen Stasi-Apparat tatsächlich gefährlich werden könnte. Der Aufwand, den er meinetwegen betrieb, ist mir bis heute unheimlich.

Flöter ging so weit, Mitte Januar eine »Operative Personenkontrolle (OPK)« einzuleiten, um meine »Mittel und Methoden« kennenzulernen und meinen »negativen Einfluss« »zurückzudrängen«:

> Operativplan zur OPK »Kontakt«
> Die operative Bearbeitung des Strafgefangenen
> May, Dittmar
> PKZ 22 12 49 42 71 34
> in der OPK »Kontakt« erfolgt mit folgender Zielstellung:
> 1. Herausarbeitung der Mittel und Methoden, Verbindungspersonen und Kontakte zu feindlichen Organisationen, welche May zur Realisierung seiner Zielstellung nutzen will.
> 2. Einleitung geeigneter Maßnahmen zur Zurückdrängung seines negativen Einflusses auf andere Strafgefangene und zur Unglaubwürdigkeit seiner Person unter Ausnutzung spezieller Charaktereigenschaften.
> 3. Erarbeitung von Beweisen zur Verbindungsaufnahme feindlicher Organisationen bzw. Personen, die in deren Auftrag handeln.
> 4. Einführung eines IM, um bei evtl. Entlassung i. BRD seine Feindaktivit. u. Rückverb. unter Kontrolle nehmen zu können.
> Zur Herausarbeitung der Zielstellung werden folgende Versionen abgeprüft:
> – will May durch seine Äußerungen zur Straftat und den angeblichen Verbindungen in der BRD seine Person aufwerten und sich in den Blickpunkt der Sicherheitsorgane rücken, um somit die Übersiedlung zu beschleunigen?

> – hat May tatsächlich Verbindungen zu Personen in der BRD, welche ihm aktiv in seinen Bestrebungen unterstützen und ihm die gezeigte Selbstsicherheit vermitteln?
> – nutzt er die bestehende Verbindung, um in feindlicher Absicht Informationen weiterzuleiten?[106]

Am Ende des Operativplans, der auch die Überwachung von Frau Fuchs, die Durchsicht meines Briefverkehrs, Aktenauswertungen und ein Gespräch mit Zels anführt, heißt es:

> 8. Einbeziehung der IM »Nagel« [=Zels] und »Kurt« [vermutlich Radtke] in ständige Zersetzungsmaßnahmen.[107] Differenziert wird über die IM durchgesetzt, daß M. ungerechtfertigte Anerkennungen erhält, seine »Vertrauenswürdigkeit« gegenüber den ausländischen und DDR-Strafgefangenen hervorgehoben wird. Offiziell bekanntgewordene Verstöße so ausgewertet werden, daß der Verdacht auf M. gelenkt wird. [...]

Es ging also darum, mit Hilfe von Zels und Radtke das Vertrauen zu »zersetzen«, das meine Patienten und Mithäftlinge zu mir hatten – und zwar paradoxerweise gerade dadurch, dass die Stasi-Männer mich als besonders vertrauenswürdig empfehlen sollten. Außerdem sollten sie mir »ungerechtfertige Anerkennungen« zuteilen.

Dass mich Flöter anfangs durch meinen Zellen- und Arbeitskollegen S. alias »IM-Vorlauf Peter« überwachen lassen wollte, stand bereits fest, bevor ich in Haus 8 kam, und hatte mit dem besonderen Status zu tun, den ich als politischer Häftling nach §100/§213 und Gefängnisarzt innehatte.[108] Wer wie S. nach der Haft in die DDR zurückmusste oder zurückwollte, hatte ein besonderes Interesse daran, sich mit den Sicherheitsorganen gut zu stellen. Dass es sich bei S. um einen »Vorlauf« handelte, der, wie es im »Operativplan« heißt, »kaum Erfahrung in der inoffiziellen Arbeit« besaß, spricht dafür, dass Flöter die Situation ausnutzte, wie sie sich in seinem Zuständigkeitsbereich zufällig ergeben hatte – vielleicht nicht mehr als eine willkommene Abwechslung.

Was den Stasi-Leutnant dann dazu brachte, die aufwändige Aktion in Gang zu setzen, die er »Kontakt« betitelte, kann ich nur vermuten: Dass ich mich gegenüber S. wie dem SV-Personal und den »Hausarbeitern« offener zeigte als üblich? Tatsächlich hatte ich den Eindruck, dass es dem MfS eher unangenehm war, wenn die Beamten des Strafvollzugs zu viel über die Möglichkeiten und Hintergründe der »Republikflucht« und über die Ursachen der Inhaftierung politischer Häftlinge erfuhren. Darum erzählte ich erst recht, weswegen ich festgehalten wurde, warum ich weg wollte aus diesem Land, auf welchem Weg und was uns geschehen war. Sie sollten sich selbst ein Urteil bilden.

Ich machte auch kein Geheimnis daraus, auf welcher Seite ich stand, und dass ein Leben unter dem kommunistischen Regime für mich nicht länger in Frage kam. Zugleich bemühte ich mich, wie schon seit unserer Verhaftung, höflich zu bleiben und mich freundlich zu verhalten, wo es ging. Als »Klassenfeind« mit »staatsfeindlichen Verbindungen« nach §100 wollte ich mich von der besten Seite zeigen. Weitere Hintergedanken hatte ich nicht dabei – doch vielleicht konnte es so erscheinen, wie mich offensichtlich auch meine Neugierde verdächtig machte.

Am wahrscheinlichsten ist es wohl, dass ich Flöters Aktionismus mit meiner Zuversicht ausgelöst habe, bald freigekauft zu werden, mit meinen Andeutungen zur »Feindorganisation« IGFM, vor der sie offenbar großen Respekt hatten, und meinem Kontakt zu O. Spätestens seit S.s Bericht am 7. Januar scheint Flöter die Chance gesehen zu haben, sich Verdienste zu erwerben, indem er »feindliche« Aktivitäten enttarnte – womöglich gar eine Fluchthelferorganisation. Also entwickelte er seinen »Operativplan« und ließ ihn sich am 19. Januar von seinen Vorgesetzten, Major und Oberstleutnant, abzeichnen.

Ende Januar bekamen wir in Haus 8 einen neuen Hausarbeiter zugeteilt, Ehrhard B., einen umgänglichen und eloquenten Mann aus Binz auf der Insel Rügen. Natürlich fragte ich sofort, warum er festgenommen worden sei. Als Leiter eines FDGB-Heimes habe er zu viele Konserven gehortet, auch ein bisschen Geld abgezweigt – ein »Wirtschaftskrimineller« also, verurteilt zu fünf Jahren. Die ersten beiden Jahre habe er im Gefängnis Brandenburg verbracht und sei dann nach Rummelsburg gekommen, zuerst als Hausarbeiter ins Haus 6.

»Dafür war ich aber nicht tauglich. Ich redete wohl zu viel mit den Westdeutschen. Darum haben sie mich hierher versetzt.«

Ehrhard und ich entwickelten schnell ein gutes Verhältnis. Ich erkundigte mich nach seiner Geschichte und den Zuständen in Haus 6 –

wofür ich bald reichlich Gelegenheit bekam, denn nach einigen Tagen sollte mich Ehrhard nach Flöters Willen auch ins Haus 2 begleiten und bei meinen Sprechstunden assistieren – eine Neuerung, die weder Oberleutnant Sterz noch Obermeister Trinkaus gefiel. Trinkaus schaute böse und behandelte Ehrhard grob und misstrauisch, wie es seinem Naturell entsprach. Wer ihm fremd war, den konnte er grundsätzlich nicht leiden, egal ob Häftling oder Stasi-Mann. Erst wenn das Eis gebrochen war, wodurch auch immer, wurde er verträglich. Dann konnte man gut mit ihm auskommen.

Sterz beschwerte sich bei seinem Vorgesetzten, dass es gefährlich sei, Ehrhard und mich zusammen ins Haus 2 zu bringen. Dann seien wir schließlich in der Überzahl und könnten ihn angreifen. Mir war klar, dass Sterz dies nur vorschob. Dem Oberleutnant war nicht bang, aber es tat ihm leid um die interessante Aufgabe, die aus unerfindlichen Gründen jetzt dieser Hausarbeiter übernehmen sollte. Sterz' Beschwerde blieb unberücksichtigt.

> Abteilung VII   Berlin, den 07.02.1983
>
> Informationen des IMS »Hans Müller« zum SG May, Dittmar
>
> Der IM informierte, daß sein Einsatz im Haus 8 nicht wie geplant verlaufen ist. Ohne daß sich ein SV-Angehöriger mit seiner Person näher befaßte, wurde er durch den verantwortlichen Hausarbeiter in den Schichtdienst eingeteilt. Somit wurde er für alle anfallenden Arbeiten im H8 mitverantwortliche gemacht.
>
> Am 4. Tag nach seiner Zuverlegung hatte er ein erstes Gespräch mit XXX. Vom XXX wurde festgelegt, dass der IM die zahnärztliche Sprechstunde des SG May im Haus 2 arbeitsmäßig abzusichern hat.
>
> [...]
>
> Von der Quelle wurde eingeschätzt, dass sich May gegenüber seiner Person sehr offen verhält. [...]

Ungefähr um diese Zeit gestand mir S. den eigentlichen Grund seiner Verhaftung. Ich hatte nicht weiter nachgeforscht, welchen Kunstfehler er sich habe zu Schulden kommen lassen. Mir schien er ein kompetenter und verlässlicher Kollege zu sein, doch vielleicht ging seine Verlässlichkeit aufs schlechte Gewissen zurück?

»Ich habe eine geistig behinderte Tochter«, erzählte er unvermittelt, »die wohnt noch zu Hause.«

Pflegebedürftig sei sie nicht, sie könne aber trotz ihres Alters nicht alleine leben.

»Ich habe sie sexuell aufgeklärt. Dabei ist die Theorie in Praxis umgeschlagen« – so drückte er sich aus. Und wartete, wie ich reagieren würde.

Ich blickte auf. Er schien erleichtert zu sein, es endlich loszuhaben. Sein Gewissen war auch sonst arg strapaziert.

Wer ihn wegen des Missbrauchs seiner Tochter angezeigt hatte, erfuhr ich nicht. Ich wollte es auch nicht genauer wissen und behandelte ihn nicht anders als zuvor. Enge Freunde wären wir sowieso nicht geworden. Außer mir, dem »Erzieher« und höheren Rängen durfte niemand von dem Paragraphen wissen, der in seinem Urteil stand. Sonst hätte er im Gefängnis sicher Schlimmes erleben können, und die wenigsten hätten sich überhaupt von ihm behandeln lassen.

Seine Ehefrau schien S. verziehen zu haben. Sie besuchte ihn sehr oft und durfte sich, wie er mir erzählte, in einem normalen Raum mit ihm unterhalten, nicht bloß im üblichen »Besuchsschlauch«, in dem ich Hans-Jürgen gegenübersitzen musste.

Wenn mein Bruder kam, wurde ich eine Stunde zuvor abgeholt und nach vorne zu »Haus G« an der Schleuse gebracht, wo ich in einer dafür vorgesehenen Zelle wartete, bis ich in den eigentlichen Besuchsraum geschlossen wurde, einen breiten und langen Gang, in dessen rechter Wand in regelmäßigen Abständen kleine Glasfenster mit Löchern eingelassen waren. Auf der anderen Seite der Scheibe saßen die Besucher, ungefähr acht bis zehn Gespräche fanden gleichzeitig statt. Hinter uns und den Besuchern liefen jeweils zwei Wärter Patrouille und achteten darauf, dass kein falsches Wort fiel. Besonders bei mir. Oft blieb einer der Bewacher auch für längere Zeit hinter mir stehen, so dass es nur kurze Momente waren, in denen wir ungefiltert reden konnten.

Gunter S. dagegen bekam eine Art VIP-Besuchsraum mit Couch und Sessel – ein weiteres Privileg.[109] Ich schrieb es der Menschlichkeit von Oberst Zels zu. Scheinbar hatte er Verständnis für S.s schwierige Lage und wollte ihn mit dieser Geste dabei unterstützen, seine Ehe zu retten. Oder vielleicht war es die Belohnung des »Führungsoffiziers« Flöter für »IM-Vorlauf Peter«? – so denke ich heute.

Wenn ich mich zu den »Wirtschaftskriminellen« in Haus 10 schließen ließ, um den UFA-Montagsfilm zu sehen, saß ich direkt an der Tür – ich war doch immer in Bereitschaft. Bei den ersten Bildern des »Schwarzen Kanals« drückte ich die Notfallklingel, mit dem die sich selbst verwaltenden Insassen einen Schließer rufen konnten, und ließ mich von dem diensthabenden Meister von Haus 8 zurück über den Hof bringen. Für die anderen war die krude Lügensendung Pflicht – darum beschwerten sie sich einmal, als ich klingeln wollte: »Was machst du da? Wir müssen schließlich auch hierbleiben!«

Der Meister reagierte und wies mich an, ebenfalls sitzen zu bleiben.

»Wieso wollen Sie mir zumuten, dass ich mir Ihren Karl-Eduard von Schnitzler ansehe? Bei mir ist doch sowieso Hopfen und Malz verloren. Die bleiben hier und ich gehe nach dem Westen. Ich sehe mir das nicht an!«

Die Leute in Baracke 10 waren mehrheitlich nicht gut auf mich zu sprechen. Es war ja bekannt, dass ich »Ausweiser« war. Einige von ihnen hatte ich jedoch schon als Patienten kennengelernt, und pflegte diese Kontakte, weil sie in der Verwaltung arbeiteten. Ich wollte in Erfahrung bringen, welche Vorboten auf eine Entlassung hinwiesen und ob sich irgendwelche Regelmäßigkeiten bei den Häftlingen feststellen ließen, die einen Antrag auf »Übersiedlung« gestellt hatten.

Dass einige dieser Unterhaltungen gemeldet würden, weil sich meine Gesprächspartner einen Vorteil davon versprachen, nahm ich in Kauf. Bei der großen Anzahl von Patienten, mit denen ich redete, konnten solche Meldungen eigentlich nicht ausbleiben. Doch weder glaubte ich daran, dass sie mir ernsthaft schaden würden, noch sah ich eine Alternative: Wenn ich geschwiegen hätte, hätte ich auch denjenigen unter meinen Patienten und Mithäftlingen das Gespräch verweigert, denen es ein wenig Mut machte.

Abteilung VII　　　　Berlin, den 17.02.1983

Aussprachevermerk

Aufgrund einer mündlichen Meldung über den Erzieher, Gen. Appel, wurde am 14.02.1983 mit dem Strafgefangenen

XXX

[...] in Haus 3 eine Aussprache geführt.

[…] In den Abendstunden des 08.02.1983 betrat der SG-Arzt May den VwR [=Verwahrraum] des XXX und erkundigte sich bei diesem nach der Verfahrensweise mit Strafgefangenen, welche ein rechtswidriges Ersuchen auf Übersiedlung gestellt haben. Im Gespräch versuchte May Informationen über die Anzahl der SG zu erlangen, welche gemäß §213 StGB inhaftiert sind bzw. zu SG mit RWÜ [=rechtswidriges Ersuchen auf Übersiedlung]. Ferner versuchte er, darüber eine Auskunft zu erhalten, ob es einen festen Entlassungsmodus gibt, welche Zeit von den Strafgefangenen verbüßt werden muß, bevor sie aus der Haft heraus in die BRD entlassen werden und durch wen die Abholung dieser SG erfolgt.
Da May vom XXX nicht die gewünschte Auskunft erhielt, erklärte er, daß er am folgenden Morgen nochmals reinschauen würde, um XXX einige Informationen zu übergeben. Zu dem angedeuteten Gespräch kam es jedoch aus XXX nicht bekannten Gründen nicht.
[…]
Durch XXX wurde eingeschätzt, daß die Sicherheitsbestimmungen in Haus 8 nicht eingehalten werden. So sollen z. B. die VwR täglich ca. nur 3 Stunden verschlossen sein.
Der Aufschluß erfolgt täglich gegen 05.00 Uhr, der erste Verschluß erfolgt dann von ca. 08.00 bis 10.00 Uhr, ein zweiter Verschluß liegt in der Zeit von ca. 14.00 bis gegen 15.30 Uhr. Im Anschluß bleiben die VwR bis zur Zählung offen. Während der Zeit, wo die VwR nicht verschlossen sind, hat jeder Hausarbeiter und weitere SG die Möglichkeit den VwR zu betreten bzw. aufzuriegeln.
[…]
Flöter
Ltn.
Maßnahmen:
1. Auswertung über die Nichteinhaltung der Sicherheitsbestimmungen mit dem IM »Flieder«.
2. Durchschlag der Info. sowie der schriftlichen Info. zur OPK May.
3. Anregung einer kurzzeitigen Verlegung des H. in das Haus 8 über den IM »Nagel« mit dem Ziel der Gewinnung weiterer Info. zum SG May.

Leutnant Flöter ließ sich umfassend informieren und erfuhr beinahe alles, was er Gunter S., Ehrhard und zwei weiteren IMs (»Schöppau« und »Herr Wildhagen«) in seiner »Zielstellung« vorgegeben hatte – über die Organisation des Berliner Fluchthelfers wusste ich jedoch nicht mehr als in Hohenschönhausen. Das wird ihn geärgert haben. In den Protokollen tauchte wieder meine Floskel vom »seriösen, älteren Herrn« auf. Mit der Interpretation meines »Sammelns von Informationen« lief Flöter ins Leere. Und was nützte es ihm, meine »Persönlichkeit« mit ihren »dominierenden Charaktereigenschaften« kennenzulernen?

An anderer Stelle wurde ich als Stasi-Informant verleumdet. Ich hatte einen politischen Häftling untersucht, der ins Zuchthaus Brandenburg verlegt wurde und in Rummelsburg auf »Durchreise« war. Dieses Gespräch wurde ausspioniert und Querverbindungen gezogen. Jemand wollte herausgefunden haben, dass wir »Deckadressen einer feindlichen Organisation« ausgetauscht hatten. Nicht Flöter, sondern Oberstleutnant Friedrich, sein Vorgesetzter und Leiter der Abteilung, und sogar Generalmajor Schwanitz, Leiter der Bezirksverwaltung für Staatssicherheit Berlin,[110] unterschrieben im August 1983 einen Brief von Berlin nach Potsdam, um weitere Ermittlungen gegen mich zu veranlassen.

Die Unterschrift des Generalmajors war wohl notwendig, um die gleichrangige Dienststelle mit einer derart aufwändigen »Befragung« zu beauftragen. Im Schlussbericht zur »OPK« vom Februar 1984 vermerkte Flöter, dass die Potsdamer Kollegen »keine auswertbaren Ergebnisse« lieferten.[111] Seine Strategie der »Zersetzung« verfolgte er weiter, indem er zum Beispiel veranlasste, dass ich einige Zeit nach der Auseinandersetzung im Fernsehzimmer von einem der Meister gefragt wurde, ob ich mir nicht wieder den Montagsfilm ansehen wolle? Es könnte auch Radtke gewesen sein, der im Sinne der OPK dazu angeregt hatte. »Auf dem Platz an der Tür?«, fragte ich zurück. Es dauerte eine Weile, bis der für den Fernsehraum zuständige Häftling sich dazu bewegen ließ, diesen Platz wieder frei zu geben. Doch dann gab es wieder Moser und Rühmann – wenn ich auch des Öfteren mitten im Film zu Notfällen gerufen wurde.

In einem Aktenvermerk vom 5. Mai bestätigt Flöter diese Stasi-Strategie gegenüber IM Nagel (=Zels) noch einmal. Dort heißt es:

327

Bezirksverwaltung
für Staatssicherheit Berlin
Abteilung VII

Berlin, 18. August 1983
flö-kri - 26-976 -
VII/5/ 3515 /83

BStU
000356

Bezirksverwaltung
für Staatssicherheit
Abteilung VII

Potsdam

[geschwärzt], [geschwärzt], [geschwärzt] geb. am [geschwärzt]
in [geschwärzt] zur Zeit [geschwärzt]

[geschwärzt] befand sich aufgrund der beabsichtigten Verlegung zur StVE Brandenburg bis zum 05. März 1983 in der UHA Berlin I. Hier führte er mehrere Gespräche mit dem als Gefangenenarzt eingesetzten Strafgefangenen

Dr. May, Dittmar
geb. 22. 12. 1949 in Grünhainichen
Del. gemäß §§ 100 und 213 StGB,

welcher durch unsere DE operativ bearbeitet wird.

Inoffiziell wurde bekannt, daß der MAY gegenüber [geschwärzt] Absichtsbekundungen bezüglich einer weiteren Straftat gemäß § 213 StGB nach der Haftentlassung geäußert hat. [geschwärzt] informierte seinerseits MAY über die von ihm begangene Straftat und die Kontakte zu feindlichen Organisationen, in deren Auftrag er einen spektakulären ungesetzlichen Grenzübertritt begehen wollte.

Ferner wurden von [geschwärzt] Kontaktadressen benannt, welche MAY für seine Zielstellung nutzen soll. Bei diesen übergebenen Adressen handelt es sich vermutlich um Deckadressen einer feindlichen Organisation.

Zur Aufklärung genannten Sachverhaltes wird um eine legendierte Befragung des Strafgefangenen [geschwärzt] durch die Abteilung VII der BV Potsdam gebeten. Entsprechend den vorhandenen Möglichkeiten sollte beim Strafgefangenen [geschwärzt] der Verdacht geweckt werden, daß es sich bei dem MAY um einen "Informator" des MfS handelt.

Um Mitteilung der Befragungsergebnisse wird gebeten.

Leiter der BV
Schwanitz
Generalmajor

Leiter der Abteilung
Friedrich
Oberstleutnant

Generalmajor Wolfgang Schwanitz, später stellvertretender Minister der Staatssicherheit unter Mielke, dann von 1989 bis 1990 sein Nachfolger als Leiter des Amtes für Nationale Sicherheit, hielt meine Überwachung für notwendig. Kaum zu glauben, wie bedrohlich ich diesem Herren erschien![112]

Abteilung VII/5 Berlin, den 05.05.1983

[...] Kontrollen erbrachten, daß XXX [= May] Kontakte zu ausländischen SG führt, um mit diesen Gespräche zu führen. In Absprache mit dem Unterzeichner [= Flöter] wurde vereinbart, daß derartige Feststellungen seitens des SV nachsichtig behandelt werden. Es soll der Eindruck entstehen, daß XXX [= May] gegenüber den anderen SG Freizügigkeit genießt.[113]

Nach einigen Monaten gelang es Flöter & Co. durch die Vergünstigungs-Strategie tatsächlich, das Gerücht aufkommen zu lassen, ich spiele nur die Rolle eines Strafgefangenen. In Wirklichkeit sei ich ein (offenbar besonders aufopferungsvoller) Stasi-Spion.[114] In den Akten steht:

Abteilung VII Berlin, den 12.10.1983

Vermerk zur OPK »Kontakt«

Über den Gen. Clauder, Dez. II, wurde bekannt, dass der Strafgefangene May als Mitarbeiter des MfS bekannt ist.

Unter den SG-Hausarbeitern wurden Gerüchte bekannt, wonach May kein richtiger SG ist. Als MA des MfS soll er nur die Rolle eines SG übernommen haben.

Von o.g. Sachverhalt haben auch die SV Angehörigen Sterz und Trinkaus Kenntnis. Beide SV-Angehörige sollen den Gerüchten Glauben schenken.

Durch den Gen. Oltn. Wendel (Erzieher in Haus 10) wurde gleichfalls an den Unterzeichner eine Information mit o.g. Inhalt gegeben. Nach Auffassung des Gen. Wendel wurde das Gerücht durch die SG XXX und XXX in Umlauf gebracht.

Da der SG May jedoch gegenüber den SG's im allgemeinen sehr korrekt und selbstsicher auftritt und an bestimmte Deliktgruppen ein starkes Interesse zeigt, neigen viele SG dazu den Gerüchten Glauben zu schenken.

Flöter

Ltn.

Aber längst nicht alle meine Patienten glaubten dem Gerücht und ich trug keinen wirklichen Nachteil davon, von dem einen oder anderen zugeknöpften Gesprächspartner vielleicht abgesehen.

Flöter und sein Vorgesetzter Friedrich unternahmen, so weit ersichtlich, keinen Versuch, meinen Freikauf »im Rahmen zentraler Maßnahmen«[115] zu verhindern oder zu verzögern. Mitte September schrieb Friedrich an die »Bezirkskoordinierungsgruppe« des MfS, die seit 1975 das Vorgehen der Staatssicherheit bei Ausreisefragen abwickelte, dass …

> […] seitens der Abteilung VII zu den Personen
> 20. May, Dittmar
> 22.12.1949
> 21. XXX
> keine Ausschließungsgründe für ein Entlassung aus der Strafhaft in die BRD und die Einleitung von Fahndungsmaßnahmen zur Verhinderung einer Einreise in die DDR [bestehen][116]

Um wirksam in die »zentralen« Abläufe einzugreifen, die von der mächtigen Hauptabteilung IX des MfS angeordnet wurden, fehlten den Gefängniskontrolleuren die Befugnisse. Allerdings bat Friedrich im gleichen Schreiben, die Entscheidung im Falle des Häftlings mit der Nummer 21 noch aufzuschieben, »da notwendige operative Maßnahmen noch nicht abgeschlossen werden konnten.«[117] Glücklicherweise grub Flöter nicht tief genug, um etwa auf meine Zeit als Reservist zu stoßen oder sich über den Status meiner Doktorarbeit Gedanken zu machen, die in Rummelsburg in den Effekten lag.[118]Seine einzige gefährliche Strategie bestand darin, mir einen »IM zuzuführen«, der mit mir bis nach dem Freikauf Kontakt halten sollte. Vom Westen aus hätte ich ihm dann den Weg zum Fluchthelfer zeigen sollen. S. war dafür jedoch nicht der geeignete Mann.

Schickssalsschläge

Das »Knastgeld«, das ich in Rummelsburg erhielt, reichte für die notwendigen Einkäufe im Gefängnis-HO. Außerdem war eine Nachzahlung aus Cottbus eingetroffen. Mit meinen privaten Vorräten war ich recht zufrieden – und dachte an Monika, die es in Hoheneck sehr viel schwerer hatte, an vernünftige Waren oder genießbares Essen heranzukommen. Die Geschichten und Informationen, die ich in Cottbus und jetzt von den Mitgefangenen über Hoheneck hörte, beunruhigten mich. Rechtzeitig vor Weihnachten 1982 fragte ich deshalb meinen »Erzieher« Enzian, ob ich Monika zum Fest ein Paket schicken dürfe. Er erlaubte es, und ich packte in seinem Beisein Westkaffee ein, etwas bessere Körperpflegeprodukte, Konserven und Dauerwurst, Süßigkeiten – gerade so viel, dass ich die Drei-Kilogramm-Grenze nicht überschritt. Ich adressierte den Karton nach seinen Angaben und übergab ihn ihm.

Dann kam das erste Weihnachten im »Knast« – und löste alles andere als angenehme Gefühle aus. Am Nachmittag des 24. Dezember saß ich alleine auf der Zelle, während Gunther irgendwo Patienten versorgte, und hing meinen trüben Gedanken nach. Plötzlich kam ein Wachtmeister: »May, komm'se mal mit. Ich soll Sie rüberbringen zu Enzian.«

Das »Erzieherzimmer« befand sich in Haus 10, und sobald ich es betrat, war ich wie vor den Kopf geschlagen, denn das Paket, das ich Monika drei Wochen zuvor geschickt hatte, lag jetzt auf Enzians Schreibtisch.

»Ihre Frau in Hoheneck darf es nicht annehmen.«

Zurück in der Zelle schob ich den Karton unters Bett, warf mich obendrauf und weinte. Unvermittelt war mir wieder klar geworden, wie gefühlskalt die Welt war, in der wir uns bewegten.

Das Paket blieb danach wochenlang ungeöffnet unter meinem Bett.

Zwei Monate später, an einem Sonntagmorgen, dem 20. Februar 1983, bestellte mich Radtke nach der Visite zum ersten Mal in den Dienstraum des medizinischen Personals im Erdgeschoss, wo er mich merkwürdig freundlich empfing: »Nehmen Sie doch Platz!«

Er begann, sich nach meinem Schwiegervater zu erkundigen. Wie kommt er dazu, fragte ich mich besorgt?

»Haben Sie ein gutes Verhältnis zu ihm?«

Warum wollte er das wissen? Für die Schades war es derselbe Alptraum wir für meine Eltern. Was dachte Rudolph inzwischen von mir? Nahm er mir übel, dass seine Tochter meinetwegen im Gefängnis saß? Irgendetwas musste ich dem Major antworten. Also erklärte ich, wie sehr ich Rudolph schätzte.

Bald unterbrach mich Radtke: »Ich muss Ihnen leider mitteilen, dass Ihr Schwiegervater verstorben ist.« Ich erstarrte. Nun wusste ich genauer, wer dieser Major war: Jemand, der selbst eine Todesnachricht für zynische Spielchen missbrauchte. Meine Wut darüber blockierte anfangs jede Trauer. Auf keinen Fall wollte ich meine Fassung verlieren. Darauf war er doch aus! Diese Genugtuung wollte ich ihm nicht verschaffen. Von den Umständen des Todes wusste er nichts.

»Ich möchte meine Frau anrufen, Herr Major.«

»Wissen Sie, wo Sie sich befinden?«

»Und was heißt das? Was ist das für ein Land? Ich möchte meiner Frau mitteilen, dass ihr Vater verstorben ist. «

Ich hoffte auf eine Ausnahme, wenn ich entschieden genug auftrat.

»Ich denke, das wird nicht nötig sein. Doch wenn Sie eine Besuchserlaubnis für Hoheneck beantragen, wird sie Ihnen sicherlich genehmigt werden.«

Ich ging zurück in die Zelle. Wer würde es Monika sagen? Auch so ein zynischer SV-Major? Wusste sie es schon?

Sie hatte ihre Eltern nicht verlassen wollen. Wenn wir es in den Westen geschafft hätten, hätten Rudolph und Irmgard das Leben im Grenzgebiet aufgeben können, um als Rentner zu uns zu ziehen. Ihm schwanden die Kräfte, das wusste ich. Wir hätten uns bestimmt gut verstanden, auch als Nachbarn. Es war ganz anders gekommen, anders als wir es geplant hatten. Anders, als ich es wollte. Monika und ihr Vater hatten stets ein inniges Verhältnis zueinander. Sie würde es treffen wie ein Schlag. Niemals würde sie ruhig bleiben, wenn ihr ein Offizier so käme wie Radtke.

Ich war verantwortlich dafür, dass sie in Hoheneck sitzt, und jetzt hatte sie auch noch den geliebten Vater verloren – darum kreisten meine Gedanken den ganzen Sonntag. Ich zwang mich zu lesen und hoffte, dass bald ein Notfall gebracht würde, der meine Grübeleien unterbrechen würde.

Ich stellte den Antrag, Monika besuchen zu dürfen. Dabei dachte ich an einen Transport per LKW oder in irgendeinem Auto. Dann hätte der Weg drei oder vier Stunden gedauert. Enzian teilte mir mit, dass nur eine Fahrt per Bahnwaggon infrage käme, im Grotewohl-Express, und das konnte eine Woche dauern, mit allen negativen Begleiterscheinungen, der Enge und den verdreckten Sammelzellen. So würde ich zu spät kommen, um Monika Trost zu spenden, dachte ich, und zog den Antrag zurück. Zur falschen Zeit könnte sie der einstündige Besuch nur noch mehr aufwühlen.

Weil ich davon gehört hatte, dass Häftlinge zur Trauerfeier eines Angehörigen gefahren wurden, fragte ich, ob sie mich vielleicht zu Rudolphs Begräbnis bringen würden. Aber offenbar kamen politische Gefangene für derartige menschliche Gesten nicht in Frage. Mir blieb allein, tröstende Worte für Monika in einem Brief zu formulieren. Keine einfache Aufgabe.

Ungefähr drei Wochen später besuchte mich Hans-Jürgen. Es war sein zweiter Besuch in Rummelsburg und er kam mit der nächsten Hiobsbotschaft: Unser Vater, der seit der Aufregung der Stasi-Verhöre kränklich geworden war, hatte zwei Gehirnschläge erlitten und lag jetzt in Cottbus im Krankenhaus.

»Er war halbseitig gelähmt, jetzt hat er noch immer Sprachstörungen, doch die Lähmung hat sich bereits zurückentwickelt.«

Meine Mutter war jetzt mit Christian allein. Wie mochte sie sich fühlen? Ihren Briefen merkte man ihre schwierige Situation kaum an. Und Christian? Sein Opa in Osterode war gestorben – jetzt war auch noch der andere Opa verschwunden, der sich so ausdauernd und fürsorglich um ihn gekümmert hatte. Verschwunden wie die Eltern. Zwar auf völlig andere Art, doch für den Fünfeinhalbjährigen wird es sich ähnlich angefühlt haben.

Zuerst hatte mein Vater im Mittweidaer Krankenhaus gelegen. Mit den dortigen Ärzten war Hans-Jürgen nicht zufrieden gewesen, sie vernachlässigten die Pflege des Todkranken. Er besprach sich mit einem Kollegen namens Wisthal, der sich als Oberarzt im Notfallbereich auskannte, dann holte er Vater von Mittweida nach Cottbus. Auch mit Blaulicht waren es zwei Stunden Fahrt. In der Cottbusser Klinik angekommen, saß Hans-Jürgen Tag und Nacht an Vaters Bett und pflegte ihn, bis sich sein Zustand verbessert hatte. Die Mittweidaer Ärzte hatten ihn bereits aufgegeben. Hans-Jürgen und Elke mussten sich jetzt um Vater im Krankenhaus kümmern, um meine Mutter, die ebenfalls Unterstützung benötigte, und um unseren Sohn. Dafür war ich ihnen mehr als dankbar.

Um diese ernste Situation zu besprechen, blieb nur ganz wenig Zeit, denn als wäre es für die Besuchs-Stunde nicht genug, musste Hans-Jürgen noch eine zweite Nachricht loswerden: Einem Freund – den Namen nannte er nicht, aber es konnte sich nur um Jojo Jonscher handeln – sei es gelungen, Monika persönlich vom Tod ihres Vaters zu unterrichten, bevor ihre »Erzieherin« es tat. Er sei nach Stollberg in Sachsen gefahren, und habe sich irgendwie Zugang zum Frauengefängnis Hoheneck verschaffen können. Es war tröstlich, das zu hören, auch wenn ich die Geschichte nicht ganz verstand. Warum hatte man ihn hineingelassen? Die Besuchsregeln waren dort, soweit ich wusste, sicherlich nicht weniger streng als bei uns? Hans-Jürgen konnte mir nicht mehr sagen, als er selbst von Jojo erfahren hatte.

Dann waren die Minuten vorüber und wir wurden hinausgeführt. Ich hatte ein taubes Gefühl im Magen. Die Zelle mit den zwei Betten erschien mir so klein wie noch nie, jeder Flur war mir plötzlich verhasst, ich wollte niemanden mehr sehen. Jojos Aktion war ein Trost. Wenigstens war Monika nicht ganz allein geblieben.

Ohne unsere Verhaftung wäre mein Schwiegervater vielleicht keinem Herzinfarkt erlegen. Und mein Vater hätte wohl keinen Schlaganfall bekommen, oder vielleicht nicht so bald. Das war es nicht, was ich gewollt hatte! Ich spürte einen Schrecken wie den in Hohenschönhausen, als zum ersten Mal eine Tür ohne Klinke hinter mir ins Schloss fiel. Nur gut, dass ich in Rummelsburg nicht isoliert war und zu tun hatte. Die Arbeit half mir, mit der Ungewissheit zu leben.

Später, als Monika und ich schon über ein Jahr im Westen lebten und Jojo mit Sabine über die deutsche Botschaft in Budapest zu uns gekommen war, musste er mir mehrfach ausführlich erzählen, was nach Rudolphs Tod vorgefallen war: Am gleichen Sonntag, an dem Major Radtke mich zu sich gerufen hatte, war er von Quedlinburg nach Stollberg ins Erzgebirge gefahren. Meine Eltern hatten ihn angerufen, ihm von Rudolphs Tod erzählt und ihm war intuitiv sofort klar, dass er Monika die Nachricht persönlich überbringen musste. Ihre Mutter würde es nicht schaffen, und er wollte nicht, dass sie es von irgendeinem dieser Stasi-Leute erfuhr, mit denen er inzwischen selbst Bekanntschaft gemacht hatte. Also setzten Sabine und er sich am Sonntagmorgen ins Auto und fuhren los. Anmelden konnten sie sich ohnehin nicht. Das Frauengefängnis war leicht zu finden: Von weitem schon waren ihre Gebäude in der weiten erzgebirgischen Landschaft auszumachen. Als Festungsanlage thronte es über der Stadt. Je mehr sie sich ihr näherten, desto hässlicher wurden die Mauern und Gitter.

Jojo meldete sich am Haupteingang: »Guten Tag, ich heiße Hans-Joachim Jonscher. Ich möchte mit Frau Monika May sprechen!«

Er hatte das Überraschungsmoment auf seiner Seite.

»Wann möchten Sie sie sprechen?«

»Jetzt!«

»Haben Sie einen Besuchstermin?«

»Nein, ich möchte sie dennoch jetzt sprechen. Es ist dringend. Und dass sie da ist, steht wohl außer Frage. Sie wird sicherlich auch Zeit haben.«

»Wie war nochmal Ihr Name?«

»Hans-Joachim Jonscher.«

»Bitte warten Sie.«

Nach einiger Zeit kam die Wärterin wieder und sagte: »Zuerst müssen Sie sich bei der zuständigen Obermeisterin anmelden.«

»Wer ist das? Welche Nummer hat sie? Ist sie im Dienst?«

Als er diese Auskunft hatte, lief er zu einer Telefonzelle, die nicht weit entfernt stand, rief an, erklärte seine Absicht und verlangte abermals Einlass: »Ich stehe bereits vor dem Gefängnistor! Sie müssen mich zu Frau May lassen, es ist dringend.«

Jojo besitzt eine unheimliche Überzeugungskraft. Ich erinnere mich, dass er während des Studiums oft die abenteuerlichsten Ausreden benutzte, um seine Prüfungstermine zu verschieben. Aus seinem Mund klangen sie auf seltsame Art plausibel. Im Internetlexikon *Wikipedia* wird das Wort »Chuzpe« definiert als »eine Mischung aus zielgerichteter, intelligenter Unverschämtheit, charmanter Penetranz und unwiderstehlicher Dreistigkeit«. Genau das war es, was Jojo gelegentlich an den Tag legte – und das schreibe ich voller Bewunderung.

An diesem Sonntag hat er mit seiner Chuzpe das Unwahrscheinlichste erreicht: Nach einigem Hin und Her hatte er die Strafvollzugsbeamtinnen vor Ort derart verunsichert, dass keine mehr die Verantwortung dafür übernehmen wollte, ihn fortzuschicken. Sie ließen ihn hinein und ihm wurde erlaubt, Monika die schlimme Nachricht persönlich zu überbringen. Er war noch rechtzeitig gekommen: Von ihrer »Erzieherin« hatte sie es noch nicht erfahren.

Heute bedauere ich sehr, dass es eine Zeit in Rummelsburg gab, in der ich Jojo und seine Gabe falsch einschätzte und ihn sogar im Verdacht hatte, uns verraten zu haben. Ich hatte ihn als Mitwisser genannt, doch schien ihm niemand einen Strick daraus drehen zu wollen. Und nun gelang es ihm, mit Monika zu sprechen, ohne dass ich mir das recht erklären konnte. Alle, denen ich davon erzählte, sagten: »Das ist unmöglich. Und bei Mitwisserschaft schon gar nicht.« Sie kannten ihn eben nicht. Und auch ich kannte ihn noch nicht gut genug.

Abteilung VII Berlin, den 28.03.1983

Informationen des IMS »Hans Müller« zum SG May, Dittmar (OPK)

Seit einiger Zeit hat sich das Verhalten des May merklich geändert. Ursache hierfür ist, daß sein Schwiegervater im Berichtszeitraum verstorben ist und sein Vater innerhalb weniger Tage zwei Schlaganfälle hatte. Gegenwärtig soll er im Bezirkskrankenhaus Cottbus stationär behandelt werden.

Aus Anlaß des Ablebens seines Schwiegervaters hatte May beim zuständigen Erzieher einen Antrag auf Haftunterbrechung eingereicht, welcher jedoch abgelehnt wurde. Mit einem zweiten Antrag versuchte May eine Besuchserlaubnis mit seiner Ehefrau (inhaftiert in Hoheneck) zu erwirken. Als May erfuhr, daß er zur Besuchsdurchführung mit dem Ringstransport fahren muß und dies mehrere Tage dauert, zog er seinen Antrag zurück. Wie er durch seinen Bruder erfahren hat, bemühte sich sein Freund um einen Sondersprecher mit seiner Frau, um ihr Trost zu gewähren. Zwischenzeitlich soll der Sondersprecher realisiert worden sein. Nach Auskunft des Bruders hat die Ehefrau den Tod des Vaters relativ gefaßt aufgenommen. [...] Bei dem namentlich nicht genannten Freund soll es sich um einen XXX handeln, mit dem May gemeinsame Urlaubsreisen unternommen hat. Nach den Einlassungen des May hatte dieser Freund volle Kenntnis über seine geplante Straftat. Er schätzt ein, daß dieser Freund für die Übermittlung der Nachricht am geeignetsten war.

Bücher

Außer meiner Arbeit und den sporadischen, aber nie abreißenden Gesprächen mit Fluchthelfern und anderen Häftlingen, die es mir erlaubten, meine Situation besser einzuordnen, halfen mir vor allem Bücher über die Zeit. Die Häftlingsbücherei in einem niedrigen Zweckbau, in dem auch die Gefängnisküche untergebracht war, enthielt genügend Bände, von denen regelmäßig eine Kiste in Haus 8 gebracht wurde. Zwei oder drei der in bräunlicher Pappe eingebundenen Bände durfte man offiziell ausleihen. Ich hatte nie Probleme, mir interessante Lektüre zu besorgen. Auch einige wenige Fachbücher standen uns zur Verfügung.

Wenn also keine Patienten zu versorgen waren und mir die Lust oder die Veranlassung fehlte, mich fachlich oder anderswie mit S. auszutauschen, las ich. Der schwarze Tee hielt mich lange wach. Ich holte mir eine gute Biografie oder einen Roman aus dem Nachttisch, die mich vom Altertum bis in die Gegenwart führten, zu Politikern und Künstlern, oder ich las russische oder französische Klassiker, bis es Zeit war, mich mit einer Tablette Faustan zum Schlafen zu bringen.

Eines meiner Rummelsburger Lieblingsbücher stammte nicht aus der offiziellen Auswahl, sondern von einem Häftling, den ich gleich im November bei einer Eingangsuntersuchung kennengelernt hatte. Er kam vom Polizeigefängnis in der Keibelstraße, wo er schon für ein paar Tage festgehalten worden war. »Das ist ganz in der Nähe vom Alex, wo ich auch gearbeitet habe«, erzählte er den Hausarbeitern und mir. Dort sei er für die öffentliche Toilette zuständig gewesen. »Das lohnt sich. Jeder bezahlt zwar nur 10 Pfennige, aber am Alex kommen eben ganz schön viele Leute vorbei.« Er rechnete mir und meinem Helfer vor, was er verdient hatte. Wir waren beeindruckt.

»Und warum bist du eingeknastet worden?«

»§ 213«

Ich merkte, dass ich von diesem Toilettenmann noch einiges erfahren konnte, und tat so, als würde mir beim Abhören des Herzens etwas auffallen: »Um das abzuklären, müssen wir ein EKG machen.« Das EKG stand nämlich in Haus 8, wo ich ihm einige Stunden später in Ruhe die Elektroden aufkleben konnte.

»Dein Herz ist kerngesund. Wie haben sie dich erwischt?«

Er sei auf dem Flughafen Schönefeld verhaftet worden, als er versucht hätte, in eine dänische Maschine zu steigen. Er dachte, er könne auf dem Flugfeld die Richtung wechseln, zuerst in Richtung des russischen Flugzeugs laufen, das nach Moskau unterwegs war und für das er einen Flugschein gekauft hatte, und dann in letzter Minute zur anderen

Maschine abbiegen. Hätten ihn die Dänen mitgenommen? Er erfuhr es leider nie, der Abbiegevorgang war wohl zu auffällig gewesen. Man hielt ihn auf, bevor er die Gangway erreichen konnte.

»Wo wollen Sie hin?«

»Ich will nach Moskau, zur Beisetzung von Genosse Breschnew.«

Das war die Legende, die sich der Toilettenmann zuvor ausgedacht hatte. Breschnew war am 10. November 1982 gestorben und am 15. beigesetzt worden. Wenn er verhaftet würde, wollte er behaupten, dass er ein glühender Breschnew-Verehrer sei – aber das war wenig glaubwürdig. So naiv waren die Stasi-Leute nicht, und auf den Humor des MfS konnte er nicht zählen. Nun lag er auf der EKG-Liege in Rummelsburg.

»Was hast du denn da drin?«

In seiner Hand hielt er einen kleinen Beutel, den man ihm erstaunlicherweise weder in Rummelsburg noch in der Keibelstraße abgenommen hatte. Er griff hinein und zog einen kleinen, dicken Taschenatlas hervor. Atlanten gab es sonst nicht im Gefängnis. Vielleicht weil sie Freiheitsgefühle wecken konnten?

»Den Atlas nehmen sie dir sowieso weg. Den kannst du gleich mir geben«, sagte ich und ließ das Buch in der Tasche meines weißen Kittels verschwinden.

Abends blätterte ich den Atlas heimlich durch und besah mir die Karten Westdeutschlands und des Restes von Europa. In der Schule hatten wir natürlich den Rhein behandelt, die Schweiz oder Italien, doch das war Jahre her, und jetzt, in der Hoffnung, diese Länder und Gegenden bald selbst zu erleben, veränderte sich der Blick auf die Karten. Wenn wir Westbesuch begrüßt und gehört hatten, dass man an einem Tag von Sachsen ins Ruhrgebiet fahren konnte, hatten wir uns gewundert. Die Verschiedenheit der Welten hatten wir uns unbewusst ins Geografische übersetzt. Nun betrachtete ich diese Karten und setzte mir Westeuropa im Kopf zusammen. Wie weit entfernt lag das Rheinland tatsächlich? Venedig? Madrid? Ich taxierte die Kilometer mit anderen Augen, fuhr in Gedanken voller Vorfreude Straßen ab und justierte meinen inneren Kompass neu.

Später lernte ich in einer Sprechstunde den »Gefängnis-Bibliothekar« kennen, einen politischen Häftling, der, tagsüber in der Häftlingsbücherei eingeschlossen, die Bestände verwaltete.

»Ich würde ja gerne mal sehen, was du noch alles hast«, sagte ich.

»Du kannst doch probieren, dich sonntags, wenn du Freizeit hast, zu mir herüberschließen zu lassen.«

Ich fragte beim diensthabenden Meister nach und am darauffolgenden Sonntag begleitete mich jemand zur Häftlingsbücherei und schloss mich für eine Stunde dort ein. So lernte ich den Bibliothekar näher kennen, einen sympathischen, hageren, ja beinahe ausgemergelten Mann, der dort tagein tagaus alleine arbeitete – er war wohl Anfang 40 und hatte von seinen sieben Jahren schon mehr als die Hälfte abgesessen. Das Gericht hatte ihn nach §106 des Strafgesetzbuchs verurteilt – »Staatsfeindliche Hetze«. Vermutlich hatte er sich ungeschickt geäußert oder etwas geschrieben, was der Partei sauer aufstieß.

Zu Beginn seiner Haft hatte der Bibliothekar wie ich damit gerechnet, vorzeitig freigekauft zu werden. Er ließ sich von Rechtsanwalt Wolfgang Schnur in Rostock vertreten, der nicht nur den gleichen Vornamen wie unser Anwalt Vogel trug, sondern auch ein ähnliches Arbeitsfeld bestellte. Schnur war aktives Mitglied der evangelischen Kirche, bekannt als gewählter Kirchenvertreter, doch im Falle des Bibliothekars hatte er noch nichts erreicht. Dieser hatte keine Familie, und auch sonst schien sich niemand um die Freilassung dieses ruhigen und bescheidenen Mannes zu bemühen, der über die Jahre vereinsamte und den Kontakt zur Außenwelt nach und nach verlor. Wer auf keiner Liste stand, konnte nicht vom Ministerium für innerdeutsche Beziehungen freigekauft werden. Offizielle Listen des DDR-Strafvollzugs gab es natürlich nicht, wo im Gegenteil die Existenz politischer Häftlinge geleugnet wurde.

Vermutlich werde er zuletzt wieder in die DDR entlassen werden, sagte der Bibliothekar niedergeschlagen. Er war froh über meinen Besuch, ein wenig Zuspruch und Abwechslung, ließ mich gerne die interessantesten Bände aussuchen und weihte mich in ein Geheimnis ein. In der Bücherei stand nämlich auch ein Tonbandgerät, das für Veranstaltungen zur »Staatsbürgerlichen Erziehung und allgemeinen Bildung« der Gefangenen im Schulungsraum nebenan vorgesehen war.[119] Diesen alten Apparat hatte der Bibliothekar zum Radioempfänger umfunktioniert. Die dafür nötigen Handgriffe wusste er aus dem Kopf. Er schaltete das Radio an, und plötzlich hörten wir RIAS Berlin, West-Nachrichten im Ost-Gefängnis. Ich ließ mich noch einige Male sonntags zu ihm schließen, möglichst zur Nachrichtenzeit, und leistete ihm Gesellschaft.

Einmal brachte ich heimlich meinen Atlas mit, von dem er den Originaleinband entfernte, um den Buchblock anschließend mit dem gefängnistypischen bräunlichen Einband zu versehen. Dafür stand eigens eine Maschine zur Verfügung. Nun konnte man ihn nicht mehr von der übrigen Gefängnislektüre unterscheiden, man hätte das Buch aufklappen müssen, um zu erkennen, worum es sich handelte. Ich konnte den Atlas unbekümmert in der Zelle stehen lassen, und wenn er entdeckt worden wäre, hätte ich mich leicht herausreden können: »Wieso, der ist doch aus der Bücherei?«

Anwalt Wolfgang Schnur, so stellte sich nach der Wende heraus, war nicht nur langjähriger Kirchenmann, sondern ebenso langjähriger Stasi-Informant gewesen. Als Mitbegründer der Partei Demokratischer Aufbruch war er auf dem Weg in eine politische Karriere, die von der Veröffentlichung seiner Akte als »IM Torsten« und »IM Dr. Ralf Schirmer« abrupt gestoppt wurde. 1993 wurde ihm die Anwaltszulassung wegen Mandantenverrat und »Unwürdigkeit« entzogen. Mit seinem Anwalt hatte der Bibliothekar also Pech gehabt. Pech, das ihn vermutlich mehrere Jahre seines Lebens gekostet hatte.

Unangenehm beim Blättern und Lesen war das Licht der Neonröhre an der Decke. Ich sehnte mich nach einer richtigen Leselampe, einer warmen Glühbirne, die jeder für sich an- und ausknipsen konnte. Und eines Abends im Frühsommer kam ich auf die Idee mit dem Regal: »Gunther, was hältst du davon: Wir lassen uns hier, überm Kopfende der Betten, Bretter anbringen, so kleine Bücherregale mit einer Blende vorne, hinter der man eine Glühbirne montieren kann.

»Das geht doch gar nicht. Hast du vergessen, wo wir hier sind?«

»Na, wart's mal ab.«

Ich fragte Heididei, was er davon halte.

»Das kann ich nicht entscheiden. Ich kann mich aber erkundigen, ob jemand etwas dagegen hat.«

Am nächsten Tag kam er wieder: »Das mit dem Regal, das könnt ihr wohl machen.«

»Dann muss ich mich in die Tischlerei schließen lassen.«

Die Tischlerei war in Haus 7 untergebracht, wo ich auf meinen Wegen zur Sprechstunde ständig vorbeikam. Major Radtke war einverstanden und wies Sterz an, mich dorthin zu begleiten, sodass ich mit den Tischlern (Häftlingen, die die entsprechende Ausbildung besaßen) sprechen und ihnen erklären konnte, worum es mir ging.

»Kann jemand von euch rüberkommen, zum Maßnehmen?«

»Klar Doc, Mensch, machen wir!«

Die Schließer fanden es wahrscheinlich auch interessant, was ich im Sinn hatte, sie brachten den Tischler jedenfalls zu uns, und als er Maß nahm, fragte ich ihn, ob er nicht gleich zwei richtige Regale anfertigen könne, mit Böden und einer Seitenwand. Ich hatte das Gefühl, dass die Zelle dadurch etwas wohnlicher aussehen würde. Wenn ich schon einmal Kontakt zur Tischlerei habe, dachte ich, und war gespannt darauf, wie es weiterginge.

»Klar, machen wir doch. Ihr geht doch vor, vor allen anderen!«

»Wie lange braucht ihr dafür?«

»Das hast du übermorgen!«

Das waren erst einmal Sprüche. Doch nach ein paar Tagen wurden tatsächlich zwei Tischler samt Werkzeug und Brettern herübergeschlossen. Sie setzten die Bretter zu einem Regal zusammen, bohrten Löcher in die Wand, um es zu befestigen, und nach kurzer Zeit hatten wir ein regelrechtes Einbauregal in der Zelle, ringsherum um das erhöhte Gitterfenster. Der diensthabende Schließer machte große Augen. Er staunte umso mehr, je länger er die Arbeiten beobachtete, und meine Verlegenheit nahm ebenfalls kontinuierlich zu. Als Tischler und Schließer endlich wieder abgezogen waren, betrachtete ich sprachlos das Ergebnis.

S. dachte, die Welt ginge unter: »Du bist wahnsinnig geworden!«

»Ich habe nur nach einer kleinen Bücherablage gefragt, etwas mehr als ein kahles Brett. Dass die gleich so was bauen, habe ich nicht geglaubt.«

Keiner von den Meistern schlug Krawall und beschwerte sich, doch es war zu spüren, dass sie an sich halten mussten. »So etwas haben wir ja nicht mal im Dienstzimmer unten« – etwas in dieser Art werden sie sich wohl gedacht haben.

Ursprünglich hatte ich vorgehabt, unter der Blende noch eine Lampe anbringen zu lassen. Eine einfache Kellerlampe wäre mir Recht ge-

LIEBER PAPA KOMME
BALD WIEDER MIT
MAMA
DEIN CHRISTIAN

An meinem Bücherregal in Haus 8 hing diese Fotografie von Hans-Jochen Jonscher, die mir meine Eltern im Sommer 1983 nach Rummelsburg schickten. Sie zeigt Christian zusammen mit den Kindern der Familie Jonscher, Guido und Sascha. Christians Siegeszeichen wurde mir zu einem Symbol. Auf die Rückseite hatte Christian in Druckbuchstaben die obige Nachricht geschrieben.

wesen. Doch dafür hätte auch noch ein Elektriker kommen müssen, um die Leitung zu legen. Man hätte das Kabel vielleicht an der Deckenlampe anbringen können, oder an der Steckdose für den Rasierapparat, die sich ebenfalls von außen schalten ließ. Aber das verkniff ich mir lieber. Jetzt sollte ich besser eine Weile Ruhe geben, überlegte ich, um den Bogen nicht zu überspannen. Die Lampe könnte ich ja später in Angriff nehmen, wenn es – was nicht zu hoffen war – ein Später geben würde. Glücklicherweise kam es nicht dazu.

Das Notizbuch

Einer der interessantesten Häftlinge, die ich in Rummelsburg kennenlernte, war ein Mitarbeiter des französischen Konsulats in West-Berlin. Er wurde in Haus 8 gebracht, weil seine Herzprobleme stationär behandelt werden mussten. Eine auffällige Erscheinung, mit tiefschwarzer Haut und untersetzter Figur, sprach er ausgezeichnet Deutsch und wirkte intelligent und traurig. Die Jahre, die er in Haus 6 verbracht hatte, hatten ihn erschöpft. Seine Familie lebte in Paris. Er war deutlich über 40 Jahre alt und hoffte inständig, endlich entlassen zu werden.

Der Diplomat erzählte mir, dass er Ostdeutsche in seinem Fahrzeug nach West-Berlin geschleust habe. Wenn es sich nur um enge Bekannte gehandelt hätte, und nicht zu viele, wäre er für das MfS kaum antastbar gewesen. Solche Hilfsdienste aus Überzeugung gab es immer wieder, ohne dass das Honecker-Regime die Möglichkeit hatte, diplomatische Grundsätze außer Kraft zu setzen und die Bewegungsfreiheit der Landesvertreter zu beschneiden. Offenbar war man aber regelmäßig an den Franzosen herangetreten, so dass er letztlich über 30 Menschen zur Freiheit verholfen und der Stasi genügend Beweise geliefert hatte, um ihn festzunehmen und nach §105 zu verurteilen: »Staatsfeindlicher Menschenhandel«.

»Gehandelt« hatte er wohl nicht – er wirkte durch und durch integer. Die Berliner Situation, die neu für ihn gewesen war, hatte seinen Sinn für Gerechtigkeit geweckt, er half und war in die Falle getappt. Als »Menschenhandel« galt seine Hilfeleistung dennoch, und wegen der hohen Zahl von Geschleusten fiel seine Strafe zweistellig aus.

Tragisch war die Situation, weil sich sein Heimatland nicht sonderlich für ihn zu interessieren schien. Für einen Diplomaten saß er ungewöhnlich lange – vielleicht hatte das Hintergründe, von denen ich nichts erfuhr. Das Bundesministerium für innerdeutsche Beziehungen war nur für Deutsche zuständig und sein Fall trotz allem zu unspektakulär, um internationale Beachtung zu finden. Darum saß er Jahr für Jahr in Haus 6, während seine Familie in Paris vergeblich auf ihn wartete.

Natürlich erzählte ich dem Diplomaten auch von unserem Fall, wir politisierten vom Ost-West-Konflikt, und als er zum dritten Mal in Haus 8 kam, gab er mir seine Pariser Adresse und Telefonnummer: »Wenn du es in den Westen geschafft hast, bin ich vielleicht auch draußen. Besuche mich in Paris.«

Ich schrieb die Nummer in ein Notizbuch mit Blutwerten und anderen medizinischen Daten, das ich führen durfte, und das mir gelegentlich zu solchen heimlichen Aufzeichnungen diente. »Fk. O« war die Abkürzung für ihn – der Name, an den ich mich erinnere, lautet Omar Tounkara.

Nicht lange danach wurde ich aufgehalten, als ich mittags von der Sprechstunde zurückkam. Schwarzuniformierte, die ich nicht kannte, führten mich nach hinten links auf dem Flur, in die Küche. Wieder einmal musste ich mich nackt ausziehen und Kniebeugen vollführen.

»Was soll das? Was soll ich versteckt haben?«

Ich bekam keine Auskunft. Als ich mich wieder anziehen und in die Zelle gehen durfte, sah ich, was ich schon erwartete hatte: Der Schrank lag zerlegt auf dem Fußboden, Kleider und Bücher verstreut, die Matratzen neben den Betten. Ein »Räumkommando« hatte gewütet. Die entsprechende Sondereinheit der Stasi gab es in jedem DDR-Gefängnis. Im Alltag ließ sie sich nicht blicken.

Ich las alles vom Boden auf und bemerkte schließlich, was fehlte: drei Briefe meines Bruders und das Notizbuch. Verdammte Kiste, dachte ich, wenn sich jemand in Ruhe damit befasst, kann er einiges herausbekommen. Nicht nur die Pariser Telefonnummer. Wer hatte von dem Notizbuch gewusst? Wer hatte den Zusammenhang hergestellt? Sterz vielleicht? Ich hatte einen der Hausarbeiter in Verdacht – den falschen, wie ich heute weiß. Die Durchsuchung ging auf Ehrhards Bericht zurück.

Abteilung VII Berlin, den 28.03.1983

Informationen des IMS »Hans Müller« zum SG May, Dittmar (OPK)

[...]

Im Zusammenhang mit dem Todesfall und dem gegenwärtigen Gesundheitszustand des Vaters von May führte sein Bruder mehrere Telefonate mit dem Cousin aus der BRD. Bezugnehmend auf May soll der Cousin mitgeteilt haben, daß gegenwärtig die Sache für May und seine Ehefrau gut steht. Der legale Verzug in die BRD soll in absehbarer Zeit erfolgen.

Eine gleichlautende Antwort will May von seinen Eltern erhalten haben.

Bezugnehmend auf die Erziehungsprobleme mit dem Sohn von May (ständiger Wechsel der Erziehungsträger, Großeltern-Bruder) haben sie an RA Vogel geschrieben. RA soll sinngemäß mitgeteilt haben, daß die Sache gut steht und der Abschluß gewiß ist.

[...]

May analysiert ständig die soziale Zusammensetzung der Neuzugänge. Oftmals spricht er über die gewonnenen Erkenntnisse im kleinen Personenkreis. So vertrat er die Auffassung, daß gegenwärtig gerade in Berlin die Arbeitsstellen nicht ausreichend sind und viele vorbestrafte Personen dadurch vor Problemen stehen, die zur erneuten Straffälligkeit führen.

Aus den Gesprächen mit den Neuzugängen wurde ihm bekannt, daß in vielen Fällen die Wiedereingliederung nicht ausreichend ist und die entlassenen Strafgefangenen oft keinen Wohnraum bzw. eine Arbeitsstelle haben.

Der IM stellte fest, daß sich May vor der Zuführung zur UHA ständig ein Notizbuch einsteckt. Ob May in diesem Buch Aufzeichnungen vornimmt, ist dem IM nicht bekannt.

Nach den Einlassungen des May wird er durch die Sicherheitsorgane unter Kontrolle gehalten. Nach seiner Meinung wurde der Leutnant Sterz und der Strafgefangene mit Vornamen XXX auf ihn angesetzt. Beim XXX soll es sich um den neuen Med.-Hausarbeiter in der UHA handeln. Von dem anderen namentlich nicht bekannten Med.-Hausarbeiter will May erfahren haben, daß die zeitweilige Abwesenheit des XXX mit dem Besuch beim »Oki« in Zusammenhang steht. Unabhängig von diesem Sachverhalt ist der XXX dem May persönlich unsympathisch.

Gegenüber dem IM brachte May zum Ausdruck, daß ihm die Kontrollmaßnahmen völlig egal sind. Er hat keine Geheimnisse. Je mehr Personen von seinem Vorhaben Kenntnis haben, je günstiger wirkt sich dieses auf ihn aus, zumal jeder Tag der Inhaftierung seinen Entschluß bekräftigt.

[...]

Maßnahmen:

1. Überprüfung des xxx in der Abtl. XII
2. Einleitung einer Durchsuchung des VwR des May mit dem Ziel der Auswertung des Notizbuches.

Flöter

Ich protestierte bei Radtke: »Das Notizbuch enthält medizinische Aufzeichnungen. Wenn ich die paraklinischen Normalwerte meiner Patienten nicht einschätzen kann, kann ich sie nicht richtig behandeln!«

Nach ein paar Tagen gaben sie mir das Buch tatsächlich zurück. Nur eine Seite fehlte – diejenige mit der Telefonnummer des Diplomaten. In der kurzen Zeit konnten sie sich nicht ernsthaft mit meinen Notizen auseinandergesetzt und die verbotenen Informationen zwischen den medizinischen Eintragungen herausgesucht haben. Scheinbar waren sie nur grob vorgegangen. Oder hatten sie den Rest abgeschrieben?[120] Ich erwartete, bald zum Verhör bei Flöter abgeholt zu werden. Doch nichts dergleichen geschah.

Stattdessen entdeckte ich nicht lange nach dem Räumkommando ein Telefon im zahnärztlichen Behandlungsraum. Als hätte es schon immer dort gestanden, hinter der Gardine, und darauf gewartet, von mir benutzt zu werden. Ab und zu befand ich mich alleine im Raum, wenn Sterz oder Ehrhard den nächsten Patienten holten, und sollte nun offenbar zum Telefonieren verführt werden. Als ob ich nicht schon jahrelang mit dem Gedanken abgehörter Telefone vertraut gewesen wäre! Ich nahm den Hörer ab, wählte eine Null vor und bekam tatsächlich ein Freizeichen. Natürlich hätte ich von dort niemals jemanden angerufen, schon gar nicht einen, dessen Nummer ich in meinem Notizbuch verschlüsselt hatte.

Der Franzose schien schließlich doch ausgetauscht worden zu sein. Jedenfalls hörte und sah ich nichts mehr von ihm. Wenn er länger in Rummelsburg geblieben wäre, hätte er sicherlich noch weitere medizinische Hilfe benötigt. Als ich 1994 meine Stasi-Akte bekam, fand ich darin auch die fehlende Seite meines Notizbuchs mit der Pariser Nummer. Flöter hatte die Zahlenreihe West-Berlin zugeordnet und ließ sie überprüfen:

> Am 05.05.1983 erhielt die Quelle »Wildhagen« den Auftrag o.g. Tel.-Nr. anzurufen, um Grüße von XXX zu bestellen. Es meldete sich ein männlicher Teilnehmer, welcher sich nicht vorstellte. Da der Teilnehmer einen XXX nicht kennen wollte, wurde das Telefonat beendet.[121]

Am 2. Mai 1983 berichtete IMS »Herr Wildhagen« an Flöter, dass ich »zu erkennen« gegeben hätte, meinen Fluchthelfer nach allem, was ich in Hohenschönhausen zu Protokoll gegeben hätte, doch zu kennen. Es war die alte Mär vom »seriösen Herren«, die ich ihm gegenüber wohl etwas stärker ausgeschmückt hatte:

> Bei der namentlich nicht benannten Person soll es sich um einen Idealisten handeln, welcher das Schicksal des May gut verstehen kann, da er sich mal in gleicher Lage befunden haben soll. Ferner brachte May zum Ausdruck, dass es sich um einen ehemaligen DDR-Bürger handelt, welcher beiden (gemeint ist May und die Quelle) geistig weit überlegen ist.

Vierzehn Tage später verfasste Flöter einen »Sachstandsbericht zum OPK Kontakt« an Oberstleutnant Friedrich in der Stasi-Bezirksverwaltung. Ihm lässt sich entnehmen, dass er »Wildhagens« vermeintliche Neuigkeit ebenso für bare Münze nahm wie meine angeblichen Beziehungen zur IGFM. Sein neu formulierter Plan sieht vor, mich weiter zum »seriösen Herrn« auszuforschen und eine »inoffizielle Kontrolle nach der Haftentlassung« anzustreben, indem die Strafgefangenen IMs »erkennen lassen, daß sie seine Haltung verstehen und selbst nach einer Möglichkeit der ›gefahrlosen‹ Übersiedlung suchen.«

Zu Flöters Plänen gehörte auch die Zusammenarbeit mit der Bezirksverwaltung (der Stasi) in Cottbus, die ihn »über den Inhalt der Telefonate zwischen Bruder und Cousin« informieren sollte. Dazu scheint es nicht gekommen zu sein. Letztlich verliefen alle Bemühungen des Stasi-Leutnants im Sand. Sein Schlussbericht zu meiner »OPK« ist auf den Februar 1984 datiert. Da waren wir schon im Westen. Er fasste seine Bemühungen und »Erkenntnisse« zusammen, wobei ihm eine einigermaßen zutreffende Beschreibung meiner »öffentlichen« und weniger öffentlichen Äußerungen gelingt, sogar in Bezug auf meine zeitweiligen Zweifel zu Jojos Ehrlichkeit. Bei Hans-Jürgens Besuchen hatte man uns wohl aufmerksamer zugehört, als ich vermutete.[122]

Gesicherte Position

Im Sommer 1983 wurde Gunter S. vorzeitig entlassen, ohne dass für ihn ein Nachfolger bestimmt wurde. Von nun an hatte ich die »Ärzte-Zelle« alleine für mich, konnte mich ungestört ausruhen und lesen. Das war mir recht, auch wenn ich den ärztlichen Dienst jetzt ebenfalls im Alleingang ausfüllen musste. Glücklicherweise hatte ich in den vergangenen sieben Monaten einiges von S. gelernt und war in der Lage, auch die internistischen Fälle selbstständig zu behandeln, die täglichen Sprechstunden und den kompletten Bereitschaftsdienst in Haus 8. Von Radtke oder Zels war wenig Hilfe zu erwarten.

An Gesprächspartnern mangelte es nicht. Beim Fernsehen in Haus 10 hatte ich etwa einen Gärtner namens Eberhard kennengelernt, ebenfalls §213er, dessen Fluchtversuch schon in der Vorbereitung verraten worden war. Er tat mir leid, weil er weder einen Rechtsanwalt kannte, der sich für ihn einsetzte, noch einen Ansprechpartner im Westen. Er machte einen hilflosen Eindruck.

»Du musst etwas tun«, sagte ich, »sonst sitzt du die ganzen drei Jahre ab. Und danach geht's zurück in den Osten.«

Soweit ich weiß, hatte Eberhard bis dahin noch keinen Ausreiseantrag gestellt. Seine Frau saß wie Monika in Hoheneck, die halbwüchsige Tochter war in Berlin geblieben – und er arbeitete brav im Gewächshaus, kultivierte Schnittblumen, die am Internationalen Frauentag an die weiblichen SV-Angehörigen verteilt wurden, pflanzte und plante Grünflächen. In Pausen konnte ich durch den Hinterausgang von Haus 8 auf einen kleinen Hof gehen, der mit einem harmlosen Zaun von der Gärtnerei getrennt war (außen herum waren wir mit Sicherheitszäunen abgeschirmt). Dort konnten wir rauchen und uns relativ ungestört unterhalten. Nach und nach reichte er mir drei Pflanzen über den Zaun, mit denen ich mein Bücherregal verschönerte.

Im Juni saß plötzlich ein bekanntes Gesicht in der Eingangsuntersuchung: Kollege Jürgensen. Der ehemalige Oberarzt des Regierungskrankenhauses, der mit mir zusammen von Cottbus aus auf Transport gegangen und als Gefängnisarzt in Bützow eingesetzt worden war. Was tat er hier? Da ich stets zwei Helfer um mich hatte, ließen wir uns nichts anmerken, ich untersuchte ihn wie alle anderen und wartete einen günstigen Moment ab, um ihm zuzuflüstern, dass er in der Zelle einen Infarkt vortäuschen solle. Aber erst nach 18 Uhr. Dann käme er zu mir.

Drei Tage später wurde er mit »Herzschmerzen« ins Haus 8 gebracht, so dass wir uns in Ruhe unterhalten konnten. Ich reichte ihm eine Tasse Kaffee und schloss ihn ans EKG an, während die Wärter wie üblich zusammensaßen und rauchten.

»Warum bist du noch nicht im Westen?«, fragte ich ihn.

Jürgensen erzählte, dass es ihm in Bützow zwar deutlich besser ergangen sei als in Cottbus, wo er sich bei der Arbeit an der Pentacon-Stanze eine Sehnenscheidenentzündung zugezogen habe. Das Bützower Haftkrankenhaus habe mehr als 40 Betten. Er sei auch für die Insassen einer Reihe weiterer Gefängnisse zuständig und insgesamt nicht schlecht ausgestattet gewesen.[123] Das Spektrum der Erkrankungen, von dem er berichtete, entsprach in etwa dem in Haus 8, auch in Bützow hätte man es vor allem mit haftbedingten Beschwerden, orthopädischen bis psychischen, und mit Arbeitsunfällen zu tun. Er erzählte auch von einer großen Zahl an Selbstmordversuchen – die Häufung habe mit dem Strafmaß zu tun und den Jahren, die die Häftlinge noch vor sich sahen.

Jürgensen war nervlich am Ende. Er sprach davon, das »bestialische System« »hassen gelernt« zu haben. Als die Stasi ihn und seine Frau auf ihrer Urlaubsreise nach Ungarn festgenommen und von seiner Tochter getrennt habe, habe er noch geglaubt, seine Unschuld beweisen zu können – schließlich hätten sie die für kurze Zeit erwogene Flucht wieder abgesagt. Dann aber hätte er am eigenen Beispiel erfahren müssen, wie die Techniken der Unterdrückung funktionierten. Weder seinen Vernehmern noch dem Gericht sei es um Wahrheitsfindung gegangen, sondern nur ums Kleinhalten und Abschrecken.

Weil er nicht – wie ich – damit gerechnet hatte, traf ihn das Unrecht der Stasi-Spitzel besonders hart. Darin ähnelte er Monika, die ebenfalls nicht das volle Ausmaß dessen hatte glauben wollen, was dem SED-Regime zum Beispiel von Gerhard Löwenthal und der IGFM zur Last gelegt wurde.

»Ich bin hier in Einzelhaft.«

Vor dem Transport nach Rummelsburg hatte man ihm mitgeteilt, dass er nach Ost-Berlin entlassen werde.

»Aber das kann auch eine Täuschung sein. Denen ist jeder Psychoterror zuzutrauen. Vielleicht werde ich am Ende doch noch nach West-Berlin gebracht.«.

»Ich werde versuchen, dich erst einmal stationär aufzunehmen.«

Sein Aufenthalt in Haus 8 währte nur zwei oder drei Tage. Dann wurde er von Radtke wieder zurückgeschickt und verschwand aus meinem Blickfeld.

Dass Jürgensen noch immer darauf hoffte, in den Westen entlassen zu werden, wunderte mich. Noch auf der Rummelsburger Einzelzelle schrieb er eine kompromisslose »Willenserklärung«, wonach er Leben und Arbeit im Osten ein für alle Mal ablehne. Das sollte ihm leider nichts helfen. Schließlich hatte er in Wandlitz gearbeitet. Und bei ihm zu Hause hing eine Offiziersuniform im Schrank. Ihre zweijährige Haftstrafe wegen »landesverräterischer Agententätigkeit« (die Kontakte zu seinem West-Berliner Schwager!) hatten seine Frau und er darum auch voll absitzen müssen.

In seinem Erinnerungsbuch[124] lässt sich nachlesen, wie es weiter ging: Nachdem sich Familie Jürgensen im Sommer 1983 gegen ihren Willen in Ost-Berlin wiederfand, konsultierten sie Anwalt Vogel, der ihnen aufgrund des Status als Geheimnisträger wenig Hoffnungen auf Ausreise machen konnte. Doch sie blieben hartnäckig, weigerten sich, eine Arbeit aufzunehmen (und riskierten damit die Anwendung des ominösen §249), lebten vom Ersparten und dem Verkauf ihres Ferienhauses und brachten ihren Fall an die westliche Öffentlichkeit, bis sie Anfang Februar 1984 schließlich doch ausreisen durften.

Beim korrekten Oberleutnant Sterz hatte ich mir in den zurückliegenden Monaten einen gewissen Respekt erarbeitet. Nach einer Weile gab ich es auf, zu spekulieren, ob er der Spitzel war, der die Gefängnisleitung auf mein Notizbuch aufmerksam gemacht hatte. Wichtiger war mir, wie wir täglich miteinander umgingen.

Einmal erzählte mir Sterz, dass er während der 50er-Jahre als junger Volkspolizist in der »Deutschen Grenzpolizei« die grüne Grenze bewacht hatte, lange bevor die Mauern und Selbstschussanlagen gebaut worden waren. Mit einem Kollegen lief oder ritt er herum, um die Grenze zu sichern, die trotz Verboten ständig überquert wurde, und gelegentlich verloren sie im Wald auch die Orientierung. Dann fanden sie sich plötzlich im nächsten Ort auf der Westseite wieder, entdeckten eine Kneipe und setzten sich zu Bundesgrenzschützern, mit denen sich auch ein Bier trinken ließ. So wie Sterz es erzählte, wie eine Geschichte aus der »guten alten Zeit«, kam es mir vor, als wären ihm die Grenzen von damals auch lieber gewesen als die späteren Elektrozäune und Todesstreifen.

»Ja, und dann kam der Aufbau des Sozialismus«, sagte er – ganz überzeugt klang das nicht.

Als wir irgendwann übers Gelände nach vorne liefen, stand ein Stasi-Barkas vor Haus 6, einer der Gefangenen-Transporter mit den winzigen Zellen.

»Jetzt holen sie mich ab!«, sagte ich, um ihn zu foppen.

»May, halten Sie endlich Ihren Mund«, brüllte er plötzlich, »Ich kann das nicht mehr hören. Rufen Sie jetzt Ihren Freund Strauß an, damit der Sie endlich hier herausholt!«

Ich war ganz perplex. Er hatte so laut gebrüllt, dass es überall auf dem Hof zu hören gewesen war. Im Sommer 1983 war der von Strauß vermittelte Milliardenkredit der Bundesrepublik an die DDR in aller Munde, bei dem unter anderem Ausreiseerleichterungen ausgehandelt wurden. Wenn er könnte, dachte ich, würde er selbst in Bayern anrufen.

Obwohl mich die Zellen-Durchsuchung ein wenig verunsichert hatte, gelang es mir weitgehend, so aufzutreten, wie ich es mir vorgenommen hatte: Umgänglich, korrekt und zugleich klar und beharrlich, wo es um meine Position und meine Interessen ging. Unterwürfigkeit war mir ohnehin fremd – und damit war ich seit Schülerzeiten gut gefahren. Als nun für etwa drei Wochen die Briefe ausblieben, die seit meiner Ankunft in Rummelsburg regelmäßig eingetroffen waren, hatte ich deshalb nicht vor, lange darüber hinwegzusehen.

Die Post war neben den Besuchen meines Bruders meine einzige Verbindung zur Außenwelt. Ein Brief war stets der Höhepunkt des Tages, ein lebensnotwendiger Blick nach draußen: Wie ging es Monika, wie ging es unserem Sohn und unseren Eltern? Gab es neue Informationen über den Stand der Dinge, die sie in einer merkwürdigen Einzelheit verschlüsselten, dass etwa ein Glas Honig zerbrochen oder mein Bruder von einer Krankheit genesen sei? Wenn von »Baufortschritten« die Rede war, meinte das unseren Freikauf, »Nordflügel« und »Südflügel« bezeichneten unsere beiden Fälle. Auf diese Weise ließ sich oft mehr sagen als während der Besuchszeiten. Monikas Handschrift, ihre Wortwahl schien wenigstens ein bisschen von ihrem Gemütszustand zu verraten. Das meiste interpretierte ich so, dass es Hoffnung machte: eine Überlebenstechnik. Zwei genehmigte Postadressen plus einige Nachrichten von Freunden, die nichts von den strengen Post-Auflagen wussten und deren Briefe dennoch durchkamen – aus Kulanz oder als irgendwie begründete Vergünstigung: Damit war ich »privilegiert«.

Als wir wieder einmal über den Hof liefen, hielt ich an einer unbeobachteten Stelle an, vor einem vergitterten Fenster an einer Wand, und stellte Sterz zur Rede: »Also Herr Leutnant, so halte ich das nicht mehr aus.«

»Was ist los, Doc?«

»Wenn ich jetzt nicht bald Post kriege, streike ich. Dann brauchen Sie mich morgen früh nicht abzuholen.«

Dass ich damit hoch pokerte, war mir bewusst. Ich hatte durchaus etwas zu verlieren. Flöter oder einer seiner Vorgesetzten konnten mich vermutlich auch ins Glied zurückversetzen, dann säße ich in Haus 3 zusammen mit Leuten, die mir nicht durchweg sympathisch waren. »§213er« gab es in der »Vollzugsabteilung für strafgefangene DDR-Bürger« praktisch keine, nur zwei oder drei Ausnahmen hatte ich kennengelernt. Diesem Milieu wollte ich nach Möglichkeit fernbleiben. Und wer sollte die Patienten versorgen, wenn ich in ein normales Arbeits-Kommando käme? Es würde wohl einige Zeit dauern, bis ein adäquater Ersatz gefunden wäre.

Am folgenden Tag brachte Sterz mir nicht nur einen oder zwei Briefe, die allenfalls noch zufällig irgendwo hängengeblieben sein konnten, sondern gleich einen ganzen Stapel. Auch von eigentlich nicht genehmigten Absendern. Mir fiel nicht nur ein Stein vom Herzen, ich fühlte mich direkt belobigt! Zels, Flöter, Enzian – oder wer auch immer die Autorität besaß, meine Post zu sperren oder durchzulassen – schätzte meine Arbeit offenbar. Sie war wichtiger als die jämmerlichen Stasi-Spielchen aus Vergünstigungen und Herabsetzungen, die mich kleinhalten sollten. Es hätte auch anders kommen können, aber fürs Erste war meine Taktik aufgegangen. »Da hast du alles richtig gemacht« – dachte ich für einen sonnigen Moment, bis der graue Gefängnisalltag mich wieder einholte.

Am 1. September 1983 schoss ein Abfang-Jäger der Roten Armee im Westen der Insel Sachalin ein Passagierflugzeug ab, Flug 007 der *Korean Air Lines*. Nach einer ruhigeren Zeit in den Siebzigerjahren befanden wir uns wieder mitten im Kalten Krieg, mit der Aufstellung der sowjetischen SS20-Raketen begann eine neue Phase der Aufrüstung. Die aus Unachtsamkeit von ihrem Kurs abgewichene Boeing 747 wurde als Spionageflugzeug interpretiert und mit zwei Raketen zum Absturz gebracht. 269 Menschen starben. Dieser Vorfall illustriert recht gut, wie weit wir gedanklich noch von der Wende entfernt waren, anderthalb Jahre vor dem 11. März 1985, an dem Michail Gorbatschow Generalsekretär der KPdSU werden sollte.

Die Häftlinge in Haus 10 mussten Wandzeitungen anfertigen, eine Maßnahme der »Staatsbürgerlichen Erziehung«, denen sich einige der »Wirtschaftskriminellen« erstaunlich eifrig widmeten. Sie lasen die offizielle Erklärung des Abschusses im »Neuen Deutschland« und überboten sich gegenseitig mit Parolen über die Überlegenheit des Sozialismus und Lobreden auf die tapferen Soldaten der Sowjetarmee, die den Jumbo völlig zu Recht abgeschossen hätten. Wahrscheinlich hofften sie darauf, dass ihr »Erzieher« das las und Pluspunkte in ihre Akte eintrug. Als ich vor dem Ergebnis stand, konnte ich nur den Kopf schütteln. Mit solchen Wahnsinnigen hatte ich es zu tun.

Eigentlich hatte ich damit gerechnet, dass wir spätestens im Herbst in den Westen kommen würden. Nun war September geworden und Hans-Jürgen hatte nicht viel Neues zu erzählen. Christian sei nach wie vor wohlauf, der Zustand unseres Vaters hatte sich etwas verbessert, die Bemühungen um unseren Freikauf würden fortgesetzt, es sehe gut aus …

Immerhin wurde mein Leben in Rummelsburg dadurch ein wenig erleichtert, dass wir in Haus 8 einen neuen Hausarbeiter bekamen: Paul R., ein typischer Schläger, der zu viel Kraft und Hormone besaß und zu wenig Selbstkontrolle. Immer wieder war er in Streitereien geraten und wurde wegen Körperverletzung verurteilt, einmal für ein Jahr, dann für zwei. Als er mit seiner Freundin Ärger hatte, schlug er seinen Rivalen zusammen – und nun saß er in Rummelsburg und verhielt sich freundlich und nett. »Warum war ich nur so blöd, dem eins in die Fresse zu hauen?«, sagte er. »Jetzt häng ich schon wieder hier.« Er erzählte von den diversen »Anstalten«, in denen er untergebracht worden war. Vielleicht war ihm das Leben draußen schlicht zu kompliziert. Als Hausarbeiter schien er sich jedenfalls recht wohl zu fühlen. »Ich bin ja froh, dass ich hier bin. Da habe ich über Winter wenigstens einen ordentlichen Job.« Er schüttete mir sein Herz aus, baute mir morgens freiwillig das Bett und wusch meine Wäsche. Die Häftlings-Kleider wurden zwar regelmäßig eingesammelt und in Haus 11 gereinigt, wo sich die große REWATEX-Wäscherei befand – doch besonders für die Unterwäsche war der Turnus deutlich zu lang. S. und ich hatten uns deshalb anderweitig geholfen: Im Keller von Haus 8 lagerten reichlich »Tripinol«-Flaschen. Das war der Fichtennadel-Badezusatz für Patienten mit Kreuzschmerzen, der sich erfahrungsgemäß auch als Waschmittel nutzen ließ. Nach der Behandlung roch die Wäsche sogar wieder gut. Darum kümmerte sich jetzt also Paul, er brachte mir auch das Essen und räumte das Geschirr wieder ab. Ein treuer Bursche. »Doc«, sagte er, »wenn dir was passiert. Da kümmere ich mich drum, ganz klar.« Diese Funktion als Leibwächter musste er glücklicherweise nie ausüben.

Auch die Wachtmeister in Haus 8 hatten sich inzwischen an mich und meine Stellung gewöhnt, wir plauderten meistens über Unverfängliches, aber natürlich waren sie im Bilde und ließen das auch gelegentlich durchblicken. »Was ist mit ihrem Sohn?«, fragte mich einer. »Der ist bei meinen Eltern.« »Da haben Sie aber Schwein gehabt.« Auch die SV-Meister hatten schon davon gehört, dass Kinder von »Republikflüchtigen« ins Heim kamen, oder, schlimmer noch, zur Adoption freigegeben wurden.

Die Krankenschwestern und -pfleger hätten ohne die hässlichen gelben Streifen wohl vergessen, dass sie es bei mir mit einem Häftling zu tun hatten. »Rehäuglein« unterhielt sich in ihrer Pause gelegentlich mit mir. Ich lag meistens auf dem Bett, dem einzigen bequemen Ort, wenn sie die Treppe heraufkam und sich in die Tür meiner Zelle stellte. Wir sprachen von den Patienten, von Alltagssorgen im Sozialismus und was uns sonst noch einfiel. Die Politik ließen wir außen vor. Ihr Mann, erzählte sie, sei ebenfalls im Strafvollzug beschäftigt, sie stand wohl treu zur Partei und fragte sich dennoch, was einer wie ich in Rummelsburg zu suchen hatte. Den Staatsfeind Nr. 1 sah sie bestimmt nicht in mir.

Mir ging es besser, als den allermeisten Gefangenen – doch um mich einigermaßen wohlzufühlen, fehlte mir das Datum. Das Datum, an dem Monika und ich in die Freiheit entlassen würden. An dem wir unseren Sohn wiedersehen würden. Eingesperrt sein bedeutet mehr als schlechtes Essen und unbequeme Lebensverhältnisse, es geht an die Substanz des Lebens.

Folteropfer, Wiederholungstäter und Spione

Ich war nun der Einzige, der nachts zu einem Notfall gerufen werden konnte, und doch wunderte es mich, als ein Wärter mich in den Keller von Haus 3 schloss, wo sich die Arrestzellen befanden.

»Da muss jemand beruhigt werden. Der ist etwas zu renitent.«

Es war keine gewöhnliche Arrestzelle, zu der ich geführt worden war. Die Arrestzellen, die in der Literatur häufig beschrieben werden,[125] waren zusätzlich mit Gittern und von der Toilette in drei Teile geteilt, sodass man den Häftling daran hindern konnte, sich tagsüber hinzulegen, die Notdurft zu verrichten oder sich zu waschen, wann er wollte. Hier jedoch waren weder Gitter noch etwas anderes zu finden. Es war ein völlig leerer Kellerraum. Nicht einmal ein richtiges Bett stand darin, nur der Rahmen eines Gefängnisbettes mit einem blanken Rost aus Stahlfedern. Auf diesen Stahlfedern, ohne Matratze oder Decke, lag ein nackter Mann, der mit gespreizten Armen und Beinen an das Gestell gekettet worden war. Ich erkannte ihn wieder, er war als Patient bei mir gewesen. Ein selbstbewusster und intelligenter Häftling. Seine Extremitäten waren mit Handschellen gesichert, so dass er nur flach auf dem Rücken liegen und sich nicht bewegen konnte. Als er die Veränderung im Raum bemerkte, schrie er und bäumte sich auf, so dass die Federn sich bogen und ihm die Haut einklemmten. Er hatte unter sich gekotet, das schmutzige Metall, der Gestank – ich war in einen Albtraum eingetreten. Offenbar band man den Tobenden nicht los, führte ihn nicht zur Toilette. Meine Rolle war, ihm eine Spritze Diazepam (Valium) zu geben, damit er sich beruhigte, und das tat ich gern: Es war das Einzige, was ich durfte und womit ich dem Mann helfen konnte, solange er hier festgekettet war. Wenn er sich wehrte, tat er sich nur selbst weh. Um seine Abschürfungen und Wunden zu versorgen, dafür durfte ich nicht bleiben. Wie lange hatte der Mann schon in dieser demütigenden Stellung verbringen müssen? 24 Stunden? Länger? Sobald ich ihm die Spritze gegeben hatte – die Wirkung trat unmittelbar ein – musste ich die Zelle wieder verlassen und wurde zurückgeschlossen. Auf dem Rückweg sprach ich kein Wort.

Ich war voller Anspannung, als ich schon wieder in meinem Bett lag, geschockt von dem, was ich gesehen hatte. Das ist also auch ein Foltergefängnis, dachte ich. Schlimmer als der Duschraum, den ich in Cottbus gesehen hatte und in dem die unliebsamen Häftlinge von der Wachmannschaft verprügelt wurden.

Wen schnallten sie auf diese Folterbank? Hier sollte kein Geständnis, kein Verrat erpresst werden, das Gerichtsurteil hatten alle schon hinter sich. Es ging darum, aufmüpfige Häftlinge zu maßregeln, oder solche, die als aufmüpfig galten. Zuerst kamen die gewöhnlichen Arrestzellen, Isolation und Dunkelheit, dann diese Folterkammern als letzte Steigerung. Dieser Mann sollte gebrochen werden, was immer er auch getan oder gesagt hatte. Sein »Erzieher« wird es angeordnet haben oder irgendein höherer Offizier im Strafvollzug, vielleicht der Gefängnisleiter selbst? Die drastische »Disziplinarmaßnahme« diente wohl auch dazu, die Mitgefangenen abzuschrecken. Wer sich in der Zelle und bei der Arbeit nicht anpasste, dem drohte ein solches Schicksal.

Und ich, dachte ich im Dunkeln, würden sie mich jetzt noch in die Bundesrepublik entlassen – obwohl ich das gesehen hatte und bezeugen konnte? Warum hatte der Wärter nicht Radtke verständigt, oder Zels? War es ein Versehen gewesen, dass sie mich geholt hatten? Sollte ich es sehen? Oder war es ihnen einfach egal?

Zwei weitere Male wurde ich auf diese Weise zu einem Folteropfer geführt. Gesprochen wurde nie darüber, auch in den Stasi-Unterlagen taucht keine solche Episode auf. Das war »normaler Strafvollzug« in der DDR.

Beim zweiten Mal war ich mental besser vorbereitet und hatte die Spritze schneller zur Hand. Als ich zum dritten Mal gerufen wurde, registrierte ich Strangulationsmerkmale am Hals eines Mannes. Der arme Kerl hatte versucht, sich im Gefängnis das Leben zu nehmen. Später kam er in Haus 8 und ich erfuhr, dass es sich um einen Ost-Berliner handelte, einen Transsexuellen, der einen Ausreiseantrag gestellt hatte. Allein die Haft in diesen Männersammelzellen muss für ihn unerträglich gewesen sein.

Schlimm zugerichtet waren auch die Spione, die aus Bautzen II in eine Krankenzelle in Haus 8 gebracht wurden, damit sie sich erholten. Bautzen II, die »Sonderhaftanstalt« des MfS (»Mielkes Privatknast«), war für abtrünnige SED-Genossen ebenso vorgesehen wie für westliche Spione, dort wurden ausschließlich politische Häftlinge mit längeren Strafen festgehalten. Als ich vor einigen Jahren die heutige Gedenkstätte für die Bautzen II-Opfer besuchte, konnte ich mir zum ersten Mal erklären, weshalb gerade die Spione in einem derartig schlechten Zustand nach Rummelsburg kamen. Die Verhältnisse dort waren weder mit dem Gefängnis in Cottbus noch mit dem in Rummelsburg zu vergleichen – hier war allein das MfS zuständig, die Häftlinge wurden mittels Wanzen und sogar per Video überwacht, es gab einen kompletten Zellentrakt mit Isolationszellen und Freigang in Einzelhöfen. An den Zellentüren der heutigen Gedenkstätte sind auf Tafeln die Schicksale von Häftlingen dokumentiert, darunter auch das von Erich Loest, der wegen eines angeblichen »Staatsverrats« sieben Jahre in Bautzen inhaftiert war, die längste Zeit in strenger Einzelhaft und bei Schreibverbot.

Auch die Versorgung scheint in Bautzen II schlechter gewesen zu sein. Die beiden Spione, die ich kennenlernte, kamen jedenfalls vollkommen abgemagert nach Rummelsburg und mit eingefallenen Gesichtern. Ein CIA-Spion, der zwölf Jahre in Bautzen gesessen hatte, sah aus wie das Leiden Christi, ihm wurden doppelte Portionen verschrieben, Schokolade und richtiger Kaffee. Die Krankenzelle blieb für mich verschlossen. Nach vierzehn Tagen, als er gegen irgendeinen Ost-Spion ausgetauscht wurde, wahrscheinlich auf der Glienicker Brücke und im Beisein des allgegenwärtigen Wolfgang Vogel, trug er ordentliche Kleider und sah vermutlich wieder einigermaßen gesund aus. Ich fragte mich, warum diese Haftbedingungen im Westen nicht konsequenter öffentlich gemacht wurden, und weshalb Mielke und Genossen nicht besser auf ihr internationales Renommee achteten? Wie in den Gefängnissen der DDR mit Bundesbürgern umgesprungen wurde, in Haus 6 oder in Bautzen II, interessierte nur wenige. Das Archiv in Salzgitter imponierte den Beamten in der Haftanstalt Bautzen II noch weniger, als dem Wachpersonal in den übrigen Gefängnissen im Osten. Leider sollten die Konsequenzen in den allermeisten Fällen auch tatsächlich ausbleiben.

Wie gut jemand die Haft überstand, und welchen Schaden er davontrug, hing von seiner persönlichen Konstitution ab – physisch wie psychisch. Ich lernte einen schwarzhaarigen Mittdreißiger mit einer unwahrscheinlichen Geschichte kennen, der von Haus 6 in eine Krankenzelle gebracht wurde: Nachdem er einmal als »§213er« verurteilt und in Cottbus inhaftiert worden war – nicht allzu lange, ein Jahr oder zwei – war er in die DDR entlassen worden und hatte es ein zweites Mal versucht. Wieder wurde er erwischt, wurde nach Cottbus zurückgebracht, kam diesmal jedoch über Vogels Freikaufliste in den Westen – ähnlich wie Ortlepp, der auch beim zweiten Mal erst freigekauft wurde. Ich konnte ihn also fragen, wie der Freikauf über Chemnitz genau ablief.

Und wie war er als frischgebackener Westdeutscher zurück nach Rummelsburg gekommen? Zu den »legal übergesiedelten« DDR-Bürgern zählten außer denjenigen, denen die Ausreise aus Altersgründen oder weil man sie loswerden wollte, genehmigt wurde, auch alle Freigekauften – in vielen Fällen wurden diesen später wieder erlaubt, in die DDR einzureisen, um Verwandte oder Freunde zu besuchen. Nach einer Amnestie aus dem Jahr 1972 galt das auch für alle erfolgreichen DDR-Flüchtlinge, die vor dem Stichtag das Weite gesucht hatte. Der Doppelflüchtling mit den schwarzen Haaren gehörte jedoch zu keiner dieser Gruppen. Das war ihm durch das innerdeutsche Ministerium auch mitgeteilt worden. Er stand auf einer schwarzen Liste unerwünschter Personen. Nur die Transitstrecken durfte er befahren, zum Beispiel von Hannover nach West-Berlin: Auf dieser Fahrt stach ihn der Hafer und er fuhr kurzerhand ab, um seine Freundin jenseits der Autobahn zu besuchen. Als er ein paar Stunden zu spät am Grenzübergang ankam, lief er den Sicherheitsorganen geradewegs in die Arme. »Transitmissbrauch« lautete das Urteil diesmal, das ihn als »Ausländer« in Haus 6 brachte.

Im Westen hatte der Schwarzhaarige als Kamera-Assistent gearbeitet. Er erzählte von einer Reportage im Nahen Osten, über das Filmen in der Wüste, Fata Morganas und wie der Regen in der Hitze verdunstet, bevor er den Boden erreicht. Beim Zuhören erinnerte ich mich an meine alten Träume vom Kamera-Studium.

»Kameramann will ich noch werden«, sagte der Mittdreißiger – und man hätte es ihm zutrauen können. Denn trotz der bösen Falle, in der er getappt war, wirkte er unverzagt. Er schien sein Unglück sportlich zu nehmen. Das schützte ihn vor der Verzweiflung, der so viele zum Opfer fielen.

In diesem Zusammenhang passt eine Beobachtung, die einem merkwürdig vorkommen mag, dass nämlich kein Fall bekannt ist, bei dem ehemalige politische Häftlinge der DDR ihren Vernehmern, »Erziehern« oder Wachtmeistern auflauerten, um ihre heimlichen oder offenen Drohungen wahr zu machen. So oft hatte ich sagen hören: »Den schlage ich tot, wenn ich draußen bin!« oder »Irgendwann greife ich mir den!« Keiner versuchte es. Dabei hätte es nach der Wende reichlich Gelegenheit dafür gegeben. Die wenigsten werden ihre alten Peiniger vergessen haben. Den Wohnort, die Straße herauszufinden, wäre wohl in den meisten Fällen sehr einfach gewesen.

Das letzte Silvester

Ende September, bei einer seiner seltenen Wochenend-Visiten in Haus 8, nahm mich Oberstleutnant Zels beiseite: »Ihr Wunsch, in die BRD zu gehen, wird in Erfüllung gehen. Ich kann Ihnen nur nicht versprechen, ob schon dieses Jahr.«

Zels war mir gegenüber stets einwandfrei aufgetreten. Ich hatte keinen Grund, an seinem Wink zu zweifeln. Im Frühling hatte ich hoffnungsvolle Phasen erlebt, zum Teil regelrechte Hochstimmungen, wenn Hans-Jürgen mich besucht hatte und es schien, als stünde unser Freikauf kurz bevor. Während des langen Sommers war meine Zuversicht auf die Probe gestellt worden. Und nun das. Ein Vierteljahr konnte es also noch dauern. Oder länger? Zels' Ankündigung nahm mir die Angst, vielleicht doch in den Osten entlassen zu werden, als »Geheimnisträger« oder unter einer anderen Begründung. Es ging nach Gießen! Die Verhandlungen zum Freikauf schienen zu einem Abschluss gekommen zu sein, der Preis ausgehandelt, unsere Namen auf der Liste. Doch jeder Tag war lang und jede Woche. Vor allem, wenn ich an Monika und Christian dachte. Ich hätte viel darum gegeben, das Datum zu kennen, an dem wir uns wiedersehen würden.

Tatsächlich wurden die Freikauflisten etwa drei Monate im Voraus verhandelt. Für die Verhandlungsführer in Ost und West war ein Monat sicherlich keine große Sache, um die lange gefeilscht wurden. Im Gefängnis war es eine halbe Ewigkeit.

Etwa zur gleichen Zeit, als Zels mich »inoffiziell« informierte, bestellte mich mein »Erzieher« Enzian in sein Büro. Als ich in meiner Arzt-Montur mit gelben Streifen hineingeführt wurde, trat mir ein NVA-Offizier in Uniform entgegen. Inklusive seiner Militär-Stiefel. Er stellte sich als Oberstleutnant des Ministeriums für Verteidigung vor und fragte: »Sie sind der Strafgefangene May?«

»Der bin ich.«

»Nehmen Sie Haltung an.«

Ich musste strammstehen, während der Offizier mir, als wäre es eine Preisverleihung, ein militärisches Dokument vorlas: »Auf Befehl des Ministers für Nationale Verteidigung der Deutschen Demokratischen Republik wird der Leutnant und Strafgefangene May aufgrund schwerer Straftaten« – und so weiter – »zum Soldaten degradiert.«

Was sollte das? Bis dahin war ich eher davon ausgegangen, kein Offizier zu sein. Schon bei der Reserveübung hatte ich es abgelehnt, Leutnant zu werden und später, als ich ernannt werden sollte, war ich nicht zur Zeremonie erschienen. Doch ich war Anwärter, die Warnungen während der Übungen hatte ich noch deutlich im Ohr. Dieses merkwürdige Zwischenstadium hatte nun ein Ende. Ich war also Leutnant gewesen, und nun war ich es nicht mehr. Vorsichtshalber stellte ich mich betroffen, sah auf den Boden und tat so, als müsse ich mich von diesem Schock erst einmal erholen. Dabei war ich heilfroh. Wäre es opportun gewesen, hätte das MfS mich wohl noch immer mit dem Hinweis von der Liste nehmen können, dass ich als Geheimnisträger im Westen eine Gefahr für die nationale Sicherheit darstelle. Damit war es nun vorbei. Als Nicht-Offizier war ich auch kein Geheimnisträger mehr.

Mit gespielt-bestürzter Miene, schüchtern aufgeregt, fragte ich Enzian: »Betrifft die Degradierung in irgendeiner Weise mein Begehren, aus der DDR auszureisen?« Er antwortete nicht, zeigte mir aber durch eine Geste an, dass ich nichts Derartiges zu befürchten hatte. Dann ließ er mich wegtreten. Jetzt war ich wirklich beruhigt. Sicher war hinter Gittern nichts, doch die Degradierung und Zels' Hinweis mussten etwas miteinander zu tun haben. Es schien, als handelte das MfS hier ungewohnt folgerichtig. Dass wir freigekauft werden, war entschieden. Nun degradierten sie mich, weil kein Offizier in die Bundesrepublik entlassen werden durfte.[126] Was mich seit meiner Verhaftung beschäftigt hatte, die Angst, als Offizier und »Geheimnisträger« nicht freigekauft werden zu können, war damit aus der Welt geschafft. Warum mein unfreiwilliger Offiziersstatus vorher niemals eine Rolle gespielt hatte, bleibt rätselhaft. Vielleicht war er vom MfS ganz einfach übersehen worden.

Für eine Weile ging der Gefängnisalltag trotz aller Hoffnungszeichen weiter wie zuvor. Weil ich vorbereitet sein wollte, wenn es so weit war, nutzte ich meine Besuche im Fernsehraum von Haus 10, um mit zwei Häftlingen zu sprechen, die in der Lohnabrechnung arbeiteten. Mit einem davon hatte ich mich bereits unterhalten, als er sich als Patient gemeldet hatte, den anderen hatte ich ausfindig gemacht: Aus dem Zuchthaus Cottbus wusste ich, dass kein Häftling ohne ordentliche Lohnabrechnung auf Transport geschickt wurde. Einen Werktag vorher ordnete man die Papiere. Ich versprach den beiden »Wirtschaftskriminellen« die eine oder andere Schachtel Zigaretten der Marken HB oder Marlboro, falls sie versprächen, mir Bescheid zu geben.[127] Eine Schachtel bekamen sie sofort, und dann gelegentlich weitere, wobei ich versuchte, die Abmachung nicht als große Sache erscheinen zu lassen. Dass der Freikauf politischer Häftlinge über Chemnitz organisiert wurde, schien in Haus 10 nicht bekannt zu sein. Ich verriet nicht, wie wichtig es für mich war, dass sie mich verständigten. Hinter diesen Mauern spielte jede Stunde eine Rolle, auch weil ich noch Zeit haben wollte, meine im Gefängnis sehr wertvollen Habseligkeiten, an diejenigen zu verteilen, mit denen ich mich solidarisch fühlte.

Anfang Dezember schien sich sogar bei den anderen Häftlingen das Ende meiner Gefangenschaft herumgesprochen zu haben. Der eine oder andere tat sich wichtig: »Pass auf, du bist nicht mehr lange da!«

»Woher weißt du das denn?«, rief ich – doch der Mann war schon um die nächste Ecke geflitzt. Hatte Leutnant Flöter ihn geschickt, der so freundlich grüßte und die Zersetzungsmaßnahmen gegen mich leitete? Wollte er mir etwas Gutes tun, oder mich nur verunsichern? Oder war es Zels herausgerutscht? Ein Patient machte Andeutungen, ein Meister in Haus 8 plauderte etwas länger mit mir, als er es für gewöhnlich tat. Ich spürte, dass sich die Atmosphäre änderte – und es war Zeit, lange genug hatte ich gewartet, gebangt und gehofft, Monika und Christian endlich wieder in die Arme schließen zu können. Gesund, wenn auch – so befürchtete ich – nicht ganz unversehrt nach diesen dunklen 20 Monaten. »Es sieht nicht schlecht aus«, sagte auch Hans-Jürgen bei seinem Dezember-Besuch, doch Genaueres wusste er nicht.

An Silvester stand ich zusammen mit dem jüngeren Meister am Fenster unseres Korridors, das Richtung Nordwesten zeigte.[128] Von hier aus blickte man über die Gefängnismauer und den Rummelsburger See in Richtung Zentrum. Man sah den Fernsehturm, links davon erahnte man West-Berlin. Das Feuerwerk erhellte den Himmel über beiden Teilen der Stadt. Es war das zweite Silvester, das ich in Rummelsburg erlebte, 14 Monate schon war ich Gefängnisarzt mit gelben Streifen. Jetzt würde es nicht mehr lange dauern.

»Das nächste Mal stehst du alleine hier«, sagte ich zu dem Wärter. »Dann bin ich da drüben. Komisches Gefühl, oder?« Er schwieg, doch er hatte verstanden.

Am ersten Freitag im Januar, das war der 6. 1. 1984, meldete sich einer der Haus-10er bei mir: »Du bist abgerechnet!« Vom anderen hörte ich nichts, obwohl ich ihn mit der gleichen Anzahl von Zigaretten bestochen hatte. Ich wusste schon, warum ich zwei gefragt hatte. Samstag noch, Sonntag, dann hätte ich es geschafft. Ich glaubte nicht, dass der Transport vor dem Montag stattfinden würde. Vor Aufregung konnte ich kaum stillsitzen. Ich überlegte, wer was von meinen Sachen bekommen sollte, nicht allein das Knastgeld, von dem ich eine stattliche Menge angesammelt hatte. Was von den West-Zigaretten übrig geblieben war, West-Schokolade, Shampoo – das waren im Gefängnis Wertsachen, die ich nicht an irgendjemanden weggeben wollte. Ich besaß auch eine begehrte Zigarettendrehmaschine. Wen ich von den politischen Häftlingen noch erreichen konnte, bekam etwas, Ehrhard der Haus-

77

Diensteinheit Abt. VII/15 Datum 06.01.84

Sichtvermerke

BStU 000121

Treffbericht

Kategorie/Deckname IMS „Nagel"

Datum/Zeit	Treffort	Mitarbeiter	Teilnahme durch Vorgesetzten
05.01.84 12^{00} – 12^{30} Uhr	H 10 D-Zimmer	Flöter	
Nächster Treff	am	Zeit	Treffort
	wird telefonisch	vereinbart	3. Jan.-Woche
Ausweichtreff	am	Zeit	Treffort

1	2	3	4	5	6	7	8	9	10	11	12	13	14	15	16	17	18	19	20	21	22	23	24	25	26	27	28	29	30	31	32	33

Treffvorbereitung:
(z. B. Treff geplant / kurzfristig festgelegt, Kurzfassung des geplanten Treffablaufes, Schwerpunkte der Auftragserteilung, Instruierung, Erziehung und Befähigung)

Treff erfolgte auf Bitte des IMS

Am 5. Januar, vier Tage vor meiner Entlassung, traf sich Oberstleutnant Zels auf eigenen Wunsch mit Flöter, um auf »erhebliche Probleme bei der ärztlichen Absicherung« hinzuweisen. Im Gesprächsprotokoll Flöters heißt es: »Mit einer ev. [= eventuell] vorzeitigen Haftentlassung des Dr. XXX [= May] wird der Zustand unverantwortlich.« (BStU; MfS, Nr. 3846/83, S. 000121f.) Das »eventuell« deutet wahrscheinlich daraufhin, dass Zels und Flöter unterschiedliche Informationsquellen hatten, und dass Flöter sich sogar in seinen Gesprächsprotokollen gegen Fehleinschätzungen absichern wollte. Die Abkürzung »PdVP« bedeutet laut dem Abkürzungverzeichnis des Bundesarchivs »Präsidium der Deutschen Volkspolizei (Berlin[-Ost])«.

Treffauswertung:

(z. B. Hinweis auf Inhalt der Berichterstattung, entspricht Auftrag der Einsatzrichtung, Verhalten des IM, Anzeichen von Unehrlichkeit / Unzuverlässigkeit / Dekonspiration, op. Wert und Objektivität der Berichterstattung, Verwertung der erarbeiteten Informationen, ideologische Probleme, erzieherische Maßnahmen, Zuwendungen)

Der Treff verlief ohne Vorkommnisse.
Der IM informierte, daß gegenwärtig erhebliche
Probleme bei der ärztlichen Absicherung der UHA-Bln.-I
bestehen. Mit einer ev. vorzeitigen Haftentlassung des
Dr.-█████ wird der Zustand unverantwortlich. Zur
Neutralisierung der Situation unterbreitete der IM
den Vorschlag, nochmals zu prüfen inwieweit der
Dr.-█████ zum Einsatz kommen kann. Dr.█████-
█████ wurde Anfang 83 erst bestätigt und später durch
das PdVP abgelehnt. (Westverbindung - Schw. der Ehefrau)

Neuer Auftrag und Verhaltenslinie

Bemerkungen des Dienstvorgesetzten

arbeiter (und »IM«), mein »Beschützer« und noch andere. Eberhard passte ich ab, als er zum Gießen noch einmal in die Gärtnerei kam, und steckte ihm etwas zu. Auch der Überbringer der guten Nachricht wurde bedacht. Wäre es eine Falschmeldung gewesen, hätte ich am nächsten Tag mittellos dagestanden.

Schlafen konnte ich nur mit Faustan – doch ich wusste, dass ich meine Kräfte für den Transport brauchen würde. Um die Tabletten mit ein bisschen Glück auch in die Auslieferungshaft nach Chemnitz mitnehmen zu können, entfernte ich den Plastik-Kopf von meiner Duschdas-Flasche, stopfte eine gute Handvoll hinein, 30 Tabletten mindestens, und polsterte ihn mit Watte aus, damit nichts klapperte. Hoffentlich weiß die Stasi nicht, wie das geht, dachte ich bang.

Um sechs Uhr war Wecken, Montag, der 9. Januar 1984. Nicht einmal Sterz wusste, dass unsere »Zusammenarbeit« endete. Kurze Zeit später kam das Signal: »Sachen packen!« Berauscht von Adrenalin raffte ich mein Hab und Gut zusammen, viel war es ja nicht, und wurde von einem unbekannten Wärter über das weitläufige Gelände in Haus 6 geführt – zum ersten und letzten Mal. Für Abschiede blieb weder Zeit noch Gedanken. Wieder musste ich mich nackt ausziehen, damit ich keinen Kassiber nach draußen schmuggeln konnte, ich bekam neue, schlechtere Kleider, die ältesten, die noch zu finden waren. Das Einkaufsnetz wurde kontrolliert, in das ich mein Hab und Gut gepackt hatte – besagtes Duschzeug, Nescafé. Außerdem überreichte man mir ein Päckchen mit Briefen. Post, die ich vorher nie gesehen hatte. Eine Kinderzeichnung von Christian. Ich war perplex. Damit bestätigte mir die Gefängnisleitung doch, dass sie nach Gutdünken Post zurückgehalten hatte. Ich las die Namen von Freunden und Bekannten, die an mich geschrieben, aber nicht auf der Liste der zugelassenen Adressen gestanden hatten. Sie hätten sie einfach wegwerfen können. Ich freute mich über die mitfühlenden Zeilen, in einigen Briefen steckten sogar Fotos, und war zugleich irritiert über das Verhalten der Stasi. Wenn ich gewusst hätte, was ich heute weiß, besonders über den OPK »Kontakt«, hätte ich mich sicherlich über nichts mehr gewundert.

Ich musste unterschreiben, dann ging es in Handschellen auf den Hof. »Bei Fluchtversuch wird geschossen!« Ich kletterte in den bereitstehenden Barkas, erste Zelle links. Als er anfuhr, blieb die Klappe hängen, die das Guckloch in der Tür von außen abdeckte. So konnte ich schräg durch die Fahrerkabine einen Blick auf Berliner Straßen erhaschen. Es ging in Richtung Schönefeld – und Schönefeld hieß Chemnitz. Nach zwei oder drei Kilometern rumpelten wir leider über ein Schlagloch, und die Klappe fiel zu.

Teil V: Freigekauft

Auslieferungshaft

Weil ich, besonders seit wir in Cottbus lebten, recht oft in Berlin gewesen war, besaß ich ein Gefühl für die markante Strecke Richtung Adlershof. Zusammengekauert in der jetzt dunklen Zelle merkte ich, wie wir durch die Stadt in Richtung Schönefeld fuhren. Wir rollten über Betonplatten, durch eine langgezogene Rechtskurve, dann geradeaus. Es schien, als ob wir am Autobahnkreuz Schönefeld nach Westen abbiegen würden. Ich erschrak, denn der Barkas hätte geradeaus fahren müssen, Richtung Dresden und Chemnitz. Mein Puls beschleunigte sich. Da fiel mir ein, dass ich schon von Freikäufen gehört hatte, die über Magdeburg abgewickelt wurden. Vielleicht war das eine Erklärung.

Mit dem Kopf an der Sprelacartverkleidung döste ich eine Weile. Da fuhr der Barkas von der Autobahn. Bald hörte ich das Geräusch eines Tores, unzweifelhaft ein Gefängnistor, dann noch eins. Mir wurde klar, dass wir uns im Zuchthaus Brandenburg befinden mussten – etwas anderes kam nach dieser Fahrt nicht in Frage. Mich packte die Angst, dass man mir vielleicht übel mitgespielt hatte und ich lediglich hierher verlegt werden sollte, in den berüchtigten Schwerverbrecherknast. Doch die Zelle blieb geschlossen. Ein weiterer Häftling wurde eingeladen, der sich kräftig räusperte, um sich mir »vorzustellen«. Der Rest der Kabinen blieb leer. Als der Wagen wieder anrollte, fiel mir erneut ein Stein vom Herzen.

Es war ein kalter, trüber Januartag. Wir fuhren Richtung Leipzig und ich hörte, wie sich das Geräusch der Reifen veränderte. Schnee. Hinter Leipzig fuhren wir von der Autobahn ab und begannen die endlose Tour auf der schneebedeckten Landstraße nach Chemnitz – eine unangenehme Strecke durchs Braunkohlegebiet, die ich als Student stets zu vermeiden gesucht hatte. Sechs Stunden lang rieben die Handschellen meine Gelenke wund. Endlich trafen wir in Chemnitz ein – genauer: in der »Stasi-Untersuchungshaftanstalt Karl-Marx-Stadt«, die sich am Rande des Kaßbergs befand, einem hübschen Chemnitzer Viertel. Von hier aus wurden beinahe sämtliche Freikäufe abgewickelt, weshalb der Bau gern »Vogel-Käfig« genannt wurde. Als wir ausstiegen, setzte die Dunkelheit ein.

Durch eine große Tür wurde ich ins Gefängnis geführt, das anders als Rummelsburg oder Cottbus so gebaut war, wie man es oft in Filmen sieht: Mit einem großen Luftschacht in der Mitte und Zellen links und rechts, die über Metalltreppen und -stege verbunden waren. Zwischen den Etagen waren Stahlnetze gespannt. Unten im Erdgeschoss, wo ich hereinkam, standen drei Offiziere hinter zusammengestellten Tischen und befahlen: »Ausziehen!«

»Was wollen Sie noch von mir?«, beschwerte ich mich. »Ich komme doch aus dem Knast!«

»Wir gucken nur, ob du vielleicht doch noch irgendwo etwas hast«, sagte einer der Männer. Ein anderer murrte, dass der Rummelsburger schon wieder mit den schlechtesten Klamotten ankäme. Mein Netz mit Habseligkeiten musste ich auch auf diesen Tisch legen. Ein Offizier packte es aus und stellte die Dinge sorgfältig nebeneinander auf: Seife, Rasierapparat, das Duschgel mit den Faustan-Tabletten in der Kappe, Nescafé.

»Was wollen Sie mit dem Zeug?«

Er meinte den löslichen Kaffee.

»Trinken.«

»Und woher bekommen Sie das heiße Wasser?«

»Lauwarm reicht. Wie es aus dem Wasserhahn kommt.«

Der Stasi-Mann glaubte mir nicht recht, aber er ließ den Kaffee (und das Duschgel!) durchgehen.

»Packen Sie zusammen!«

Der andere Häftling kam herein, der in Brandenburg zugestiegen war. Ich erkannte ihn wieder, denn er war im Zuge einer Verlegung zeitweise in Rummelsburg inhaftiert gewesen, wo ich ihn untersucht hatte. Sein Delikt hieß »staatsfeindliche Hetze« (§106). Sechs Jahre hatte er absitzen müssen, bevor er auf die Freikaufliste gesetzt wurde. Man sah es ihm an.

Ein Wärter schloss mich in eine Zelle im Erdgeschoss. Vorerst alleine mit zwei Dreifachstockbetten. Ich suchte mir einen Schlafplatz im ersten Stock aus, in Höhe der Fenster. Wie würde es jetzt weitergehen? Wann würde der Bus in den Westen kommen, morgen oder übermorgen? Ich befand mich in einem merkwürdigen, schwer zu ertragenden Schwebezustand. Es war gut, wenigstens den Nescafé zu haben, den ich lauwarm trank, und das eingeschmuggelte Faustan, das mich durch die Nacht brachte.

Am nächsten Tag passierte nichts. Am späten Vormittag wurde mir das *Neue Deutschland* und die *Freie Presse* gebracht. Ich hörte jeden Schritt auf den Metalltraversen, jede Bewegung hallte im zentralen Treppenhaus wider. Am späten Nachmittag schwoll der Lärm an, jetzt schienen mehrere Häftlinge gleichzeitig einzutreffen. Schon klackten die Riegel auf, auch die zu meiner Zelle, und vier Männer wurden hereingeschlossen. Wir erzählten unsere Geschichten, alle waren euphorisch, aber keiner wusste mehr. Uns blieb nichts, als abzuwarten.

An diesem zweiten Abend in Chemnitz, als wir etwas zur Ruhe gekommen waren, traf noch ein weiterer Transport ein. Wir schwiegen und lauschten. Auf den Gittern waren Schritte zu hören, Türen schlugen. Wir hörten Schlüssel klimpern, vereinzelte Stimmen und merkten, dass etwas Außergewöhnliches passierte: »Da kommen unsere Frauen«, flüsterte jemand.

Als sie auf ihren Zellen im oberen Stockwerk angekommen waren, begannen sie, laut zu rufen: »Hans« – oder Klaus oder Kurt, alle Vornamen durcheinander – »bist du hier?« »Dittmar, bist du hier?«, hörte ich. Es war tatsächlich Monika. Ich wunderte mich über die Kraft in ihrer Stimme. Wie mutig sie sich verhielten! Hatten sie keine Angst, als »Ruhestörer« bestraft zu werden? Wir Männer antworteten nur zögerlich und deutlich leiser. Ich selbst brachte nur ein zaghaftes »Ja« hervor. Jetzt droschen Gummiknüppel gegen die Gitterstäbe, »Ruhe!«, und nach einigen Minuten ebbte der Lärm ab. Welche Verhältnisse hatten wohl in Hoheneck geherrscht? Waren solche Ausbrüche dort an der Tagesordnung gewesen?

Am nächsten Tag wurden wir zu fünft in eine Freigangzelle gesperrt und konnten uns ein wenig bewegen. Das war die einzige Abwechslung. Das Essen brachte man uns auf die Zelle. Nichts Besonderes. Auch nicht besonders schlecht. Die Zeit schien stehen bleiben zu wollen.

Erst am dritten oder vierten Tag wurden wir in Gruppen in einen anderen Trakt geführt, dort gab es wiederum Wartezellen, und es ging einzeln in das Büro eines zivil gekleideten Beamten, der sich als Berliner Mitarbeiter des Ministeriums des Inneren vorstellte. Der Stasi-Mann verhielt sich, als handelte es sich um einen gewöhnlichen Verwaltungsvorgang. Er legte mir Formulare vor, einen offiziellen Antrag auf »Übersiedlung« in die BRD und zugleich auf die »Entlassung aus der Staatsbürgerschaft der Deutschen Demokratischen Republik«. Ich sollte mich an einen Tisch setzen und wieder einmal schriftlich begründen, weshalb ich in Freiheit leben wollte. »Wegen kommunalpolitischer Schwierigkeiten«, schrieb ich auf das DIN-A-4-Blatt, nichts weiter. Mal sehen, dachte ich ärgerlich, was sie damit machen. Was sollte ich noch erklären, nach allem, was geschehen war? Allmählich wurde mir das Schmierentheater zu bunt. Erstaunlich, wofür dieser Staat noch Formulare bereithielt. Alles sollte seine Richtigkeit haben. Die hatte es aber nicht.

Am nächsten Tag rief mich der Mann mit dem Antrag ein zweites Mal in sein Büro und sagte nicht unfreundlich: »Was haben Sie sich dabei gedacht? Das reicht nicht aus. Schreiben Sie bitte etwas Vernünftiges.« Aus welchem Grund? Mit einem zweiten Bogen Papier wurde ich in eine Einzelzelle gesperrt und schrieb notgedrungen noch einige Zeilen zusammen, in denen ich mich von den gesellschaftlichen Verhältnissen im Osten distanzierte und auf mein Recht auf ein selbstbestimmtes Leben verwies. Das wurde akzeptiert. Was niemand von uns wusste: Von allen Häftlingen, die hier in Chemnitz auf ihre Ausreise warteten, wurde ein sogenanntes »Beurteilungsblatt« erstellt, das nach ganz oben durchgeleitet wurde, an den Minister für Staatssicherheit der DDR. Erich Mielke behielt sich vor, persönlich über unser Schicksal zu entscheiden. Ohne seine Unterschrift ging niemand in den Westen![129] Auf meinem Entlassungsschein stand schließlich, ich sei »wegen guter Führung« vorzeitig aus der Haft entlassen worden. So sollte unter Stasi-Regie noch das offensichtlichste Unrecht einen Anstrich von Legalität erhalten.

Die Zeit verging und verging nicht. Jeden Tag warteten wir auf Zeichen, wann es losgehen würde, wir lauschten auf jedes Motorengeräusch, doch außer den langsamen Mühlen der Bürokratie passierte nichts. Alle fünf waren wir fürchterlich angespannt. Wenn ich merkte,

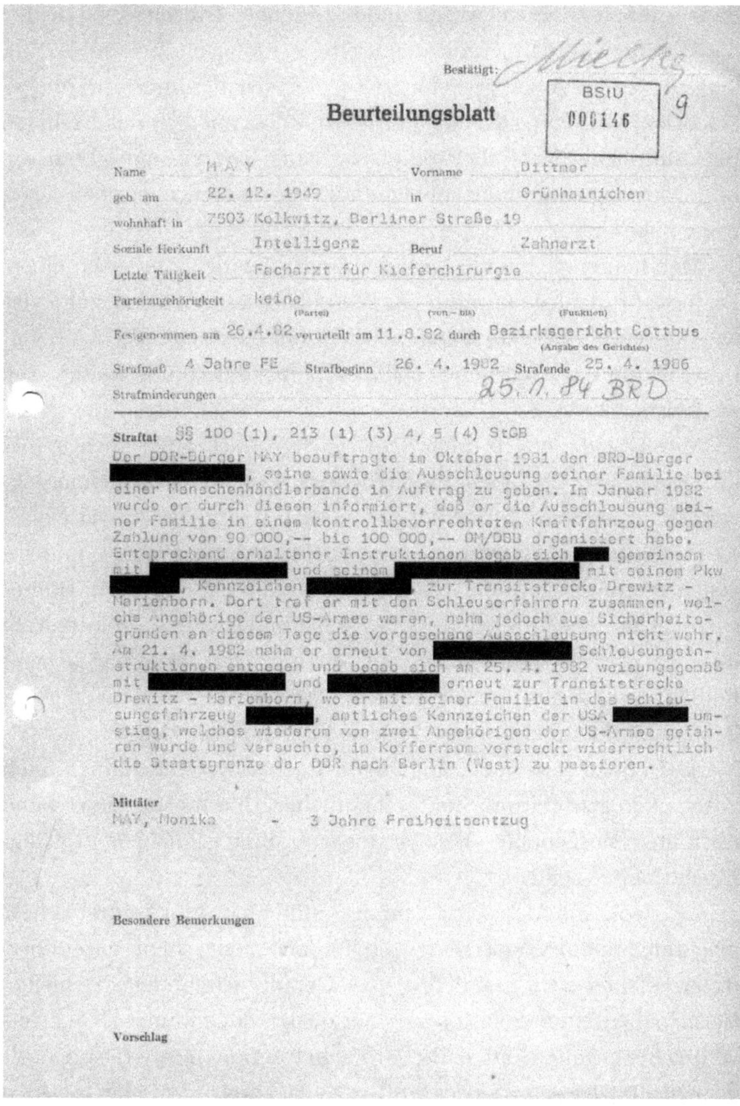

Bestätigt: Mielke

BStU 000146

9

Beurteilungsblatt

Name M A Y Vorname Dittmar

geb. am 22. 12. 1949 in Grünhainichen

wohnhaft in 7503 Kolkwitz, Berliner Straße 19

Soziale Herkunft Intelligenz Beruf Zahnarzt

Letzte Tätigkeit Facharzt für Kieferchirurgie

Parteizugehörigkeit keine (Partei) (von – bis) (Funktion)

Festgenommen am 26.4.82 verurteilt am 11.8.82 durch Bezirksgericht Cottbus (Angabe des Gerichtes)

Strafmaß 4 Jahre FE Strafbeginn 26. 4. 1982 Strafende 25. 4. 1986

Strafminderungen 25. 1. 84 BRD

Straftat §§ 100 (1), 213 (1) (3) 4, 5 (4) StGB

Der DDR-Bürger MAY beauftragte im Oktober 1981 den BRD-Bürger █████, seine sowie die Ausschleusung seiner Familie bei einer Menschenhändlerbande in Auftrag zu geben. Im Januar 1982 wurde er durch diesen informiert, daß er die Ausschleusung seiner Familie in einem kontrollbevorrechteten Kraftfahrzeug gegen Zahlung von 90 000,-- bis 100 000,-- DM/DBB organisiert habe. Entsprechend erhaltener Instruktionen begab sich █████ gemeinsam mit █████ und seinem █████ mit seinem Pkw █████, Kennzeichen █████, zur Transitstrecke Drewitz - Marienborn. Dort traf er mit den Schleuserfahrern zusammen, welche Angehörige der US-Armee waren, nahm jedoch aus Sicherheitsgründen an diesem Tage die vorgesehene Ausschleusung nicht wahr. Am 21. 4. 1982 nahm er erneut von █████ Schleusungsinstruktionen entgegen und begab sich am 25. 4. 1982 weisungsgemäß mit █████ und █████ erneut zur Transitstrecke Drewitz - Marienborn, wo er mit seiner Familie in das Schleusungsfahrzeug █████, amtliches Kennzeichen der USA █████ umstieg, welches wiederum von zwei Angehörigen der US-Armee gefahren wurde und versuchte, im Kofferraum versteckt widerrechtlich die Staatsgrenze der DDR nach Berlin (West) zu passieren.

Mittäter

MAY, Monika - 3 Jahre Freiheitsentzug

Besondere Bemerkungen

Vorschlag

Erst nachdem Erich Mielke persönlich unterschrieben hatte, durfte ich ausreisen. Zehntausende solcher »Beurteilungsbögen« gingen über seinen Schreibtisch. Das erklärt einen Teil der quälend langen Wartezeit im Chemnitzer Gefängnis.[131]

dass es für einen zu viel wurde, gab ich ihm eine Faustan-Tablette. Ich hatte genug von dem Medikament eingeschmuggelt, um einige Tage lang für unsere zufällige Schicksalsgemeinschaft sorgen zu können. Schlaf war viel Wert, sich nicht die ganze Nacht auf dem schaukelnden Bett herumzuwälzen, überwältigt von den Monaten und Jahren, die hinter uns lagen, und der Aussicht auf eine bessere, aber noch ungewisse Zukunft.

Man holte uns, um die Ausbürgerungsurkunde zu unterschreiben. Dann war festzulegen, wohin das Geld überwiesen werden sollte, das wir während der Gefängniszeit verdient hatten: auch das ein Verwaltungsakt mit Unterschrift. Ich sollte es meinen Eltern überweisen, weil es Christian zustand.

Monika befand sich unter dem gleichen Dach. Aber noch immer durfte ich sie nicht sehen. Eine Woche verging, die sich wie ein ganzer Monat anfühlte. In meiner kompletten Gefängniszeit war es mir nie derart langweilig gewesen. Unerträglich eintönig war es, und zugleich spannungsgeladen, denn jederzeit konnte es losgehen. Und es sollte jetzt endlich losgehen. »Kalle-Malle und Gießen«, dröhnte es in unseren Köpfen, »Kalle-Malle und Gießen«. Der Restbetrag unserer Einkünfte sollte ausgegeben werden. Dazu wurden wir in eine große Bekleidungskammer unterm Dach geführt, wo Stasi-Offiziere sich als Markt-Händler betätigten. Auf langen Tischen waren Schuhe, Koffer, Taschen, Regenschirme, Stofftaschentücher, Unterhosen, Socken und noch mehr ausgebreitet, was wir uns vom übrig gebliebenen Gefängnisgeld kaufen sollten.

»Na, wollt ihr euch etwas Schönes mitnehmen? Ihr kommt ja bald zu eurem Freund Strauß. Dem wollt ihr doch nicht schäbig gegenübertreten. Kleidet euch mal richtig ein!« Geradezu freundlich verhielten sie sich, die treuen »Staatsdiener«, für die wir doch immer als Schwerverbrecher gegolten hatten. Ihr Verhalten war pure Ironie. Sie taten, als wäre nichts gewesen, als reichte unser Gedächtnis nicht weiter als einen oder zwei Tage. Ich kaufte eine Reisetasche, dann ging es wieder nach unten in die vermaledeite Zelle, wo wir uns gegenseitig auf die angespannten Nerven gingen.

Insgesamt saßen wir 14 Tage in Auslieferungshaft, bis die Staatssicherheit endlich alles geregelt und die Passagierliste für die Fahrt über die Grenze zusammengestellt hatte. Erst als wir einer nach dem anderen zur Transportuntersuchung gerufen wurden, und der Arzt jeden fragte: »Halten Sie sich für transporttauglich?«, wussten wir, dass es am nächsten Tag tatsächlich losgehen würde. Es war die schönste Frage, die ich seit Jahren gehört hatte.

Sonderzug nach Pankow, Busfahrt nach Gießen

Am 25. Januar 1984 spürte man die Unruhe im Bau, schon bevor die Zellen eine nach der anderen aufgeschlossen wurden. Dann öffnete sich auch unsere Zellentür. Wir traten heraus und wurden einzeln aufgerufen: »Dittmar May!«

Die Zivilkleider waren uns früh am Morgen gebracht worden. Meine waren noch immer dieselben, die ich bei der Verhaftung getragen hatte, ausgebleicht inzwischen und stark nach Waschmittel riechend.

Ein Schließer führte mich Richtung Ausgang, wo im Abstand von vielleicht zehn Metern Stasi-Offiziere in grauer Uniform standen, an die ich herantreten musste.

»Name und Geburtsdatum?«

»Mein Namen ist Dittmar May, geboren am 22. Dezember 1949.«

»Weiter!«

So ging es über vier oder fünf Stationen, bis ich zuletzt aus einer Tür trat und mich unter freiem Himmel wiederfand.

Auf dem schmalen Gefängnishof standen hintereinander zwei Reisebusse mit westdeutschem Kennzeichen. Ich folgte einem Zellengefährten und stieg mit meiner neuen Reisetasche in den ersten Bus, wo ich mich in einen der bequemen Sitze setzte. Leise unterhielten wir uns: »Wo sind unsere Frauen?«

»Vielleicht werden die extra gefahren?«

Als der Bus beinahe voll war, rief irgendein Offizier: »Wer seine Frau sucht: Die sitzt vielleicht im anderen Bus.«

Ich stand sofort wieder auf, ebenso wie alle anderen Männer, deren Frauen in Hoheneck inhaftiert gewesen waren und die sehnlichst auf das Wiedersehen gewartet hatten. Es gab Gedrängel, bis wir ein zweites Mal auf dem Hof standen. Zwischen den Bussen und der Gefängnismauer war nicht viel Platz. Ich lief am zweiten Bus entlang, und als ich einstieg, saßen sie dort tatsächlich! Zum ersten Mal nach 15 Monaten sah ich Monika wieder. Seit ihrem Besuch in Cottbus hatten wir uns nicht mehr gesehen. Damals, als einer der Häftlinge an den Haaren fortgezerrt worden war. Kein Tag war vergangen, an dem ich nicht an sie gedacht hatte, nicht gegrübelt hatte, wie es ihr ergehen mochte. Endlich konnten wir uns umarmen, uns küssen. Doch die Situation war angespannt, noch standen wir unter Beobachtung. Die Stimmung im Bus blieb verhalten und vorsichtig. Wir setzten uns recht bald »brav« nebeneinander, um jeden Ärger zu vermeiden. Dieser schöne Bus würde uns in den Westen fahren. Wir konnten es beide nicht fassen. Unser altes Leben erschien uns unendlich weit in der Vergangenheit zu liegen.

Rechtsanwalt Dr. Vogel stieg ein, der wohl am selben Morgen aus Berlin gekommen war. Seit unserer Begegnung in der U-Haft waren 18 Monate vergangen. Wie ein Reiseführer bei einem Ausflug stellte er sich vorne zwischen die Sitzreihen: »Sie werden jetzt nach Westdeutschland gebracht. Nach Gießen.« Als ob wir das nicht wussten. Seit Jahren dachten wir an nichts anderes. Vogel gratulierte uns zu unserer Freiheit und gab zu bedenken, dass es noch viele ähnliche Schicksale gebe wie unseres: »Ich bitte Sie, alles zu vermeiden, was deren Ausreisebegehren behindern oder verzögern könnte. Halten Sie sich in der Öffentlichkeit zurück, sprechen Sie nicht mit Vertretern der Presse oder vom Fernsehen.«

Von der schillernden Figur Vogel, die den »DDR-Menschenhandel«[131] von Anfang bis Ende begleitete, machte sich jeder, der ihn in eigener Sache erlebte, ein anderes Bild. Jürgen Fuchs beschreibt ihn als kalten Verhandler.[132] Zuletzt erschien eine ausführliche Biografie von Norbert F. Pötzl über ihn: »Mission Freiheit«.[133] Für den westdeutschen Journalisten und Spiegel-Autor Pötzl scheint Vogels humanistische Gesinnung außer Frage zu stehen. Meine Gefühle waren und sind zwiespältig: Einerseits muss man anerkennen, dass Vogel seine Mandanten wohl nicht verriet oder ihnen falsche Hoffnungen machte. Auch seine Anwaltskollegen Starkulla und Hartmann scheinen im Großen und Ganzen korrekt gearbeitet zu haben. Mal wird der eine gelobt und der andere in ein schlechteres Licht gerückt, mal umgekehrt. Angesichts der Umstände und der verzweifelten Bedürftigkeit so vieler Mandanten ist das verständlich.

Andererseits bleibt es mir schleierhaft, wie Vogel es so lange in diesem Jammertal zwischen Ost und West aushalten konnte. Er vertrat Mandanten, die deutlich länger einsaßen als wir, deren ganzes Leben von der Stasi zerstört worden war. Er erlebte Todesurteile, war nach eigenem Bekunden ein Freund Josef Streits, des Generalstaatsanwalts der DDR, sah das ganze Elend – und fuhr anschließend mit dem Mercedes nach West-Berlin oder zum Bundespresseball nach Bonn. Vogel wurde von Ost und West gut bezahlt und schien sich in seiner Haut pudelwohl zu fühlen. Das lässt mich etwas an seinem Edelmut zweifeln. Nach 1989 lebte Vogel in einer Villa am bayrischen Schliersee, nicht weit entfernt vom Tegernsee, dem Wohnsitz eines anderen Protagonisten der inoffiziellen DDR-Politik: Alexander Schalck-Golodkowski.

Nach seiner kurzen Rede stieg Vogel aus, in den anderen Bus und anschließend in seinen Mercedes. Jetzt setzte sich die Karawane in Bewegung. Die Busse standen in Fahrtrichtung, sie mussten rückwärts hineingefahren sein. Der Hof war so eng, dass die Fahrer jetzt auch vorwärts langsam und vorsichtig lenken mussten, um durch die gewundene Gasse zu gelangen, die zu diesem Zweck angelegt worden war, und endlich auch durch die Gefängnistore auf die Straße, wo wir vom Kaßberg hinunter ins Tal fuhren und wieder hinauf in Richtung der Autobahn von Chemnitz nach Eisenach. Es fühlte sich merkwürdig an, in diesem Bus durchs vertraute Chemnitz zu fahren, beinahe unheimlich. Der Bus gehörte einem Gießener Unternehmen. Der Fahrer stellte das Mikrofon an und begrüßte uns durch den Lautsprecher, bevor er eine Kassette laufen ließ, die er sicherlich nicht zufällig ausgesucht hatte. Es war Udo Lindenberg mit dem »Sonderzug nach Pankow«. Der »Sonderzug« war erst ein knappes Jahr vorher veröffentlicht worden, einer der wenigen gesamtdeutschen Hits. Wir hatten ihn nie zuvor gehört:

»Honey, ich glaub', du bist doch eigentlich auch ganz locker.
Ich weiß, tief in dir drin, bist du eigentlich auch'n Rocker.
Du ziehst dir doch heimlich auch gerne mal die Lederjacke an
und schließt dich ein auf'm Klo und hörst West-Radio.«

Das klang sehr merkwürdig in unseren Ohren. Das Lachen über das SED-Regime war uns im Laufe der Jahre gründlich vergangen. Der respektlose Text hatte schon was, doch neben mir saß einer, der verdächtig nach Stasi aussah, und etwas weiter vorne im Bus noch andere. »Bitte reißen

Sie sich zusammen, solange Sie sich auf DDR-Gebiet befinden!«, hatte Vogel uns eingeschärft. Trotz Lindenberg blieb die Stimmung nervös. Der Busfahrer hatte aber sicher Spaß daran, die Stasi-Leute zu ärgern.

Wir saßen in der dritten Reihe von hinten, Monika am Fenster. Der einzelne Herr auf der anderen Seite des Ganges versuchte freundlich, mit mir ins Gespräch zu kommen, doch ich ignorierte ihn. Lieber blickte ich aus dem Fenster oder sah Monika an, die ebenfalls die weite Landschaft beobachtete, durch die wir fuhren. Allein das war schon eine Wohltat – nachdem unser Blick 21 Monate lang von Mauern verstellt war. Und ich wartete wie alle darauf, dass wir uns der Grenze näherten. Noch immer war es nicht so weit.

Nach einer Weile auf der Autobahn stand besagter Herr auf, ging nach vorne und tauschte mit dem Fahrer die Position. Er stieg über ihn vors Lenkrad, während der bisherige Fahrer sich unter ihm zur Seite schob, sodass sie den Bus dabei nicht anhalten mussten. Mit der Stasi hatte der Mann also doch nichts zu tun.

Damals gab es hinter Eisenach noch keine Autobahn-Brücke. Es ging von der Autobahn herunter und über die Europastraße 40 vom thüringischen Wartha nach Herleshausen in Hessen. Unser Bus schlängelte sich nach unten und vorbei an einer langen Schlange von LKWs, die auf ihre Abfertigung warteten. Vogels Mercedes fuhr noch immer vorneweg. Als die Schlagbäume zu sehen waren, lenkte er an den Fahrbahnrand. Dann hielt der Bus, die Tür ging auf und zwei Fahrgäste sprangen heraus. Das also waren die Stasi-Männer. Als die Tür sich wieder geschlossen hatte, rollten wir noch ein paar Meter weiter, über eine dicke weiße Linie – und jetzt waren wir tatsächlich im Westen!

Die Spannung fiel von uns ab. Wir jubelten, küssten und umarmten uns. Vergossen Freudentränen. Nun waren wir sicher. In Freiheit. Ohne die täglichen Demütigungen, ohne Spitzel, ohne Aufseher. Das fühlte sich großartig an. »Wir halten gleich mal, damit ihr aussteigen könnt. Aber zuerst müssen wir hier weg«, sagte der Busfahrer durchs Mikrofon und fuhr auf die Autobahn. Auf dem ersten Parkplatz hinter Herleshausen verteilte er Beutel mit Sandwiches, Schokolade und einer Banane für jeden, Zigaretten, Cola, Fanta: Delikatessen! Die Spannung löste sich, ich sah in fröhliche, in lachende Gesichter, lachte und umarmte immer wieder Monika. Dann vertraten wir uns ein wenig die Beine, liefen zur Toilette und konnten immer noch nicht recht begreifen, dass wir wirklich im Westen waren. Als wir an Bad Hersfeld vorbei fuhren, begann es zu dämmern. Um halb zwei waren wir losgefahren, um 16.15 Uhr über die Grenze. In der Stadt gingen die Lichter an, schön wie ein Feuerwerk.

* * *

> Am 25.01.1984 wurde May im Rahmen zentraler Maßnahmen aus der Haft in die BRD entlassen. Gleichzeitig erfolgte die Entlassung aus der Staatsbürgerschaft der DDR.
> Über alle relevanten Sachverhalte, die ihm Rahmen der Bearbeitung der OPK »Kontakt« zu den Personen May und Jonscher bekannt wurden, erhielt die BV-Cottbus, Abteilung XX entsprechende Informationen.
> Mit der realisierten Übersiedlung des May wird vorgeschlagen, die OPK »Kontakt« in der Abteilung XII gesperrt zur Ablage zu bringen. Die Ersatzverfilmung kann ab 1986 vorgenommen werden.[134]

* * *

Um halb sieben empfing man uns im Gießener Notaufnahmelager. Monika und ich hatten Glück: Wir bekamen ein Doppelzimmer. Noch am gleichen Abend saßen wir bei unserem ersten West-Bier. An unserem Tisch leistete uns jener Mithäftling Gesellschaft, der sechs Jahre in Brandenburg inhaftiert gewesen war, und mit ihm ein bekannter Mann der IGFM – ich hatte ihn wohl in einem Fernsehinterview bei Löwenthal gesehen. Plötzlich kam jemand herein und rief: »Herr Dittmar May, Telefon! Beim Pförtner.« Ich beeilte mich und lief nach vorne. Wer wusste schon, dass wir hier waren? Wir selbst hatten noch keine Gelegenheit gehabt, jemanden zu verständigen. Christian wusste es über Dr. Vogel, aber sonst?

»Hallo, Dittmar May?«

»Na, hallo Dittmar, hier ist Jojo!«

Das war eine wunderbare Überraschung. Auch wenn wir uns nur kurz austauschten: Ich freute mich, dass er unsere Befreiung ein wenig miterleben konnte, sich mitfreuen konnte und alles gut war zwischen uns. Doch wie um alles in der Welt war er an diese Nummer gekommen? In der Erstaufnahme wollte man eigentlich vermeiden, dass sie publik wurde. Man hatte uns angehalten, sie keinesfalls weiterzugeben. Jojo hatte es trotzdem geschafft, den Pförtner zu überreden, mich ans Telefon zu holen – obwohl dieser später deswegen schimpfte. Ein Künstler in seinem Fach!

Als ich wieder an unserem Tisch saß, in der rustikalen Kneipe des Lagers, und von Jojos neuerlichem Husarenstreich erzählte, händigte man uns einen Brief aus. Absender waren Herr und Frau Kerling aus Stuttgart. Die Unterzeichner begrüßten uns mit freundlichen Worten im Westen – wir hatten keine Ahnung, um wen es sich handelte.

Die beiden nächsten Tage in der Erstaufnahme vergingen mit Geheimdienst-Gesprächen, nacheinander mit dem BND, den Amerikanern, Franzosen und Engländern. Die Amerikaner stellen präzise Fragen, während ich bei den Franzosen und Engländern eher das Gefühl hatte, es handle sich bei den Befragungen um ein althergebrachtes Ritual, das pflichtgemäß, aber ohne echte Neugier durchgeführt wurde.

Auch der Verfassungsschutz[135] schien wenig interessiert an dem zu sein, was ich aus dem Strafvollzug zu berichten hatte, weder an den Übergriffen von RT und Konsorten in Cottbus, noch an den Zuständen im Rummelsburger Karzer. Womöglich lag es an der Halbherzigkeit, mit der die Zentrale Beweismittel- und Dokumentationsstelle der Landesjustizverwaltungen in Salzgitter nur noch unterstützt wurde. Im Dezember 1989 stand im Spiegel:

»Vor allem die SPD sah, Wandel durch Annäherung, immer weniger einen Sinn darin, den östlichen Machthabern unentwegt Greueltaten vorzuhalten. Alle SPD-regierten Bundesländer stellten nach und nach ihre Zahlungen für den Behörden-Etat von zur Zeit 250.000 Mark jährlich ein.«[136]

Dabei wusste ich, dass die Salzgitter-Stelle im Osten durchaus Wirkung entfaltete – und ihre Abschaffung ein großes Geschenk an Honecker & Co. gewesen wäre. Glücklicherweise schritt die Entwicklung schneller voran, als wir es uns in Gießen träumen ließen. Im Vergleich zu den Unsummen, die für den Häftlingsfreikauf ausgegeben wurden, waren die 250.000 D-Mark für Salzgitter ein Klacks – mit dem Spareffekt ließ sich die Haltung der SPD also nicht begründen.

Großzügig war die Bundesrepublik nicht nur beim Freikauf selbst. Als anerkannte politische Häftlinge wurden wir auch im Westen noch großzügig unterstützt – auf Basis des seit 1955 geltenden Häftlingshilfegesetzes. Dieses Gesetz sah Hilfen für Deutsche vor, die »aus politischen und nach freiheitlich-demokratischer Auffassung von ihnen nicht zu vertretenden Gründen in Gewahrsam genommen wurden«. Zum Beispiel zahlte man uns den Zeitwert für unseren von der Stasi beschlagnahmten Skoda aus: 4500 D-Mark. Damit hatte ich niemals gerechnet. Es gab eine »Eingliederungshilfe«, die umso höher ausfiel, je länger die Inhaftierung gedauert hatte. Außerdem hatte man die Möglichkeit, weitere Unterstützung »zur Linderung einer Notlage« zu beantragen – eine Regelung, die wir glücklicherweise nicht in Anspruch nehmen mussten.

In Gießen erhielten wir schnell provisorische Ausweise und wurden mit einigen bundesdeutschen Formalitäten vertraut gemacht. Die Caritas hatte eine Kleiderkammer eingerichtet, in der wir uns mit neuen und gute erhaltenen gebrauchten Hosen, mit Jacken, Unterwäsche und Schuhen versorgen konnten. Ich suchte mir einen neuen Anorak aus, denn es war Januar und geflohen waren wir im April. Alles war vorhanden, was wir für die ersten Tage benötigten. Ein Vertreter des Hartmannbundes (Verband der Ärzte Deutschlands e. V.) stellte sich vor und schenkte uns einen Geldbetrag von immerhin zweihundert D-Mark. Auch vom Geld, das uns nach dem Häftlingshilfegesetz gewährt wurde, bekamen wir einen Abschlag ausgehändigt.

Mit dem ersten Bargeld liefen wir am Bahnhof vorbei in die Stadt. Monika kaufte sich beim Fleischer ein paar Scheiben köstlichen Schinken. Und am Abend des zweiten Tages gab es ein Essen auf einer Burg bei Gießen. Alle Flüchtlinge und Freigekauften des Notaufnahmelagers wurden zur Begrüßung eingeladen. Wir fühlten uns herzlich aufgenommen – und waren mehr als dankbar über diese Behandlung, die uns keineswegs selbstverständlich erschien.

Unsere Helfer im Westen

Am 27. Januar hatten wir alle notwendigen Stationen zur »Einbürgerung« durchlaufen. Christian und Renate kamen aus Lünen und holten uns am

Schlagbaum der Notaufnahme ab, mit unseren Taschen, den wenigen alten und neuen Kleidern. Wir fuhren über die Sauerlandlinie, die vielen Berge und Brücken der A45 von Gießen nach Dortmund, zu ihrem Haus nach Lünen, in dem sie das Gästezimmer für uns hergerichtet hatten.

»Kannst du mit dem Namen Kerling etwas anfangen?«, fragte ich Christian. »Ein Ehepaar Kerling hat uns einen Brief nach Gießen geschickt, zur Begrüßung, doch ich weiß nicht, wer das ist.«

»Na klar, das waren unsere geheimen Botschafter, zusammen mit meiner Mutter und Frau Fuchs. Wenn wir einen Brief vom innerdeutschen Ministerium bekamen, oder von der Anwaltskanzlei Näumann in Berlin, und es gab etwas Erfreuliches zu berichten, konnten wir ja nicht einfach deine Eltern anrufen. Dann haben wir es entweder Frau Fuchs erzählt, die ja zwei Mal im Jahr ihren Sohn im Westen besucht, oder den Kerlings in Stuttgart. Der Mann ist leitender Angestellter der Mercedes-Werkstätten in Europa, die Frau engagiert sich ehrenamtlich. Zufällig lernten sie Frau Fuchs' Nachbarn in Leipzig kennen, eine Urlaubsbekanntschaft.«

»Wen denn?«

»Eine Sportlerin, die bei den Olympischen Spielen in Tokio eine Medaille gewann.«

»Ja, ich weiß, wen du meinst.«

»Wenn die Kerlings sie besuchten, stellten sie ihren Mercedes immer bei Frau Fuchs in die Einfahrt, so kam der Kontakt zustande. Ganz unauffällig.«

»Was Hans-Jürgen mir bei seinen Besuchen im Knast von Fortschritten erzählte, beim Bau des ›Südflügels‹ oder des ›Nordflügels‹, wie er das umschrieb, kam das also von denen?«

»Ja, vor allem. Ob wir Rechtsanwalt Vogel wirklich trauen konnten, wussten wir ja nicht.«

Frau Kerling setzte sich auch für andere Häftlinge ein, später kümmerte sie sich intensiv um die »verlorenen Kinder« der DDR, die aus politischen Gründen von ihren Eltern getrennt wurden oder weil der Vater Kubaner oder Vietnamese war und zurück in sein Herkunftsland geschickt wurde. Noch heute ist sie in diesem Bereich aktiv.

Christians Mutter, meine Tante Lisa, die seit dem Tod Onkel Erichs in den Siebzigerjahren bei Hans-Lutz wohnte, hatte das, was wir uns im Gefängnis wünschten – es sollten ja nur West-Waren sein – zusammengekauft und zu meinen Eltern geschickt, die alles neu verpackten und mit dem obligatorischen Paketschein versehen nach Rummelsburg weiterleiteten. Oder sie schickte es zu Monikas Eltern, denn nur diese bekamen den Paketschein für Hoheneck. Christian erkundigte sich beim Ministerium für innerdeutsche Beziehungen, ob es für seine Mutter gefährlich sei, weiterhin regelmäßig in die DDR einzureisen – das wurde verneint. So konnte sie zusammen mit Frau Fuchs und den Kerlings meinen Eltern und Monikas Mutter erklären, was unternommen wurde, um uns möglichst schnell auf die Freikaufliste setzten zu lassen.

Das meiste von dem, was in unserer Sache getan worden war, erfuhren wir jetzt erst von Christian. Er zeigte uns den umfänglichen Briefverkehr, der unserer Sache gewidmet war. Von den Gewissensnöten, mit denen er gekämpft hatte, nachdem wir im Gefängnis gelandet waren, schwieg er weitgehend. Dass die Flucht gescheitert war, die er mitorganisiert hatte, hatte ihn nicht gleichgültig gelassen. Wie schwer er es nahm, erfuhren wir nach und nach von anderen. Dabei traf ihn keine Schuld. Ich wusste doch jederzeit um das Risiko und hätte ihm niemals Vorwürfe gemacht.

Sobald Christian sich sicher war, dass wir verhaftet worden waren, einen Tag nach unserer Ankunft in Hohenschönhausen, rief er bei Rechtsanwalt Wolf-Egbert Näumann in Berlin an, der den Kontakt zu Vogel herstellen und ihm unser Mandat übertragen sollte. Im Gegensatz zu Anwalt Jürgen Stange, der direkt für die Rechtsschutzstelle des Bundesministeriums für innerdeutsche Beziehungen arbeitete, wurde Näumann von seiner Kanzlei aus tätig. Stange hatte Christian an ihn verwiesen. Die Möglichkeiten des Häftlingsfreikaufs waren allen Seiten bekannt, die Vorgehensweise festgelegt. Am 4. Mai schrieb Näumann:

»Mit gleicher Post habe ich meine Ost-Berliner Kollegen Dr. Wolfgang Vogel, Dieter Starkulla und Klaus Hartmann um Übernahme der Verteidigung in der Sache Dittmar May gebeten. Sobald das Mandat bestätigt ist, werde ich Sie unterrichten.

Nun zu Ihren Fragen:

Sie können Herrn Helmut May mitteilen, daß die oben erwähnten Rechtsanwälte um Übernahme der Verteidigung gebeten worden sind.

Der Wunsch von Dittmar May, möglichst schnell in die Bundesrepublik Deutschland zu gelangen, muß den Ost-Berliner Kollegen nicht mitgeteilt werden. Da ich in der Sache tätig bin, ist das Ziel bekannt.

Ein Antrag auf Ausreise ist nicht erforderlich. Ich gebe den Fall nach Abschluß des Verfahrens an das Bundesministerium für innerdeutsche Beziehungen mit der Bitte um Prüfung auf Aufnahme in die besonderen Bemühungen der Bundesregierung um politische Häftlinge in der DDR ab. Wegen der Aufnahme des Kleinkindes müßten Sie mir mitteilen, wer aus der Verwandtschaft in Frage kommt. Ich werde dann über die Ost-Berliner Kollegen nachfragen.«

Dem Brief lag ein dreiseitiges Informationsschreiben bei, das die Erfahrungen des Anwalts mit der »politischen Inhaftierung in der DDR« wiedergab und unter anderem über Besuchsmöglichkeiten und den Briefverkehr mit Inhaftierten informierte. Die Kommunikation zwischen den Anwälten lief reibungslos. Nur eine Woche später meldete sich Näumann erneut bei Christian: Die »Ost-Berliner Kollegen« hätten sich »der Angelegenheit angenommen«. Mein Cousin wurde über die Verfahrensschritte und im September über das Urteil informiert – wobei von vornherein klargestellt worden war, dass keiner der beteiligten Anwälte die Möglichkeit besäße, den Prozess oder das Strafmaß zu beeinflussen. Am 20. September, als das Urteil feststand, schrieb Näumann:

»Ich habe den Fall an das Bundesministerium für innerdeutsche Beziehungen abgegeben mit der Bitte um Prüfung, ob Aufnahme in die besonderen Bemühungen der Bundesregierung um politische Häftlinge in der DDR erfolgen kann.«

Mit den »besonderen Bemühungen« ist das Freikaufprogramm gemeint. Die Zahl unserer Unterstützer nahm noch zu. Christian wandte sich an einen Standesvertreter westdeutscher Kieferchirurgen: Er solle sich bei Professor Pape für uns einsetzen – was wohl auch geschah. Am 23. Oktober schrieb er ein weiteres Mal an Jürgen Stange, zeigte sich besorgt um Monikas Gesundheit, und formulierte: »[Sie leidet] besonders unter der Trennung von ihrem fünfjährigen Sohn Christian […]. Sie war an den Fluchtvorbereitungen nicht beteiligt und uns erscheint deshalb ihre hohe Strafe als besonders hart. Es sollte nach Möglichkeiten gesucht werden, vor allem ihre Freiheitsstrafe zu verkürzen.«

DER BUNDESMINISTER
FÜR INNERDEUTSCHE BEZIEHUNGEN

5300 BONN 1, 14. DEZ. 83
POSTFACH 12 02 50
FERNRUF (02 28) 3 06-
ODER 3 06-1 (VERMITTLUNG)

DIENSTGEBÄUDE: GODESBERGER ALLEE 140
BONN-BAD GODESBERG

EINGEGANGEN
FDP-Fraktion
stellv. Vorsitzender

Herrn
Dieter-Julius Cronenberg, MdB
Bundeshaus

5300 Bonn 1

Sehr geehrter Herr Kollege,

mit Ihrem Brief vom 22. November 1983 baten Sie mich nochmals eindringlich um Unterstützung für das in der DDR inhaftierte Arzt-Ehepaar Monika und Dittmar May.

Die Bundesregierung hat sich mit Nachdruck für beide eingesetzt. Erste Anzeichen lassen nunmehr hoffen, daß die Eheleute May in absehbarer Zeit in die Bundesrepublik Deutschland entlassen werden.

Leider können jedoch Unwägbarkeiten nicht ausgeschlossen werden. Ich wäre Ihnen deshalb dankbar, wenn Sie meine Nachricht mit der gebotenen Zurückhaltung an die Angehörigen weitergeben würden.

Mit freundlichen Grüßen

Brief des Bundesministers für innerdeutsche Beziehungen, Herrn Heinrich Windelen, an Dieter-Julius Cronenberg, MdB, vom 14. Dezember 1983.

Auf diesem Ohr blieb das Regime taub. Auch der Versuch, Monikas Haftbedingungen über eine Vermittlung durch Stanges Kanzlei zu verbessern, musste scheitern. Nach einem Telefongespräch mit Stanges Mitarbeiterin Barbara von der Schulenburg, schrieb ihr Christian:

»Zufällig hat am gleichen Tag eine entlassene Gefangene sich bei mir gemeldet. Sie teilte mir neben familiären Details mit, daß sich Monika May in einer für sie extrem ungünstigen Umgebung (12 Personen-Zelle, ca. 5 Mörderinnen, [...]extrem laut) aufhalten muß. Könnten Sie ein Gesuch auf eine Verlegung in eine andere Zelle unterstützen?«

Von der Schulenburg antwortete:

»Zu meinem Bedauern muß ich Ihnen mitteilen, daß es von hier aus keinerlei Einwirkungsmöglichkeiten auf den Strafvollzug gibt. Auch dem Verteidiger sind hier die Hände gebunden.«

Wie im Kapitel »Schlussbericht« erwähnt, gab es einen Briefwechsel zwischen Dr. Gerhard und Dr. Katrin Zeißig, die selbst aus DDR-Haft freigekauft worden waren, und Anwalt Vogel. Die Zeißigs hatten Christian an unsere Fluchthelfer vermittelt. Im August 1983 setzten sie sich nun erneut für uns ein (es ging zugleich um einen Ausreiseantrag von Katrin Zeißigs eigenem Cousin), diesmal bei Stange. Zu dieser Zeit jedoch wurde Jürgen Stanges Vertrag mit dem Bundesministerium gekündigt. Ludwig A. Rehlinger, der Staatssekretär im Ministerium für innerdeutsche Beziehungen, wurde auf eine schwarze Kasse des ehemaligen Ministerialdirektors Edgar Hirt aufmerksam, insgesamt 5,6 Millionen D-Mark aus Rückerstattungen des Caritasverbandes, die Stange jahrelange als Bote überbracht hatte.[137] Hirt wurde später wegen Untreue verurteilt, Stange fiel als Vermittler aus. In dieser Situation schien es Christian geraten, einen Weg zum Bundesministerium für innerdeutsche Beziehungen zu suchen, dessen Minister seit der Wahl Heinrich Windelen (CDU) hieß.

Es gelang schließlich nach einigen vergeblichen Versuchen mit Hilfe des stellvertretenden Vorsitzenden der FDP-Fraktion im Bundestag, Dieter Julius Cronenberg, den Christian zunächst über den Rechtsanwalt und Parteifreund Cronenbergs, Klaus-Gerd von Both, später aber direkt kontaktierte. Am 17. November 1983 (als ich in Rummelsburg schon sicher glaubte, auf der Freikaufliste zu stehen), schrieb Christian an Cronenberg:

»Ich wende mich [...] direkt an Sie, da ich befürchte, daß die humanitären Bemühungen der Bundesregierung in diesem Fall vorerst ins Stocken geraten sind, weil:

Rechtsanwalt Stange offensichtlich nicht informiert ist, wie lange er noch diese Fälle abwickeln soll.

Die Eröffnung des Büros des neuen Beauftragten der Bundesregierung, Rechtsanwalt Jaeger, noch nicht erfolgt ist.

Mein letzter Berlinaufenthalt Anfang Oktober hat mir weder im Bundeshaus noch bei Rechtsanwalt Stange Klarheit verschafft.

Ich bitte Sie um Hilfe [...]«

Cronenberg wandte sich daraufhin sofort an Windelen, der ihm innerhalb eines Monats antwortete. Ob unser Name erst hierdurch auf die Liste kam – ich habe es nicht erfahren. Christian und allen anderen Unterstützern war ich in jedem Fall sehr dankbar – und versuchte in den folgenden Monaten, anderen Häftlingen ähnlich engagiert zu helfen.

Und was hatte es mit dem Fluchthelfer auf sich, der von Christian beauftragt worden war? Hier die Auflösung: Er hieß Rolf H. und hatte seit Beginn seiner Tätigkeit als Fluchthelfer Mitte der Siebzigerjahre tatsächlich sehr vielen Ausreisewilligen geholfen, unter anderen den Zeißigs. Auch einer meiner späteren Patienten war dankbarer »Kunde« H.s. Ich fragte ihn kürzlich, ob er wisse, ob H. Sachse sein – so vermutete ich es aufgrund der Kassetten-Stimme, die uns im Auto die Anweisungen erteilt hatte. Doch von H.s Herkunft wusste mein Patient nichts, nur dass er von irgendwo aus dem Osten stamme. Eher aus Thüringen oder Sachsen-Anhalt, meinte er.

Als das Transitabkommen 1972 in Kraft getreten war, hatte das MfS einige Jahre benötigt, um sich auf die neue Situation einzustellen. Später scheint H. vor allem mit Amerikanern gearbeitet zu haben, die er in erster Linie direkt, dann auch über Mittelsmänner kontaktierte. Er hielt den Kreis seiner »Mitarbeiter« möglichst klein. Die Arbeit mit Berliner Studenten, vor allem solchen, die im RCDS organisiert waren, dem CDU-nahen »Ring Christlich-Demokratischer Studenten«, erschien ihm wohl am günstigsten.

In einem Zeitungsartikel, der im November 1982 erschien, lässt sich nachlesen, dass auch an unserem Fall Studenten beteiligt gewesen waren.

SEITE 6 – DIENSTAG, 30. NOVEMBER 1982 BERLIN

Berliner Studenten und US-Soldaten wollten „DDR“-Familie in den Westen holen

Flucht gescheitert, weil Baby weinte

Weil sie zwei Angehörige der US-Streitkräfte in Berlin mit hohen Geldversprechungen angeworben hatten, bei der Schleusung einer dreiköpfigen Familie aus der „DDR“ nach West-Berlin mitzuwirken, mußten sich gestern zwei 6 und 25 Jahre alte Jurastudenten der FU vor einem Moabiter Schöffengericht verantworten. Das Fluchthilfeunternehmen war gescheitert, die „DDR“-Familie festgenommen und die beiden US-Sergeanten den amerikanischen Streitkräften überstellt worden.

Ein amerikanisches Militärgericht in West-Berlin hat inzwischen die beiden Sergeanten wegen Verstoßes gegen eine Dienstvorschrift der US-Army, wonach keine fremden Personen in einem Fahrzeug der Alliierten mitgenommen werden dürfen, zu je einem Jahr Zuchthaus mit Zwangsarbeit verurteilt. Überdies wurden sie degradiert und unehrenhaft aus der Armee entlassen.

Die beiden Jurastudenten, so die Anklage, hatten den beiden Sergeanten 18 000 Mark für die Schleusung der „DDR“-Familie versprochen und ihnen 350 bzw. 400 Mark angezahlt. Sie wußten, daß Angehörige der alliierten Streitkräfte auf der Transitstrecke an den Kontrollstellen der „DDR“ nicht überprüft werden. Und nutzten dieses Wissen für ihr Fluchthilfeunternehmen aus.

Die Jurastudenten, die seit Jahren mit Hilfe amerikanischer Soldaten kommerziell Fluchthilfe betrieben, hatten die Sergeanten als Fahrer eines präparierten Wagens mit US-Kennzeichen für das Fluchthilfeunternehmen engagiert.

Als der Wagen an einer Grenzkontrollstelle wegen eines Staus längere Zeit warten mußte, fing plötzlich das im Kofferraum versteckte Kleinkind an zu weinen. So wurde der Fluchtversuch entdeckt.

Die Verhandlung gegen die beiden Jurastudenten fand unter Ausschluß der Öffentlichkeit statt. Sie wurde erst zum Urteil wieder zugelassen. Das Schöffengericht sprach die Angeklagten frei. Mit der Begründung, daß ihnen das Unrechtsbewußtsein gefehlt habe, hier gegen alliierte Vorschriften verstoßen zu haben. Der Staatsanwalt hatte sechs, beziehungsweise drei Monate Freiheitsstrafe auf Bewährung gefordert. Er nannte das Urteil „abstrus“ und will Berufung einlegen. „Die sollen nicht gewußt haben, daß Schleusungen mit Hilfe amerikanischer Soldaten strafbar sind?“ frk

Heftiger Protest aus Heiligensee gegen OVG-Vorschlag zum Thema Autobahn-Zubringer

Artikel der *Berliner Morgenpost* vom 30. November 1982. Woher die Falschmeldung stammt, dass wir aufgrund eines weinenden Babys entdeckt worden seien, ist unklar. Außerdem wurde nur einer der US-Soldaten unehrenhaft entassen. Das *Hamburger Abendblatt* wusste im Juni 1982 hier schon besser Bescheid. Die Klagen gegen Fluchthelfer wegen »Begleitdelikten« wurden im Allgemeinen, wie auch in diesem Falle, abgewiesen.[139]

Zwangsarbeit, weil er helfen wollte

Eigener Bericht – SAD

New York, 18. Juni

Das hatte der junge amerikanische Soldat Austin S. Stockman sich nicht träumen lassen, als er versuchte, einer Arztfamilie aus der „DDR“ bei der Flucht nach West-Berlin zu helfen: Er wurde von seinen Vorgesetzten vor ein Kriegsgericht gestellt, zu sechs Monaten Zwangsarbeit verurteilt und wegen „schlechter Führung“ unehrenhaft aus der Armee entlassen.

Stockman räumt ein, daß er gegen eine Verordnung der Armee verstoßen hat, die es Soldaten verbietet, sich als Fluchthelfer zu betätigen. Aber bisher wurden amerikanische Soldaten, die bei einem solchen Versuch gefaßt wurden, nur mit Disziplinarstrafen wie Degradierung oder Soldkürzung belegt. Stockman ist der erste, der eine harte Freiheitsstrafe erhielt und unehrenhaft aus der Armee ausgestoßen wurde.

Stockman, der in Berlin stationiert war, lernte im Winter 1981–82 zwei Deutsche kennen, die ihn eines Tages fragten, ob er bereit sei, einer Familie bei der Flucht aus der „DDR“ zu helfen. Stockman sagte zu. Die deutschen Freunde besorgten ihm einen Volvo, der auf seinen Namen zugelassen wurde und bei dem die Zwischenwand zwischen dem Rücksitz und dem Kofferraum ausgebaut war.

Stockman überredete einen Freund, den Soldaten David F. Pierce, bei dem Fluchtversuch mitzumachen. Die beiden fuhren mit dem Wagen nach Hannover, verbrachten dort eine Nacht, und kehrten am nächsten Tage nach Berlin zurück. Um 21 Uhr hielten sie an einer vorher vereinbarten Stelle an der Autobahn Helmstedt – Berlin. Dr. Christian-Dieter Mai (33), seine Frau Monika (30) und ihr Sohn Christian warteten schon, stiegen in den Volvo und kletterten über den Hintersitz in den Kofferraum.

Anscheinend waren sie beobachtet worden, denn an der Westberliner Grenze bestanden sowjetische Soldaten auf einer Durchsuchung des Wagens. Stockman weigerte sich. Nach dreistündigen Verhandlungen zwischen sowjetischen und amerikanischen Militärdienststellen wurde der Kofferraum von amerikanischen Militärpolizisten geöffnet. Die Familie Mai wurde von sowjetischen Soldaten herausgeholt und den „DDR“-Behörden übergeben. Stockman und Pierce wurden von der amerikanischen Militärpolizei festgenommen und vor ein Kriegsgericht gestellt. Pierce erhielt eine Disziplinarstrafe, aber Stockman wurde zu sechs Monaten Zwangsarbeit verurteilt. Er legte Berufung ein und hat die Strafe bisher nicht abgebüßt. Zur Zeit arbeitet er in einer Fabrik im US-Staat Delaware.

Im Juni 1982 erschien dieser Artikel im *Hamburger Abendblatt*, der die Ereignisse aus Sicht unserer amerikanischen Fluchthelfer beschreibt. Offenbar waren unsere Namen mündlich weitergegeben worden, wodurch sich Fehler einschlichen. Auch die Altersangaben stimmen nicht, ich war erst 32, Monika 29 Jahre alt.

Unsere studentischen Fluchthelfer wurden vom Moabiter Schöffengericht freigesprochen, weil die Fluchthilfe in der Bundesrepublik schon aus verfassungsrechtlichen Gründen nicht als Straftatbestand gelten konnte. Den beteiligten US-Soldaten erging es leider deutlich schlechter. Auch von ihrem Schicksal weiß ich aus Zeitungsberichten, zunächst aus einem Artikel im Hamburger Abendblatt, der im Juni 1982 erschien. Von den Berichten der Washington Post vom Juni und Oktober 1983[139] erfuhr ich erst nach Erscheinen der ersten Auflage dieses Buchs.

Die US-Soldaten waren Austin S. Stockman, 22 Jahre alt, und sein Freund David F. Pierce, dessen Alter nirgends erwähnt wird. Stockman wurde als Fluchthelfer angeworben und überzeugte seinerseits Pierce davon, mitzumachen. Stockman war es auch, der den Volvo fuhr. Nachdem die Sowjets ihn angehalten hatten, weigerte er sich zunächst, den Kofferraum durchsuchen zu lassen. Erst als sein Vorgesetzter eintraf und ihm drohte, notfalls ein Brecheisen einzusetzen, gab er den Schlüssel heraus.

Bis zu diesem Tag hatte sich Stockman als Soldat tadellos betragen. Dass er mit seiner Tat gegen ausdrückliche Vorschriften der US-Armee verstoßen hatte, war ihm zwar bewusst. Doch welche Strafe ihn erwartete, hatte er nicht voraussehen können: Ein Kriegsgericht verurteilte ihn zu sechs Monaten Zwangsarbeit (»hard labor«), entzog ihm den Sold und ordnete seine unehrenhafte Entlassung an. Damit war nicht allein seine Karriere als Berufssoldat zerstört – die »Unehre« drohte auch seinen Ruf im zivilen Leben zu beschädigen. Darum legte er Berufung ein. Er wollte zurück in den aktiven Dienst, um diese Scharte auszuwetzen, doch das Urteil wurde im Oktober 1983 endgültig bestätigt. Seinen Kameraden Pierce stufte man als bloßen Mitläufer ein. Er erhielt eine Disziplinarstrafe ohne Zwangsarbeit und verließ das Militär.

»Anwälte der Armee glauben, dass Stockman der erste amerikanische Soldat ist, der vor ein Kriegsgericht gestellt wird, weil er versucht hat, jemanden aus einem kommunistischen Blockstaat zu schmuggeln.« So heißt es in der Berichterstattung der Washington Post. In zahlreichen früheren Fällen war es lediglich zu Geldstrafen gekommen. Weshalb das Verteidigungsministerium in dieser Hinsicht gerade 1982 seine Politik änderte, bleibt unklar. Im Berufungsverfahren wurde vage angedeutet, dass »die Sowjetunion wegen derlei Ausschleusungen eine neue Blockade versuchen könnte« – doch das erscheint mir recht weit hergeholt.

Welche Gründe hatten Stockman dazu bewogen, sich auf das riskante Unternehmen einzulassen? Sein Anwalt brachte edle Motive zur Sprache und verwies darauf, dass Stockman, wenngleich er offensichtlich gegen Regeln verstoßen hatte, der freiheitlichen US-Politik im höheren Sinn verpflichtet gewesen sei. Diese gebe Menschen grundsätzlich das Recht, auszuwandern. Die Gegenseite verwies auf die versprochene Bezahlung und einen gewissen »Machismo«, was sich wohl mit »(unreifem) Imponiergehabe« übersetzen lässt. Was Stockman tatsächlich antrieb und welches Motiv für ihn ausschlaggebend war, kann ich nicht beurteilen. Für die Urteilsfindung spielten seine Motive ohnehin eine untergeordnete Rolle. »Zwei der Richter argumentierten, dass Stockman, ein Nukleartechniker und Unteroffizier [...], eine besondere Verantwortung für die Einhaltung der Armeeregeln als Mitglied der Berliner Elite-Brigade trug«, schreibt die Washington Post weiter. Das wird wohl den Ausschlag gegeben haben, und zwar ganz unabhängig vom Inhalt jener Regeln. Stockmans Berufung wurde abgewiesen und seine militärische Existenz damit endgültig zerstört. In gewissem Sinne wurde er zu einem weiteren Opfer des Kalten Krieges und des Burgfriedens, den die Großmächte in Berlin ausgehandelt hatten. Ich hätte mir für ihn einen günstigeren Ausgang gewünscht.

Drei Jahre nach Stockmans erfolglosem Berufungsverfahren, am 7. Januar 1986, sah ich in einem Bericht des ARD-Fernsehmagazins »Kontraste« wie nordkoreanische Diplomaten, die in Ostberlin akkreditiert waren, Ladegut in einem geöffneten Kofferraum von West- nach Ostberlin beförderten. Daraufhin schrieb ich an den damaligen US-Präsidenten Ronald Reagan: »Herr Präsident, wir waren auf amerikanischem Boden und wurden von Amerikanern den Russen ausgeliefert – konnten sie auch anders handeln? Wenn nicht, dann handeln Sie wenigstens, wenn von kommunistischen ›Diplomaten‹ ungehindert Kisten von West- nach Ostberlin transportiert werden!« Ein Botschaftssekretär antwortete mir eine Weile später, doch auch er verwies lediglich darauf, dass Soldaten dazu verpflichtet seien, »sich streng nach den gültigen Statuten zu richten.«

Eingewöhnung

Dadurch, dass ich beruflich aktiv sein konnte und zuletzt, allein auf der Zelle, verhältnismäßig erträgliche Bedingungen vorfand, überwand ich die unmittelbaren Folgen der Haft deutlich besser als Monika. In den ersten zwei oder drei Tagen, nachdem Christian und Renate uns abgeholt hatten, spürten wir beide kaum mehr als Freude und Erleichterung. Sie zeigten uns die Umgebung, wir lernten uns überhaupt erst richtig kennen und erfuhren, was nach unserer Verhaftung unternommen worden war. Für meinen Cousin war es wichtig zu erfahren, dass wir ihn keineswegs für das Scheitern der Flucht verantwortlich machten. Im Gegenteil: Wir waren bloß dankbar für alles, was er und Renate für uns getan hatten, und freuten uns vorbehaltslos darüber, wie sie uns begrüßten, bei sich aufnahmen und sich merklich bemühten, unaufdringlich und taktvoll mit der Situation umzugehen.

Am zweiten Abend kam Christians Bruder Hans-Lutz mit seiner Frau Gudrun zu Besuch, die die Hälfte des Fluchtgeldes vorgestreckt hatten. Erstaunlicherweise waren sie jedoch kaum an dem interessiert, was uns bei der Flucht und während der Haft widerfahren war. Stattdessen sprachen sie von der Arbeit, den Mühen der Selbstständigkeit und den Vorschriften der zahlreichen Krankenkassen, an die man sich erst gewöhnen müsse – »was da noch auf euch zukommt, wartet nur ab!« An ihre eigene glückliche Flucht über Ungarn schienen sie sich nicht mehr zu erinnern, so völlig in Anspruch genommen waren sie vom Management der florierenden Praxis. Monika und ich mussten uns zusammenreißen, um das auszuhalten und den Abend nicht mit einem Eklat enden zu lassen. Wir waren noch ganz damit ausgefüllt, das Geschehene zu verarbeiten. Wie sollten wir die bürokratischen Kleinigkeiten ernstnehmen, von denen Gudrun und Hans-Lutz berichteten?

Nach und nach machte sich die emotionale Überlastung bemerkbar – und in meinem Fall auch der Verzicht auf Faustan und den extremen Tee- und Zigaretten-Konsum in der Auslieferungshaft. Mein Herzschlag beschleunigte sich, es kam zu Rhythmusstörungen und pektanginösen Beschwerden wie die, an die ich mich noch vom Studium erinnern konnte, als der Prüfungsstress groß gewesen war und ich etwas ungesund gelebt hatte. Nach einem Termin beim Kardiologen nahm ich für einige Wochen Beta-Blocker ein, bis die Symptome abebbten. Heute kann ich sicher sagen, dass ich keine dauerhaften Schäden davontrug.

Monika hatte vor allem mit den psychischen Nachwirkungen der Haftzeit zu kämpfen. Nach unserer Ankunft schrieb sie den Text einer Ballade auf, die in dem berüchtigten Frauengefängnis kursierte. Er soll hier symbolisch stehen für die seelischen Verwundungen, die sie erlitt, und die Erinnerungen, die sie noch etwa drei Jahre verfolgten, zu Depressionen führten und im Alltag beeinträchtigten.

Die Frau von Hoheneck

Graue Jacke, graue Hose,
bleich, wie eine weiße Rose
und allenfalls der letzte Dreck,
das ist die Frau von Hoheneck.
Einst war sie eine schicke Dame,
uns int'ressiert jetzt nicht ihr Name,
denn dieser ist nur Schall und Rauch,
wie and'res hierzulande auch.
Des Zwangs, der Lügen überdrüssig
ward sie sich eines Tages schlüssig,
dem Heimatland »ade« zu sagen,
und einen großen Schritt zu wagen.
Doch leider war sie zu naiv,
die ganze Sache ging dann schief.
Und statt im Hilton zu übernachten,
muss sie auf Hoheneck nun schmachten.
Da hilft kein Klagen und kein Sehnen,
da hilft kein Schrei und keine Tränen,
aus diesem gastfreundlichen Haus
kommt sie so schnell nicht wieder raus.
Die Türen haben keine Klinken,
die Uniformenknöpfe blinken,
die Fenster sind schwarz-weiß kariert,
frag' nicht, wie man im Winter friert.

Und in den Mauern steckt nur Kühle,
verschwunden sind längst die Gefühle,
und gibt es Krach und geht es rund,
dann lacht sie nur und fragt: »Na, und?«
Tag für Tag mit düst'rer Miene
sitzt sie an ihrer Nähmaschine
und näht und schwitzt, gleich einem Affen,
um ihre hohe Norm zu schaffen.
Nach der Arbeit in der Zelle
ist die Welt auch nicht sehr helle.
Im Waschraum lauter nackte Leiber,
nichts als Weiber, nichts als Weiber.
Ob im Hofe, ob im Bette,
in der Hand die Zigarette,
»Salem« und viel *schlimm're Kräuter*
stimmen Herz und Seele heiter.
Freistunde, die Sorgen fort,
erst die Meldung, dann der Sport,
und als Wichtigstes zu nennen,
ist zum Teestand hin das Rennen.
Inmitten einer Menschenmenge
steht auch sie dann im Gedränge,
sie kämpft sich vor, so gut sie kann,
Mit Schnauze, »Baby, he klapp' an!«
Trinkt sie dann ihren Tee, den süßen,
kann sie auch ihre Miezen grüßen
und hört auch hier das Zauberwort,
»James ist da – es geht Transport«.
So verbringt sie, ohne Frage,
hier wohl ihre schlimmsten Tage,
doch trotz Schikane und Intrigen,
sie lässt sich niemals unterkriegen!
Und eines Tag's wird's ihr gelingen,
dann wird sie auf des Vogels Schwingen,
Zell und Mauer hinter sich lassen
und wandeln auf ganz and'ren Straßen.

Weiße Jacke, weiße Hose,
blühend wie eine rote Rose,
doch was auf Hoheneck gewesen,
das wird die Frau wohl nie vergessen.

Die Verhältnisse im Frauengefängnis Hoheneck (und schon während der kurzen Zeit in der allgemeinen U-Haft in Cottbus) überstiegen alles, was ich erlebt hatte.

Vielen anderen unschuldig Inhaftierten ruinierten die Umstände der DDR-Haft, die Unsicherheit und der permanente Druck nachhaltig die Gesundheit, so etwa dem Rummelsburger »Gärtner«, Eberhard, dessen Frau ebenfalls in Hoheneck inhaftiert gewesen war. Bei der Befragung durch den BND hatte ich von ihm und dem Bibliothekar berichtet. Jemand musste die Namen der »Republikflüchtlinge« im Westen kennen und sich für sie einsetzen, nur so kamen sie auf die Freikaufslisten und wurden zum Gegenstand der westöstlichen Verhandlungen. Für Eberhard war es Ende 1984 so weit. Seine Frau und er hatten in der Chemnitzer Auslieferungshaft besonders schwer zu leiden, angeblich weil ihre halbwüchsige Tochter bürokratische Schwierigkeiten verursachte. Seine Frau wurde sogar noch einmal zurück nach Hoheneck verbracht, bis sie endlich doch gemeinsam, nach erneuter Wartezeit, über Chemnitz ausreisen durften. Warum die Stasi ausgerechnet ihnen das antat, weiß ich nicht. Zwischenzeitlich hatte ich auch Kontakt mit der Rechtsanwältin von der Schulenburg in Berlin aufgenommen, die nach Stanges Entlassung weiter am Häftlingsfreikauf und der Familienzusammenführung mitwirkte. Vom Notaufnahmelager aus rief Eberhard mich an, wir besuchten die beiden in Gießen und freuten uns gemeinsam, dass ihre Befreiung zuletzt doch geklappt hatte. Die beiden zogen nach Wuppertal – doch dort, nach weniger als einem Jahr, starb Eberhard an einem Herzinfarkt. Er wurde keine fünfzig Jahre alt. Sicherlich waren es die Spätschäden der Haft, die ihm zusetzten, die Wirkungen des unmenschlichen Stresses vor der Ausreise, vielleicht zusammen mit einer gewissen Ernüchterung über den Westen, der in der kleinen Welt der politischen Häftlinge oft idealisiert wurde. Hinter der Mauer schien ein Traumland zu liegen. Doch dem sensiblen Mann war es schwergefallen, sich in der fremden Gesellschaft zu etablieren und auf die Beine zu kommen. Zu schwer für sein von den Aufregungen der Vernehmungen und des Gefängnislebens angeschlagenes Herz.

Beileibe nicht alle freigekauften Häftlinge fühlten sich letztlich wohl im Westen und konnten erfolgreich einer Arbeit nachgehen. Viele blieben verbittert von dem, was sie erlebt hatten, gesundheitlich angeschlagen oder den falschen Vorstellungen verhaftet. Manche, die ohne sich recht anzustrengen den Verhältnissen im Osten alle Schuld zugeschoben hatten, wunderten sich, als sie in der Bundesrepublik kein Schlaraffenland vorfanden. Eigeninitiative und eine gewisse Widerstandsfähigkeit musste man mitbringen, um unter den veränderten Bedingungen festen Fuß zu fassen. Hindernisse gab es auch für Mediziner. Zum Beispiel wurde unsere Facharztprüfung nicht anerkannt. Als Hausarzt oder Zahnarzt hätte ich sofort praktizieren können – doch da ich weiterhin als Facharzt für Mund-Kiefer-Gesichtschirurgie arbeiten wollte, legte die Kommission der Ärztekammer mir nahe, an der Universität Münster erneut das Operieren zu lernen und die Facharztprüfung zu wiederholen. Ich stellte mich bei Prof. Rüdiger Becker in Münster vor, der meinen alten Chef Prof. Pape von Ärztekongressen kannte und mit dem Niveau der Ausbildung am Cottbusser Klinikum vertraut war. Er bot mir sogleich eine Stelle als Oberarzt an.

»Herr Professor, das passt doch nicht zusammen«, sagte ich zu ihm. »Einerseits wollen sie mich zum Oberarzt machen, andererseits bin ich hier noch nicht einmal Facharzt.«

»Ja, Herr May, so ist die Standespolitik. Das kann ich nicht ändern.«

Sollte das heißen, mit dieser Strategie schützten sich die westdeutschen Standeskollegen vor der östlichen Konkurrenz?

Glücklicherweise schickte mir mein ehemaliger Oberarzt und Freund Klaus Honigmann, der in Cottbus inzwischen Chefarzt geworden war, im Einvernehmen mit Professor Pape den Operationskatalog, in dem meine bisherigen Leistungen verzeichnet waren. Damit hatte ich den praktischen Nachweis erbracht und musste nur noch zu den mündlichen Prüfungen antreten. Im März folgte ich Christians Einladung, vorerst bei ihm zu arbeiten. Er war froh, dass ich das Profil seiner Praxis mit meiner Expertise erweitern konnte.

Ursprünglich hatte ich jedoch vorgehabt, mich in Süddeutschland niederzulassen. Als Prof. Becker davon erfuhr, schlug er vor, mir eine

Oberarztstelle in Stuttgart zu vermitteln. Ich dachte jedoch eher an Selbstständigkeit. Einige Male besichtigte ich Praxen in Bayern – was Christian und Renate nicht besonders gerne sahen. Auch Monika war dafür, in Lünen zu bleiben. Sie war zufrieden mit der neuen Umgebung und scheute weitere Veränderungen, erst recht als wir uns über ihre zweite Schwangerschaft freuen konnten.

Was letztlich den Ausschlag gab, war mein Engagement im St.-Marien-Hospital in Lünen, in dessen chirurgischer Abteilung ich insgesamt sieben Jahre lang Operationen durchführte, vor allem bei Gesichtsschädelbrüchen. Die meisten wurden durch Verkehrsunfälle verursacht – das Krankenhaus verfügt über einen Hubschrauberlandeplatz – oder es handelte sich um Unfälle unter Tage, im damals noch aktiven Bergbau der Region. Es war mir wichtig, nicht den Bezug zur klinischen Arbeit zu verlieren und weiterhin anspruchsvolle Operationen durchführen zu können. Ende 1985 entschied ich mich endgültig, in der Region zu bleiben und Christians Angebot einer Praxisgemeinschaft anzunehmen, in der wir Räume und Geräte zusammen nutzen und die Assistentinnen und Verwaltungskräfte gemeinschaftlich beschäftigen wollten. Ich kaufte mich in die Praxis ein und war vom 1. April 1986 an offiziell selbstständig. Die materiellen Aussichten, auf die im Osten häufig alles reduziert worden war, spielten bei diesen Fragen und Entscheidungen kaum eine Rolle – es ging mir um die beruflichen Gestaltungsmöglichkeiten.

Auch sonst stand das Geld nicht im Vordergrund. Als wir in Gießen ankamen, kannten wir natürlich viele Westprodukte, aus dem Werbefernsehen oder aus eigener Anschauung, und an die Überfülle in den Supermärkten hatten wir uns schnell gewöhnt. Doch weder von den Chancen noch den Risiken des marktwirtschaftlichen Systems machten wir uns zu Beginn die richtigen Begriffe. Das kam erst nach und nach.

In den ersten Wochen, als wir noch bei Christian und Renate wohnten, fuhren wir an einem Mittwochnachmittag nach Dortmund, um uns einzukleiden. Ich kaufte mir eine Lederjacke, die mir sehr gut gefiel. Auch Monika fand sie klasse. Als wir zurückkamen, fragten wir Renate stolz nach ihrem Urteil.

»Schön, gefällt mir!«

»Was meinst du, was sie gekostet hat?«

»Da muss ich zuerst wissen, wo ihr sie gekauft habt.«

Wir waren perplex. Wieso denn das?

»Wenn ihr sie bei C&A gekauft habt, verstehe ich den Preis. Bei Peek & Cloppenburg hättet ihr vielleicht das Dreifache gezahlt.«

Wie konnte das funktionieren, fragten wir uns? Wir hatten noch viel zu lernen. Doch wir waren sehr zufrieden, mit der Lederjacke ebenso wie mit unserem gebrauchten Opel Kadett und der ersten Wohnung, die wir schon nach zwei Wochen beziehen konnten. Eine Traumwohnung, für unsere Verhältnisse, mit Gästezimmer, Gästetoilette und Extra-Dusche. So etwas gab es in ganz Cottbus nicht.

Auch Jochen Tribulowski und seine Frau Marlis waren glücklich mit ihrer neuen Situation. Erst kurz vor Weihnachten 1983 waren sie rausgekommen, keinen Monat vor uns. Monika hatte Marlis in Hoheneck kennengelernt, das verband. Nun wohnten die Tribuloswkis in Hagen, eine halbe Autobahnstunde entfernt, und wir besuchten uns häufig gegenseitig. Jochen erstand eine geräumige Peugeot-Limousine und konnte nicht verstehen, dass man ein so großes Auto für so wenig Geld kaufen konnte. Im Osten wurden gebrauchte Autos ja nicht billiger, stattdessen stiegen sie im Wert. Ein neuer Wartburg (Wartezeit: 12 Jahre) ließ sich fürs Doppelte des Listenpreises verkaufen. Die ersten Golf, die 1978 importiert und für etwa 25.000 Ostmark verkauft worden waren, handelte man zuletzt für bis zu 100.000 Mark – bis die Mauer fiel und damit ihr Wert. Jochens neuer alter Peugeot hatte, verglichen mit einem Golf, stattliche Ausmaße – dass er ständig kaputt ging, störte ihn da kaum.

Etwa zwei Monate nach unserer Ankunft in Lünen wurden wir zusammen mit etwa zwanzig ehemaligen politischen Häftlingen nach Bonn eingeladen. Eine Stadtrundfahrt, Empfang und Übernachtung im Gästehaus in Bad Godesberg und der Besuch des Bundestags standen auf dem Programm. Nach der Führung durchs Haus saßen wir an einem großen Konferenztisch und hatten die Möglichkeit, dem zuständigen Staatssekretär des innerdeutschen Ministeriums von unseren Erfahrungen und Schwierigkeiten zu berichten. Auch Jürgen Rehlinger war anwesend, der den Freikauf als Unterhändler auf westdeutscher Seite koordinierte.

»Wie ist es Ihnen ergangen? Wie haben Sie sich in der Bundesrepublik eingelebt?« Als ich hörte, was manche unserer »Leidensgenossen« vorbrachten, wäre ich am liebsten im Parkett versunken, so peinlich war mir die Situation. Einer beschwerte sich, dass wir in Gießen bereits getragene Kleider bekommen hätten, ein anderer, dass sein Arbeitslosengeld lediglich für einen Einkauf bei Aldi reiche. »Bei uns klingelt immer ein Teppichverkäufer. Kann man solche aufdringlichen Leute nicht von uns fernhalten?« Skurrile Anfragen wie diese zeigten, dass einige nicht recht verstanden hatten, wie das Leben im Westen funktionierte. Ihre überhöhten Erwartungen und ihr Anspruchsdenken kippten allzu schnell in Enttäuschung um.

Am 26. April 1984, exakt zwei Jahre, nachdem wir unseren Sohn Christian zum letzten Mal gesehen hatten, ein Vierteljahr nach unserer Ankunft in Gießen, standen Monika und ich an einem Bahnsteig des kleinen Bahnhofs in Bebra und warteten auf den Interzonenzug aus Eisenach. In den Gesprächen mit Vogel war von einem Vierteljahr die Rede gewesen, so lange dauerte in der Regel die »Familienzusammenführung«. Tags zuvor hatten wir mit meiner Mutter telefoniert. Hans-Jürgen wollte sie und Christian abholen und mit dem Auto nach Eisenach bringen, wo sie unseren Sohn in den Zug setzen sollten, der in Bebra zum ersten Mal wieder halten würde.

Als er einfuhr, klopften unsere Herzen wie wild. Die Räder quietschten, der Zug kam zum Stehen. Es dauerte noch eine kleine Weile, bis die Türen aufgingen. Da sahen wir ihn. Er stieg aus dem letzten Wagen, mit einer kleinen Tasche und einem Koffer. Wir rannten und nahmen ihn abwechselnd in die Arme. Christian war noch keine sieben Jahre alt und natürlich war ihm das Ganze unheimlich. Er lachte nicht, bewegte sich verhalten. Kein Wunder, dass ihn diese Situation überforderte. Doch als er auf dem Rücksitz saß und das Auto über die Autobahn rollte, entspannte er sich und begann Lieder zu singen, die er – es war die Zeit der »Neuen Deutschen Welle« – im Radio aufgeschnappt hatte: »Jetzt wird wieder in die Hände gespuckt, wir steigern das Bruttosozialprodukt«, »99 Luftballons«.

Auf dem Weg über Kassel hielten wir an einer Raststätte an. Wir betrachteten zusammen Spielzeugautos, die in einer Glasvitrine standen: »Du kannst dir so ein Siku-Auto aussuchen, wenn du möchtest!«, sagte ich. »Das da oben ist nicht schlecht«, erwiderte er, »aber ich glaube, das ist zu teuer für dich, Papa.« Unterdessen machten sich meine Mutter und Hans-Jürgen große Sorgen, ob Christian auch wirklich angekom-

Christians Ankunft in Bebra, eigene Aufnahme am 24. April 1984.

men war. Sie hatten dem Transportpolizisten Bescheid gesagt, auf die Papiere und das Gepäck hingewiesen, doch es war schon ein eigenartiges Gefühl gewesen, als der Zug mit dem kleinen Kerl losfuhr. Als wir sie von zu Hause aus anriefen, konnten sie endlich aufatmen. Kinder erweisen sich oft als erstaunlich anpassungsfähig. Christian lebte sich schnell ein. Auch in der Schule gab es keine Probleme.

Der Rest unseres alten Lebens erreichte uns per Container, ungefähr einen Monat nachdem wir unseren Sohn in Empfang nehmen durften. Hans-Jürgen hatte den Hausrat, Möbel, Bücher, Kleider und anderes zusammengestellt, was uns wichtig war, und alles verladen – am Güterbahnhof in Lünen nahm ich die Sachen entgegen.

Solidarität

Ich genoss es, endlich im Westen zu sein, und frei über mein Leben entscheiden zu können – auch wenn mir nicht alle anstehenden Entscheidungen leicht gefallen sind. Zugleich spürte ich eine Verantwortung gegenüber denen, die dieses Ziel noch nicht erreicht hatten – Kollegen und Bekannte, die im Gefängnis saßen, Freunde, die wie wir in den Westen wollten, und denen vielleicht geholfen werden konnte, wie uns geholfen worden war. Das Thema ließ mich nicht los. Ich hegte keinen Hass gegenüber einzelnen Verantwortlichen oder Helfershelfern bei der Stasi oder im Strafvollzug, höchstens Verachtung. Doch es verschaffte Genugtuung, gegen das System zu arbeiten, das mir und vielen anderen Unschuldigen so übel mitgespielt hatte.

Bei der Bonner Diskussionsrunde mit ehemaligen Häftlingen, die so peinlich verlaufen war, hatte ich den Bundestagsabgeordneten Eduard Lintner von der CSU kennengelernt, zu dieser Zeit Vorsitzender der Arbeitsgruppe Deutschlandpolitik und Berlinfragen der CDU/CSU-Bundestagsfraktion, und durch diesen auch den deutschlandpolitischen Referenten Dr. Hans-Jürgen Kaack, mit dem ich in der Folge über einige Häftlinge sprach, die meine Hilfe benötigten. Der direkte Draht in die Politik erleichterte mir auch den Zugang zu der Rechtsanwältin von der Schulenburg, bei der ich häufig in Berlin zu Besuch war.

Nicht viele Kontakte aus dem Gefängnis konnte ich weiterverfolgen, dafür waren es schlicht zu viele. Allein in der Cottbusser Zelle hatte ich acht Zellennachbarn, immer wieder neue, die sämtlich das Lied von »Kalle-Malle und Gießen« gesungen hatten und irgendwann auch dort ankamen. Einigen Mitgefangenen schrieb ich Postkarten. Ich hätte auch die Pariser Nummer des Diplomaten wählen können und einige andere Telefonnummern, die ich in meinem medizinischen Notizbuch verschlüsselt hatte. Doch es war nicht die Zeit für Rückblicke, das Leben ging weiter und ich konzentrierte mich auf dringliche Fälle.

Als Gunther S. meine Postkarte bekommen hatte, schrieb er mir mehrfach aus dem Osten und bettelte um Fachbücher. Er schien zu glauben, dass ich mich mit ihm solidarisch fühle. Doch seine Forderungen waren maßlos. Die Titel, die er aufführte, kosteten Hunderte D-Mark. Dass er als IM Kontakt halten wollte, ahnte ich nicht. Ich schrieb ihm zurück, dass die Bücher zu teuer seien. Da empörte er sich sogar. Wahrscheinlich saß ihm die Stasi im Nacken.

Mit dem Vorhaben, unseren Freunden Jojo und Sabine zur Flucht zu verhelfen, wollte ich nicht lange warten. Zu viel hatten wir ihnen zu verdanken. Bereits Ende März 1984, knapp drei Monate nach unserer

Ankunft im Westen, fuhren Monika und ich für ein verlängertes Wochenende nach Karlsbad in der Tschechoslowakei, um uns mit ihnen und mit Hans-Jürgen zu treffen, der mir meine Doktorarbeit brachte. Wir waren jetzt Bundesbürger und besaßen das Recht dazu. Die böhmischen Bäder oder Prag waren Treffpunkte für viele, die in einer ähnlichen Situation waren. In Bonn ließ ich mir versichern, dass wir nichts zu befürchten hätten – doch natürlich blieb ein Restrisiko. Man wusste nie, was sich die Stasi noch einfallen lassen konnte. Dass wir in Karlsbad unter Beobachtung standen, war offensichtlich. Einmal wurden wir mitten am Tag von der Polizei für eine vermeintliche Alkoholkontrolle angehalten. Das Polizeifahrzeug schnitt uns mitten im fließenden Verkehr den Weg ab und hielt uns an. Als sie mir als Fahrer nichts nachweisen konnten, waren sie schnell wieder verschwunden – ohne sonst ein Fahrzeug zu kontrollieren.

Ein andermal schlenderten wir durchs Kurgebiet, Jojo und ich unterhielten uns, als zwei scheinbar betrunkene Männer uns entgegenkamen. Einer der beiden torkelte stark. Wir liefen einen Bogen, um ihnen auszuweichen, doch der Torkler wechselte die Richtung und stieß mit Wucht gegen mich. Ich spürte mehr als einen Rempler, es war ein versteckter Schlag, der sich unmöglich bloß aus Zufall und Benommenheit ergeben haben konnte. Der andere Mann beobachtete die Szene. Ich dachte nicht daran, in die Falle zu tappen und zurückzuschlagen. Stattdessen tat ich so, als hätte ich nichts bemerkt. Jojo und ich sahen den Männern hinterher. Sie schwankten noch um die nächste Ecke, dann hielten sie sich plötzlich gerade. Schlechte Schauspieler.

Am 10. August fuhr ich zum zweiten Mal, diesmal alleine und mit einem konkreten Flucht-Plan im Gepäck. Nachts an der bayrisch-tschechischen Grenze wurde ich angehalten und musste zwei Mal meinen Koffer und alles, was sich sonst im Opel befand aus- und einpacken. Für eine gute Stunde hielten sie mich fest. Jetzt war endgültig klar: Hier war ich kein Unbekannter. Ich passte höllisch auf, dass mir nichts untergeschoben wurde, kein Rauschgift ins Handschuhfach gelegt oder dergleichen. Zu Hause saß Monika, machte sich Sorgen und setzte darauf, dass ich wieder zurückkäme. Wir konnten ja noch nicht über ein Mobiltelefon Kontakt halten. Von meinen eigenen Bedenken hatte ich geschwiegen. Vielleicht ging ich tatsächlich ein Risiko ein, doch das sah ich als meine Pflicht an. Uns war nach bestem Wissen und Gewissen bei der Flucht geholfen worden, und als wir in Haft saßen, hatten sich sehr viele Menschen um unseren Freikauf bemüht. Nun hatten wir es geschafft, Monika und ich gehörten zu den Privilegierten. Darum würde ich niemanden hängen lassen!

An diesem Wochenende empfahl ich Jojo und Sabine, es über Ungarn zu versuchen: »Besorgt euch ein Visum, fahrt nachts los und direkt zur Budapester Botschaft der Bundesrepublik. Dreht euch nicht um, geht stracks hinein und bittet um Ausreise.«

Der Plan entsprach ungefähr dem, was ich meinem Freund vorgeschlagen hatte, bevor die Sache mit Cousin Christian begann. Nur dass ich mir diesmal beinahe sicher war, dass es funktionieren würde. Von Dr. Kaack in Bonn hatte ich einen entsprechenden Tipp bekommen. Seit 1973 war es immer wieder gelungen, Ausreisen durch Botschaftsbesetzungen zu erzwingen.[140] Honecker und Konsorten hatten ebenso wie die Bundesrepublik großes Interesse am Funktionieren der diplomatischen Einrichtungen. Das galt für die Ständige Vertretung der Bundesrepublik in Ost-Berlin ebenso wie für deren Botschaften in Prag oder Budapest, und für die Botschaften der USA, Frankreichs und anderer westlicher Länder in der DDR. Man bemühte sich, Nachahmungseffekte zu vermeiden, und wickelte die Ausreisen diskret ab, natürlich wieder über Anwalt Vogel. Als die Bild-Zeitung am 5. Juni 1984 über Flüchtlinge in der Ständigen Vertretung berichtet hatte, war es zu einem Ansturm gekommen. Hans Otto Bräutigam, der Leiter der Einrichtung, musste sie schließen lassen. Aber auch hier klappte es: Die 55 Männer, Frauen und Kinder, die es ins Gebäude geschafft hatten, wurden in den folgenden Wochen straffrei in den Westen entlassen. Bis zum Jahr 1989, den Massenbesetzungen in Ost-Berlin und Budapest und den berühmten Szenen von der Botschaftsbesetzung in Prag sollte es noch dauern, doch in Bonn war die Achillesferse des DDR-Grenzregimes gut bekannt.

Meine Eltern durften altersbedingt reisen. Nach meiner glücklichen Rückkehr aus Karlsbad besuchten sie uns zum ersten Mal – Christian freute sich sehr, uns alle wieder zusammen zu sehen. Mein Vater wollte jetzt so schnell wie möglich ganz in den Westen, vor allem weil er befürchtete, nicht mehr lange zu leben. Im Westen sei meine Mutter besser versorgt, sagte er. Von seinem Schlaganfall hatte er sich nie wieder vollständig erholt. Er war gebrechlich geworden. Damit ihm die Reise nicht zu beschwerlich wurde, hatten wir meine Eltern in Bebra abgeholt. Wir überlegten gemeinsam, wie wir den Umzug in die Wege leiten würden.

Auch Monikas Mutter besuchte uns um diese Zeit zum ersten Mal – es waren schöne, doch auch sehr anstrengende Zeiten. Darum freuten wir uns auf unsere zweite Urlaubsreise. Mit dem Auto waren wir im Juni über Österreich (wo wir Dieter Semmelrock und seine Familie besuchten), Italien und die Côte d'Azur bis nach Roses an der Costa Brava gefahren, jetzt im Oktober bestiegen wir zum ersten Mal in unserem Leben ein Flugzeug. So kam es, dass ich mir am 22. Oktober 1984 die Bild-Zeitung auf Teneriffa kaufte, wo sie immer nachmittags zu haben war. Auf Seite eins las ich diese Überschrift: »Jetzt Budapest: 4 in unserer Botschaft«.

Ich wusste sofort, dass die Jonschers gemeint waren waren, auch wenn sie im Artikel nicht namentlich genannt wurden. Im Artikel hieß es:

»Bonn, 22.10. Jetzt ist Budapest Ziel verzweifelter Flüchtlinge: Vier »DDR«-Bürger sind in unsere Botschaft geflohen, wollen sie erst verlassen, wenn die »DDR« ihnen Straffreiheit und Ausreise in den Westen zusichert. Bonn befürchtet, die neue Flucht könne das Schicksal der 154 Flüchtlinge (darunter 33 Kinder) in unserer Prager Botschaft erschweren.«

Der Zeitpunkt passte, doch unsere Hoffnungen, ihre Ausreise über Bonn und Vogel ganz leise und fern von öffentlichem Rummel zu regeln, hatten sich nicht erfüllt. Die Bild-Zeitung hatte zu früh informiert. Würde das unseren Plan gefährden? Auf Teneriffa machte ich mir deswegen viele Sorgen – doch letztlich stellte sich erneut heraus, dass die Handlungsspielräume des Ost-Regimes begrenzt waren. Jojo, Sabine und ihre beiden Söhne Sascha und Guido saßen seit dem 8. Oktober in der Budapester Botschaft und bekamen irgendwann Besuch von Wolfgang Vogel, der ihnen wie erwartet die Bedingungen nannte: Ohne Aufhebens zurück nach Hause, Ausreiseantrag stellen, geräuschloses Warten. Hielten sie sich daran, könne er ihnen Straffreiheit zusichern und einen positiven Bescheid, den sie sonst niemals bekommen hätten. Gedeckt wurde Vogels Vorgehensweise, wie in früheren Fällen, von ganz oben, von Honecker höchstpersönlich. Nur mit Zustimmung des Generalsekretärs konnte der Zwangsapparat Mielkes übergangen werden.

Am 13. November, nach vier Wochen im Keller der Botschaft, fuhren sie zurück nach Quedlinburg – und am 9. Juni 1985 konnten wir sie auf dem Dortmunder Hauptbahnhof begrüßen! Als ich erfuhr, wann sie kommen würden, hatte ich ihnen eine Wohnung besorgt und kümmerte mich nun neben meiner Arbeit ein wenig darum, dass es ihnen während ihrer ersten Tage im Westen gut erging.

Monika war zu dieser Zeit bereits hochschwanger und hätte etwas mehr von meiner Aufmerksamkeit nötig gehabt. Am 26. Juni 1985 kam unser zweiter Sohn Stephan zur Welt. Natürlich besuchte ich die beiden auf der Entbindungsstation in Werne, wo sie bis zum 3. Juli lagen, doch jetzt rückte außerdem der Ausreisetermin meiner Eltern näher, für die ich ebenfalls auf Wohnungssuche ging.

»Ich muss gleich wieder weg«, sagte ich zu Monika, als ich sie im Wochenbett besuchte – da fühlte sie sich nicht zu Unrecht alleine gelassen.

Nach allem, was passiert war, sah ich mich jedoch meinen Eltern wie den Jonschers gegenüber verpflichtet, und mein Vater hatte den Termin forciert. Das Timing war denkbar schlecht.

Ich mietete eine Neubauwohnung, Erstbezug, und richtete sie notdürftig ein. Als Stephan gerade mal ein paar Tage alt war, am 12. Juli, trafen sie ein. Die Wohnung gefiel ihnen. Nach kurzer Zeit kam der Möbeltransport hinterher, und obwohl alles einigermaßen planmäßig verlief, gab es unendlich viel zu regeln. Natürlich konnte ich mir auch in der Praxis keine Auszeit leisten – und der Tag hatte nach wie vor nicht mehr als 24 Stunden. Was zu kurz kam, war unsere junge Familie. Für die sensible Zeit nach der Geburt hätte Monika dringend mehr Unterstützung gebraucht.

Mein Bruder Hans-Jürgen und seine Frau Elke hatten im Spreewald ein ansehnliches Wochenendhaus gebaut, Elke arbeitete als Kinderärztin am Krankenhaus – und jahrelang hatte es nicht danach ausgesehen, als wollten sie weg von dort. Doch irgendwann erzählte er, dass sie sich am 1. Mai 1985 dazu durchgerungen hatten, einen Ausreiseantrag zu stellen, noch bevor unsere Eltern nach Lünen gekommen waren. Seine Besuche in Hohenschönhausen, Cottbus und Rummelsburg hatten sicherlich etwas mit dieser Entscheidung zu tun. Auch im Krankenhaus spürte er zunehmend Repressionen. Wie lange es dauern würde, bis die Ausreise genehmigt wurde, ob der Antrag überhaupt genehmigungsfähig war, wusste er nicht. Ich versprach, mich für die beiden einzusetzen.

Seit ich im West angekommen war, hatte ich keine wichtige Tagung im Bereich Mund-Kiefer-Gesichtschirurgie versäumt, auch weil ich dort meinen alten Chef treffen konnte. Als ich mich nach einem Kongress in Heidelberg von ihm verabschiedete, sagte ich: »Herr Professor, nun lassen Sie doch endlich meinen Bruder raus! Können Sie da nichts machen?«

Natürlich hoffte ich nicht ernsthaft, dass Pape sich für Hans-Jürgen einsetzte. Welches Interesse sollte er daran haben, einen Mitarbeiter zu verlieren? Doch er sollte ruhig an die Stasi weitergeben, wie die Dinge standen.

In der Folge unterhielt ich mich mit Karl-Heinz B., jenem Berliner, den ich in der Hohenschönhausener Zelle kennengelernt hatte. Anwalt Hartmann hatte ihn nach West-Berlin gefahren, von dort aus hatte er meinen Cousin Christian besucht und sich nach uns erkundigt. Wir ließen den Kontakt nicht abreißen. Jetzt lebte Karl-Heinz mit seiner Familie in West-Berlin und unterhielt noch immer gute Beziehungen zu Vogels Anwaltsbüro.

»Es sprach sich herum«, schreibt Pötzl in seiner Vogel-Biografie, »dass seine Kanzlei als eine Art inoffizielles Ausreisebüro fungiert.«[141] So war es auch in unserem Fall. Karl-Heinz arrangierte ein Treffen mit Klaus Hartmann, der mit dem Auto von Ost-Berlin herüberkam und seine mutmaßlichen Verfolger verwirrte, indem er den Wagen mehrfach wechselte. Er stellte das Auto ab, betrat ein Haus, kam durch den Hinterausgang wieder heraus und stieg ins nächste Auto, bis er bei Karl-Heinz ankam. Eine gute Stunde saßen wir zu dritt zusammen und besprachen den Fall meines Bruders. Ich hatte eine größere Summe Bargeld mitgenommen, um Hartmann zu »unterstützen«. »Sie brauchen mir kein Geld zu geben«, sagte er. »Das kriegen wir auch so hin.« Das war aller Ehren wert. Mit dem Versteckspiel in West-Berlin ging er auch ein persönliches Risiko ein.

In dieser Phase wurden die Ausreisebeschränkungen in der DDR etwas gelockert, eine Konzession nach dem westdeutschen Milliardenkredit, der zwischen Franz Josef Strauß und Honecker ausgehandelt worden war: »Sie [die DDR-Regierung] nimmt es bei der ›Familienzusammenführung‹ mit dem Verwandtschaftsgrad westdeutscher Angehöriger nicht mehr so genau, auch entfernte Cousinen und vorgeblich Verlobte dürfen übersiedeln. 1984 werden 57600 DDR-Bürger einen Erstantrag auf Ausreise stellen, so viel wie in keinem anderen Jahr. Allein von Januar bis April dürfen rund 25000 ausreisen, mehr als in den drei Jahren zuvor zusammen.«[142]

Hans-Jürgens Chancen standen also nicht ganz schlecht. Auch Verwandten-Besuche wurden schneller genehmigt. Als unser Vater im Mai 1987, nach zwei weiteren Schlaganfällen, im St.-Marien-Hospital lag, durfte Hans-Jürgen ihn trotz des schwebenden Ausreiseverfahrens besuchen. Kurze Zeit später, im Juni, kam er erneut. Diesmal leider zur Beerdigung: Vater hatte sich nicht mehr erholt. Er starb mit 73 Jahren.

Am 26. September 1987 reisten Hans-Jürgen und Elke endgültig in den Westen – ohne Umweg übers Gefängnis. Anwalt Hartmann hatte Erfolg gehabt und Hans-Jürgen diesmal mehr Glück als ich. Kurioserweise erhielt er kurz nach der Ausreisegenehmigung ein Schreiben des Ministeriums des Inneren, worin ihm eben jene kategorisch verweigert wurde. Offensichtlich gab es mehrere Dienstwege – aber der wichtigere ging über Mielkes Schreibtisch.

Hans-Jürgen wollte weiterhin im Krankenhaus arbeiten und wurde Oberarzt an der Klinik für Kiefer-Gesichts-Chirurgie des Klinikums Osnabrück.

Im August 1988 traf sich der Dong-Club im Golfhotel Marienbad, das häufig als Treffpunkt für Ost-West-Begegnungen genutzt wurde, Ami, Reimus, Uli und ich. Hardy war nicht dabei. Seit der Verhaftung und Reimus' Verdacht, er habe etwas an die Stasi verraten, stand er außerhalb unseres Kreises. Im Hotelschwimmbad lag ein Stasi-Mann auf der Liege, doch davon ließen wir uns nicht stören. Für einen kleinen Obolus in Westmark bekamen wir die Suite im oberen Stockwerk des »ausgebuchten« Hotels, ich hatte einige Leckereien von zu Hause mitgebracht und wir unterhielten uns gut aufgelegt bis in die Nacht hinein.

Nach diesem Treffen rief mich Uli zu Hause an und bat mich darum, gleich wieder die Koffer zu packen und nach Budapest zu kommen – ich merkte jedoch schon am Telefon, worum es ging und konnte ihm guten Gewissens eine Alternative anbieten. Statt nach Budapest fuhr ich im

Herbst zu seiner Cousine in Dortmund, die ich von ihren früheren Besuchen in Mittweida kannte: »Bist du schon verheiratet?«, fragte ich sie. »Nicht? Dann wird es Zeit. Jetzt musst du heiraten!«

»Warum denn das?«

»Dein Cousin will rüberkommen. Dafür brauchen wir eine schöne Hochzeit.«

Sie ließ sich überreden, bat ihren Freund um den Gefallen. Ich rief Uli an, um ihm die freudige Nachricht zu übermitteln, und wir organisierten eine schöne Feier, samt Pfarrer und Aufgebot. Um keinen Verdacht zu erregen, ließen wir von den ersten Vorbereitungen bis zum Hochzeitstermin ein halbes Jahr verstreichen. Wir vergaßen weder den Festsaal noch das Brautkleid. Vor den Informanten der Staatssicherheit fühlten wir uns auch in Dortmund nicht sicher. Uli bekam rechtzeitig eine offizielle Einladung und erhielt auch tatsächlich die Reiseerlaubnis. Allein allerdings, seine Frau und seine beiden Töchter wollten wir später im Zuge der Familienzusammenführung holen. Das allerdings sollte sich durch die Wende erledigen.

Auch als alle »Fälle« »abgearbeitet« waren, die in meiner Reichweite lagen, als die Mauer fiel und die politischen Gefangenen nach und nach entlassen und rehabilitiert wurden, als die ersten ehemaligen DDR-Bürger schon von »Ostalgie« befallen wurden, ließ mich das Thema nicht los. Über die Jahre las ich viele Bücher dazu, Autobiografien, Fluchtgeschichten, zeitgeschichtliche Monografien. Ich trat dem Verband der Opfer des Stalinismus bei, traf mich mit anderen Mitgliedern, und besuchte die zu Gedenkstätten umgewandelten Gefängnisse in Berlin (Rummelsburg und Hohenschönhausen), in Cottbus und Bautzen.

Akten und Einsichten

Am Tag, als die Berliner Mauer fiel, saß ich ausgerechnet mit Karl-Heinz B. in unserem Wohnzimmer. Er war auf der Durchreise nach Berlin und wollte von Donnerstag auf Freitag bei uns übernachten. Inzwischen (im April 1986) waren wir aus unserer schönen, aber etwas lauten Wohnung in Lünen nach Cappenberg gezogen, einem ruhigen Ortsteil der Stadt Selm, die schon zum Münsterland zählt. Karl-Heinz und ich unterhielten uns gerade bei einem Glas Wein, als seine Frau unerwartet anrief: »Macht mal den Fernseher an! Die Mauer ist offen!«

Die beiden besaßen inzwischen ein schönes Haus in Marienfelde, im Süden West-Berlins. In der Nacht vom 9. auf den 10. November füllte es sich mit ihren Freunden aus dem Osten, während wir zu dritt in Cappenberg feierten und kaum glauben konnten, was es in den Nachrichten zu sehen gab. Als Karl-Heinz am nächsten Tag nach Hause fuhr, war die Autobahn verstopft – alle wollten nach Berlin, um das Wunder zu bestaunen.

Am 7. Dezember wurde Erich Mielke von der Militärstaatsanwaltschaft der DDR verhafte. Am 19. Dezember kam er nach Rummelsburg, und zwar in meine ehemalige »Wirkungsstätte«: Haus 8, Zelle 205.[143] Ihm folgten weitere Politbüromitglieder, Minister und schließlich, am 29. Januar, auch Erich Honecker, der in Zelle 213 inhaftiert wurde.

»Kurz nach seiner Einlieferung malten zwei unbekannte Männer in Arbeitsbekleidung die Worte: »Keine Gnade gegen E. Honecker« mit weißer Farbe an die Mauer von Minol gegenüber der Haftanstalt. Mit dieser Forderung standen sie nicht allein, sie bewegte auch große Teile der Bevölkerung. Allerdings wurde Honecker tags darauf gegen 18.30 Uhr wegen »Haftuntauglichkeit« entlassen.«[144]

Das dafür notwendige medizinische Gutachten war von den Haftärzten Dr. Janata und niemand anderem als Dr. Erhard Zels verfasst worden.[145]

In diesem ereignisreichen Herbst besuchte uns Klaus Honigmann mit seiner Familie. Übrigens hatte ich inzwischen auch seinen ehemaligen Mentor kennengelernt, Josef Koch, der aus Protest gegen seine »Degradierung« 1975 nach einem Familienbesuch im Westen geblieben war.[146] Dieser in der Fachwelt berühmte Professor Koch wusste von meiner Verbindung zu Honigmann und nahm mich am Rande einer Tagung zur Seite: »Dittmar, wie kriegen wir denn den Klaus in den Westen?«

Überrascht fragte ich: »Warum ist Klaus denn der Partei beigetreten?«

»Daran bin ich schuld. Ich sagte ihm: Geh' in den Saftladen rein, sonst wirst du nichts. Du hast Ehrgeiz, also mach's.«

Koch selbst war nie in der SED gewesen, weshalb ihm die Chefarztstelle in Thallwitz verwehrt worden war.[147]

Nun fuhr Klaus also mit seinem Wartburg vor, der prompt eine Panne hatte (im Westen war es schwer, die geeigneten Ersatzteile zu besorgen), und besuchte von uns aus auch seinen alten Mentor in der Nähe von Herborn. In Cottbus, erzählte er mir, sehe er keine Perspektiven mehr. Nicht lange danach erhielt er eine Chefarztstelle in Basel, die er sehr erfolgreich ausfüllte. Er reiste ehrenamtlich nach Indien, Nicaragua und andere Länder der zweiten und dritten Welt, um auch dort Spalt-Kinder nach seinem »Basler Konzept einer ganzheitlichen Betrachtung« von Lippen- und Gaumenspaltung zu versorgen – seine große Passion. Zusammen unternahmen wir noch eine Reihe von Ski- und Wanderurlauben in der Schweiz. Leider verstarb der passionierte Raucher Klaus Honigmann vor etwa zehn Jahren nach mehreren Infarkten.

Recht bald nach der Wende fuhren Monika und ich wieder in die Heimat. Zuerst zu meiner Schwiegermutter nach Osterode. Das Dorf im ehemaligen Sperrgebiet war nun nach beiden Seiten offen, die monströsen Grenzanlagen verlassen. 1990 reisten wir nach Leipzig, wo ich immerhin sieben Jahre lang gelebt und studiert hatte. Es war schön, die Stadt unter den neuen Vorzeichen zu besuchen und zu erleben, wie sie sich langsam vom SED-Mief befreite – doch zu meiner großen Überraschung fand ich mich nicht mehr überall zurecht. Monika erging es ebenso. Obwohl ich mit einem recht guten Orientierungssinn ausgestattet bin, hatte meine innere Karte Lücken, vor allem außerhalb des Zentrums. Einst geläufige Leipziger Wege waren aus meinem Gedächtnis verschwunden. Als hätten wir im Kofferraum der Fluchthelfer so vollständig mit dem Osten abgeschlossen, dass alles gelöscht worden war, was wir in unserem neuen Leben nicht gebrauchen konnten. Und tatsächlich war es ja ein Abschluss gewesen, zuerst, als wir uns auf die Flucht vorbereiteten, und dann noch einmal gründlich in Hohenschönhausen und als verurteile »Straftäter«. So wenig rechneten wir damit, in die alte Heimat zurückzukehren, so wenig identifizierten wir uns noch mit dem Land, in dem wir groß geworden waren, dass wir unbewusst allen Ballast abwarfen: Straßennamen und Wegmarken, und auch die Erinnerung an Gesichter und Stimmen, die nicht dem engeren Freundeskreis angehörten, verdrängten wir. Bei späteren Studienjahrestreffen saß ich dann Leuten gegenüber, die mir erst einmal erklären mussten, wer sie waren. Ich hatte nicht damit gerechnet, sie jemals wiederzusehen.

Während ich in Hohenschönhausen offenkundig vieles vergessen hatte, was mit unserem Leben in der DDR zusammenhing, hatte sich anderes deutlich eingeprägt, zuallererst die wenigen Gesichter, die mich in den Monaten meiner Vernehmung begleiteten. Die deutsche Einheit war seit etwa einem Jahr vollzogen, da folgte ich im dritten Programm des NDR einer Dokumentation über jene Einrichtung, die vom MfS »Juristische Hochschule in Potsdam-Eiche/Golm« genannt wurde, in Wirklichkeit aber das Ausbildungszentrum für Stasi-Vernehmer war, die dort unter anderem in »operativer Psychologie« geschult wurden. »Juristisch« war diese Hochschule nur aus konspirativen Gründen, die Vernehmer nur zur Tarnung »Diplom-Juristen«, auch wenn sie in Potsdam sogar einen Doktortitel erwerben konnten. Ein Autor der Bundeszentrale für politische Bildung kommentiert das wie folgt: »Die Doktorarbeiten orientierten sich an der operativen Arbeit des MfS, stellten zumeist Gemeinschaftswerke mehrerer Verfasser ohne wissenschaftliche Fundierung dar und hatten mit Dissertationen außer dem Namen nichts gemeinsam.«

Obwohl dies bekannt war, beschlossen die Regierungen der Bundesrepublik und der DDR im Einheitsvertrag am 31. August 1990, dass alle schulischen, beruflichen und akademischen Abschlüsse und Befähigungsnachweise aus der DDR weiter gelten und die in der DDR verliehenen Titel und akademischen Grade ohne Prüfung weitergeführt werden dürfen (Art. 37). Folglich durfte eine ganze Reihe ehemaliger MfS-Offiziere auch nach dem Vollzug der deutschen Einheit als Juristen weiter praktizieren. Sie hatten sich nach einem »Studium« an der MfS-Hochschule »Diplom-Juristen« nennen dürfen und nach Auflösung des MfS als freie Rechtsanwälte in der Noch-DDR niedergelassen.«[148]

Und plötzlich sah ich in dieser Fernseh-Dokumentation eine Karteikarte mit dem Foto eines Mannes, den ich sofort erkannte. Es war mein »Untersuchungsführer« in Hohenschönhausen, der ruhigere und sympathischere der beiden Vernehmer. Ich nahm die Sendung auf Videokassette auf und fotografierte die Kartei vom Standbild ab, um sie lesen zu können. So erfuhr ich seinen Namen: Ulrich Endesfelder, Leutnant. Seit 1977 bei der Hauptabteilung IX des Ministeriums für Staatssicherheit (der Hauptabteilung für Untersuchungen und Ermittlungen), Abteilung 9. Er wurde als Beispiel für einen Stasi-»Juristen«

angeführt, der sich rechtzeitig vor dem Oktober 1990 vom DDR-Justizministerium als Anwalt zulassen ließ. Ein Türschild wurde gezeigt: »Ulrich Endesfelder, Jörg Hübsch, Uwe C. Müller: Rechtsanwälte«. Vertreter des Rechts also!

Der Name ließ sich leicht im Telefonbuch nachschlagen, dort stand auch die Adresse. Einige Tage später hatte ich beruflich in Berlin zu tun. Es war Herbst und regnete, als ich mit dem Auto in das Neubauviertel fuhr, in dem die Stasi-Vernehmer noch für längere Zeit gehäuft wohnten. Im Dunkeln ging ich an den Häusern entlang. Als ich bei der notierten Hausnummer angekommen war, entdeckte ich ihn im Fenster. Dort stand mein ehemaliger Vernehmer in der Küche im Erdgeschoss, mit einem anderen vorm Kühlschrank, beide hielten eine Flasche Bier in der Hand, wie früher vielleicht in der Stasi-Kantine. Noch war ich mir nicht klar, was ich von ihm wollte. Ich fuhr zurück ins Hotel.

Einige Woche später hatte ich wieder in Berlin zu tun. Jetzt rief ich ihn in der Gemeinschaftskanzlei am Schiffbauer Damm an, und fragte, ob er sich noch an mich erinnern könne. Das konnte er. Der Schiffbauer Damm befindet sich in Mitte, gegenüber vom Reichstagsufer und nicht weit entfernt vom Bahnhof Friedrichstraße. Wir verabredeten uns an der gleichen Stelle, an der ich Christian getroffen hatte, um unsere Flucht zu planen, an der Ecke Unter den Linden/Friedrichstraße. Er kam pünktlich, doch das Lokal, in das ich mit ihm gehen wollte, war wegen Renovierungsarbeiten geschlossen. Darum setzten wir uns in die Halle des »Westin Grand Hotel Berlin«, eines ehemaligen Interhotels, das auch Endesfelders früherem Arbeitgeber häufig als Treffpunkt gedient hatte. Dort hatte ich zuvor schon mein Auto geparkt (und mich beim Portier als Hotelgast ausgegeben), weil ich Bedenken hatte, wie die Sache ausgehen würde.

Wenn Endesfelder einen Kollegen mitbringen oder unhöflich, gar ausfällig werden würde, wollte ich ihn sitzen lassen und davonfahren, so hatte ich es mir zurechtgelegt. Ein kleines Diktiergerät hatte ich mir gekauft und ins Sakko gesteckt. Ich musste aufpassen, dass es nach einer Stunde nicht piepste, wenn das Band gewechselt werden musste. Dafür ging ich zum Auto und einmal zur Toilette. Erfahren wollte ich in erster Linie, wie die Stasi unseren Fluchtversuch aufgedeckt hatte. Hatte uns jemand verraten? War, wie sich Rechtsanwalt Vogel gegenüber den Zeißigs ausgedrückt hatte, das Unternehmen von vorneherein zum Scheitern verurteilt? In den Stasi-Unterlagen, die mir heute vorliegen, erhärtet nichts diese Annahme. Doch noch war unklar, ob ich sie jemals zu Gesicht bekommen würde. Gleich zu Beginn des Gesprächs entschuldigte Endesfelder sich bei mir, zuletzt habe auch er eingesehen, dass vieles Unrecht gewesen sei. Wie wir entdeckt worden waren, wisse er jedoch auch nicht. Sein Kollege, der unangenehme kleine, der, wie ich inzwischen weiß, Dähn hieß, sei zur Müllabfuhr gegangen und habe mit Alkoholproblemen zu tun. Eher nebenbei erkundigte er sich, wie es uns im Westen ergangen sei – wie nach einem heiklen Punkt. Als glaube er noch immer nicht, dass es einem im Kapitalismus gut gehen könne. Wir unterhielten uns mindestens drei Stunden lang, drei Kassettenlängen. Dann verabschiedeten wir uns mit Handschlag. Leider hatte auf der Empore eine Kapelle Kaffeehausmusik gespielt, sodass die Aufnahmen missrieten.

Gelegentlich las ich im Internet nach, wie sich Endesfelders Kanzlei entwickelte. Zwischenzeitlich unterhielt er mit seinem Kollegen Müller drei Büros, heute scheinen es noch zwei zu sein, in Berlin-Mitte und in Schwielowsee an der Havel. In den Neunzigern vertraten Endesfelder & Co. auch Kollegen, die nach dem 1992 nachträglich erlassenen »Gesetz zur Prüfung von Rechtsanwaltszulassungen, Notarbestellungen und Berufungen ehrenamtlicher Richter« in Gefahr standen, ihre Zulassung zu verlieren.[149]

Die zweite »Wende« nach dem Fall der Mauer, eine Wende in vielen Köpfen, bewirkte die Einrichtung der Gauck-Behörde, der Behörde des »Bundesbeauftragten für die Unterlagen des Staatssicherheitsdienstes der ehemaligen Deutschen Demokratischen Republik«, wie sie ausbuchstabiert heißt. Nachdem das Stasi-Unterlagen-Gesetz am 29. Dezember 1991 in Kraft getreten war, hatte es eine Weile gedauert, bis die Mitarbeiter der Gauck-Behörde die Millionenzahl von Anträgen abgearbeitet hatten. Unsere Unterlagen mussten kopiert und dort geschwärzt werden, wo die Persönlichkeitsrechte Dritter betroffen waren – nicht immer war das völlig konsistent zu lösen. Am 2. Mai 1994 hielten wir sie schließlich in Händen. In meinem Fall waren es drei Aktenordner, in denen sich, wie erwartet, die Protokolle der Stasi-Vernehmungen, unterschriebene Formulare, Fotos fanden und, völlig unerwartet: die

Unterlagen zu Flöters »Operativem Vorgang Kontakt«, der mich meine Zeit in Rummelsburg noch einmal neu verstehen ließ. Viele Daten und Umstände unserer Flucht, vor allem des ersten Fluchtversuchs, hätte ich nicht mehr rekonstruieren können, ohne auf die Protokolle der Vernehmungen zurückzugreifen.

In den Herbstferien 1990 waren wir für einige Tage auf Rügen gewesen. Ich hatte nach Ehrhard geforscht, dem »Wirtschaftskriminellen« aus Binz, der mir in Rummelsburg assistiert hatte. Weil ich seine Adresse nicht kannte, fragte ich mich von einem zum anderen Inselbewohner durch. Ein ehemaliger Leiters des FDGB-Heims, der in den Knast gekommen war – so etwas musste bekannt sein. Was ich herausfand, machte mich traurig und betroffen: Ehrhard war gestorben, keine 50 Jahre alt! Gerne hätte ich die Zeit in Rummelsburg noch einmal mit ihm besprochen und gesehen, wie er sich im wiedervereinigten Deutschland zurechtfand. Und nun, im Frühling 1994, las ich in meinen Stasi-Unterlagen von »IMS Hans Müller«.

Auch wenn wir im Osten von klein auf an die Idee gewöhnt waren, ausspioniert zu werden: Die Lektüre des »OPK Kontakt« ließ mich im Nachhinein erschaudern. Dabei war ich alles andere als ein Einzelfall: Angesichts der Stasi-Unterlagen mussten viele Lebensgeschichten umgeschrieben werden und veränderten ihren Sinn, bis in die privatesten Einzelheiten hinein.

Wir verglichen meine Akten mit Monikas, denen von Jonschers, denen meines Bruders, und stießen dabei auch auf skurrile, peinliche und schmerzhafte Wahrheiten, die hier nicht weiter ausgeführt werden sollen.

Eine wohltuende Wirkung hatte es dagegen, endlich die Vorgänge um Reimus und Hardy aufklären zu können, die unser Zusammensein im wiedervereinten Dong-Club auch nach der Wende belastet hatte. 1991 hatten wir uns für ein Wochenende in Würzburg getroffen. Zu dieser Zeit lebten nur noch Reimus und Hardy im Osten, denn Uli war zur Hochzeit ausgereist und auch Ami noch vor der Wende per Ausreiseantrag in den Westen gekommen. In einer harten Auseinandersetzung, für Hardy an der Grenze des Erträglichen, beteuerte er erneut seine Unschuld. Wir nahmen seine »Aussage« mittels Videokamera auf – doch das Gespenst des Verrats ließ sich auch damit nicht restlos vertreiben.

Erst 1994 konnte sich Hardy mit Hilfe der Stasi-Akten rehabilitieren und die Hintergründe der Verhaftung aufdecken:

Alles hatte seinen Anfang auf einer Wanderung genommen, die wir in der sächsischen Schweiz unternommen hatten. Weil Uli in Dresden wohnte, trafen wir uns dort, fuhren eine halbe Stunde mit dem Zug, wollten wandern, in einer Jugendherberge übernachten und am nächsten Tag zurück. Doch wir verirrten uns. Nach ein paar Stunden im Elbsandsteingebirge stießen wir mitten im Wald auf einen Bauwagen und Uli, der Diplom-Bauingenieur, wusste, wo der Schlüssel lag: »Die Arbeiter legen den immer an die gleiche Stelle.«

Wir feuerten einen kleinen Kaminofen an, um uns aufzuwärmen, rauchten und kippten den einen oder anderen Schnaps, dann zogen wir weiter. Jetzt wurde es schon dunkel und wir hatten die Orientierung vollends verloren. Statt zur Jugendherberge nach Hohenstein liefen wir durch ein Tal und kamen in Bad Schandau heraus, dem letzten Ort vor der tschechischen Grenze. Dort gab es nur ein HO-Hotel, das ein wenig teurer geworden wäre, als wir geplant hatten, doch ohnehin konnte uns der Portier kein Zimmer mehr überlassen. Sie seien voll besetzt. Glücklicherweise fuhr noch ein Zug, der uns am selben Abend noch nach Dresden zurückbrachte. Alles in allem keine aufregende Sache, obwohl wir uns verirrt hatten, keine besonders erinnernswerte Geschichte.

Doch als Reimus und Hardy verhaftet wurden, gleichzeitig vom Arbeitsplatz weg, fragte der Vernehmer Reimus: »Was wollten Sie in diesem Bauwagen?«

Reimus wusste noch nicht, dass Hardy im gleichen Gebäude verhört wurde.

»Und wie es aussieht, haben Sie anschließend im Hotel übernachtet.«

Der Vernehmer breitete Details aus, die zwar nicht der Wahrheit entsprachen, aber gleichzeitig sehr nach Hardy klangen. Denn Hardy war im Dong-Club für seine blumige Erzählweise bekannt und dafür, dass er seine Geschichten gerne etwas ausschmückte. Deshalb war Reimus davon überzeugt, dass nur Hardy diese Details an die Stasi weitergegeben haben konnte.

In Wirklichkeit war er jedoch nur unvorsichtig gewesen. Am Montag nach der Wanderung hatte er seinem Arbeitskollegen beim Patentamt

Zerstörte Grenzanlage am Rand von Osterode, eigene Aufnahme, Frühjahr 1990.

alles erzählt, eben in seiner ausschmückenden Art, der es postwendend an die Stasi weitergab.

Hardy war von uns zu Unrecht gemieden worden. Jetzt lasen wir in seiner Akte, dass die Chemnitzer Stasi-Leute sogar über die Berliner Zentrale in Dresden angefragt hatten, ob wir tatsächlich in besagtem Hotel übernachtet hätten, und wo das Geld für die Übernachtung geblieben sei. Die Untersuchung ging so weit, dass dem HO-Direktor unterstellt wurde, er hätte dieses Geld unterschlagen. So steht es schwarz auf weiß in den Unterlagen – und alles nur, weil Hardy die Geschichte ein wenig ausgeschmückt hatte. 15 Jahre hatte es gedauert, bis wir endlich Licht in dieses dunkle Kapitel unserer Freundschaft bringen konnten.

Zuletzt ein Wort zu Rummelsburg: Nach mehreren Versuchen der Umnutzung wurden die Gefängnisgebäude an der Rummelsburger Bucht inzwischen zu Eigentumswohnungen umgebaut – der große Bedarf nach Wohnraum in Berlin macht es möglich –, nur die Werkshallen und kleineren Gebäude riss man ab. Zum ersten Mal leben jetzt Menschen freiwillig in diesem Mauern. Zwischen den sanierten und mit Balkonen ausgestatteten Backsteinhäusern errichtete die Maruhn Immobilien-Gruppe auch neue Reihen- und Atelierhäuser. In Haus 8 richtete ein Ehepaar aus München ein Hotel namens »Das Andere Haus VIII« ein, und nannte die Zimmer »Zellen«. Inzwischen scheint es geschlossen zu haben.[150] Auf der »Friedrich-Jacobs-Promenade«, wie die Straße entlang der Hauptachse des Geländes genannt wurde,[151] und am Uferweg stehen Bild-Text-Tafeln, welche die Geschichte des »Arbeitshauses« Rummelsburg von der Kaiserzeit bis heute und die Geschichten einiger Häftlinge erzählen. An der Hauptstraße, vor dem ehemaligen Gefängniseingang, wurde 2015 ein Denkmal errichtet.[152]

So versucht man trotz aller Wohnbehaglichkeit zu verhindern, dass die Schrecken und Verbrechen der Vergangenheit vergessen werden. Ein wichtiges Ziel, dem hoffentlich auch dieses Buch ein wenig dient.

Anmerkungen

1 Zu den Verhältnissen in Hoheneck existieren zahlreiche Erlebnisberichte, die es dem Leser erlauben, diese Lücke zu füllen, zum Beispiel von Ellen Thiemann: Stell dich mit den Schergen gut. Erinnerungen an die DDR. Für mein Kind durch die Hölle des Frauenzuchthauses Hoheneck, Neuauflage, Herbigverlag, München 2010, oder von Carmen Rohrbach: Solange ich atme. Meine dramatische Flucht aus der DDR und wie sie mein Leben prägte, Neuauflage, NG Taschenbuch, 2013.

2 Vgl. Tobias Voigt, Peter Erler, Hubertus P. Knabe: Medizin hinter Gittern: Das Stasi-Haftkrankenhaus in Berlin-Hohenschönhausen. Jaron Verlag, Berlin 2011, S. 94.

3 Bernhard Meyer: »Von Deutschland nach Deutschland. Zur ›Republikflucht‹ der Mediziner von 1949–1961«, in: Berlinische Monatsschrift 10 (2001), S. 62–68.

4 Ebd.

5 Vgl. Kappner, Stefan: Kurt Scheidler. Arzt mit sozialer Verantwortung, be.bra Verlag, Berlin 2014, S. 124

6 Vgl. https://de.wikipedia.org/wiki/Mittweida

7 Erich Bernhard Gustav Weinert (* 4. August 1890 in Magdeburg; † 20. April 1953 in Berlin) war ein deutscher Schriftsteller und ab 1943 Präsident des Nationalkomitees Freies Deutschland. Vgl. https://de.wikipedia.org/wiki/Erich_Weinert, zuletzt eingesehen am 6. Juni 2017.

8 Jürgen Fuchs: »Bearbeiten, dirigieren, zuspitzen. Die ›leisen‹ Methoden des MfS«, in: Klaus Behnke, Jürgen Fuchs (Hrsg.): Zersetzung der Seele. Psychologie und Psychiatrie im Dienste der Stasi. 3. Auflage, Europäische Verlagsanstalt, Hamburg/Leipzig 2010, S. 47.

9 Siehe https://de.wikipedia.org/wiki/5._Raketenbrigade, zuletzt eingesehen am 6. Juni 2017.

10 Diese Voraussetzung einer Doppelapprobation wurde 1978 in einer umstrittenen Reform des Ausbildungsgangs abgeschafft und der »Fachzahnarzt für Kieferchirurgie« eingeführt.

11 Klaus Pape: Gullivers neue Reisen, novum publishing GmbH, 2011.

12 Nach Jens Gieseke: Die hauptamtlichen Mitarbeiter der Staatssicherheit. Personalstruktur und Lebenswelt 1950–1989/90. Ch. Links Verlag, 2010.

13 Ebd.

14 Nach Helmut Müller-Enbergs: Die inoffiziellen Mitarbeiter. In: BStU: Anatomie der Staatssicherheit – Geschichte, Struktur, Methoden. Berlin 2008.

15 Vgl. Josef Koch: Die Wolfgang-Rosenthal-Klinik Thallwitz 1943–1994. Ein unbequemes Kapitel der Geschichte der Universität Leipzig. Leipziger Universitätsverlag 2011, S. 179 ff.

16 Ebd., S. 187.

17 Lexikon des internationalen Films, rororo-Taschenbuch Nr. 6322 (1988), S. 3606.

18 Wir nannten ihn darum auch »Der stille Ton«.

19 Vgl. Norbert F. Pötzl: Mission Freiheit. Wolfgang Vogel. Anwalt der deutsch-deutschen Geschichte. Heyne Verlag, München 2014.

20 Vgl. Detjen (2005), S. 250: »Wenn eine professionelle Fluchthilfeorganisation die Planung und Durchführung der Flucht übernahm, musste in aller Regel ein mit dem Flüchtling verwandter oder befreundeter »Auftraggeber« im Westen vorhanden sein. Nur dieser konnte die Organisation überhaupt ausfindig machen und ihr den Fluchtwunsch übermitteln. Häufig fungierten die »Auftraggeber« auch als Kuriere, und zumeist übernahmen sie die Zahlung der anfallenden Kosten.« Die historische Darstellung entspricht auch meiner damaligen Einschätzung.

21 Vgl. Detjen (2005), 276ff.

22 Vgl. Detjen (2005), 262ff.; 274f.

23 Peter Joachim Lapp: Rollbahnen des Klassenfeindes. Die DDR-Überwachung des Berlin-Transits 1949–1999, Aachen 2015, S. 79.

24 BStU, MfS, Nr. 3846/83, Seite 000378. Dieses und alle weiteren Zitate aus meinen Stasi-Unterlagen (immer BStU, MfS, Nr. 3846/83) werden in der ursprünglichen Rechtschreibung wiedergegeben. Sprachliche und grobe orthografische Fehler wurden korrigiert. Eckige Klammern kennzeichnen meine Auslassungen (»[...]«) oder Erläuterungen, »XXX« die Schwärzungen der Gauck-Behörde.

25 Roland Au: 40.000 für ein neues Leben. Geschichte einer Flucht. Bella Vista Verlag, Bad Schwartau, 2. Auflage 2013, S. 170.

26 Vgl. Laura Wehr: »Vergessene Migrationsgeschichte/n? Die Ausreise aus der DDR in der Erinnung von Übersiedler-Eltern und -Kindern«, in: Deutschland Archiv, 14.12.2016, www.bpb.de/238655

27 BStU, MfS, Nr. 3846/83, Seite 000534.

28 BStU, MfS, Nr. 3846/83, S. 000081.

29 Die Hauptabteilung VIII des Ministeriums für Staatssicherheit war zuständig für Beobachtungen und Ermittlungen im Auftrage der übrigen MfS-Abteilungen. Vgl. BStU-Website: https://www.bstu.bund.de/DE/Wissen/Publikationen/Publikationen/handbuch_HA_VIII_schmole.html, eingesehen am 29.12.2017.

30 Zur Entschlüsselung der Abkürzungen dient: Abkürzungsverzeichnis. Häufig verwendete Abkürzungen und Begriffe des Ministeriums für Staatssicherheit. Hg. BStU, 13., geringfügig korrigierte Auflage, Berlin 2022, https://www.stasi-unterlagen-archiv.de/assets/bstu/de/Publikationen/AbkVerz_Auflage_13_barrierefrei.pdf.

31 Hubertus Knabe: »Einführung«, in: Hubertus Knabe (Hg.): Gefangen in Hohenschönhausen: Stasi-Häftlinge berichten. List Taschenbuch, Berlin 2007, S. 8.

32 Ebd., S. 10.

33 Vgl. ebd., S. 12f.

34 Vgl. Hubertus Knabe (Hg.): Gefangen in Hohenschönhausen. Stasi-Häftlinge berichten. List Taschenbuch, Berlin 2007; Matthias Bath: Gefangen und freigetauscht. 1197 Tage als Fluchthelfer in DDR-Haft, Neufassung, Jaron Verlag, Berlin 2007, S. 23–110; Jürgen Fuchs: Gedächtnisprotokolle, Vernehmungsprotokolle, Rowohlt Verlag, Reinbek bei Hamburg 1990, Erstveröffentlichungen 1977 und 1978.

35 Vgl. Knabe (2007), S. 14.

36 Vgl. Klaus Behnke, Jürgen Fuchs: Zersetzung der Seele. Psychologie und Psychiatrie im Dienste der Stasi. CEP Europäische Verlagsanstalt, Hamburg, Neuauflage 2013, S. 12 ff.

37 Vgl. Knabe (2007).und Behnke, Fuchs (2013)

38 Jürgen Fuchs: »Bearbeiten, dirigieren, zuspitzen. Die »leisen« Methoden des MfS«, in: Behnke, Fuchs (2013), S. 70 ff.

39 Vgl. BStU, MfS, Nr. 3846/83, S. 000089.

40 Vgl. Roger Engelmann: Zu Struktur, Charakter und Bedeutung der Unterlagen des Ministeriums für Staatssicherheit (BF informiert 3/1994). Hg. BStU. Berlin 1994, S. 14. http://www.nbn-resolving.org/urn:nbn:de:0292-97839421305239

41 Fuchs (1990), S. 101.

42 Vgl. Hubertus Knabe: »Einführung«, in: Knabe (2007), S. 13.

43 Am 24. März 2001 berichtete die Berliner Zeitung (http://www.berliner-zeitung.de/wetzenstein-ollenschlaeger-hatte-1983-grundstueck-eines-haeftlings-gekauft-fluechtiger-mielke-anwalt-muss-sein-haus-in-mahlsdorf-zurueckgeben-167-12596): »1983 hatte er das Einfamilienhaus in Mahlsdorf samt 1 200 Quadratmeter großem Grundstück gekauft. Und zwar von einem Häftling, der zu der Zeit im Gefängnis Lichtenberg saß. Wetzenstein-Ollenschläger war damals Chef des Stadtbezirksgerichtes Lichtenberg und auch für diese Haftanstalt verantwortlich. Nachdem der Kauf zustande gekommen war, wurde Karl-Heinz B. entlassen und konnte noch am selben Tag nach West-Berlin ausreisen. Seine Familie folgte ein paar Monate später. Den Verkauf des Hauses hatte der Rechtsanwalt Klaus Hartmann abgewickelt, der in der Kanzlei von Wolfgang Vogel tätig war. Karl-Heinz B. wusste nicht, wer der Käufer war. Als er nach der Wende erfuhr, dass sich Wetzenstein-Ollenschläger in dem geräumigen Einfamilienhaus einquartiert hatte, ›fiel er vom Stuhl‹, wie sein Anwalt sagte. ›Das muss man sich mal vorstellen, der Gefängnisdirektor reißt sich das Haus seines Häftlings unter den Nagel.‹ Das Landesamt zur Regelung offener Vermögensfragen übertrug dem Alteigentümer das Haus wieder. Dagegen klagte Wetzenstein-Ollenschläger. Kurioserweise fand die Verhandlung statt, obwohl Wetzenstein-Ollenschläger zugleich untergetaucht und mit internationalem Haftbefehl gesucht war. Er hatte einige Millionen D-Mark aus den Geldern des Häftlingsfreikaufs unterschlagen.«

44 Zitiert aus BStU, MfS, Nr. 3846/83, S. 138 ff.

45 BStU, MfS, Nr. 3846/83, S. 000402.

46 BStU, MfS, Nr. 3846/83.

47 Brief von Dr. jur.h.c. Wolfgang Vogel an die Eheleute Dr. Gerhard und Dr. Karin Zeißig vom 7.6.1982, im Privatbesitz.

48 Vgl. https://de.wikipedia.org/wiki/1._Luftverteidigungsdivision_(NVA), Eingesehen am 22.12.2017.

49 »Für die Richtigkeit der Übersetzung.«

50 BStU, MfS, Nr. 3846/83, S. 000415 f.

51 BStU, MfS, Nr. 3846/83, Seite 000434.

52 Vgl. Kai Dieckmann (Hg.): Freigekauft. Der DDR-Menschenhandel. Faken, Bilder, Schicksale. Piper Verlag, München 2012, S. 97.

53 Aus dem Urteil des ersten Strafsenats der Bezirksgerichts Cottbus, »Aktenzeichen 001 BS 14/82, 211-21/82«, BStU; MfS, Nr. 3846/83, S. 000460.

54 Offiziell wurden die Gefängnisse der DDR nicht mehr »Zuchthäuser« genannt, wenngleich sich der Begriff natürlich hielt. Seit 1955 verwendete man stattdessen die Bezeichnung »Strafvollzugsanstalt«, von den Siebzigerjahren an hieß es »Strafvollzugseinrichtung«. Vgl. Christine Steer: Eingeliefert nach Rummelsburg. Vom Arbeitshaus im Kaiserreich bis zur Haftanstalt in der DDR, be.bra wissenschaft verlag, Berlin 2018, S. 48.

55 Vgl. Tomas Kittan: Das Zuchthaus Cottbus. Die Geschichte des politischen Strafvollzugs. Cottbusser Blätter Sonderheft 2009, S. 32.

56 In seinem Buch »Unter Mördern. Gefängnisalltag in der DDR« (Sonderausgabe, Edition Berolina, Berlin 2014) beschreibt der Zahnarzt und »Republikflüchtling« Roland Garve seine Haftzeit im Zuchthaus Brandenburg-Görden, wo in erster Linie zu langjährigen Strafen verurteilte Gewalttäter einsaßen. Die Verhältnisse dort unterschieden sich deutlich von denen in Cottbus. Garve selbst musste seine Haftzeit von zwanzig Monaten komplett absitzen und wurde zunächst in die DDR entlassen.

57 Tatsächlich waren es im Laufe der DDR-Geschichte über 5000 Gefangene, Männer und Frauen. Cottbus war das DDR-Gefängnis mit dem höchsten Anteil am Freikauf. Vgl. Kittan (2009), S. 33.

58 Tomas Kittan (2009), S. 49, beschreibt die Zusammensetzung der Häftlinge folgendermaßen: »Das typische Haftalter lag zwischen 20 und 30 Jahren. [...] Geschätzt über 80 Prozent der Insassen waren unter 50 Jahre alt. [...] Die häufigsten Inhaftierungsgründe waren §213 (»ungesetzlicher Grenzübertritt«), §100 (»Landesverräterische Agententätigkeit«), §106 (»staatsfeindliche Hetze«). Darüber hinaus kam es oft zu Verurteilungen nach §220 (»Öffentliche Herabwürdigung«), §219 (»ungesetzliche Verbindungsaufnahme«), §214 (»Beeinträchtigung staatlicher und gesellschaftlicher Tätigkeit«), §99 (»Landesverräterische Nachrichtenübermittlung«), §225 (»Unterlassen einer Anzeige«), §97 (»Spionage«) und §254 (»Fahnenflucht«).«

59 Kittan (2009), S. 30.

60 Kittan (2009), S. 31.

61 Kittan (2009), S. 46 nennt ihn den »berüchtigtsten Schließer der ganzen DDR«.

62 Hubert Schulze wurde 1997 wegen schwerer Körperverletzung in 26 Fällen zu zwei Jahren und acht Monaten Haft verurteilt. »20 Jahre lang trieb der Oberwachtmeister in der Cottbusser Anstalt sein Unwesen. »Er war überzeugt, daß der Sozialismus siegen werde. Auch über ‚solches Gesindel'«, beschrieb die Vorsitzende Richterin Anneliese Lützenkirchen die Einstellung Schulzes. Selbst seinen Vorgesetzten war der »cholerische Charakter« aufgefallen, der den Mann zu regelrechten Wutausbrüchen trieb. Schläge mit schweren Schlüsselbunden und Gummiknüppeln waren bei ihm an der Tagesordnung. Etliche Opfer trugen Verletzungen an Körper und Seele davon, unter denen sie noch heute leiden. Einer der als Zeugen geladenen ehemaligen Häftlinge war im Gerichtssaal zusammengebrochen, ein anderer hatte einen Herzinfarkt erlitten. Die Aufregung über die erneute Begegnung mit ihrem Peiniger verkrafteten die Männer nicht.« Bis zur Aufnahme der

Verhandlung war Schulze im Cottbusser Gefängnis weiterbeschäftigt worden. Vgl. Berliner Zeitung vom 15. Mai 1997, http://www.berliner-zeitung.de/16205322. Ein lebendiges Bild von Schulze zeichnet Andreas Schmidt in: Leerjahre. Leben und Überleben im DDR-Gulag, Anita Tykve Verlag, Böblingen 1986, S. 45 ff.

63 Noch vor der Wende sendete das Westfernsehen einen Bericht über Dr. K.: Ehemalige Häftlinge berichteten über seine Machenschaften hinter den Gefängnismauern – und ganz Cottbus wunderte sich, mit wem sie es bei diesem freundlichen Arzt eigentlich zu tun hatten. In der Klinik wurde er inoffiziell von den Kollegen an den Pranger gestellt, doch soweit ich weiß praktizierte er nach der Wende weiter, ohne jemals für seine Grausamkeiten zur Rechenschaft gezogen zu werden.

64 Vgl. Thomas Ziegler: Der Strafvollzug in der DDR, Sächsisches Staatsministerium der Justiz 1998, https://www.justiz.sachsen.de/download/Der_Strafvollzug_in_der_DDR.pdf

65 Das verdreckte Gebäude der U-Haft wurde bereits 1993 abgerissen.

66 Ziegler (1998), S. 6.

67 Vgl. auch Schmidt (1986), S. 50 f.

68 Als sich A. nach der Wende für das Zahnärztliche Parlament im neuen Bundesland Brandenburg zur Wahl stellte, erfuhr ich zufällig davon, denn die Zahnärztekammer Westfalen-Lippe hatte die Patenschaft für Brandenburg übernommen. Strafrechtlich war, wie auch bei K., nichts gegen ihn unternommen worden. Ich rief ihn an und drohte, seine Machenschaften öffentlich zu machen, falls er seine Kandidatur nicht zurückziehen würde. Er tat es.

69 Vgl. Heike Hoffmeister: Strafvollzugsanstalt Rummelsburg 1951–1990, Berlin 2007, S. 12.

70 Leider zeigt die Praxis nach 1989, dass auch nur sehr wenige der Büttel verurteilt worden – Hubert »RT« Schulze ist eine Ausnahme. In seinem Fall war die Beweislast erdrückend. Siehe Anmerkung 61.

71 J. musste seine Haftstrafe zur Gänze absitzen. Er ließ sich später in Berchtesgaden als Gynäkologe nieder.

72 Vgl. Norbert F. Pötzl: Mission Freiheit. Wolfgang Vogel. Anwalt der deutsch-deutschen Geschichte. Wilhelm Heyne Verlag, München 2014, S. 281 f.

73 Vgl. dazu Kittan (2009), S. 35 ff.

74 Dr. med. Uwe Jens Jürgensen veröffentlichte seine Erinnerungen zusammen mit seiner Frau, Elke Margarita Jürgensen und Elkes Bruder Volker Ebers unter dem Titel »Im Netz der Stasi. Erst verraten – dann verkauft«, 3., überarbeitete Auflage, Persimplex Verlagsgruppe, Schwerin 2013.

75 Vgl. Schmidt (1986), S. 180 ff.

76 Vgl. zur Geschichte der Haftanstalt Rummelsburg: Christine Steer: Eingeliefert nach Rummelsburg. Vom Arbeitshaus im Kaiserreich bis zur Haftanstalt in der DDR, be.bra wissenschaft verlag, Berlin 2018.

77 Vgl. Steer. (2018), S. 46 ff. Auch in Heike Hoffmeister: Strafvollzugsanstalt Rummelsburg 1951–1990, Berlin 2007, S. 46 ff. findet sich ein gründlich erläuterter Lageplan des Gefängniskomplexes in den 1980er-Jahren.

78 1990 sollte »Obermedizinalrat Zels« Erich Honecker und Erich Mielke in Rummelsburg betreuen, die zeitweise in Haus 8 inhaftiert wurden. Vgl. »Bürger A 000 000 1«, in: Der Spiegel 9/1990. Trotz seiner verantwortlichen Position und seiner Tätigkeit als »IM Nagel« wurde er mit dem Gutachten über Mielkes gesundheitlichen Zustand betraut. Später praktizierte er als niedergelassener Internist. Vgl. Website der »Vereinigung 17. Juni 1953 e.V.«, https://17juni1953.wordpress.com/tag/erhard-zels. Tatjana Sterneberg zitiert dort medizinische Gutachten nach Peter Przybylski: Tatort Politbüro – Die Akte Honecker, Rowohlt, 1991, S. 27ff.

79 Garve (2014).

80 Jürgensen (2013).

81 BStU, MfS, Nr. 3846/83, S. 000276.

82 In der Fassung vom 28. Juni 1979 lautet der Paragraph wie folgt: »§ 249. Beeinträchtigung der öffentlichen Ordnung und Sicherheit durch asoziales Verhalten. (1) Wer das gesellschaftliche Zusammenleben der Bürger oder die öffentliche Ordnung und Sicherheit beeinträchtigt, indem er sich aus Arbeitsscheu einer geregelten Arbeit entzieht, obwohl er arbeitsfähig ist, wird mit Verurteilung auf Bewährung, Haftstrafe oder mit Freiheitsstrafe bis zu zwei Jahren bestraft. (2) Ebenso wird bestraft, wer der Prostitution nachgeht oder in sonstiger Weise die öffentliche Ordnung und Sicherheit durch eine asoziale Lebensweise beeinträchtigt. (3) In leichten Fällen kann von Maßnahmen der strafrechtlichen Verantwortlichkeit abgesehen und auf staatliche Kontroll- und Erziehungsaufsicht erkannt werden. (4) Ist der Täter nach Absatz 1 oder 2 oder wegen eines Verbrechens bereits bestraft, kann auf Freiheitsstrafe bis zu fünf Jahren erkannt werden. (5) Zusätzlich kann auf Aufenthaltsbeschränkung und auf staatliche Kontroll- und Erziehungsaufsicht erkannt werden.«

83 Dieser Begriff wurde aus dem preußischen Strafgesetzbuch von 1851 übernommen und hatte auch den Nationalsozialisten zur Rechtfertigung von Willkürmaßnahmen gedient. Vgl. Sven Korzilius: »Asoziale« und »Parasiten« im Recht der SBZ/DDR. Randgruppen im Sozialismus zwischen Repression und Ausgrenzung, Köln, Weimar, Wien: Böhlau 2005. Auch Christine Steer betont die geschichtliche Kontinuität dieser Strafkategorie mit den Vorstellungen der Kaiserzeit, die sich nicht zuletzt im Bau des Städtischen Arbeitshauses Rummelsburg manifestierten: »[...] im Kern verloren die Auffassungen über randständige Gruppen unter den Bedingungen des SED-Staates nicht ihre Wirksamkeit (vgl. §249 StGB-DDR 1968)« (Steer (2018), S. 29).

84 Der Zahnarzt Roland Garve berichtet von der Prothetik im Zuchthaus Brandenburg – dort eben war in erster Linie »Langstrafer« inhaftiert, denen man keine lebenslänglichen Zahnlücken zumuten wollte (Garve 2014).

85 »Wer nur andeutungsweise die Aufmerksamkeit auf sich lenkte, galt bereits als kriminell gefährdet. Das hing vielfach von der Willkür der Behörden und der Betriebe ab, die ideologisch voll in die Verhaltenskontrolle der Bevölkerung involviert waren«, schreibt Christine Steer(2018), S. 101. Steer notiert, dass im Jahre 1982 11,5 Prozent der Rummelsburger Häftlinge nach § 249 verurteilt worden waren (Ebd., S. 102).

86 Hoffmeister (2011), S. 39.

87 Laut offizieller »Lageeinschätzung« wurden in Rummelsburg im Jahr 1983 62 Arbeitsunfälle gemeldet. Vgl. Steer (2018), S. 198.

88 Vgl. Wikipedia: »Gefangenensammeltransportwagen der Deutschen Reichsbahn«, https://de.wikipedia.org/wiki/Gefangenensammeltransportwagen_der_Deutschen_Reichsbahn, eingesehen am 28.6.2017.

89 Garve (2014).

90 Nach Steer (2018), S. 88, befanden sich im Jahre 1982 205 »ausländische« Gefangene aus 26 Staaten in Haus 6, davon 37,6 Prozent Häftlinge aus dem »arabisch-afrikanischen Raum«.

91 Steer (2018), S. 120: »1982 saßen unter anderem von neun kleinen mehr oder weniger privaten Fluchtunternehmen insgesamt 49 Helfershelfer ihre hohen Haftstrafen in Rummelsburg ab.«

92 Marion Detjen: Ein Loch in der Mauer. Die Geschichte der Fluchthilfe im geteilten Deutschland 1961–1989, Siedler Verlag: München 2005, S. 81 ff.

93 Vgl. Marion Detjen (2005), S. 249 ff.

94 Vgl. ebd., S. 324.

95 Nach den offiziellen Speiseplänen wurde die Wurst bei »Mohammedanern« durch zusätzliches Brot und Butter ersetzt. Vgl. Steer (2018), S. 174.

96 Nach den offiziellen Aufzeichnungen der Gefängnisstatistik gab es in Rummelsburg 1982 31 Selbstverletzungen (davon 6 von »Ausländern«) und 8 Suizidversuche, 1983 seien es 25 Selbstverletzungen und 18 Suizidversuche gewesen (Steer (2018), S. 186). Doch sicherlich schafften es nicht alle »besonderen Vorkommnisse« in die entsprechende Rubrik.

97 Vgl. Hoffmeister (2011), S. 37.

98 Die Hauptabteilung VII des MfS war zuständig für das Ministerium des Inneren (MdI) und alle davon abhängigen Institutionen, darunter auch für den Strafvollzug. Vgl. BStU-Website: https://www.bstu.bund.de/DE/Wissen/Publikationen/Publikationen/handbuch_HA-VII_wunschik.html, eingesehen am 29.12.2017.

99 Nachweis für dieses und alle folgenden Zitate aus den Stasi-Unterlagen: BStU, MfS, Nr. 3846/83.

100 Vgl. Steer (2018), S. 197.

101 Vgl. Wikipedia, https://de.wikipedia.org/wiki/Internationale_Gesellschaft_f%C3%BCr_Menschenrechte, zuletzt eingesehen am 30.12.2017.

102 Mittels einer Auskunft meines »Erziehers« Enzian gegenüber dem Stasi-Offizier Flöter, BStU, MfS, Nr. 3846/83, S. 000281.

103 = Gesellschaft für Menschenrechte, später »Internationale Gesellschaft für Menschenrechte« IGFM.

104 Vgl. Kittan (2009), S. 35 ff.

105 BStU, MfS, Nr. 3846/83, S. 000006.

106 BStU, MfS, Nr. 3846/83, S. 000014.

107 Hervorhebung des Autors.

108 In ihrer Rummelsburg-Geschichte betont Christine Steer die »weit über das offizielle Maß hinausgehenden Befugnisse des MfS« auch gegenüber dem allgemei-

nen Strafvollzug und die ausgiebige IM-Arbeit seiner Mitarbeiter: »Vermutlich ahnte nicht einmal die Gefängnisleitung, in welchem Maße die Staatssicherheit Nachforschungen anstellte.« (Steer (2018), S. 79)

109 Vielleicht handelte es sich um die in Steer (2018), auf S. 175 erwähnten »Sprechräume für Besuche von Vertretern der Konsulate und der Ständigen Vertretung.«

110 Generalmajor Wolfgang Schwanitz war seit 1974 Leiter der Bezirksverwaltung Berlin des MfS, von 1986 bis 1989 wurde er, zum General befördert, Mielkes Stellvertreter. Vgl. https://de.wikipedia.org/wiki/Wolfgang_Schwanitz, eingesehen am 29.12.2017.

111 BStU, MfS, Nr. 3846/83, S. 000377.

112 BStU, MfS, Nr. 3846/83, S. 000356.

113 BStU; MfS, Nr. 3846/83, S. 000116

114 Solche »Einsätze« gab es tatsächlich. Vgl. Jürgen Fuchs: Magdalena. MfS, Memphisblues, Stasi, Die Firma, VEB Horch & Gauck – ein Roman. Rowohlt Verlag: Berlin 1998, S. 96.

115 BStU, MfS, Nr. 3846/83, S. 000377.

116 BStU, MfS, Nr. 3846/83, S. 000357.

117 Ebd.

118 Das geht sehr deutlich aus seinem OPK-Schlussbericht vom 8. Februar 2017 hervor: BStU, MfS, Nr. 3846/83, S. 000371-381.

119 Vgl. Hoffmeister (2011), S. 37f.

120 Über einen Fotokopierer, von denen in der DDR erst seit 1980 brauchbare Geräte hergestellt wurden, verfügte Flöter und Co. sicherlich noch nicht. Vgl. »Kopierer« auf einer privaten Website zur Computertechnik in der DDR: http://www.robotrontechnik.de/index.htm?/html/sonstiges/kopierer.htm

121 BStU, MfS, Nr. 3846/83, S. 000375.

122 BStU, MfS, Nr. 3846/83, S. 000371-381.

123 Vgl. Jürgensen (2013).

124 Ebd.

125 Steer beschreibt die stufenweise Steigerung der Disziplinarmaßnahmen in Rummelsburg: »Im Einzelnen waren darunter der Einsatz des Schlagstocks, das Anlegen von Hand- und Fußfesseln oder einer Führungskette, das Anlegen einer Fesselungsjacke oder der Einsatz von Diensthunden zu verstehen« (Steer (2018), S. 180), dann folgten Einzelhaft, »Freizeitarrest« (nur nachts) bis zum »verschärften Arrest« ohne jede Ablenkung, bei gekürzter Verpflegung in den winzigen und empfindlich kalten Arrestzellen (vgl. ebd., S. 181). Insgesamt gab es 26 davon.

126 Das scheint gängige Praxis gewesen zu sein. Auch Uwe Jürgensen wurde degradiert, bevor er und seine Familie ausreisen durften.

127 Der Häftling, den ich als Patienten kennengelernt hatte, war schnurstracks zu seinem Erzieher gelaufen, der wiederum Flöter informiert hatte. In den Akten liest sich das so: »In den Abendstunden des 08.02.1983 betrat der SG-Arzt May den VwR [=Verwahrraum] des XXX und erkundigte sich bei diesem nach der Verfahrensweise mit Strafgefangenen, welche ein rechtswidriges Ersuchen auf Übersiedlung gestellt haben. Im Gespräch versuchte May Informationen über

die Anzahl der SG zu erhalten, ob es einen festen Entlassungsmodus gibt, welche Zeit von den Strafgefangenen verbüßt werden muß bevor sie aus der Haft heraus in die BRD entlassen werden und durch wen die Abholung dieser SG erfolgt. [...] May nahm XXX das Versprechen ab, bei Feststellungen von Transporten zur Entlassung in die BRD sofort zu informieren. [...]«

128 Vom Südostfenster aus hatte man einen Überblick über Haus 10 und das Fabrikgebäude.

129 Von den »Mielke-Dokumentationen« erfuhr ich erst 2023, durch einen Artikel in der »Freiheitsglocke«, der Zeitschrift der Vereinigung der Opfer des Stalinismus (73. Jahrgang, Nr. 849/850, S. 7). Entdeckt wurden sie von den Mitarbeitern der Gedenkstätte des Lern- und Gedenkortes Kaßberg-Gefängnis unter der wissenschaftlichen Leitung von Dr. Steffi Lehmann.

130 BStU, MfS, Nr. 146.

131 So heißt es im Titel einer Publikation zum Häftlings-Freikauf: Kai Diekmann (Hg.): Freigekauft. Der DDR-Menschenhandel. Fakten, Bilder, Schicksale, Piper Verlag, München 2012.

132 Vgl. Jürgen Fuchs (1990), S. 220.

133 Pötzl (2014).

134 Aus dem »Abschlußbericht zur OPK ›Kontakt‹ Reg.-Nr. XX/189/83«, unterschrieben von Leutnant Flöter und einem Major Krecklow. BStU, MfS, Nr. 3846/83, S. 000379. Der letzte Vermerk von Flöter, den ich in meinen Stasi-Unterlagen finde, stammt vom 11. September 1984. Darin heißt es: »Am heutigen Tag wurde dem Unterzeichner bekannt, daß der Strafgefangene May am 09.01.1984 auf Dokument an das MfS Berlin übergeben wurde.« (BStU, MfS, Nr. 3846/83, S. 000367) Diese Übergabe von der Strafvollzugsbehörde, die dem Ministerium des Inneren unterstand, an die Staatssicherheit in Berlin (Hauptabteilung IX), die den Freikauf organisierte, erfolgte also, ohne dass Flöter einbezogen oder informiert wurde.

135 Mit Klaus Kuron und Hansjoachim Tiedge waren in den Achtzigerjahren gleich zwei hochrangige Beamte des Bundesamtes für Verfassungsschutz als Doppelagenten für das MfS tätig. (Vgl. die Wikipedia-Artikel zu diesen Personen). Beide waren für die Spionageabwehr zuständig und damit auch für die Befragungen in Gießen. So gerieten wohl auch Informationen über Fluchthelfer in die falschen Hände.

136 »Hochwasser in den Akten – Ost-Berliner Aufklärer möchten nun die Unterlagen aus der westdeutschen Sammelstelle für DDR-Straftaten haben«, in: Der Spiegel. Nr. 51, 1989, S. 66–69.

137 Vgl. Pötzl (2014), 283.

138 Vgl. Marion Detjen (2005), S. 285 ff.: »Inszenierte Schikanen und eingestellte Ermittlungsverfahren: Die Maßnahmen gegen Fluchthilfe in der Bundesrepublik«

139 »Berlin Rescue Failed«, The Washington Post, 17. Juni 1983; »Private's Court-Martial ›Political‹, Says Lawyer at Army Hearing«, The Washington Post, 18. Juni 1983; »GI's Conviction Upheld in Family-Smuggling Try«, The Washington Post, 5. Oktober 1983.

140 Vgl. für das Folgende Pötzl (2014), 305 ff.
141 Pötzl (2014), S. 296.
142 Pötzl (2014), S. 312.
143 Vgl. Steer: Eingeliefert nach Rummelsburg, a. a. O., S. 213.
144 Ebd., S. 213.
145 Vgl. Peter Przybylski: Tatort Politbüro – die Akte Honecker, Rowohlt, 1991, S. 27.
146 Vgl. Josef Koch (2011), S. 187.
147 Ebd., 181.
148 Dr. Ilko-Sascha Kowalczuk: »›Sie sind wieder da‹ – Vom Stasi-Offizier zum Rechtsanwalt«, Bundeszentrale für politische Bildung, 30.9.2005, http://www.bpb.de/themen/R3AANZ,0,0,Sie_sind_wieder_da_Vom_StasiOffizier_zum_Rechtsanwalt.html
149 Vgl. Berliner Zeitung vom 9.12.1996: »Wie ein DDR-Richter serienweise Andersdenkende verurteilte, Anwalt wurde und jetzt gegen den Entzug seiner Zulassung klagt«, http://www.berliner-zeitung.de/wie-ein-ddr-richter-serienweise-andersdenkende-verurteilte--anwalt-wurde-und-jetzt-gegen-den-entzug-seiner-zulassung-klagt-gefaengnis-fuer-ein-weisses-band-an-der-autoantenne-16270378 Die Art der Aktenführung im MfS ließ es kaum zu, dem einzelnen nachzuweisen, dass er sich »eines Verhaltens schuldig gemacht hat, das ihn unwürdig scheinen lässt, den Beruf des Rechtsanwalts auszuüben, weil er gegen Grundsätze der Menschlichkeit oder der Rechtsstaatlichkeit insbesondere im Zusammenhang mit einer Tätigkeit als hauptamtlicher oder inoffizieller Mitarbeiter des Staatssicherheitsdienstes verstoßen hat.« Obwohl der Personenkreis klar angesprochen ist, waren die Hürden für den Entzug der Zulassung hoch – der vagen Formulierung steht die grundsätzliche Freiheit der Berufsausübung gegenüber – und die Überprüfung oftmals nicht konsequent. Zur Überprüfungspraxis im Land Brandenburg schrieb Christian Booß am 20.2.2012 in den Potsdamer Neuesten Nachrichten: »Die Stasi-Überprüfung der Anwälte war ein Placebo«, http://www.pnn.de/brandenburg-berlin/624761
150 Vgl. Berliner Zeitung vom 20.5.2011 http://www.berliner-zeitung.de/in-der-ddr-stand-der-name-rummelsburg-fuer-das-groesste-gefaengnis-ost-berlins--vor-fuenf-jahren-wurden-die-zellen-zu-eigentumswohnungen-umgebaut--an-frueher-erinnert-nur-ein-umstrittenes-hotel-schatten-der-vergangenheit-15037392; Zuletzt eingesehen am 2. Februar 2018.
151 Nach dem Gynäkologen Friedrich Adalbert Jacobs, der im Krankenhaus Berlin-Lichtenberg die erste Entbindungsstation einrichtete.
152 Vgl. Steer (2018), S. 221.

Der Autor

Dittmar May, geboren 1949, ist Facharzt für Mund-, Kiefer- und Gesichtschirurgie. Von 1982 bis 1984 saß er wegen »schwerer Republikflucht« und »landesverräterischer Agententätigkeit« in den DDR-Haftanstalten Cottbus und Rummelsburg ein. 1984 konnte er mit seiner Familie in die Bundesrepublik übersiedeln, wo er sich in Lünen mit einer eigenen Praxis niederließ.